Internationale Bibliothek

Band 102

Patrik von zur Mühlen

Rassenideologien

Geschichte und Hintergründe

Verlag J. H. W. Dietz Nachf. GmbH
Berlin · Bonn

CIP-Kurztitelaufnahme der Deutschen Bibliothek

Zur Mühlen, Patrik von

Rassenideologien: Geschichte und Hintergründe. –

2. Aufl. – Berlin, Bonn: Dietz,
1979.

(Internationale Bibliothek; Bd. 102)

ISBN 3-8012-1102-9

2. Auflage 1979

Berlin · Bonn
Godesberger Allee 143, D-5300 Bonn 2

Umschlag: Die Arbeitsgemeinschaft Uwe Loesch, Düsseldorf

Herstellung: Göttinger Druckerei- und Verlagsgesellschaft mbH
Printed in Germany 1979

Vorwort zur zweiten Auflage

Im Vorwort zur ersten Auflage wurde der Hoffnung Ausdruck verliehen, daß die vorliegende Schrift einen Beitrag dazu leisten möge, über die engere Problematik von Faschismus und Konservatismus hinaus ein breiteres Interesse auf Ursprünge und Hintergründe der Rassenideologien zu lenken. Heute, nach fast zwei Jahren, kann dieses Interesse an einer beachtenswerten Zahl von wichtigen, inzwischen zu diesem Thema erschienenen Veröffentlichungen gemessen werden. Unter ihnen möchte ich hier zwei unabhängig voneinander herausgegebene Arbeiten hervorheben. Ein halbes Jahr nach der vorliegenden Studie erschien das umfassende Buch von Léon Poliakov („Der arische Mythos. Zu den Quellen von Rassismus und Nationalismus“, Wien – München – Zürich 1977), ein Jahr später die Arbeit von George L. Mosse („Rassismus. Ein Krankheitssymptom in der europäischen Geschichte des 19. und 20. Jahrhunderts“, Königstein/Ts. 1978). Wegen der engen thematischen Nachbarschaft zur vorliegenden Arbeit bedarf es hier einiger klärender Worte.

Poliakov behandelt schwerpunktmäßig die Vorgeschichte des politischen Rassengedankens, Mosse konzentriert seine Fragestellung weitgehend auf den auch in der vorliegenden Schrift eingehaltenen zeitlichen Rahmen. Beide Autoren zitieren dabei Werke, von denen einige meiner Aufmerksamkeit entgangen waren, so wie umgekehrt manche der hier behandelten Rassenideologen von ihnen ignoriert wurden. Angesichts des umfangreichen rassenideologischen Schrifttums, das nach meiner Schätzung 1500 bis 2000 Buchtitel in überwiegend deutscher, englischer oder französischer Sprache umfaßt, ist dies nicht weiter verwunderlich. Die hier getroffene Auswahl von etwa 80 untersuchten Titeln wurde einmal nach ihrer publizistischen und somit auch politischen Breitenwirkung vorgenommen, zum andern nach der charakteristischen, für Inhalt und Aussagen wesentlichen Behandlung ihres Gegenstandes – ohne Rücksicht auf ihren öffentlichen Einfluß. Die vorliegende Schrift und die Arbeiten von Poliakov und Mosse ergänzen sich daher in *quantitativer* Hinsicht, so daß hiermit ausdrücklich auf beide verwiesen sei.

Wenn in der zweiten Auflage der vorliegenden Arbeit von einer inhaltlichen Auseinandersetzung mit Poliakov und Mosse abgesehen wurde, so

war dafür die Überlegung maßgebend, daß beide den Forschungsstand *qualitativ* nicht bereichert haben. Beide Autoren, insbesondere Poliakov, behandeln den Rassengedanken ausschließlich als geistesgeschichtliches Phänomen, so daß ihnen wesentliche Aspekte der Problematik entgehen. Sie werfen nicht die Frage auf, warum und vor welchen sozialgeschichtlichen Hintergründen Rassenideologien entstanden, und verkennen somit die Tatsache, daß ein derartiges Gedankengut bestimmte Interessen ausdrücken und in Form pseudo-biologischer Gesellschaftstheorien legitimatorische Funktionen ausüben sollte. Eine rein geistesgeschichtliche Darstellung kann Inhalt, Verbreitung und politische Bedeutung von Rassenideologien nicht angemessen erfassen und läßt beispielsweise den „arischen Mythos" selbst zum Mythos werden. Die Frage nach den gesellschaftlichen Ursprüngen ist ein Ausgangspunkt historischer Forschung, hinter den auch eine politische Ideengeschichte heute nicht mehr zurückkehren sollte.
Ich verbinde mit der Herausgabe der zweiten Auflage die Hoffnung, daß über aktuelle Anlässe hinaus das Interesse an dem hier behandelten Thema erhalten bleiben möge, um über historische Forschung auch einen Beitrag zu politischer Aufklärung zu leisten.

Bonn, im Februar 1979 Patrik v. zur Mühlen

Inhaltsverzeichnis

Rassenkonflikte und Rassentheorien 9
Entstehung der Rassentheorien 32
Die Rassentheorie Gobineaus 52
Darwinistische Rassentheorien 74
Synkretistische Rassentheorien 101
Kultur als „Rassenseele“ 132
Gesellschaft als „Rassenhege“ 160
Krieg als „Rassenauslese“ 189
Rassengedanke und Politik 208
Die Rassentheorien und ihre Kritiker 249
Literaturverzeichnis 267
Personenregister 274

Rassenkonflikte und Rassentheorien

Die vorliegende Studie unternimmt den Versuch, einen Überblick über die Geschichte der Rassentheorien und ihre politischen und sozialen Hintergründe zu vermitteln. Sie greift damit ein Kapitel politischer Ideengeschichte auf, in dem der Rassengedanke als Zerrspiegel sozialer Ansprüche und Ängste den Überbau von gesellschaftlichen Umwälzungen und zugleich den Versuch darstellte, sich ihrer bewußt zu werden. Die Rassentheorien prägten und beeinflußten Parteiprogramme und ermöglichten Zeitschriften und Buchverlagen ihre wirtschaftliche Existenz. Sie dienten der propagandistischen Darbietung und Rechtfertigung von sehr nüchtern verfolgten wirtschaftlichen Zielen und steckten schließlich den Horizont von politischen Wahnideen ab, die in gewisser Verselbständigung und Loslösung von ihren Ursprüngen einmündeten in Wahnsinnstaten von Rassenverfolgung und Völkermord, denen sie die ideologische Rechtfertigung lieferten.
Der Einfluß der Rassentheorien überschritt weit die Grenzen unmittelbar politischer Thematik, was gleichermaßen ihre Durchschlagskraft wie auch ihre Wirkungsweise in der öffentlichen Meinung anzeigt, und fand Widerhall in etlichen akademischen Disziplinen. Die Bereiche, in denen der Rassengedanke wissenschaftliche Reputation und Diskussionswürdigkeit beanspruchte und die er zugleich um theoretischen Beistand ersuchte, waren vielfältig und umfassend: Geschichte und Archäologie, Kunst- und Musikwissenschaft, Philologie und Philosophie in den Geisteswissenschaften, Soziologie und Ethnographie in den Sozial- und Genetik, Anthropologie und Humanbiologie in den Naturwissenschaften. Es wird Aufgabe dieser Studie sein, die Spuren rassenideologischen Denkens und ihre Auswirkungen in der vollen Breite dieses Spektrums zu verfolgen.
Die räumlichen und zeitlichen Grenzen des Gegenstandes bieten sich unserer Untersuchung zwingend an: die Rassentheorien wurden ausschließlich im kontinentalen Europa sowie in der angelsächsischen Welt entwickelt und diskutiert. Sie wurden, wenn wir von Vorläufern und Wegbereitern einmal absehen, erstmals um die Mitte des 19. Jahrhunderts formuliert und sind nach dem Ende des Zweiten Weltkrieges von der Bühne politischer Ideengeschichte weitgehend verschwunden. Außer unbedeutenden Rechtfertigungsversuchen innerhalb rechtsradikaler Konventikel in Europa, Südafrika und

Nordamerika hat seitdem kein politisch beachtenswerter Personenkreis mehr auf sie als ideologische Programmatik zurückgegriffen.
Eine derartige räumlich-zeitliche Abgrenzung nimmt aber bereits Erkenntnisse und damit Ergebnisse dieser Studie vorweg und bedarf daher der Rechtfertigung. Eine Untersuchung über Rassentheorien bewirkt gewöhnlich und verständlicherweise Assoziationen mit Problemen des Rassismus, der sich bekanntlich *nicht* in den angegebenen zeitlichen und räumlichen Rahmen einordnen läßt: Rassenkonflikte sind in vielen Zeitaltern nachweisbar und bestimmen auch heute noch gesellschaftliche Konflikte in zahlreichen Ländern[1]. Ihre gegenwärtige geographische Zuordnung verweist in der Regel auf Länder, in denen Weiße und Farbige nebeneinander leben, meist infolge postkolonialer Siedlungs- und Wirtschaftsstrukturen; aber es gab und gibt Rassenkonflikte auch zwischen farbigen Volksgruppen, wie dies das Verhältnis von Chinesen und Malaien im hinterindischen Raum oder die Stellung der Asiaten in Ostafrika und in der Karibik beweist. Hingegen entstanden die Rassen*theorien* in der ersten Hälfte des 19. Jahrhunderts in Europa, wo es andererseits keine Rassenkonflikte gab: weder betrachteten sich jemals Lang- und Kurzschädel oder Blonde und Brünette als geborene Erbfeinde noch trug der frühe Antisemitismus rassistische Züge. Rassen*theorien*, so können wir folgern, konnten zumindest entstehen, ohne unmittelbar durch aktuelle Konflikte angeregt worden zu sein.
Da die Geschichte der Rassen*konflikte* ungleich länger ist als die der Rassen*theorien*, können wir ergänzen, daß jene keineswegs zwangsläufig ihren ideologischen Ausdruck in einem Lehrgebäude finden, sondern sich im ideologischen Bereich sehr wohl in bloßen Vorurteilen und Ressentiments erschöpfen können, in älteren Zeiten vielleicht in Mythologien, ohne jemals die Gestalt einer ausformulierten Doktrin mit festen Lehrsätzen oder Wertungen anzunehmen. Ein zentrales Anliegen dieser Studie wird sogar der Nachweis sein, daß die hier behandelten Rassen*theorien* zumindest entstehungsgeschichtlich in keinerlei Zusammenhang mit Rassenkonflikten gebracht werden können, ja daß sie vielmehr die Absicht verfolgten, politische und soziale Interessen in die scheinbar unpolitische Ebene des Biologischen zu verschieben, mithin also künstlich Konflikte zwischen „Rassen" zu schaffen. — Dieser These widerspricht nicht die gelegentliche Beobachtung, wonach in schwelenden Rassenkonflikten nachträglich aus propagandistischen oder taktischen Gründen auf Rassen*theorien* zurückgegriffen wurde, während diese wiederum Impulse aus der sie umgebenden politischen Szenerie empfingen.

1 Diese Feststellung gegen Eugen Kogon: Der Rassenwahn. Relikt oder fortdauernde Drohung?, in: Rassenkonflikte in der Welt, hrsg. von Rolf Italiaander, Frankfurt am Main 1966, S. 216 ff. — Vgl. Pierre Paraf: Le racisme dans le monde, Paris 1964; Brewton Berry: Race and Ethnic Relations, Boston (1. Aufl. 1951) 1965.

Der historische Rahmen, in die die Rassentheorien mit der angegebenen These gesetzt wurden, erfordert einstweilen eine nähere Bestimmung von Rassismus und Rassenkonflikten.
Eine Begriffsbestimmung, die von einer Konfliktsituation aufgrund der anthropologischen Verschiedenheit verfeindeter Gruppen ausginge und eine Beschreibung der einzelnen Menschenarten und ihrem Verhältnis zueinander vorangehen ließe, wie dies in der einschlägigen Literatur gewöhnlich geschieht, würde sich bereits dem möglichen — wenn auch nicht zwingenden — Verdacht aussetzen, die anthropologischen Unterschiede von Menschen als naturwüchsigen Anlaß von Feindschaft oder zumindest gegenseitiger Abgrenzung unterstellen zu wollen. Sie würde also, wie dies auch die Überzeugung aller Rassisten ist, die Ursache von Rassenkonflikten im Nebeneinander von Rassen vermuten. Eine Studie, die sich diese Aussage zueigen machte, müßte also einen rassistischen Ansatz akzeptieren und mit Beweisen untermauern, wonach die wirkliche oder vermeintliche Verschiedenheit von Volksgruppen mit einer gewissen Wahrscheinlichkeit zu Konflikten führe, sobald diese mit einander in Berührung kommen[2].
Ein Blick auf die Geschichte der Rassenkonflikte enthebt uns jedoch dieser politisch wie theoretisch mißlichen Schwierigkeit: Ein systematischer und zwangsläufiger Zusammenhang zwischen dem Zusammenleben anthropologisch oder ethnologisch verschiedenartiger Gruppen einerseits und Rassenkonflikten andererseits ist nirgends nachweisbar. Es gab und gibt Kulturen und Gesellschaften, die in dieser Frage außerordentlich tolerant und integrationsfreudig sind und — ungeachtet des Vorhandenseins anders gearteter sozialer Konflikte — keine Rassenprobleme kennen (wie der arabisch-islamische Kulturbereich), solche in denen Rassenfragen mit gewissen Einschränkungen eine untergeordnete Bedeutung haben (wie in Latein-Amerika) und solche schließlich, die — wie die angelsächsische Welt — in dieser Hinsicht besonders anfällig sind. Wenn man diese Beobachtung ergänzt durch die Feststellung, daß Rassen*theorien* im rassisch relativ homogenen Europa entstanden sind, wird klar, daß *Rassen*konflikte ungeachtet der Frage, ob es überhaupt über den humanbiologischen Bereich hinaus anthropologisch bedingte Kollektiveigenschaften gibt, stets und ausschließlich als *Gesellschafts*konflikte zu begreifen sind. Diese Tatsache ermächtigt uns daher, in einer Studie über den Rassengedanken anthropologische Fragen weitgehend auszuklammern. Beide Bereiche berühren sich nur scheinbar: „Rassen“ werden erst durch Rassenkonflikte geschaffen.

2 Diesen Fehler begeht Allport, indem er zwar dem Rassismus eine erhebliche Verzerrung und Überrteibung der vorhandenen anthropologischen und ethnologischen Unterschiede der Konfliktgruppen bescheinigt, grundsätzlich aber von deren Vorhandensein ausgeht; vgl. Gordon W. Allport: The Nature of Prejudice, Cambridge/Mass. 1954; deutsch: Die Natur des Vorurteils, hrsg. und kommentiert von Carl Friedrich Graumann, Köln 1971, S. 115 und 118 ff.

Daran wird erkennbar, daß eine Erscheinung, die wir Rassismus zu nennen pflegen, auch dann vorliegen kann, wenn eine anthropologische Verschiedenheit der verfeindeten „Rassen“ nicht oder nicht eindeutig vorliegt. So haben Juden zumindest seit ihrer Vertreibung aus Palästina und ihrer Zerstreuung über die Alte Welt niemals einen anthropologisch einheitlichen Typus gebildet[3] und umgekehrt war und ist ein äußerlich erkennbarer Unterschied zwischen Juden und Nicht-Juden vielfach nicht festzustellen; trotzdem bezog der Rassenantisemitismus alle Juden ungeachtet ihres äußeren Erscheinungsbildes in sein biologistisches Weltbild ein. Ein Rassismus liegt daher auch dann vor, wenn die sogenannten Rassenunterschiede der verfeindeten Gruppen weitgehend fiktiver Natur sind und nur auf der Annahme einer unterschiedlichen Abstammung beruhen, wobei diese angenommenen Unterschiede jedoch wesentlicher Inhalt der gegenseitigen Gruppenvorurteile sind. Wir wollen daher Rassendiskriminierung wie schlechthin jeden Rassismus definieren als Gruppenkonflikt, bei dem die Angehörigen der Gruppen durch *wirkliche* oder *vermeintliche* unterschiedliche Abstammung sowie aufgrund *wirklicher* oder *vermeintlicher* ererbter, als unveränderlich geltender physischer und psychischer Eigenschaften und Gruppenmerkmale ihrer jeweiligen Gruppe zugerechnet werden.
Diese Definition ist in einigen Punkten ihrer Aussage recht vage. Sie läßt zunächst die Gründe offen, aus denen der Gruppenkonflikt entstanden ist; in der Regel dürfen wir soziale Interessengegensätze oder durch Gruppenegoismen ausgelöste Streitfragen als Ursachen vermuten. Sie läßt aber vor allem absichtlich die Frage offen, ob die Gruppen in anthropologischem Sinne „Rassen“ darstellen, welche wirklichen oder vermeintlichen Unterschiede sie trennen und welchen Grad an Homogenität jede von ihnen aufweist. Der entscheidende Gesichtspunkt dieser Definition liegt auf dem Hinweis auf die (vermeintlich oder wirklich) ererbten und somit als *unveränderlich* angesehenen Gruppenmerkmale als Hauptkriterium eines Rassenkonfliktes, der sich von nationalen, soziokulturellen, sprachlichen, religiösen und anderen Konflikten durch den wesentlichen Aspekt unterscheidet, daß die trennenden Gruppenmerkmale nicht beseitigt oder korrigiert werden können. Religion, Sprache und Kultur können gewechselt werden und daher Gegenstand einer vielleicht intoleranten, aber grundsätzlich auf Integration ausgerichteten Missionsidee sein. Abstammung, Hautfarbe und Schädelform können hingegen nicht gewechselt werden. Selbst wenn die Gruppenmerkmale eingebildet und wie im Falle der jüdischen „Rasseneigenschaften“ mehr oder minder fiktiver Natur sind, können sie zumindest nach Überzeugung der am Konflikt Beteiligten nicht abgelegt werden. Solange die Rassendiskri-

3 M. F. Ashley Montagu: Man's Most Dangerous Myth: The Fallacy of Race, New York (1. Aufl. 1942) 1947, S. 219 ff., insbes. 225 f.

minierung besteht, ist daher der Weg zu einer Integration für die Angehörigen der Fremdgruppe versperrt, auch um den Preis totaler Anpassung[4].
Die Unterschiede der „Rasse" — was immer dies auch sein mag — sind naturgemäß nicht die einzigen Merkmale von Gruppen. Einige andere wurden bereits aufgeführt, weitere ließen sich in großer Zahl anfügen[5]. Jedoch gilt die für die Rassenprobleme gemachte Feststellung auch für sie, wonach sie selbst nicht Ursache von Konflikten sind, sondern nur die Gruppenzugehörigkeit der Individuen und damit oberflächlich die Frontlinien anzeigen. Wir finden in verschiedenen Gesellschaften oft ein und dieselben Eigenschaften einmal als Gruppenmerkmale und somit als äußere Erscheinungsform eines Konfliktes, in anderen Fällen jedoch ohne diesen Charakter und somit auch nicht als äußeren Anlaß für Feindschaften. In zahlreichen Teilen der angelsächsischen Welt leben Katholiken und Protestanten friedlich nebeneinander. Nur in Nordirland entscheidet äußerlich die Konfession über die Zugehörigkeit zu einer von zwei verfeindeten Volksgruppen. Da Iren und Briten sich weder durch Sprache noch „Rasse" wesentlich von einander unterscheiden, bildet in Nordirland die Konfession den einzigen markanten Unterschied zwischen beiden Volksgruppen, so daß ihr Konflikt nach außen hin den Charakter eines Religionszwistes angenommen hat.
Es darf nicht übersehen werden, daß Vorurteile und Ressentiments gegen die Merkmale einer Feindgruppe sich auch verselbständigen und vom eigentlichen Ursprung des Konfliktes soweit lösen können, daß dieser weithin nicht mehr bewußt ist. Entscheidend ist aber für uns die Feststellung, daß die Gruppenmerkmale nicht selbst naturwüchsige Streitobjekte sind, sondern solche erst aufgrund bestimmter historischer Voraussetzungen wurden. Folglich sind auch tatsächliche physische Unterschiede nicht a priori Gruppenmerkmale. „Rasse" wird daher im weiteren Verlauf dieser Studie nicht als anthropologisch Vorgegebenes verstanden, sondern allein als (wirklich oder vermeintlich) durch Abstammung vererbte Eigenart oder Eigenschaft, die zur Kennzeichnung von Fremd- und Eigengruppe erhoben worden ist.
Ein entscheidender Faktor bei der Entstehung eines Rassismus wie auch anderer Gruppenkonflikte ist die Neigung der meisten Menschen, die eigene Umwelt zu verabsolutieren und sogar zum alleinigen Wertmaßstab zu erheben. Allport weist darauf hin, welche Bedeutung die geradezu reflexartige Vorliebe für das Vertraute und Eigene für die Bildung von Vor-

---

4 Treffend charakterisiert Allport (a. a. O., S. 51 f.) am Beispiel der amerikanischen Neger den Konflikt zwischen der biologisch bestimmten Gruppenzugehörigkeit und der kulturell bestimmten Bezugsgruppe der angelsächsischen Gesellschaft. Die erstere ist eine unveränderliche Tatsache, die zweite ist mit dem Wunsch nach Zugehörigkeit verbunden.

5 Als beispielhafte Kriterien für Gruppendifferenzierungen nennt Allport (a. a. O., S. 101) Rassen, Geschlecht, Altersstufen, ethnische Unterschiede, Sprachgruppen, Wohnorte, Nationen, Ideologien, Kasten, Berufe, Bildungsstufen, Interessenverbände usw.

urteilen hat[6]. Nach Lévi-Strauss ist der Begriff „Menschheit", der unterschiedslos alle ethnischen und kulturellen Varianten der Gattung Mensch umfaßt, vergleichsweise spät entstanden. Es gibt zahlreiche Beispiele dafür, daß die „Menschheit" an den Grenzen des Stammes oder der Sprachgruppe endete und daß daher nicht wenige Völkerschaften sich einen Namen zulegten, der „Mensch" bedeutete, andere Stämme hingegen als Barbaren oder aber mit Tiernamen bezeichneten[7]. Dem entsprach, daß mit der Geringschätzung, mit der man anderen, insbesondere verfeindeten Stämmen begegnete, oft auch eine Rechtsungleichheit im Verkehr mit ihren Angehörigen verbunden war. Das gilt naturgemäß für Kriegszeiten, aber weitgehend auch für Zeiten friedlicher Nachbarschaft. Der Herstellung verwandtschaftlicher Beziehungen, dem Erwerb von Eigentum und der Niederlassung im Gebiet des anderen, der Teilnahme an seinen Kulten und selbst dem Schutz der Persönlichkeit wurden somit Barrieren errichtet.

Die frühe römische Rechtslehre schuf zwei Kriterien für die Rechtsgleichheit mit Angehörigen nicht-römischer Stämme: conubium und commercium. Das conubium begründete die Rechtsgleichheit in bezug auf Eheschließung und damit auf Herstellung verwandtschaftlicher Beziehungen. Das commercium schuf die Rechtsgleichheit hinsichtlich des zivilen Rechts- und Sozialstatus und wirtschaftlicher Verkehrsformen. Beide Begriffe lassen sich naturgemäß nur sehr eingeschränkt aus der juristischen Begriffswelt auf die Soziologie des Rassismus übertragen. Hinzu kommt, daß diese Kriterien auch bei anderen Gruppenbildungen — sozialen Schichten oder religiösen Gemeinschaften — beobachtet werden können. Sie kennzeichnen aber ungefähr die beiden Gesellschafts- und Lebensbereiche, in denen Rassenschranken wie überhaupt Formen gesellschaftlicher Abgrenzung hauptsächlich wirksam sind. Rassismus liegt vor, so können wir in erweitertem Sinne definieren, wenn ein System von Gesetzen und/oder herrschenden Normen die Herstellung verwandtschaftlicher Beziehungen oder rechtlicher Gleichstellung der Angehörigen von Gruppen vermeintlich oder wirklich unterschiedlicher Abstammung oder physischer Andersartigkeit behindert.

Die Verweigerung des conubium schließt dabei nicht immer sexuelle Beziehungen zwischen den Angehörigen der verschiedenen „Rassen" aus. Oft haben sich Eroberervölker das Recht herausgenommen, Frauen der unterworfenen Völkerschaften als Konkubinen oder Kebsweiber zu halten, wodurch aber keine vollgültigen verwandtschaftlichen Beziehungen hergestellt wurden. Sofern sexuelle Beziehungen zwischen Angehörigen verschiedener „Rassen" nicht als verboten galten, waren zumindest Eheschließungen ent-

6 Allport, S. 57.

7 Claude Lévi-Strauss: Race and History, in: Race and Scicence. The Race Question in Modern Science, ed. by Unesco, New York (1. Aufl. 1952) 1969; deutsch: Rasse und Geschichte, Frankfurt am Main 1972, S. 19 f.

weder nicht gültig oder hatten keine rechtliche oder wenigstens gesellschaftliche Gleichstellung des „fremdrassigen" Ehepartners zur Folge.
Die aus Gründen der Rassendiskriminierung erfolgende Verweigerung des commercium konnte und kann viel differenzierter und umfassender sein. Sie muß nicht zwangsläufig wirtschaftliche oder gesellschaftliche Beziehungen ausschließen, kann aber in rechtlicher oder wenigstens in psychologischer Hinsicht eine Behinderung oder Beeinträchtigung des „Fremdrassigen" im Bereich der zivilrechtlichen, politischen, beruflichen oder gesellschaftlichen Gleichstellung nach sich ziehen. Ihm mögen daher Ämter, Berufe, geschäftlicher Erfolg, die Aufnahme in Vereinigungen, die Niederlassung in bestimmten Gegenden oder die Nutzung öffentlicher Einrichtungen verweigert werden. Nicht selten sind mit den eben skizzierten Rassenschranken noch weitere, die „Apartheid" steigernde und verschärfende Trennungsmechanismen verbunden, etwa kulturelle, religiöse oder sprachliche Gruppenmerkmale.
In seiner integrationsfeindlichen Tendenz ist der Rassismus gewöhnlich dem Nationalismus entgegengesetzt. Während der Nationalismus die Einheit von ethnischen, geographischen oder historischen Schicksalsgemeinschaften bewahren oder herstellen, getrennte Volksteile zurückgewinnen und Minderheiten assimilieren will, was auf eine vielleicht gewaltsame, intolerante und expansive, aber doch integrationsfreundliche Tendenz schließen läßt[8], so stellt eine rassistische Einstellung unter einer der Nation übergeordneten Idee diese Einheit in Frage. In besonderen Situationen mögen zwar nationalistische Vorurteile oder Ressentiments — etwa Fremdenfeindlichkeit — rassistische Züge tragen, so daß eine begrenzte Übereinstimmung von Rassismus und Nationalismus vorliegen kann. Dies ist besonders dann der Fall, wenn ein Nationalismus sich mit dem Anspruch verbindet, daß die von ihm glorifizierte Nation eine relativ geschlossene Abstammungsgemeinschaft und somit im landläufigen Sinne eine „Rasse" bilde. Gleichwohl kann für die meisten neuzeitlichen Erscheinungen von Rassismus die Nicht-Übereinstimmung mit dem Nationalismus festgestellt werden. Die Frage nach dem Verhältnis von Rasse und Nation hat, wie wir später sehen werden, auch in den verschiedenen Rassentheorien eine zentrale Stellung eingenommen und ist sehr unterschiedlich beantwortet worden.
Rassismus kann in zwei idealtypischen Varianten auftreten, die freilich nicht immer feste Konturen aufweisen. Die erste Variante, die wir *ethnographischen* oder *gentilen Rassismus* nennen wollen, besteht aus einem Gruppenkonflikt zweier wirtschaftlich und sozial unabhängig voneinander lebender Bevölkerungsgemeinschaften, die nur durch geographische Nachbarschaft und gelegentlichen Tauschverkehr miteinander in Berührung stehen und auf-

8 Eugen Lemberg: Nationalismus, Bd. I: Psychologie und Geschichte, Reinbek 1964, S. 20, 198 ff.

grund entgegengesetzter Interessen und anderer Ursachen in Konflikt geraten sind. Diese Form von Rassismus ist uralt. Solange Menschen in relativ kleinen geschlossenen Gemeinschaften lebten und aufgrund einer durch soziale und geographische Isolierung bedingten Inzucht ihr äußeres Erscheinungsbild vergleichsweise homogen hielten, konnte dies bei Konflikten zwischen Stämmen zu einem entscheidenden Gruppenmerkmal werden. Ein neuzeitliches Beispiel für ethnographischen oder gentilen Rassismus können wir im Verhältnis der frühen angelsächsischen Kolonisten zu den Indianern erkennen, mit denen sie zwar in Nachbarschaft lebten, aber über gelegentlichen Tauschhandel oft keinerlei weitere positive gesellschaftliche Beziehungen unterhielten. Ein anderes Beispiel bildeten im 18. und 19. Jahrhundert die halbnomadischen burischen Viehzüchter in Südafrika in ihrem Verhältnis zu den sie umgebenden gleichfalls halbnomadischen Bantu-Volksstämmen.

Die zweite Variante des Rassismus, die wir *rassistisches Kastensystem* nennen wollen, ist dadurch gekennzeichnet, daß die „Rassen" zwar derselben Gesellschaft angehören, ihre Trennung jedoch sozialer Natur ist, so daß die Rassenzugehörigkeit wesentlich mitentscheidend ist für die Zuordnung der Individuuen zu einer bestimmten sozialen Schicht. Um geographisch bei den angeführten Beispielen zu bleiben, erkennen wir einen derartigen Kastenrassismus in der Negerfrage der Vereinigten Staaten (insbesondere vor der Sklavenbefreiung) oder aber in Südafrika von dem Zeitpunkt an, als die weißen Siedler in größerem Ausmaße Farbige als Hausangestellte, Leibeigene, Knechte und später als industrielle Kontraktarbeiter in die wirtschaftlichen Grundlagen ihrer eigenen Gesellschaft einbezogen, ihnen jedoch die Gleichstellung nach den bereits dargelegten Kriterien vorenthielten. Die Beispiele zeigen, daß beide Varianten des Rassenkonfliktes und der rassistischen Gruppenbildung innerhalb eines Landes nebeneinander existieren, sich überlagern und durch fließende Grenzen voneinander unterscheiden können.

Ansätze eines ethnographischen oder gentilen Rassismus können wir in der Antike im Exklusivitätsdenken von Juden und Griechen erkennen. „Zu Beginn beruhten der jüdische und griechische Nationalgedanke ausschließlich auf der gemeinsamen Abstammung der jeweiligen Völker. Die Auffassung einer auserwählten Rasse — die Auffassung, daß die von Gott gebotene Reinhaltung des Blutes von größtem Wert für das Individuum, für die Gemeinschaft sei — erfüllte das natürliche Stammesbewußtsein mit religiöser Inbrunst. In einem weniger überschwenglichen Maße, da er nicht mit Religion und dem letzten Sinn des Lebens verquickt war, war der Rassengedanke auch die Grundlage des griechischen Nationalismus[9]." Der Anspruch der ge-

9 Hans Kohn: The Idea of Nationalism. A Study in Its Origins and Background, New York 1945; deutsch: Die Idee des Nationalismus. Ursprung und Geschichte bis zur französischen Revolution, Heidelberg 1950, S. 64.

meinschaftlichen Abstammung von Abraham, das religiös verankerte Bewußtsein der Auserwähltheit und der Messianismus, verbunden mit dem zeitweilig strengen Gebot der Reinheit des Blutes, trägt bereits Züge eines ethnographischen oder gentilen Rassismus. Dagegen stellte die spätere jüdische Missionsarbeit und Proselytenwerberei ein ausdrückliches Aufgeben dieser Haltung dar.

Weniger religions- als vielmehr kulturbezogen war der Exklusivitätsanspruch der Griechen, indem die Abgrenzung gegenüber anderen Völkern vor allem mit deren „Barbaren"-Charakter begründet wurde[10]; wesentlich aber war das Bewußtsein einer besonderen Abstammung, die beispielsweise im Verhältnis der Griechen zu den Resten der vorgriechischen pelasgisch-karischen Bevölkerung zum Ausdruck kam. Es sei hier an das Helotentum und an die soziale Stellung der Messenier im antiken Sparta erinnert, deren Verhältnis zur dorischen Herrenschicht Züge sowohl eines ethnographisch-gentilen als auch eines Kasten-Rassismus erkennen läßt. Zwar muß hier vor der Überinterpretation der rassistischen Herrschaftsform Spartas durch spätere rassenideologisch geprägte Historiographen gewarnt werden, die in Beispielen der Vergangenheit geistige Ahnherren und Vorläufer suchten und somit eine historische Rechtfertigung ihres eigenen Rassengedankens ableiten wollten[11]. Gleichwohl können wir festhalten, daß die antiken griechischen Gemeinwesen und insbesondere Sparta außerordentlich integrationsfeindlich gegenüber nicht-hellenischen Völkerschaften waren und daß diese Haltung nicht nur in einem kulturellen Überlegenheitsgefühl, sondern in starkem Maße auch im Anspruch auf eine besondere Abstammung begründet lag.

Auch das rassistische Kastensystem können wir schon in der Antike finden. Im alten Ägypten, später in Burma, unter afrikanischen und pazifischen Völkerschaften könnten wir zahlreiche Beispiele hierfür anführen[12]. Am stärksten entwickelt hat sich jedoch das Kastensystem in Indien, mit dessen Gesellschaft dieser Begriff hauptsächlich in Zusammenhang gesetzt zu werden pflegt. Entstanden ist es als systematische soziale Abgrenzung, mit der die Nachfahren der im zweiten vorchristlichen Jahrtausend eindringenden arischen Erobervölker ihre zunächst aus den Ständen der Priester, Krieger und Kaufleute gegliederte Gesellschaft, der als vierte Gruppierung die Nachfahren der unterworfenen Ureinwohner gegenüberstanden, errichteten und festigten. Diese Hierarchie differenzierte sich weiter durch die Entstehung von neuen Berufsständen, durch die Einbeziehung anderer Völkerschaften und schließlich durch die Bildung von Mischlingsgruppen aus

10 Ebd., S. 81 ff.

11 Zum Beispiel Johann von Leers: Blut und Rasse in der Gesetzgebung. Ein Gang durch die Völkergeschichte, München 1936, S. 22 ff.

12 E. Franklin Frazier: Race and Culture Contacts in the Modern World, New York 1957, S. 254.

zwar unerwünschten, anfangs aber wohl noch geduldeten Verbindungen von Angehörigen verschiedener Schichten. Diese Differenzierung hatte schließlich die Herausbildung eines strengen Systems einander über- und untergeordneter Kasten zur Folge, die sich immer stärker voneinander abgrenzten, darunter durch ihren korporativen Zusammenschluß sowie ihr beruflich-soziales, kulturelles und religiöses Eigenleben[13]. Diese gesellschaftliche Entwicklung hat zwar durch den Einbruch nicht-hinduistischer Religionen in Indien und die Einfälle fremder Eroberervölker eine gewisse Verwischung der ursprünglichen sozialen Frontbildungen erfahren und ethnische, regionale und soziale Sonderentwicklungen ermöglicht; gleichwohl ist der rassistische Hintergrund und Ursprung des indischen Kastenwesens noch in der Gegenwart unverkennbar. Auch das Kastenwesen ist übrigens, ähnlich wie die Gesellschaft Spartas, von späteren Rassenideologen als „großartiger Versuch" interpretiert worden, das Ariertum rein zu erhalten[14].

Die Analyse eines jeden Kastensystems bestätigt sehr bald unsere These, derzufolge es im Sinne unserer anfangs gegebenen Definitionen eine der Varianten des Rassenkonfliktes darstellt und somit immer rassistischen Charakter trägt. Mag hierbei der Aspekt der unterschiedlichen Abstammung und der wirklichen oder vermeintlichen physischen Ungleichheit auch in Vergessenheit geraten oder nie sehr stark entwickelt worden sein, so weist doch das Gebot eines jeden Kastensystems nach Reinhaltung des Blutes auf ein Element, das dem des Rassendünkels sehr ähnlich ist. Viele Definitionen des Kastenwesens entsprechen daher großenteils denen des Rassenkonfliktes, wie wir ihn bereits skizziert haben: „A caste system occurs where a society is made of birth-ascribed groups which are hierarchically ordered and culturally distinct. The hierarchy entails differential evaluation, reward and association[15]." Der Hinweis auf die durch Geburt begründete soziale Zuordnung des einzelnen innerhalb eines durch unüberwindliche Barrieren gekennzeichneten Gesellschaftssystems hat verschiedene Soziologen dazu veranlaßt, den Begriff Kaste beispielsweise auch auf die Situation der nordamerikanischen Neger zu übertragen und den Vorschlag zu unterbreiten, künftighin grundsätzlich bei Rassenkonflikten den Begriff Rasse durch Kaste zu ersetzen[16]. Hiergegen ist eingewendet worden, daß ungeachtet der Barrieren hinsichtlich sexueller Kontakte und der Herstellung verwandtschaftlicher Beziehungen sowie der charakteristischen Ghetto-Bildung den amerikanischen Negern der korporative Zusammenschluß, die Bindung an

13 G. S. Ghurye: Caste and Race in India, New York 1932.

14 von Leers, S. 11.

15 Gerald Berreman: Stratification, Pluralism and Interaction: A Comparative Analysis of Caste, in: Caste and Race. Comparative Approaches, ed. by Anthony de Reuck and Julie Knight, London 1967, S. 48.

16 Berreman, a. a. O.; Montagu, S. 68.

kastenspezifische Berufe und das kasteneigene soziokulturelle (gegebenenfalls auch religiöse) Gepräge fehle, wie es für das indische Vorbild typisch sei[17]. Dieser Hinweis ist berechtigt, bindet den Begriff der Kaste jedoch zu sehr an die mit ihm assoziierte indische Sozialstruktur. Fehlt auch in Nordamerika die kastenspezifische Bindung an Berufe und der korporative Zusammenschluß der Neger, so ist doch die stärkere Verteilung der Farbigen auf Berufsgruppen der Unterschicht und zum andern eine starke Rassentrennung in Vereinen, Lokalen, Glaubensgemeinschaften und sonstigen Bereichen gegeben. Wenn wir den Begriff Kaste von seinem indischen Lokalkolorit befreien, können wir ihn durchaus zur Kennzeichnung eines schichtenspezifischen Rassenkonfliktes verwenden.
Die Entstehung früher Formen von Rassendiskriminierung wie in Sparta, Israel, Indien und anderen Weltregionen liegt für uns im Dunkel der Vergangenheit. Über die einzelnen Gründe, die zu ihrer Herausbildung führten, können wir nur mutmaßen. Wesentlich leichter haben wir es, wenn wir die Entstehung von Rassenkonflikten in der Neuzeit untersuchen. Mit wenigen Ausnahmen entwickelten sie sich in einem engeren oder weiteren Zusammenhang mit den kolonialen Eroberungen der europäischen Staaten. Diese Expansion führte zu bis dahin ungeahnten demographischen und ethnographischen Veränderungen innerhalb der gesamten Weltbevölkerung, wie sie zuvor noch keine andere Völkerwanderung nach sich gezogen hatte. Sie veränderte vollständig die Neue Welt und schuf Verbindungen und Kontakte zwischen Völkerschaften, die wenige Generationen zuvor noch nichts voneinander gewußt hatten.
Die demographischen und ethnographischen Veränderungen bestanden teils in der europäischen Besiedlung überseeischer Gebiete, teils in der Einfuhr afrikanischer Sklaven oder später der Ansiedlung asiatischer Kontraktarbeiter. So entstanden in Amerika, Australien und Südafrika weiße Siedlungsgebiete, so gelangten Afrikaner in die Neue Welt, Inder nach Ost- und Südafrika, Chinesen nach Südostasien und Asiaten aus verschiedenen Nationen in den pazifischen und karibischen Raum[18]. Mit Ausnahme der weißen Besiedlung erfolgten diese Veränderungen unfreiwillig und in der Regel in Begleitung von Gewalt. Das gilt nicht nur für den Sklavenhandel, der etwa dreihundert Jahre lang ein wichtiges Objekt des transatlantischen „Warenaustausches“ war, sondern auch für die oft mit massiven Druckmitteln und Betrug durchgeführte Anwerbung von Kontraktarbeitern im 19. und 20. Jahrhundert.
Für die Entstehung eines weißen Rassismus im Gefolge der kolonialen Eroberungen waren folgende Faktoren maßgeblich. Der Sklavenhandel

17 Sujarit Sinha: Caste in India: Its Essential Pattern of Socio-Cultural Integration, in: Race and Caste, a. a. O., S. 98 f.
18 Frazier, S. 11 f.

erstreckte sich zunächst auf nicht-christliche Völkerschaften, denen gegenüber die moralischen Skrupel bezüglich ihrer Versklavung geringer waren. Entscheidender aber war, daß diese Völkerschaften wirtschaftlich, verkehrs- und vor allem waffentechnisch den europäischen Kolonialmächten hoffnungslos unterlegen waren, was mit geringen Einschränkungen auch für die unterworfenen Indianerstämme Amerikas gilt[19]. Spanier und Portugiesen und in ihrem Gefolge andere europäische Mächte haben ja nicht Angehörige der den abendländischen Völkern benachbarten Araber oder Türken als Sklaven nach Amerika exportiert. Der Grund liegt darin, daß diese in der frühen Neuzeit den Europäern politisch und militärisch ebenbürtig gegenüberstanden. Der Sklavenhandel wie auch die Eroberung und Besiedlung Amerikas vollzog sich zu Lasten solcher Völker, denen gegenüber die Europäer das Gefühl eigener Überlegenheit unmittelbar erlebten. Hinsichtlich der indischen und chinesischen Kulis, die in späterer Zeit als Kontraktarbeiter auf Plantagen oder in andere Unternehmungen des afrikanischen, pazifischen oder karibischen Raumes gebracht wurden, gilt diese Feststellung mit dem Zusatz, daß deren Heimatländer zur fraglichen Zeit wirtschaftlich und politisch bereits derart geschwächt waren, daß sie zu einem wirksamen Schutz ihrer Bewohner vor den wirtschaftlichen Interessen der Europäer nicht fähig und oft auch nicht willens waren[20]. Ungeachtet des Alters der asiatischen Zivilisationen, konnten auch ihnen gegenüber die Kolonialherren mit dem Gefühl machtpolitischer und technologischer Überlegenheit auftreten.
Neben diesem Herrendünkel der Weißen hat noch ein weiterer Faktor wesentlich zur Entstehung neuzeitlicher Rassenkonflikte beigetragen. Die Ansiedlung farbiger Sklaven und Kontraktarbeiter erfolgte aus rein wirtschaftlichen Gründen; im Vordergrund standen Motive der Ausbeutung. Mit anderen Worten: der gesamte umfassende Menschenhandel von rund dreihundert Jahren erfolgte mit dem Ziel, die farbigen Arbeitskräfte in eine bestimmte ökonomische Funktion zu zwingen, was einem Verlassen der zugewiesenen sozialen Rolle und somit einer Integration unmittelbar entgegenstand.
Nun hat es bei Spaniern und Portugiesen einen weiteren Aspekt der kolonialen Eroberung gegeben, der jene beiden ersten integrationsfeindlichen Faktoren teilweise wieder aufhob: der katholische Missionsauftrag. Gemeinhin verbinden wir — zu Recht — mit dem Gedanken der Zwangschristianisierung die Erinnerung an Glaubenskriege, an religiöse Unterdrückung und alle Gewalttaten der Intoleranz. Es ist dem jedoch entgegenzuhalten, daß die Spätfolgen der spanisch-portugiesischen Missionsarbeit für die weitere Entwicklung der lateinamerikanischen Gesellschaft von starker

19 Ebd., S. 33; auf die Bedeutung der technologischen Ungleichheit für die Geschichte des Kolonialismus verweist vor allem Lévi-Strauss, S. 50.
20 Vgl. Frazier, S. 170 ff., 120 ff., 148 ff.

integrierender Kraft waren. Die Schwarzen in den lateinamerikanischen Staaten sind durchgehend Nachfahren ehemaliger Sklaven; große Teile der indianischen Bevölkerung hatten sich jahrhundertelang in Leibeigenschaft (encomienda) befunden, beide Gruppen ausgebeutet von einer kleinen kreolischen Grundeigentümerschicht. Hinzu kommt, daß vor allem unter Indianern eigene Sprachen und religiöse Kulte unter einer hauchdünnen iberischen Oberfläche lebendig blieben. Es waren daher alle Voraussetzungen für die Entstehung eines rassistischen Kastensystems gegeben, wie es in damals britischen und niederländischen Kolonialgebieten — Nordamerika und Südafrika — in Entstehung begriffen war. Daß es hierzu nicht kam, ist der alle Bevölkerungsgruppen vereinenden lateinisch-katholischen Kulturtradition zu verdanken. Zwar sind Spuren sozialer Deklassierung aufgrund der Hautfarbe noch heute in einigen lateinamerikanischen Gesellschaften unverkennbar[21], aber Ghettobildungen auf rassischer Grundlage und Rassenkonflikte wie in der protestantisch-angelsächsischen Welt gibt es nicht.

Man muß sich vergegenwärtigen, daß die Intoleranz eines Missionsgedankens zugleich ein großes integrierendes Potential enthält. Die ursprünglich mit Gewalt aufgezwungene Staatsreligion gab allen Bevölkerungsteilen ein annähernd gleiches religiöses und kulturelles Gepräge und erleichterte die Kommunikationsmöglichkeiten über alle sozialen und ethnographischen Grenzen hinweg. Der universale Monopolanspruch der römischen Kirche verhinderte dadurch die Aufsplitterung der Bevölkerung in rassisch getrennte Glaubensgemeinschaften mit eigenständigen Bildungseinrichtungen und Kulturtraditionen, wie sie für Nordamerika und Südafrika charakteristisch sind. Frühzeitig wurden in spanischen und portugiesischen Kolonien Mischlinge oder Farbige zunächst zu kirchlichen und später zu staatlichen Ämtern zugelassen. Wir dürfen daher die Einheit des kulturellen Gepräges und das universale Selbstverständnis des Katholizismus als Hauptursache dafür werten, daß ein Kastensystem wie in den Kolonialgebieten der protestantischen Mächte nicht aufkommen konnte.

Hingegen können wir in den bereits genannten Gebieten, in denen protestantisch-kalvinistische Koloninalmächte herrschten, die Entstehung eines rassistischen Kastensystems bis in die Gegenwart sehr genau verfolgen: in Südafrika und in den Vereinigten Staaten. Als die Niederländisch-Ostindische Kompagnie im Jahre 1652 am Kap der Guten Hoffnung einen kleinen Stützpunkt begründete, war zunächst nicht an eine Siedlungskolonie gedacht. Das nicht sehr ertragreich scheinende Kapland sollte nur als Zwischenstation dienen für die niederländischen Schiffe auf dem Wege nach

21 Vgl. hierzu Rolf Reichert: Brasilien, Schmelztiegel der Rassen, in: Rassenkonflikte in der Welt, a.a.O., S. 81 ff. — Weitere aufschlußreiche Beiträge hierzu: Klassengesellschaft und Rassismus. Zur Marginalisierung der Afroamerikaner in Lateinamerika, hrsg. von Jürgen Gräbener, Düsseldorf 1971.

Indien. Gleichwohl entstanden größere Niederlassungen, zu deren landwirtschaftlicher und handwerklicher Versorgung recht bald Sklaven aus West- und Ostafrika, Madagaskar und Ostindien eingeführt und einheimische nomadisierende Hottentotten und Buschmänner versklavt wurden. Durch Einwanderungswellen deutscher Emigranten und französischer Hugenotten sowie weiterer Niederländer dehnte sich die Kolonie auf weite Teile der heutigen Kap-Provinz aus. In den ersten Jahrzehnten gab es zunächst noch keine Rassendiskriminierung; ein frei gelassener, getaufter Farbiger konnte durchaus als vollwertiger Mitbürger gelten. Erst 1685 wurden diskriminierende Gesetze erlassen, in denen Ehen von Weißen und Schwarzen — nicht aber mit Mischlingen — verboten wurden[22].

Kurz nach der britischen Annexion der Kap-Provinz 1803 wurde die Sklaverei aufgehoben, was zwar durch einen indirekten Arbeitszwang für Hottentotten teilweise wieder rückgängig gemacht wurde, insgesamt jedoch die burischen Bauern und Rinderzüchter wirtschaftlich schwer schädigte. Die zunehmende britische Administration der Kap-Provinz und die Aufhebung der Sklaverei, die nach Ansicht der Buren diese auf eine Stufe mit ihren früheren Sklaven gestellt hatte, veranlaßte 1836 den großen Treck ins Landesinnere in die noch nicht von Großbritannien kontrollierten Gebiete und die Gründung der Staaten Natal, Transvaal und Oranje. Dort gerieten die Buren in unmittelbare Nachbarschaft mit Bantu-Stämmen, von denen sie sich — wegen ihrer ähnlichen halbnomadischen Lebensweise — nur durch ihre Hautfarbe unterschieden. Für die weitere Sozialgeschichte Südafrikas seien hier noch folgende Fakten von Bedeutung genannt: Durch die seit 1860 anhaltende Einwanderung indischer Kulis wurde die heterogene Bevölkerungsstruktur um ein weiteres ethnographisches Element bereichert. Die Entdeckung von Diamanten und Gold förderte die industrielle Entwicklung und zog innerhalb der Bantu-Bevölkerung teilweise eine Auflösung der alten Stammeskulturen nach sich sowie die Schaffung eines städtischen schwarzen Proletariats und Sub-Proletariats. Die scharfe Rivalität zwischen Buren und Engländern wurde durch die Burenkriege nur nach außenhin gewaltsam unterdrückt. Die Rivalität innerhalb der weißen Bevölkerung wurde durch starke Einwanderungswellen osteuropäischer Juden vor der Jahrhundertwende weiter kompliziert und durch das Problem eines um sich greifenden Antisemitismus zusätzlich belastet.

Die demographische Entwicklung Südafrikas erhielt seit Beginn seiner Besiedlung jene Strukturen, die die Entstehung eines rassistischen Kastensystems nahezu unvermeidlich machte. Nicht nur war mit der Zugehörigkeit zu einer der ethnischen Gruppen weitgehend eine bestimmte wirtschaftlich-

22 Für die Sozialgeschichte Südafrikas vgl. Cornelius Willem de Kiewiet: A History of South Africa. Social and Economic, Oxford 1941. — Lawrence Elwin Neame: The History of Apartheid. The Story of the Colour War in South Africa, London 1962, S. 13.

soziale Zuordnung verbunden, sie erstreckte sich auch auf Gruppen, die bis heute zugleich sprachliche und teilweise religiöse Unterschiede bewahrt haben und somit keinen gemeinsamen kulturellen Überbau entwickeln konnten. Da die Besiedlung Südafrikas unter ökonomischen Gesichtspunkten erfolgte, bestand jemals weder das Interesse noch die Möglichkeit, die verschiedenen Gruppierungen der Weißen (Buren, Engländer, Juden), der Schwarzen (städtisches Proletariat, Stammesgemeinschaften), der Farbigen (sogenannte Kap-Mischlinge) und Inder zu einer Nation zu verschmelzen, wie es unter anderen Bedingungen etwa in Brasilien gelungen ist. Der Ausbau der gesetzlichen Rassentrennung und des Systems der Apartheid, der erst nach dem Zweiten Weltkrieg abgeschlossen wurde, versah das Kastensystem nur noch mit den förmlichen legislativen Etiketten.
Auch die Kolonisierung Nordamerikas vollzog sich unter integrationsfeindlichen Vorzeichen. Während die spanische und portugiesische Eroberung in Mittel- und Südamerika durch gewaltsame Christianisierung und durch Unterwerfung der Indios wie auch der später eingeführten afrikanischen Sklaven unter ein gemeinsames Administrations- und Herrschaftssystem eine Rassen und Volkstum überschreitende gemeinsame Lebensform und weitgehend gemeinsame Kultur begründete, haben die frühen englischen Siedler diese Integrationsgrundlage nicht geschaffen. Als Bauern standen sie in einem ökonomischen Gegensatz zu den einheimischen Indianern, deren Jagdgebiete sie rodeten und dadurch deren Lebensgrundlage zerstörten. Die Kolonisation Nordamerikas durch die englischen Siedler entsprang zudem weitgehend privater Initiative und zielte darauf ab, Land durch gleichzeitige Verdrängung der indianischen Bevölkerung zu gewinnen. Es zielte folglich nicht auf Unterwerfung und damit auf Einbeziehung der Indianer in ein gemeinsames politisches Gemeinwesen ab. Die Einfuhr afrikanischer Sklaven assimilierte diese zwar sprachlich und religiös und ordnete sie ein in das bestehende Wirtschaftssystem, indessen als unterste und gänzlich rechtlose Kaste. Die Zugehörigkeit zu dieser sozialen Schichtung war — wenn wir von der zahlenmäßig unbedeutenden Schicht freigelassener Negersklaven absehen — mit anthropologischen Merkmalen weitgehend deckungsgleich. Die amerikanische Rassengesellschaft wurde weiter kompliziert durch die Einwanderung bzw. politische Einbeziehung von Chinesen (in Kalifornien), Chicanos (in den ehemals spanisch-mexikanischen Gebieten), Puertorikanern usw., von denen die meisten sich gleichermaßen sprachlich-religiös-kulturell wie auch ethnisch und anthropologisch von der weißen, angelsächsischen, protestantischen Mehrheit unterschieden[23].
Die Rassenpolitik der USA fand frühzeitig ihren Niederschlag in der Gesetzgebung der Union oder auch einzelner Bundesstaaten, die in ihrer Aus-

23 Vgl. Thomas F. Gossett: Race. The History of An Idea in America, Dallas 1969.

wirkung immer die jeweiligen farbigen Gruppen — grundsätzlich Neger und Mulatten, des öfteren auch Indianer, Chinesen, Malaien oder aber Farbige insgesamt — benachteiligten oder in der Strafjustiz härter behandelten als Weiße. In Kansas wurde 1855 ein Gesetz erlassen, nach dem ein Neger oder Mulatte nach versuchter oder vollzogener Notzucht an einer Weißen oder ihrer Nötigung zur Ehe oder zur gewerbsmäßigen Unzucht unter Aufsicht eines Sheriffs kastriert werden sollte. Ähnliche diskriminierende Gesetze wurden auch in anderen Staaten erlassen. Noch nach dem Zweiten Weltkrieg waren in etwa 30 US-Staaten Gesetze in Kraft, die den Geschlechtsverkehr zwischen Weißen und Farbigen oder zwischen Farbigen verschiedener Rasse untereinander — bei Strafen bis zu 10 Jahren Haft — verboten[24].
Auch nach der Sklavenbefreiung wurden Gesetze erlassen, die rassistische Absichten verfolgten und deren Auswirkungen sich teilweise bis in die jüngste Gegenwart erstreckten. In Louisiana wurde 1897 die sogenannte „grandfather clause" erlassen, die in verschleierter Form das Wahlrecht schwarzer Bevölkerungskreise einschränken sollte. Da Analphabeten kein Wahlrecht besaßen, waren Farbige ohnehin weitgehend von der Wahl ausgeschlossen. Man wollte aber auch die Zahl der alphabetisierten farbigen Wähler verringern und gewährte nur denjenigen Bürgern das Wahlrecht, deren Väter oder Großväter es an einem Stichtag des Jahres 1867 ausgeübt hatten. Erst 1915 wurde dieses Gesetz für verfassungswidrig erklärt[25].
Neben der offen rassistischen Politik gegen Neger und Indianer[26] wurden auch die chinesischen Einwanderer in Kalifornien Opfer einer militanten Rassenpolitik. Nachdem sich zu Beginn der 1850er Jahre etwa 25 000 Chinesen an der Westküste niedergelassen hatten, wurden sie bereits 1854 wie Neger und Indianer vor Gericht von der Zeugenschaft bei Anklagen gegen Weiße ausgeschlossen. Seit 1870 häuften sich — angefacht von den Gewerkschaften, die von der Einwanderung billiger asiatischer Arbeitskräfte Auswirkungen auf Arbeitsmarkt und Lohnpolitik befürchteten — antichinesische Demonstrationen, Lynchakte und Fememorde. 1876 forderten der Staat Kalifornien und die Stadt San Francisco vom Kongreß in Washington das Verbot chinesischer Einwanderungen und den Ausschluß der Chinesen von der amerikanischen Staatsbürgerschaft. 1882, 1888 und 1892 folgten „exclusion acts" und „restriction acts" mit gleicher Zielsetzung[27].
Der unterschiedliche historische Hintergrund von Nordamerika und Südafrika erklärt auch die verschiedenartige Entwicklung beider Rassengesellschaften. Wenn wir einmal von den sehr ungleichen Zahlenverhältnissen

24 Geza von Hoffmann: Die Rassenhygiene in den Vereinigten Staaten von Nordamerika, München 1913, S. 67.
25 Gossett, S. 266.
26 Vgl. die ausführlichen Darstellungen ebd., S. 228 ff., 253 ff.
27 Ebd., S. 290 ff.

der Konfliktgruppen in beiden Ländern absehen, hat sich das Apartheidssystem versteift und ungeachtet neuerer kosmetischer Korrekturen seinen Charakter als Herrschaftsinstrument behalten. In den Vereinigten Staaten hingegen ist die Rassentrennung im legislativen Bereich inzwischen abgebaut und gegenüber bestimmten Gruppen — etwa Asiaten — auch in der öffentlichen Meinung weitgehend verschwunden. Innerhalb gewisser sozialer und sektoraler Grenzen ist die amerikanische Gesellschaft nach dem Zweiten Weltkrieg zweifellos durchlässiger geworden, ungeachtet des gelegentlichen Ausbruchs von Gewalt in den Ghetti und ungeachtet der zahllosen noch bestehenden Diskriminierungen.

Wir können für beide Rassengesellschaften die Feststellung treffen, daß sie nicht Produkt oder Ergebnis einer bestimmten Rassen*theorie* oder *-ideologie* sind und auch aus eigenem Anstoß nur ansatzweise solche entwickelt haben. Gewiß haben südafrikanische Rassenpolitiker der 1930er Jahre Anregungen aus dem ideologischen Repertoire des zeitgenössischen Dritten Reiches empfangen, wie auch amerikanische Politiker seit der zweiten Hälfte des 19. Jahrhunderts die integrationsfeindliche Politik der Union oder der Bundesstaaten zunehmend mit Rassentheorien publizistisch begründeten. Aber der Rassenkonflikt war wesentlich älter als die Theorien und war auch jahrhundertelang ohne sie „ausgekommen“. Die südafrikanische Rassentrennung wurde und wird auch heute noch mit einem alttestamentarischen Auserwähltheitsanspruch der Weißen und der aus Jos. 9, 21—27 abgeleiteten vermeintlichen Bestimmung der Schwarzen (als angeblichen Nachfahren Hams) zum Dienen begründet, ohne daß die Apartheidsgesellschaft jemals das Bedürfnis entwickelt hätte, ihren Herrschaftsanspruch „wissenschaftlich-theoretisch“ zu begründen. Mit Einschränkungen läßt sich ähnliches auch für die Vereinigten Staaten feststellen. Die aus Europa übernommenen Rassentheorien fanden ihre Heimat zunächst nicht in den Südstaaten, in denen aktuelle Rassenkonflikte schwelten, sondern in den Neuenglandstaaten, die zu jener Zeit eine fast ausschließlich weiße Bevölkerung hatten; sie richteten sich in erster Linie auch nicht gegen Farbige, sondern gegen die irisch-katholische Einwanderung, also gegen ein Bevölkerungselement, dessen „rassischer“ Unterschied zu den Angloamerikanern keinesfalls offenkundig war. Erst infolge der publizistischen und ideologischen Rechtfertigung des amerikanischen Kolonial- und Wirtschaftsimperialismus einerseits und der Kontroversen um die Einwanderungspolitik andererseits fanden gleichsam Rassenideologien und Rassenkonflikte zueinander. Wir werden auf diesen Prozeß an anderer Stelle noch näher eingehen.

Die hier in kurzem Abriß gegebenen Beispiele für Rassenkonflikte zeigen uns indessen hinreichend, daß Rassismus durchaus ohne ideologisch-theoretische Begründung und allein aufgrund eines Gruppenkonfliktes bestehen und durch die von ihm entfachten Vorurteile und Ressentiments genährt werden kann. Mit anderen Worten: Rassismus war weitgehend theorielos in

dem Sinne, daß zur Begründung von dünkelhafter Abgrenzung und Unterdrückung anderer „Rassen“ keine eigene Rechtfertigungsideologie konstruiert wurde. Die vermeintliche Höherwertigkeit der eigenen und die vermeintliche Minderwertigkeit (oder zumindest Andersartigkeit) der fremden Gruppe konnte in Mythen und Legenden ihren Ausdruck finden, in Sagen und sonstigen Überlieferungen, die sich sämtlich noch in einem unreflektierten und vorwissenschaftlichen Raum bewegten. In Gesellschaften, in denen noch gentile Stammesstrukturen lebendig waren, enthielten diese Mythen oft den Anspruch einer gemeinsamen Abstammung von einem Totem, einem göttlichen Wesen oder zumindest einem durch göttliches Wohlwollen besonders herausgehobenen Stammvater, während den Fremdgruppen eine vergleichbare erlauchte Herkunft abgesprochen wurde. Das indische Kastensystem hat hier die Lehre von der rassischen Überlegenheit der herrschenden Kasten am konsequentesten einbezogen in die indische Glaubenswelt[28].
Im christlichen, vorwiegend aber im protestantischen Raum hat es Versuche gegeben, rassische Diskriminierungen aus der biblischen Einteilung der Menschheit in die Nachfahren von Sem, Ham und Japhet zu rechtfertigen, wie dies für Südafrika bereits gezeigt wurde. Britische und später auch amerikanische Geistliche bemühten sich beizeiten, den Handel mit Negersklaven als mit den Grundsätzen des Christentums vereinbar darzustellen: so Thomas Thompson („The Trade in Negro Slaves on the African Coast in Accordance with Human Principals and with Laws of Revealed Religion“, 1792) und Josiah Priest („A Bible Defence of Slavery“, 1852)[29].
Schließlich aber gab und gibt es noch gegenwärtig Beispiele von Rassenkonflikten ohne jeglichen Hintergrund einer ideologischen Rechtfertigung. Es versteht sich, daß die Grenze zwischen einem Geflecht von Vorurteilen und einer mehr oder minder abgeschlossenen Ideologisierung von Ressentiments fließend sind und ersteres sich im Laufe eines gewissen Entwicklungsprozesses zu einer kodifizierten Doktrin entfalten kann. Indessen besteht erfahrungsgemäß in Rassengesellschaften erst dann ein „Bedarf“ an Rassen*theorien* als (pseudo-)wissenschaftlichem Versuch zur Rechtfertigung bestehender Rassenschranken, wenn diese in Frage gestellt werden. Solange diese von der öffentlichen Meinung oder einer sie prägenden Schicht nicht angezweifelt werden, erweist sich das systematisierte Vorurteil als ausreichend zur Rechtfertigung, allenfalls geringfügig sublimiert durch eigenwillige Bibelexegesen (wie in Südafrika) oder mehr mythische Lehren von der göttlichen Qualität der herrschenden Kasten[30]. Rassen*konflikte* und Rassen*theorien* sind also keineswegs komplementäre Erscheinungen für eine bestimmte politische Konfliktsituation, sondern von eigenständiger Herkunft und weitgehend ge-

---

28 Helmuth von Glasenapp: Die Religionen Indiens, Stuttgart 1943.
29 Juan Comas: Racial Myths, in: Race and Science, a. a. O., S. 13 ff.
30 von Glasenapp, S. 88 f.

trennter Entwicklung. Erst besondere historische Konstellationen ermöglichten es, daß beide in unmittelbaren Zusammenhang traten.
Wir wollen die oben aufgestellte These von den unterschiedlichen Wurzeln beider Erscheinungen, die unter dem Sammelbegriff des Rassismus nur sehr unpräzise und unvollkommen zusammengefaßt zu werden pflegen, durch eine weitere These pointieren: Die politische Funktion der Rassentheorien bestand unter anderem darin, in der Öffentlichkeit überhaupt erst auf das Vorhandensein unterschiedlicher und ungleicher „Rassen" hinzuweisen und aus Gründen, auf die später einzugehen wird, ein „Rassenbewußtsein" zu schaffen und damit einen „Rassen"-Konflikt zu erzeugen oder einen bestehenden anderen gesellschaftlichen Konflikt in einen solchen umzumünzen.
Die Entstehungsgeschichte der Rassentheorien setzte zu einem Zeitpunkt ein, in der politische und soziale Herrschaftsansprüche nicht mehr als selbstverständlich akzeptiert und ihre mythische oder sonstige primitive Legitimationsbasis weithin als nicht mehr gültig begriffen wurde. Rassen*theorien* setzen das Bedürfnis voraus, die vermeintliche natürliche Ungleichheit von Angehörigen verschiedener bzw. als verschiedenartig angesehener Gruppen durch eine Argumentation zu begründen, der mehr Autorität zuerkannt wird als der bisher anerkannten Legitimationsbasis. Allein diese Tatsache weist auf einen historischen Bezugsrahmen, der die Entstehungsgeschichte der Rassentheorien in der Neuzeit ansiedelt, genauer gesagt: in einer Zeit, in der die Wissenschaftsgläubigkeit die Ausstrahlungskraft biblischer Lehrmeinungen oder mythischer Überlieferungen verblassen ließ. Diese Beobachtung schließt nicht die ergänzende Feststellung aus, daß die Rassentheorien immer auch selbst mythische Züge trugen oder aber, je mehr sie sich von einer bloß historischen Theorie zur politischen Ideologie aufblähten, sich später mit Absicht des wissenschaftlichen Scheins entledigten und Formen pseudoreligiöser Mythen annahmen. Wir werden im nächsten Kapitel die Entstehung der Rassentheorien unter ideologiegeschichtlichem Aspekt näher untersuchen.
Wenn die Rassentheorien im folgenden als *Ideologien* bezeichnet werden, so geschieht dies unter voller Berücksichtigung der Doppeldeutigkeit des Begriffs. Die Rassentheorien haben oft politische Zielvorstellungen begründen, ihre Motive jedoch verschleiern wollen und somit eine herrschaftstechnische Funktion der Täuschung ausgeübt. Es besteht jedoch kein Zweifel daran, daß ihre Urheber und Verfechter glaubten, bisher unbekannte biologische und historische Gesetze der Gesellschaft und Kultur entdeckt zu haben. Ideologie war in diesen Fällen „falsches Bewußtsein", welches überhaupt erst die Interessen, zu deren Artikulation die Rassentheorien verfaßt wurden, begründete.
Den ersten historisch nachweisbaren Versuch eines rassentheoretischen Ansatzes lieferte Aristoteles, ohne daß es freilich im historisch-sozialen Hintergrund seiner Zeit gelegen hätte, diesen Ansatz zu einer Rassentheorie zu

verarbeiten. In seiner „Politik"(I, 5) gelangte Aristoteles zu der Überzeugung, daß die Sklaverei gleichermaßen von Nutzen sei für den Herrn wie für jene, die aufgrund ihrer geringen Teilhaftigkeit an der Vernunft zum Dienen vorherbestimmt seien. Die Natur habe bereits durch unterschiedliche Ausstattung der Menschen mit geistigen und körperlichen Fähigkeiten die einen prädestiniert zu Politikern und Kriegern, mithin also zu Herren, die anderen aber zu körperlicher Arbeit, zum Dienen. Körperliche Gestalt ist ebenso wie die Seele für Aristoteles erblich, was ihn zur Schlußfolgerung verleitet, daß es geborene Herren und geborene Sklaven gebe.
Dem Hinweis, daß man ja auch solche Personen als Sklaven halte, die man im Kriege überwunden und gefangen habe und die von Natur aus nicht zum Dienen bestimmt seien, begegnet er mit einem Argument, das sozialdarwinistische Denkweisen vorwegnahm. Die Tugend (im antiken Sinne) sei dasjenige, was die Macht dazu verleiht andere zu überwältigen, und der Sieger sei dem Besiegten immer nach irgendeiner Richtung hin überlegen, so daß Gewalt und Ausübung von Herrschaft niemals ohne Legitimation durch die Tugend seien. Aristoteles räumte zwar ein, daß nicht alle Herren oder Sklaven von Natur aus zu ihrem Los bestimmt worden seien (I, 6). Jedoch war gleichwohl damit im Kern die Lehre von der erprobten physischen und psychischen Überlegenheit von Menschen ausgesprochen sowie von der Prädestination der Überlegenen, andere zu beherrschen[31].
Aristoteles fand in dieser Gedankenführung gelegentliche Epigonen, die ihn als Gewährsmann zur Rechtfertigung der Unterdrückung kolonialer Völker bemühten. So versuchte der spanische Historiograph Juan Ginez de Sepúlveda (1490—1574) unter Berufung auf ihn die physische und geistige Minderwertigkeit der Indios zu begründen[32], was unschwer den Hintergrund der spanischen Eroberungszüge in Amerika erkennen läßt. Jedoch hat trotz seiner theoretischen Vorarbeit Aristoteles niemals irgendwelche Vorläuferrolle für die späteren Rassentheoretiker angenommen und irgendwelche Beiträge zu ihrer Entstehung und Ausarbeitung geliefert. Die antike Gesellschaft war geprägt durch die Einrichtung der Sklaverei, die von den Zeitgenossen weder als illegitim noch als inhuman empfunden wurde; um so weniger „bedurfte" es einer Ideologie zur Rechtfertigung von Unterdrückung und Ausbeutung von Völkern und Individuen aus Gründen ihrer „Rasse", ihrer Abstammung oder äußerlich erkennbarer Eigenschaften und Erbmerkmale, durch die sie sich von den Bewohnern der übrigen damals zivilisierten Welt unterschieden. Aristoteles' Sklaventheorie war somit nicht durch aktuelle „Rassen"-Konflikte veranlaßt worden, wenngleich spätere Rassenideologen sie als Ausdruck eines sich in Klassengegensätzen niederschlagen-

31 Friedrich Hertz: Rasse und Kultur. Eine kritische Untersuchung der Rassentheorien. Zweite und vermehrte Auflage von „Moderne Rassentheorien", Leipzig 1915, S. 378 f.
32 Comas, S. 15.

den Kampfes zwischen „Herrenvölkern" und ihren andersrassigen Substraten interpretieren zu können meinten. Dennoch nahm diese Theorie bereits viele Aussagen vorweg, die wir an den späteren Rassentheorien als wesentlich erkennen werden. Aber auch sie entstanden, wie bereits erwähnt, in einem geographischen Raum, dessen vergleichsweise homogene Bevölkerung in Europa keine Rassenkonflikte kannte.

Im abendländischen wie im islamisch-orientalischen Mittelalter dominierten verschiedene Abwandlungen feudaler Herrschaftsformen, in denen dynastische, ständische und religiöse Kriterien entscheidend waren für die politische und soziale Zuordnung von Völkern und Individuen, so daß hier ohnehin kein Boden gegeben war für eine rassenideologische Nachwirkung der aristotelischen Sklaventheorie. Einen gewissen Sonderfall bildete im 16. Jahrhundert das Gebot der Reinheit des Blutes („limpieza de sangre") in Spanien, das ungeachtet rassistischer Ansätze mehr als propagandistisches Instrument während der Mauren- und Judenverfolgung und vor allem im Rahmen des Ausbaues des spanischen Absolutismus zu begreifen ist denn als späte Resonanz des Aristoteles oder als Frühform europäischer Rassenideologien.

Wir werden im nächsten Abschnitt im einzelnen nachweisen, daß Theorien über die „natürliche" (d. h. rassische) Ungleichheit der Menschen Ergebnis einer bestimmten sozialgeschichtlichen Konstellation vor dem Hintergrund einer bestimmten geistesgeschichtlichen Entwicklung waren. Unter Vorwegnahme unserer späteren Ausführungen können wir festhalten, daß die ersten Ansätze und die meisten frühen Beispiele der Rassentheorien aus der politisch-publizistischen Tradition des Adels gegen egalisierende Bestrebungen des Bürgertums hervorgingen. Der Adel bildete indessen keine anthropologische Einheit, wie es von indischen Kasten mit Einschränkungen noch gesagt werden kann; diese Behauptung stellten erst nachträglich die Urheber der Rassentheorien auf. Wenn also trotz der historischen Tatsache, daß immer wieder Familien aus dem Bürgertum in den Adelsstand überwechselten, der Glaube entstehen konnte, daß es sich hier um abstammungsmäßig völlig andersartige Wesen anstatt um bloße soziale Schichten handelte, müssen in der sozialgeschichtlichen Stellung des niedergehenden Feudaladels offensichtlich Parallelen zur Struktur eines Rassenkonfliktes bestanden haben.

Wir hatten als wesentlichen Bestandteil von Rassenkonflikten die Verweigerung von commercium und conubium gegenüber Angehörigen der als ungleichartig und ungleichwertig betrachteten Fremdgruppe kennengelernt; wir konnten diese Erscheinung besonders in solchen Rassenkonflikten beobachten, die die Form eines Kastensystems angenommen hatten. Nun bildet eine feudale Herrenschicht insofern keine Kaste, als die Stellung des historischen Adels auf Privilegien beruhte, die durch die Autorität und Rechtsvollmacht des obersten Lehensherrn an Nichtadlige verliehen und unter bestimmten Voraussetzungen adligen Familien auch entzogen werden konnten, während die Zugehörigkeit zu einer Kaste gewöhnlich eine unveränderbare Qualität darstellte, die allenfalls durch völlige Ausstoßung aus der Gesellschaft verloren gehen konnte. Gleichwohl bestehen Parallelen und sogar fließende Übergänge zwischen beiden, insbesondere durch häufige Bestrebungen von Adelsschichten, sich durch strengere Absonderung in bezug auf commercium und conubium von der übrigen Bevölkerung abzugrenzen. Dieser Vorgang läßt sich in der Sozialgeschichte oft dort beobachten, wo die politische Stellung des Adels durch veränderte Machtstrukturen und somit durch eine neue Elitenbildung bedroht war.

Eine derartige sozialgeschichtliche Entwicklung setzte im kontinentalen Europa mit dem Absolutismus ein und erfuhr ihre Fortsetzung und Steigerung durch das Erstarken und schließlich den Sieg des Bürgertums. Übereinstimmend hiermit finden wir die ersten rassenideologischen Ansätze im frühen 18. Jahrhundert. Die Bemühungen widerspenstiger Adelskreise, sich ihre bedrohte privilegierte Stellung durch Bestrebungen um eine kastenartige Abgrenzung zum Bürgertum zu erhalten, sind freilich nicht alleinige Ursache für die Versuche, die eigene herausgehobene soziale Stellung auf die „bessere Abstammung" und somit auf ein naturgegebenes, d. h. nicht veränderbares gesellschaftliches Ordnungsprinzip, zurückzuführen. Wir wiesen bereits darauf hin, daß Ideologien in allen tatsächlichen Rassenkonflikten kaum von Bedeutung waren, weil die Ungleichartigkeit der Konfliktgruppen für jedermann offenkundig war. Die Rassen*theorien* hingegen, die Gegenstand der vorliegenden Untersuchung sind, wollten die anthropologische Ungleichwertigkeit der Stände nachweisen, weil die rechtliche Ungleichheit nach Auffassung der aufgeklärten öffentlichen Meinung eben nicht mehr legitim war, d. h. daß die Qualität des Adels als „Rasse" somit als neuartiges Argument anstelle älterer Legitimationsvorstellungen für seine gesellschaftliche Vorrangstellung ins Feld geführt wurde. Diese Sachlage erklärt die zunächst ungereimt scheinende Beobachtung, daß Rassentheorien dort entstanden, wo *keine* heterogenen Bevölkerungsgruppen nebeneinander lebten, während die tatsächlichen Rassenkonflikte weitgehend „theorielos" blieben.

Wenn im folgenden die Rassenlehren als Theorien bezeichnet werden, so soll ihnen damit keineswegs ein philosophisches und wissenschaftliches Prädikat verliehen werden, das sie nicht verdienten. Diese Bezeichnung soll hier nichts anderes besagen als Doktrin, Lehre, Ideologie, Denkgebäude. Da sie als Rassentheorien in die Geschichte eingegangen sind und als solche durch die einschlägige zeitgenössische Literatur geisterten, wurde auf eine Korrektur des Namens verzichtet, ohne daß damit eine politische oder wissenschaftstheoretische Aufwertung verbunden wäre. Überdies verstanden die meisten Rassenideologen ihre Geistesprodukte als Wissenschaft. Wenngleich ihre Ideen in einem tiefen Irrationalismus wurzelten und vor allem in ihrer Endphase stark auf Mythenbildung und Mystifikationen als methodische

Mittel zurückgriffen, unterschieden sie sich deutlich von älteren ideologischen Apologien von Herrschaftsansprüchen: die Rassentheorien waren säkularisierte Ideologien. Dieser Sachverhalt wie auch ihre Gegnerschaft gegen egalisierende Bestrebungen des Bürgertums, als deren geistigen und kulturellen Überbau wir die Aufklärung zu betrachten pflegen, weisen ihrer Entstehungsgeschichte einen ganz bestimmten Stellenwert im 18. Jahrhundert zu. Die Rassentheorien haben sich (schein-)rationaler Waffen (für irrationale Ziele) bedienen müssen, um unter Zeitgenossen glaubhaft und überzeugend zu wirken. Sie haben, ohne zu Vorstellungen von Gottesgnadentum und gottgewollter Ständeordnung zurückzukehren, die Aufklärung bekämpfen und ihre Errungenschaften beseitigen wollen. Wir müssen sie daher in ihrer politischen Zielsetzung als Ideologien der Gegenaufklärung begreifen.
Diese Bezeichnung soll hier aber noch in einem anderen Sinne gebraucht werden, der nicht auf eine bestimmte Epoche fixiert ist. Als Gegenaufklärung in einem zeitlosen Sinne können wir alle diejenigen Bemühungen bezeichnen, die längst entlarvte und abgetane Legitimitätsgrundlagen mit modernisierter Argumentationstechnik zu neuem Leben zu erwecken suchen. Stehen mythologische Rechtstraditionen gleichsam noch im Zustand politischer Jungfräulichkeit und Unschuld, so können ideologische Bestrebungen zur erneuten Begründung bereits erledigter Herrschaftsansprüche nicht anders denn als Gegenaufklärung, als Verdunkelung in restaurativer Absicht verstanden werden.

Entstehung der Rassentheorien

Die ersten Rassentheorien waren das Ergebnis einer bestimmten politischen und sozialgeschichtlichen Auseinandersetzung und somit Produkt eines begrenzten historischen Zeitraumes. Ihre Thematik aber ging weit zurück in die frühe Neuzeit und überlebte wiederum die ersten Rassenideologen um mehrere Generationen. Zusammen mit Wegbereitern und Vorläufern waren diese somit Kommentatoren und Kritiker jenes großen Dramas, das der Kampf um Gleichheit seit bald dreihundert Jahren zunächst auf europäischer, bald welthistorischer Bühne in Szene setzte und bis heute nicht abgeschlossen hat.

Den Anstoß zur Formulierung von Rassenideologien gaben Bemühungen französischer Aristokraten, nach der Rückkehr aus dem Exil 1815 ihre von der Revolution beseitigten Vorrechte in Staat und Gesellschaft wiederherzustellen. Für die in ihnen zum Ausdruck kommende Geisteshaltung ist als besondere Eigentümlichkeit ihr „verspätetes Erscheinen" hervorzuheben, ihre Absicht, längst Verlorenes und von der Gesellschaft mehrheitlich als unwiederbringlich Erkanntes zu neuem Leben zu erwecken. Diese Tatsache hat dazu beigetragen, die Rassenideologien mit jener eigenartigen Mischung von Pessimismus und Resignation auszustatten, durch die sie die Wirklichkeit verdrängten und sich Irrationalismen öffneten.

Die Thematik der frühen Rassenideologien führt uns weit in die Anfänge jener Entwicklung zur Gleichheit zurück, als mit der Entstehung des Staates aus älteren Herrschaftsformen geburtsständische Vorrechte durch den königlichen Zentralismus eingeschränkt wurden. Im Jahre 1574 veröffentlichte der lothringische Gelehrte François Hortman die Schrift „Franco-Gallia", in der er den zunehmend absolutistischen Charakter der französischen Monarchie angriff. Ihr hielt er das Ideal einer ständisch-parlamentarischen Verfassung entgegen, durch die die königliche Gewalt eingeschränkt würde. Der französische Adel, der von den fränkischen Eroberern Galliens abstammte, habe seine Vorrechte durch Kriegsrecht erworben, und mit ihrer Beschneidung zerstöre das Königtum die rechtmäßige Staatsordnung Frankreichs[1].

---

1 Ernest Seillière: La philosophie de l'impérialisme, vol. Ier: Le comte de Gobineau et l'aryanisme historique, Paris 1903, S. VIII.

Nach langer Vergessenheit wurden Hortmans Gedanken wieder aufgegriffen, nachdem das Königtum im späten 17. Jahrhundert den Kampf gegen die Fronde erfolgreich überstanden und den Adel als eigenständigen Machtfaktor weitgehend ausgeschaltet hatte. Mit Verbitterung wiesen dessen publizistische Vertreter auf den vermeintlichen Rechtsbruch hin, aufgrund dessen ihnen als Nachfahren des fränkischen Erobervolkes die ererbten Herrschaftsrechte entrissen worden seien. — Diese Argumentation enthielt zwar noch keine rassenideologischen Aussagen, begründete jedoch politische und rechtliche Ungleichheit mit der fremdstämmigen Herkunft des Ersten Standes.

Bekanntester publizistischer Vertreter des gegen das Königtum rebellierenden Adels war der im niederländischen Exil lebende Comte Henri de Boulainvilliers (1658—1722), der in seiner posthum herausgegebenen Schrift „Essais sur la noblesse de France“ (Amsterdam 1732) die Theorie von der zweigeteilten französischen Nation aufstellte: die Angehörigen des französischen Adels seien die Nachfahren der fränkischen und anderen germanischen Eroberer, während die bürgerliche und bäuerliche Bevölkerung Frankreichs aus der Nachkommenschaft der unterworfenen Gallier bestehe. Demgemäß sei die Einschränkung der Adelsprivilegien eine Verletzung der jure belli erworbenen und weitervererbten Rechte der fränkischen Eroberer. Dieses Pamphlet war gleichermaßen gegen den Dritten Stand wie gegen das absolutistische Königtum gerichtet, das durch die Entmachtung des Adels und durch dessen Umwandlung in eine vom Hof abhängige Militär- und Beamtenaristokratie den Weg zum zentralistischen bürgerlichen Nationalstaat ebnete.

Boulainvilliers' Frankenlegende, die sich seitdem im Selbstverständnis der französischen Aristokratie einzubürgern begann, unterschied sich freilich von späteren Rassenlehren dadurch, daß sie nicht von einer biologischen Überlegenheit der fränkischen Eroberer gegenüber den Galliern ausging. Auch waren die Nachfahren beider Völker nach dieser Theorie nicht durch unterschiedliche anthropologische Qualifikationen ausgezeichnet. Der Herrschaftsanspruch des Adels war für Boulainvilliers allein durch das juristisch-politisch überlieferte Ergebnis des Eroberungsaktes begründet. Allerdings erkennen wir bereits hier das auch später propagierte und praktizierte vermeintliche Recht der stärkeren Nation, die schwächeren zu unterdrücken und Recht durch Gewalt zu setzen[2].

Die bürgerlichen französischen Publizisten wiesen die Theorie des Grafen Boulainvilliers als unhaltbar zurück und entlarvten recht bald die darin enthaltenen politischen Absichten. Ein anonymer Parlamentsrat aus Rouen

2 Hannah Arendt: The Origins of Totalitarianism, London—New York 1951; deutsch: Elemente und Ursprünge totaler Herrschaft, Frankfurt am Main 1955, S. 268. — Zu Boulainvilliers vgl. auch Barzun, S. 18 f.

griff sie wenige Jahre nach ihrem Erscheinen scharf an und hielt ihr entgegen, daß alle vernünftigen staatlichen Einrichtungen Frankreichs ein Erbe der Römerherrschaft, hingegen die Adelsprivilegien bloße Usurpationen seien. Ein gewisser Abbé Dubois bestätigte zwar kurz darauf die fränkische Herkunft des französischen Adels, bezeichnete aber gleichfalls dessen Privilegien als spätere Anmaßungen[3]. Während der Französischen Revolution griff Abbé Sieyès in seiner berühmten 1789 veröffentlichen Schrift „Qu'est-ce que le tiers état?“ den Gedanken einer zweigeteilten französischen Nation wieder auf, allerdings mit umgekehrtem Vorzeichen. Wenn die Aristokraten den närrischen Anspruch erhöben, die rechtmäßigen Nachfahhren der fränkischen Eroberer zu sein, dann könnte ja der Dritte Stand, der heute so stark sei, sich nicht mehr unterdrücken zu lassen, sie wieder in ihre heimatlichen Wälder jenseits des Rheins zurückjagen.

Die Frankenlegende der französischen Aristokratie wurde in ihrer ursprünglichen Zielrichtung vom 1815 zurückkehrenden legitimistischen Adel abermals aufgegriffen und in einer Reihe von Publikationen diskutiert. Mit einer deutlich erkennbaren anthropologischen Einfärbung entwickelte der ultraroyalistische Comte François de Montlosier (1755—1838) die Idee einer durch ihre germanische Abstammung bedingten allgemeinen Überlegenheit der französischen Aristokratie über das Bürgertum[4]. Die Revolution von 1789 und ihre gesellschaftlichen Umwälzungen erschienen ihm als Revolte der gallischen Plebejer gegen ihre germanischen Herren, die bislang Staat, Recht und Kultur getragen hätten. Hier tauchte bereits der Versuch auf, eine relativ geschlossene Geschichtstheorie zu entwerfen und aus der vermeintlich naturgegebenen Überlegenheit eines entmachteten Standes — begrifflich eingekleidet in dessen angeblich andersartige ethnische Herkunft — das Recht und die Notwendigkeit zur Wiederherstellung seiner verlorenen Vormachtstellung abzuleiten. Montlosiers Standes- und Gesinnungsgenosse, der Comte de Dubuat-Nançay, ging noch weiter und schlug vor, daß die französische Aristokratie sich ihrer barbarisch-germanischen Abstammung besinnen sollte, um sich von der eigenen Nation zu lösen und mit gleichgesinnten Adelskreisen der Nachbarländer zu verbünden. Zu diesem Zweck entwarf er eine „Internationale“ der europäischen Aristokratie[5], was vermutlich als sozialpolitische Ergänzung der Heiligen Allianz gedacht war.

Trotz ihrer historischen Fragwürdigkeit fand die Frankenlegende auch Eingang in die Literatur der französischen Romantik und der zeitgenössischen

---

3 Georg Lukács: Die Zerstörung der Vernunft, Berlin 1954, S. 525 f.; vgl. Hertz, S. 381.

4 Hertz, S. 382; Seillière, S. XXII. — Zur Geschichte der französischen Restaurationsideologien vgl. René Rémond: La Droite en France de 1815 à nos jours. De la première restauration à la Vème république, Paris (1. Aufl. 1954) 1963.

5 Seillière, S. 32.

Geschichtswissenschaft. Sie trug wesentlich bei zur aufkommenden Germanenverehrung und zum wachsenden Interesse am Mittelalter und regte schließlich die im Frankreich des 19. Jahrhunderts viel diskutierte Frage an, welchen blutsmäßigen und geistigen Anteil Germanen, Gallier und Römer zur Herausbildung der französischen Nation beigetragen hätten. In der Regel waren es konservative Literaten und Historiker, die besonders den germanischen Beitrag hervorhoben, wie überhaupt Anwandlungen von Germanophilie und Anglophilie unter vielen bedeutenden Repräsentanten der französischen Restaurationsepoche verbreitet waren. Nicht zufällig finden wir in ihren Reihen Namen wie Louis de Bonald und Joseph de Maistre[6], die beide das Heil von einem erneuerten klerikalen Absolutismus mit ständischen Sozialstrukturen erwarteten. Die Überzeugung, daß die Revolution von 1789 nur Ursache, nicht Folge eines allgemeinen Niederganges aller staatlichen und rechtlichen Ordnung gewesen sei, und das Gefühl, daß die 1815 siegreichen nördlichen Nachbarländer Frankreichs gegen vergleichbare Entwicklungen gefeit seien, verlieh der Germanenverehrung häufig ausgesprochen reaktionäre Züge. Als Beispiel für die eigentümliche Verbindung von Germanophilie, romantischer Verklärung des Mittelalters und tief konservativer Überzeugungen sei hier Chateaubriand genannt, der ebensosehr die Germanen in der Geschichte verherrlichte wie er die politischen Einbußen seines Standes lebhaft beklagte. Dieses politische Motiv beschäftigte die französische Historiographie — teilweise unter zunehmend rassenideologischem Aspekt — bis ins 20. Jahrhundert hinein. Wer den Anteil der Germanen betonte, vertrat in der Regel ein restauratives, reaktionäres Geschichtsbild, während eine demokratische und radikale Richtung stärker das Galliertum und die Latinität unterstrich und — in oft jakobinisch durchwirktem Chauvinismus — die französische Geschichte gegen die „barbarischen Germanen“ abzugrenzen suchte.

Augustin Thierry (1795—1856) erhob die angebliche ethnische Zweiteilung Frankreichs zum zentralen Thema seiner 1825 und 1836 veröffentlichten Schriften „Histoire de la conquête de l’Angleterre par les Normands“ und „Sur l’antipathie de race qui divise la nation française“. In diesen Veröffentlichungen wurde der ständische Unterschied zwischen Adel und übriger Bevölkerung bereits auf die „race“ zurückgeführt, die allerdings begrifflich noch unscharf blieb. Gewisse kulturgeschichtliche Ansätze, die auf der Annahme einer von den Germanen auf die von ihnen unterworfenen Völker übertragenen Kultur beruhten, lieferte schließlich Alexis de Tocqueville im zweiten Kapitel („La civilisation gothique en Europe“) seiner Studie „L’Ancien Régime et la Révolution“ (1856), ohne freilich hieraus eine Rassentheorie abzuleiten. Schließlich finden sich auch in den Werken von

6 Vgl. Barzun, S. 19, 22 f.

Hippolyte Taine (1828—93) und Ernest Renan (1823—92) Elemente einer Geschichtsbetrachtung, die von der Überlegenheit der germanischen Völker in Staat und Kultur ausging[7]. Wir können auch hierin keine geschlossene Rassentheorie erblicken, wohl aber vorbereitende Ansätze und vor allem historische Materialien, die von Gobineau und seinen Epigonen später dankbar aufgegriffen wurden.

Aufgrund seiner fränkischen Vorgeschichte und unter den Bedingungen seiner aktuellen sozialgeschichtlichen Situation wurde Frankreich zwar zum Ursprungsland der Rassentheorien. Aber es stand in dieser seiner Geistesentwicklung nicht isoliert, da sich ähnliche Umwälzungen auch in anderen Ländern Europas vollzogen. So entwickelte in Deutschland die Adels-Fronde dort, wo ihre Machtstellung zugunsten bürgerlicher Rechtsverhältnisse beseitigt wurde, historische Theorien, die die Adelsprivilegien von vermeintlich ererbten naturgegebenen Eigenschaften ableiten wollten. Zwar lieferte der Germanenmythos im frühen deutschen Nationalismus noch keinen Ansatz zur Spekulation über eine rassische Zweiteilung der Nation; derartige Versuche tauchten erst später unter dem Einfluß einer bereits bestehenden rassenideologischen Lehrtradition auf. Auch wurde der Adel in Deutschland durch kein vergleichbar umwälzendes Ereignis so sehr in Frage gestellt wie in Frankreich durch das Jahr 1789, so daß das zahlenmäßige Ausmaß derartiger theoretischer Ansätze zum Zwecke restaurativer Notwehr begrenzt blieb. Aber dort, wo einige ihrer Privilegien beseitigt wurden, hat auch die deutsche Aristokratie mit ähnlichen Argumenten ihre als nicht mehr legitim anerkannten Privilegien zu verteidigen versucht. Als in Preußen die Stein-Hardenbergschen Reformen einige der aristokratischen Vorrechte aufhoben und damit eine energische Opposition hervorriefen, veröffentlichte einer ihrer Vertreter, A. H. von Stillfried, die Kampfschrift „Apologie des Adels". Der Adel, so schrieb er, sei eine menschliche Elite nicht nur durch soziale und politische Privilegien, sondern auch durch Geburt physisch und geistig der übrigen Bevölkerung überlegen. Äußerlich seien sich zwar ein Bauernjunge und ein junger Prinz einander ähnlich, aber eine chemische Untersuchung würde auch physiologische Unterschiede zutage fördern. „So ist der Adel nicht bloß vom Staate, sondern von der Natur selbst privilegiert; so ergibt sich aus seinen angeborenen und erworbenen Verdiensten sein Vorrecht und die Ungleichheit des Rechts überhaupt und die notwendige Zurücksetzung der Bürgerlichen[8]." Wir erkennen hier nicht nur die gleiche politische Zielsetzung wie in der Frankenlegende der französischen Restaurationsideologen, sondern in Ansätzen bereits die theo-

---

7 Seillière, S. XXXIII.

8 Eine Ausgabe dieser Schrift konnte nicht ermittelt werden. Die Zitate stammen aus Ludwig Woltmann: Politische Anthropologie. Eine Untersuchung über den Einfluß der Descendenztheorie auf die Lehre von der politischen Entwicklung der Völker, Jena 1903, S. 303.

retischen Konsequenzen, nämlich die Annahme einer natürlichen „antipathie de race qui divise la nation“[9].

Die besonderen Umstände in Deutschland, das Geschichtsbild des frühen deutschen Nationalismus machen deutlich, weswegen die feudalistische Reaktion nicht unmittelbar den Germanenmythos zur Rassentheorie ausbauen konnte. Im deutschen Nationalgedanken wurde zunächst ungeachtet ständischer Unterschiede das ganze Volk als Nachkommenschaft der Germanen angesehen. Erst später tauchten im Gefolge rassenideologischer Lehrmeinungen Behauptungen auf, denen zufolge der Adel (und das Bauerntum) in stärkerem Maße germanisches Blut konserviert habe als die übrige Bevölkerung. Auch wurde das Modell der Frankenlegende später analog auf die ostelbischen Junker übertragen, die als sächsische Eroberer die elbslawischen Stämme unterworfen und nicht zuletzt durch das jus primae noctis germanisiert bzw. „aufgenordet“ hätten. Solche Spekulationen erlangten freilich erst in der NS-Ideologie einige Bedeutung. Die Rassentheorien, die in der ersten Hälfte des 19. Jahrhunderts in Deutschland ausgebrütet wurden, standen allerdings ständestaatlichen Restaurationsideen gewöhnlich sehr nahe und enthielten in der Regel scharfe Angriffe auf die maßgeblichen politischen und gesellschaftlichen Entwicklungen seit der Französischen Revolution. Als Beispiel sei hier der Marburger Staatsrechtler Karl Vollgraff (1794—1863) genannt, der ab 1853 — also zur gleichen Zeit wie Gobineau, aber ohne dessen Einfluß — seinen „Versuch einer wissenschaftlichen Begründung der Ethnologie durch Anthropologie sowie der Staats- und Rechtsphilosophie durch die Nationalität“ veröffentlichte. Darin lehnte Vollgraff die repräsentative Demokratie ab, sprach den zeitgenössischen Völkern die Fähigkeit zur politischen Verantwortung ab und empfahl den germanischen Nationen den Ständestaat als die ihrer Rasse gemäße politische Ordnung[10].

Aber nicht allein die Restaurationsideologien bildeten das treibende Motiv, das dem entstehenden Rassengedanken ein politisches Fundament schuf. Hannah Arendt erwähnt zu Recht, daß der Rassengedanke zu einem Zeitpunkt in der politischen Öffentlichkeit diskutiert zu werden begann, als die europäischen Völker anfingen, sich nationalstaatlich zu organisieren[11]. Diese Feststellung mag uns nach der Darstellung der Rolle der Frankenlegende und ihres Beitrags zum Rassengedanken insofern befremden, als gerade die ersten Rassentheorien den Dualismus von Nation und Rasse unterstrichen und in diesem Sinne auch spätere Epigonen nicht unwesentlich geprägt haben.

---

9 Dieses Beispiel widerlegt die Behauptung Hannah Arendts (a. a. O., S. 272), derzufolge die deutsche Reaktion vergleichbare Ideologien nicht hervorgebracht habe.

10 Lukács, S. 527. — Vgl. Ludwig Schemann: Die Rasse in den Geisteswissenschaften, Bd. III: Die Rassenfrage im Schrifttum der Neuzeit, München 1932, S. 178 f.

11 Arendt, S. 265.

Gleichwohl hat der aufkommende Nationalismus in zweierlei Hinsicht die Entstehung eines ethnozentrischen Weltbildes gefördert, das den Universalismus sowohl des Christentums als auch der Aufklärung ablöste. Das Christentum, aber auch der Islam und andere Weltreligionen waren insofern universal ausgerichtet, als sie einer metaphysischen Allmacht die Menschheit gegenüberstellten und im Gegensatz zu frühgeschichtlichen Stammes- und Nationalreligionen an der Einheit des Menschengeschlechts festhielten. Sie sind zwar in Verbindung mit Kreuzzügen, Eroberungskriegen und missionarischem Expansionsdrang zur Diskriminierung, Unterdrückung, Versklavung und Ausrottung ganzer Völkerschaften mißbraucht worden. Aber in diesen Fällen diente nicht die Abstammung oder die (vermeintliche) physische Andersartigkeit der Unterjochten als Vorwand, sondern ihre Ungläubigkeit. Sobald sie bekehrt waren, war der Rechtfertigungsvorwand der Unterdrückung zumindest theoretisch aufgehoben. Wie weit die Verfolgung der christianisierten Mauren und Juden im Spanien des 16. Jahrhunderts im einzelnen rassistische Züge trug, kann hier nicht näher untersucht werden; ebensowenig die Behandlung der christianisierten, aber durch europäische Mächte versklavten Völker in der Geschichte des frühen europäischen Kolonialismus. Vergleichbare Beispiele ließen sich auch aus dem islamischen Raum heranziehen. Die Diskrepanz zwischen herrschender religiöser Überzeugung und politischer Praxis widerspricht indessen nicht unserer Beobachtung, daß Rassentheorien nicht entstehen konnten, solange die theologische Überlieferung von der gemeinsamen Abstammung der Menschen von Adam und Eva und ihrer Gleichheit vor Gott, als dessen Ebenbild sie verstanden wurden, das Menschenbild bestimmten.
Auch die Aufklärung hat, zumindest solange sie sich im politischen Raume bewegte und nicht rein naturwissenschaftlich-anthropologische Klassifizierungsversuche unternahm, an der Einheit der Menschheit als einer gleichermaßen vernunftbegabten und somit vervollkommnungsfähigen Gattung festgehalten. Zwar hat auch die Aufklärung nicht vollständig das europazentrische Weltbild, wie es vorher in der politischen und religiösen Konzeption des Abendlandes ausgedrückt worden war, verdrängt. Auch hat sie selbst indirekt dadurch zur Verfestigung europäischer Dünkel beigetragen, daß sie vielfach abendländische Kulturmaßstäbe zu globalen erhob und somit oft wenig Verständnis für Kulturen weckte, die unter anderen geographischen und historischen Voraussetzungen entstanden waren. So bezeichnete selbst Voltaire in seinem „Essai sur les mœurs et l'esprit des nations“ (1756) die Neger als inferiore Menschengattung. Aber die Bewunderung fremder Kulturen und exotischer Völkerschaften, wie sie bei Leibniz, aber gerade auch bei Voltaire, bei Montesquieu, Kant, in Rousseaus „gutem Wilden“ und schließlich im universalen Pathos der Französischen Revolution beobachtet werden kann, kontrastierte doch deutlich zu der stets kritischer und schließlich immer gehässiger werdenden Berichterstattung über Länder des Orients

oder Chinas im 19. Jahrhundert. Es besteht kein Zweifel darüber, daß die Einteilung der Menschheit in Nationen im politischen Bewußtsein der Öffentlichkeit eine *wertende* Klassifizierung von ethnischen und anthropologischen Gruppen begünstigt hat.

Aber noch auf andere Weise hat der Nationalismus den Rassengedanken gefördert. Ein Volkstumsbegriff wie der Herders, der sich an ursprünglichen, unverfälschten ethnographischen Wesenheiten orientierte, besaß manche Berührungspunkte mit dem Rassengedanken: sofern er sich nicht an Grenzen von Staaten oder Konfessionen hielt, sondern das Volk zu einem kategorialen Gattungsbegriff erhob, zu einer Wesenheit, die seit jeher existiert und ihre nicht übertragbare Individualität und Eigengesetzlichkeit bewahrt, es sei denn durch die Unterdrückung durch andere verfälscht habe, stand Herder einem naiven, politisch noch nicht wertenden Rassenbegriff keineswegs allzu fern[12]. Man wird zwar kaum einen unmittelbaren Einfluß Herders auf spätere Rassenideologen nachweisen können. Er selber lehnte sogar die Übertragung des Begriffs „Rasse" vom Tierreich auf die Menschen als deren animalische Entwürdigung ab, zumal sie eine verschiedene Abstammung der Menschen suggeriere[13]. Aber im Hinblick auf die Rassentheorien in Deutschland muß über den am Volkstum orientierten deutschen Nationalismus festgestellt werden, daß er durch seinen Rückgriff auf teilweise mythologische, übergeordnete ethnographische Völkerkategorien wie das Germanentum sehr wohl Vorarbeiten für einen späteren pangermanischen Rassengedanken leistete.

Die gegenseitige Befruchtung von Nationalismus und Rassengedanke wurde auch dadurch erleichtert, daß der Begriff Rasse ursprünglich einen recht unbestimmten Inhalt umfaßte und gleichermaßen „Menschenschlag", „Gattung", „Typus", „Stamm" und „Volkscharakter" bedeuten konnte[14]. Während im Frankreich der Restaurationszeit „Rasse" und „Nation" als Gegensätze angesehen wurden, sind beide Begriffe in der angelsächsischen Welt niemals scharf voneinander abgegrenzt worden, was zwar einen Mangel an theoretischer Abstraktion bedeutete, aber gleichzeitig durch seinen pragmatischen Gebrauch die im kontinentalen Europa so häufigen Spekulationen über Inhalt und Realität des Begriffs Rasse unterbunden hat[15].

Der aufschäumende Nationalismus des frühen 19. Jahrhunderts mit seinen zumindest im kontinentalen Europa häufigen Rückgriffen auf prähistorische Völkerschaften und seinem wachsenden missionarischen Sendungsbewußt-

---

12 Zum Herderschen Volksbegriff s. Eugen Lemberg: Nationalismus, Bd. I: Psychologie und Geschichte, Reinbek 1964, S. 171 ff.

13 Erich Voegelin: Die Idee der Rasse in den Geisteswissenschaften von Ray bis Carus, Berlin 1933, S. 63 f., 75.

14 Vgl. Montagu, S. 27 ff.

15 Wilhelm Mühlmann: Geschichte der Anthropologie, Frankfurt am Main—Bonn (1. Aufl. 1948) 1968, S. 48.

sein sowie die sozialen Ressentiments des entmachteten französischen Adels führten aber erst unter besonderen geistesgeschichtlichen Voraussetzungen zur Entstehung von Rassentheorien. Eine Geschichtsbetrachtung, die von der ausschließlichen Deutung politischer Ideologien aus den ökonomischen Interessen einer gesellschaftlichen Basis ausgeht, übersieht die Tatsache, daß politische Interessen auf sehr vielfältige Weise ideologisch ausgedrückt werden können und nicht zwangsläufig eine bestimmte ideologische Variante begünstigen. Mit anderen Worten: die restaurativen Ideen des französischen Adels bedurften nicht der Frankenlegende, sondern hätten auch mit anderen ideologischen Konstrukten ausgedrückt werden können. Zudem wäre die Frankenlegende allenfalls so lange Gegenstand polemischer Pamphlete geblieben, als der französische Adel noch eine eigenständige politische Potenz darstellte. Auch in historischen Studien hätte die Germanenfrage bald ihren politischen Charakter verloren. Ein Gesichtspunkt hat jedoch dazu beigetragen, die wesentlichen Aussagen der Restaurationsideologen auf eine breitere politische Grundlage zu stellen und ihnen eine langfristige, auch unter veränderten gesellschaftlichen Verhältnissen anhaltende Aktualität zu verleihen. Die Frankenlegende des Comte de Boulainvilliers stellte einen Versuch dar, Herrschaftsansprüche nicht nur rechtlich zu begründen, sondern die bestehende (oder kurz zuvor beseitigte) gesellschaftliche Ungleichheit als historisch *zwangsläufig, notwendig* und als mit der Weltordnung in Einklang stehend darzustellen.

Die Lehre von der naturgegebenen Ungleichheit war somit in allen Situationen als Argument verwertbar, in denen Privilegien einer herrschenden Schicht in Frage gestellt wurden, was dem Rassengedanken eine langfristige politische Perspektive auch im Hinblick auf noch bevorstehende soziale Konflikte verlieh. Aber ihre Ausformulierung zu geschlossenen Doktrinen, wie wir sie im folgenden beobachten werden, setzte zugleich eine geistesgeschichtliche Konstellation voraus, die ihr das hierzu erforderliche wissenschaftliche und philosophische Instrumentarium zur Verfügung stellte. Diese Überlegungen sollen dem möglichen Vorwurf einer bloß geistesgeschichtlichen Deutung unseres Gegenstandes begegnen, so berechtigt dieser Vorwurf gegen einige Beispiele dargestellter politischer Ideengeschichte auch sein mag[16].

Eine rassentheoretische Deutung der Frankenlegende wäre bereits zur Zeit Boulainvilliers' ein brauchbares propagandistisches Instrument des französischen Adels gewesen. Aber erst im 19. Jahrhundert konnten aus Mythen und durchschaubaren Clichés Rassentheorien geformt werden, als Völkerkunde und Anthropologie die Verwertung wissenschaftlicher (und pseudowissen-

16 So ist der Vorwurf gegenüber Voegelin angebracht, der die Entstehung des Rassengedankens ausschließlich aus gesellschaftlich verselbständigten Wandlungen des Menschenbildes erklärt.

schaftlicher) Forschungsergebnisse gestattete. Der spätfeudale Restaurationsgedanke in Verbindung mit nationalistischen Volkstumstheorien konnte erst durch seine Synthese mit dem veränderten Menschenbild als Folge der Aufklärung, mit dem er mittelbar wiederum über die wachsende politische Rolle des Bürgertums zusammenhing, sich zum Rassengedanken entwickeln. Dies sollen einige markante Beispiele verdeutlichen.

Das europäische Menschenbild der Voraufklärung kannte eine biologische Klassifizierung von Völkern allenfalls andeutungsweise. Im Jahre 1559 ließ Papst Paul IV. physiognomische Werke, die eine Katalogisierung der Menschheit nach äußeren Erscheinungsbildern unternahmen, auf den Index setzen. Der Franzose Isaac de la Peyrère mußte seine 1655 aufgestellte Behauptung, wonach es neben der adamitischen Rasse, von der ausschließlich die Juden sich herleiteten, noch eine präadamitische gegeben habe, von der alle übrigen Völker abstammten, widerrufen; sein noch primitiver Versuch eines Nachweises der genetisch bedingten Verschiedenartigkeit der Menschen unterlag gleichfalls kirchlichem Verdikt[17].

Das christliche Menschenbild sah in den Eigenarten der Völker und ihren Unterschieden stets die werkmeisterliche Hand des Schöpfers. Erst der Zerfall des christlichen Weltbildes ermöglichte die Betrachtung des Menschen als eines Individuums und dessen Einordnung in ein nicht theologisch vorgegebenes Kategoriensystem[18]. Die Entstehung des Rassengedankens, man muß diese zunächst überraschende These nochmals unterstreichen, ist aufs engste mit der europäischen Aufklärung verbunden. Daher ist er auch zuerst in Europa entwickelt worden, nicht etwa im islamischen Bereich, in dem die Säkularisation erst wesentlich später einsetzte. Dies ist insofern von Bedeutung, als er somit in einem geographischen Raum entstand, der von einer — gemessen an der ethnologischen Vielfalt der islamischen Welt — vergleichsweise einheitlichen Bevölkerung bewohnt war. Zwar hatten bereits die großen Entdeckungsreisen der Spanier und Portugiesen im 15. und 16. Jahrhundert den historischen und völkerkundlichen Horizont der europäischen Geisteswelt geweitet und dazu beigetragen, das europazentrische Weltbild zu untergraben[19]. Aber erst im 18. Jahrhundert, nach dem Ende der Glaubenskriege, konnte die Kenntnis oder wenigstens die Kunde von fremden Völkern und Ländern auch in wissenschaftsgeschichtlicher Hinsicht stärkere Spuren hinterlassen. Zudem vermittelten erst die Reiseberichte des 18. Jahrhunderts (Cook u. a.) eine annähernd vollständige Übersicht über die verschiedenen Menschengattungen und ihre Verteilung auf dem Erdball, was im Zeitalter der Aufklärer und Encyklopädisten dazu anregte, die Völ-

17 Gossett, S. 15. — Vgl. Egon Frhr. von Eickstedt: Die Forschung am Menschen, Bd. I: Geschichte und Methoden der Anthropologie, Stuttgart 1940, S. 235.
18 Voegelin, S. 4 ff.
19 Ebd., S. 47 ff.; Montagu, S. 18 f.; v. Eickstedt, S. 253.

ker ohne Rücksichtnahme auf ihre religiöse Zugehörigkeit zu ordnen und nach naturwissenschaftlichen Prinzipien zu klassifizieren. Es war durchaus ein erster kühner Schritt, den Menschen überhaupt als ein der Welt der übrigen Lebewesen zugehöriges Objekt zu betrachten und ihn wie diese eigens hierzu geprägten Ordnungs- und Gattungsbegriffen zu unterwerfen.

Bereits die frühe Anthropologie[20] stellte sich die Frage nach der Bedeutung von Vererbung und Milieu bei der Entstehung und Begründung der Unterschiede zwischen Individuen und Völkern. Karl von Linné ordnete den Menschen ein in ein allgemeines Natursystem, dessen Spitze er bildete, gefolgt von den übrigen Primaten. Der Artbegriff, den er wählte, war ein erbbiologischer, aber statisch und unhistorisch: jede Art bildete für ihn eine in sich geschlossene Ganzheit, die von keiner anderen abstammte, aber auch keine andere erzeugen konnte. Die Ursprünge aller Arten leitete Linné allein vom göttlichen Schöpfungsakt ab[21]. Linnés Natursystem kannte den Entwicklungsgedanken noch nicht und entsprach ganz dem statischen Geschichtsbild der alten ständischen Gesellschaft. Diesem erbbiologischen Artbegriff stand die Milieu-Theorie gegenüber, die unter anderem auch von Montesquieu als frühem Vertreter verfochten wurde. Sie führte die physischen Unterschiede der Menschen auf das Klima zurück, auf Arbeits- und Lebensweise, Sitten und Gebräuche[22].

Immanuel Kant griff in seiner Anthropologie sowohl auf die Erb- als auch auf die Milieu-Theorie zurück und gliederte die Menschen in Stämme oder Rassen, die sich durch konstantes und unveränderliches Erbgut voneinander unterschieden, sowie in Varietäten, deren charakteristische Merkmale durch die Umwelt geprägt würden[23]. In diesem Zusammenhang spielte auch schon die Frage der Einheit des Menschengeschlechts eine gewichtige Rolle, wenn auch noch nicht im Sinne der späteren Evolutionstheorie im Streit um Polygenese oder Monogenese. Die Frage einer einheitlichen oder getrennten Abstammung der Menschen wurde erst gegen Ende des 18. Jahrhunderts gestellt, als der französische Materialismus den Weg zu einer nicht von der kirchlichen Lehrmeinung geprägten Schöpfungstheorie und Anthropogenese freilegte. Buffon ging von der genetischen Einheit des Menschengeschlechts aus, das sich gemäß der Milieu-Theorie durch Klima, Nahrung, Sitten und andere Einflüsse differenziert habe. Der britische Arzt Sir William Lawrence vertrat 1816 die Theorie von der Einheit der Menschen in biologischer Hinsicht; allerdings sei diese Einheit erst historisch durch die Gesellschaft,

20 Als erster hat vermutlich der Schweizer Gelehrte Alexandre César Chavannes den Begriff Anthropologie im weitesten Sinne als Wissenschaft vom Menschen eingeführt mit seinem Werk: Anthropologie ou science générale de l'homme . . ., Lausanne 1787.

21 Voegelin, S. 24 ff.; v. Eickstedt, S. 257 f.

22 Mühlmann, S. 49.

23 Immanuel Kant: Von den verschiedenen Racen der Menschheit (1775), in: Kants Werke (Akademie-Ausgabe) Bd. II, Berlin 1912.

durch Vermischung und andere Faktoren entstanden. Die Ursprünge der Rassen wiesen jedoch auf eine getrennte Abstammung hin, wodurch sich auch die seiner Überzeugung nach genetisch bedingten Unterschiede den Menschen erklärten[24].

Alle diese Theorien mußten aufgrund der mangelhaften biologischen Kenntnisse Hypothese bleiben. Die wissenschaftliche Anthropologie stand vorerst vor der Aufgabe, eine beschreibende Bestandsaufnahme der verschiedenen existierenden Völker vorzunehmen und Kriterien zu ihrer Klassifizierung zu entwickeln. Diesen Schritt vollzog der Göttinger Naturforscher Johann Friedrich Blumenbach (1752—1840), der auch als Begründer der wissenschaftlichen Anthropologie gilt. Blumenbach erklärte als erster die Schädelformen der Menschenarten zu konstituierenden Merkmalen dessen, was er als Rasse bezeichnete. Sein Rassenbegriff unterschied sich jedoch wesentlich vom Artbegriff Linnés, indem er ausschließlich nominalistisch gefaßt war: die menschlichen Rassen seien durch stetige Übergänge zueinander charakterisiert; die Rasse umfasse daher mehr oder weniger willkürlich definierte, zu heuristischen Ordnungszwecken zusammengefaßte Menschengruppen[25].

Das naturwissenschaftliche Interesse am Menschen war engstens verbunden mit der zunehmenden Neigung, Leib und Seele als Einheit zu verstehen. Das christliche Menschenbild hatte beide als getrennten Bereichen zugehörig betrachtet und hierbei den als sündig und lasterhaft erkannten Leib weitgehend ignoriert. Mit dem französischen Materialismus kam die Betrachtungsweise auf, beide als Einheit zu sehen bzw. die Seele auf bloße mechanische oder chemische Funktionen des Leibes zurückzuführen. Beispiele hierfür waren Lamettries Schriften „L'homme machine" (Leyden 1748) und „L'homme plante" (Potsdam 1748). Später wurde dieser Materialismus teils ins Idealistische, teils ins Mystische abgewandelt, behielt jedoch die wesentliche Aussage bei, daß von der Gestalt und dem Befinden des Leibes Rückschlüsse auf Charakter und soziales Verhalten gezogen werden könnten. Beispiel hierfür ist die Lehre des Schweizer Theologen Johann Kaspar Lavater (1741—1801), die er in den Jahren 1775/78 in seinem vierbändigen Werk „Physiognomische Fragmente zur Beförderung der Menschenkenntnis und Menschenliebe" niederlegte. Lavater setzte körperliche Gestalt und besonders den Gesichtsausdruck eines Menschen in engste Verbindung mit seinen psychischen und intellektuellen Eigenarten. Da Lavater vom antiken europäischen Schönheitsideal ausging, setzte seine Theorie zwangsläufig einen für außereuropäische Völker und Rassen nachteiligen Maßstab. So bestritt er denn auch, daß beispielsweise Neger zu höherer intellektueller Leistung fähig seien[26].

---

24 Gossett, S. 56.
25 Mühlmann, S. 58 f.
26 v. Eickstedt, S. 292.

Ein anderes Beispiel für die sich verbreitende Gewohnheit, die physische Konstitution von Menschengruppen zum bestimmenden Merkmal auch sittlicher, intellektueller, psychischer und sozialer Eigenschaften zu erheben, bildete der in Wien und Paris wirkende pfälzische Arzt Franz Joseph Gall (1758—1828). In seinem zwischen 1810 und 1819 herausgegebenen vierbändigen Hauptwerk begründete er die sogenannte Phrenologie, die vorgab, Begabung, Charakter und moralische (!) Eigenheiten eines Menschen im Schädel lokalisieren zu können und exakte Urteile über Individuen anhand ihrer Kopfform zu gestatten. Galls Phrenologie mündete zwar nicht ein in eine Rassenanthropologie und hielt sich im Rahmen einer individualistisch konzipierten Menschenkunde. Sie lieferte aber der bloß deskriptiven Klassifizierung von Menschenarten die Dimension der naturwissenschaftlich begründeten *Bewertung* der Arten im sozialen und kulturellen Bereich[27]. Einen Schritt weiter war vor Gall bereits der niederländische Anatom Peter Camper (1722—89) gegangen, der Menschen mit Tierprofilen verglich und daraus rassistische Urteile ableitete[28].

Lavaters Physiognomie und Galls Phrenologie fanden Eingang in die Philosophie Schopenhauers. Der Leib war für ihn die Objektivation des Willens zum Leben, ein schöner Leib also die vollkommene Ausdrucksform desselben, was ihn wiederum in engsten Zusammenhang mit seinem Triebleben und seiner physischen und intellektuellen Konstitution setzte. Schopenhauer erneuerte unter ausdrücklicher Berufung auf Lavater und Gall die Schädellehre und Physiognomie. Zwar bestritt er, daß man an der äußeren Erscheinung eines Menschen auch moralische Eigenschaften lokalisieren und bestimmen könne, aber im übrigen entsprach nach seiner Überzeugung das Äußere eines Menschen vollkommen seinem inneren Wesen. Fehlurteile über Menschen aufgrund ihres Aussehens kämen allenfalls daher, daß wir die Physiognomie nicht richtig zu deuten verstünden[29]. Einen weiteren Beitrag zur Entwicklung der Rassentheorien lieferten Schopenhauer und andere zudem noch mit der starken Betonung der Erblichkeit des Charakters. In der Verschmelzung von Lebensphilosophie und Erblichkeitslehre hat Schopenhauer zweifellos eine erst nach 1900 intensiv einsetzende theoretische Entwicklung vorweggenommen.

Schopenhauer selbst und die vor ihm Genannten waren keine Rassisten oder Rassenideologen. Aber sie lieferten Beiträge, die zu wichtigen Voraussetzungen der späteren Rassentheorien werden sollten. Diese gingen durch-

---

27 Ebd., S. 292.

28 J. J. Roginski & M. G. Lewin: Der Rassismus und seine sozialen Wurzeln, in: Rassen, Rassen„theorie“ und imperialistische Politik. Fünf Beiträge zur Kritik der Rassen„theorie“, hrsg. von Henry Görschler, Berlin DDR 1961, S. 41.

29 Arthur Schopenhauer: Parerga und Paralipomena II, in: Arthur Schopenhauers sämtliche Werke, hrsg. von Paul Deussen, Bd. V, S. 697 ff., und Die Welt als Wille und Vorstellung II, ebd., Bd. II, S. 510 ff.

weg von der Annahme aus, daß mit der Rasse — also vorwiegend mit dem äußeren physiognomischen Habitus eines Menschen — bestimmte intellektuelle und charakterliche Anlagen verbunden seien. Hätte der Begriff „Rasse" *nur* die äußere Erscheinung von Menschengruppen bezeichnet, wäre er politisch, sozial, historisch und kulturell gänzlich bedeutungslos geblieben und hätte die Konzeption von Rassentheorien nicht möglich gemacht. Ähnliches wie von der Einheit von Leib und Seele muß auch von der Lehre von der Erblichkeit der Eigenschaften festgestellt werden, daß nämlich erst aufgrund ihrer der Rassenbegriff in politischen und historischen Theorien relevant werden konnte.

An diesem Sachverhalt erkennen wir auch klar, welche Bedeutung die ästhetische Schulung des abendländischen Menschenbildes am antiken griechisch-römischen Schönheitsideal für die Anthropologie haben mußte. Fremde Völker wurden gemessen am heimatlichen geschmacklichen Maßstab und schnitten bei Vergleichen demgemäß schlecht ab. Buffon betrachtete die Weißen als Norm, alle übrigen Menschen als Abweichungen, wie dies seine abwertenden Urteile über das Aussehen *und* den Kulturzustand von Lappen, Tataren und anderen ugrofinnischen Völkern andeuten; ihr kultureller Stand wurde zwar nicht unmittelbar mit ihrem Aussehen in Zusammenhang gesetzt, wohl aber wurde dieser Zusammenhang durch Intuition als mehr oder weniger wirksame Realität angesehen. Die zivilisatorische Geringschätzung dieser Völker durch Buffon dürfte zweifellos durch ihren äußeren Eindruck nicht unbeeinflußt geblieben sein.

Beispiele für ein stark auf ästhetischen Grundlagen beruhendes Werturteil über andere Völker lassen sich beliebig anführen. Der englische Physiologe Charles White bemühte sich in seinem 1799 veröffentlichten Buch „An Account of the Regular Gradation in Man" um den Nachweis, daß die Neger in ihrer Erscheinung zwischen den Weißen und den Affen stünden[30]. Die von der Antike übernommenen ästhetischen Kategorien fanden durch Blumenbach Eingang in die Anthropologie, der auch die für mehrere Generationen gültige Nomenklatur für Rassen einführte: die von ihm so benannte kaukasische (d. h. weiße) Rasse war ihm die harmonischste, versehen mit den schönsten Kopfformen und Körperproportionen, während Vertreter der mongolischen (gelben) und äthiopischen (schwarzen) Rasse für ihn Extreme an Häßlichkeit darstellten[31].

Der Göttinger Polyhistor Christoph Meiners (1747—1810) verband als erster ein ästhetisches Vorurteil gegen Farbige mit einem ansatzweise rassentheoretischen Geschichtsbild[32]. In seinem „Grundriß der Geschichte der Menschheit" (Frankfurt am Main—Leipzig 1786) ging er von der histori-

30 Gossett, S. 47 ff.
31 Voegelin, S. 69; v. Eickstedt, S. 268 ff.
32 Mühlmann, S. 67.

schen Hypothese einer schon in ihren Anfängen zweigeteilten Menschheit aus, innerhalb derer die Weißen die Oberschicht, die Farbigen die Unterschicht bildeten. Meiners vertrat auch die später öfters wiederholte These, wonach die Germanen, die nach seiner Überzeugung allen übrigen Rassen und Völkern überlegen waren, durch Völkerwanderungen, Eroberungen und vor allem Vermischungen mit weniger edlen Stämmen sich entartet hätten und schließlich durch den Zerfall ihrer ererbten Substanz zugrunde gegangen seien[33].

An den hier genannten Beispielen erkennt man, daß die Versuche einer Katalogisierung der Menschheit im 18. Jahrhundert nicht ohne wertende und teilweise ausgesprochen gehässige Akzente war. Wie der Hinweis auf Voltaire schon zeigte, war auch das Zeitalter der Aufklärung hiervon nicht frei. Das Erlebnis der Überlegenheit gegenüber anderen Völkern, das — wie wir gezeigt hatten — seit den Anfängen der spanisch-portugiesischen Kolonialexpansion im Geschichtsbewußtsein Europas tiefe Wurzeln geschlagen hatte, wurde auch durch einen zeitweiligen Universalismus nicht verdrängt.

Nach Ashley Montagu waren Rassentheorien eine unmittelbare Folge des europäischen Sklavenhandels[34]. Nach unseren bisherigen Ausführungen kann diese Feststellung so nicht bestätigt werden. Sklavenhandel haben islamische Völker in nahezu gleicher Intensität betrieben, ohne daß dies zur Entstehung von Rassentheorien geführt hätte. Es ist auch kein Zusammenhang erkennbar zwischen den in Großbritannien und Nordamerika geführten Diskussionen über die Sklavenbefreiung und den zunächst ausschließlich im kontinentalen Europa entwickelten Rassentheorien. Wohl aber kann generell das in der Einleitung skizzierte Überlegenheitsgefühl der europäischen Nationen, das ihnen ihr militärischer, wirtschaftlicher und verkehrstechnischer Vorsprung und ihre politische Beherrschung der meisten wirtschaftlich interessanten Küstengebiete der Erde vermittelte, entscheidend zur unterschiedlichen Wertung anderer Völker beigetragen haben.

Das Menschenbild des frühen 19. Jahrhunderts, welches in stärkerem Maße von der Einheit von Leib und Seele ausging, wurde durch gelegentliche typisch romantische Geistesprodukte ausgedrückt, die die Einteilung der Menschheit durch besondere Kategorien zu umschreiben suchten. In seiner zweibändigen „Anthropologie" (Breslau 1822) entwarf der deutsch-norwegische Philosoph Henrik Steffens (1773—1845) eine in vier Leien gegliederte Menschheit, wobei das Kunstwort „Lei" (abgeleitet von „Aller*lei*") gleichbedeutend mit Rasse war: die Lei der Erde (Neger), die des Wassers (Indianer), der Luft (mongolische Asiaten) und die Lei des Lichts, zu der er Europäer und Araber rechnete. Diese Rasseneinteilung war mit moralischen Werturteilen verbunden, wie dies Steffens an der vermeintlich ungleichen

33 Ebd., S. 59 ff.; v. Eickstedt, S. 286.
34 Montagu, S. 10 f.

Fähigkeit der einzelnen Menschengattungen zur Scham nachzuweisen versuchte: „Wer erröthen kann, ist ein Mensch; wer dies nicht kann, ist ein Mohr[35]."

Ähnlich gelagert war der typisch romantische Kult um das Genie und das Dämonische im Menschen, der gelegentlich auf die Völkerpsychologie eingewirkt hat. Veranlaßt durch bedeutende Zeitgenossen, allen voran Napoleon und Goethe, hat die Idealisierung des faktischen (nicht eines normativ als Vorbild herausgestellten) Individuums zur Mystifikation und Glorifizierung der Ungleichheit geführt, die im Zeitalter des entstehenden Nationalismus nur allzu leicht auf Gruppen und Völker übertragen wurde. Den genialen Völkern des Lichts wurden in einer derart gestalteten Völkerpsychologie die Stämme der Finsternis und der dämonischen Zerstörungswut gegenübergestellt. Einen solchen Ansatz finden wir beim Arzt und Naturphilosophen Carl Gustav Carus (1789—1869). Dieser hatte als Freund und Bewunderer Goethes dessen intuitive, ganzheitliche Naturbetrachtung übernommen und in seiner Psychologie verarbeitet. Aus Anlaß von Goethes hundertstem Geburtstag veröffentlichte er die Schrift „Über die ungleiche Befähigung der verschiedenen Menschheitsstämme für höhere geistige Entwicklung" (Leipzig 1849), in der er sein rassentheoretisch bestimmtes Menschenbild entwarf. Der Bezug zur Person Goethes war kein zufälliger, denn an ihr entwickelte Carus die Lehre von der Einheit von Leib und Seele, von der „wohlgeborenen" Abstammung, die Goethe zum „eugenes" habe werden lassen. Damit betonte Carus auch bereits die Bedeutung der Abstammung, derzufolge nur eine kleine *geborene* Elite von Individuen ebenso wie von Völkern — den Begriff „Rasse" verwandte Carus noch nicht — fähig sei, große Männer (wie Goethe) hervorzubringen[36]. Carus teilte nun die Menschheit ein in „Tagvölker" (Europäer), „Nachtvölker" (Afrikaner) und „Völker der Morgen- und der Abenddämmerung" (Ostasiaten, Indianer). Kulturtragend waren für ihn allein die Tagvölker; die der Dämmerung könnten zwar einen Schatten von Kultur hervorbringen, der aber wohl meist durch die Kultur der Europäer hervorgerufen worden sei, während die Nachtvölker dumpf dahinvegetierten. Carus nahm insgesamt 18 Tagvölker an, zu denen er unter anderen Romanen, Germanen, Griechen, Perser, Kelten und Semiten rechnete[37].

Diese skurrile Theorie unterschied nicht korrekt zwischen Völkern und Stämmen, zwischen anthropologischen und sprachlich-kulturellen Gemeinschaften. Sie lieferte aber späteren Rassentheorien den Gedanken einer hierarchischen Gliederung der Menschheit. Graf Gobineau, der Begründer des Rassengedankens, übernahm von Carus, dessen Werk er kannte, die

35 v. Eickstedt, S. 298.
36 Voegelin, S. 157.
37 Ebd., S. 158 f.

These von der Dreiteilung des Menschengeschlechts in seinen „Essai über die Ungleichheit der Menschenrassen". Carus stellte auch das Verbindungsglied zweier wichtiger Elemente der späteren Rassentheorien dar: die Widerspiegelung der universalen Menschheitshierarchie in der einzelnen Gesellschaft, in der Eliten in größerem Maße als das gemeine Volk „höherwertige" Rassen verkörperten. Die vermeintlich natürliche Ungleichheit innerhalb der Spezies Mensch sollte die vermeintlich natürliche Ungleichheit innerhalb der Gesellschaft abstützen. Der europazentrische Xenophobismus gegenüber farbigen Völkern deckte sich hier mit den Absichten der Frankenlegende französischer Aristokraten und trug bei zur Entstehung biologistischer Restaurationsideologien.

Vor diesem Hintergrund weitete sich die Frankenlegende in der ersten Hälfte des 19. Jahrhunderts aus zu einer auch außerhalb Frankreichs und Deutschlands verbreiteten „Germanenlegende" und — in Anlehnung an die Ergebnisse der indogermanischen Sprachforschung — schließlich zum Ariermythos (aryanisme), unter welcher Bezeichnung der restaurative Rassengedanke nach der Einführung des „Ariers" in die politische Terminologie durch Gobineau in Frankreich später bekannt wurde. In der angelsächsischen Welt fehlte zwar dem Germanenkult der feudalistische Hintergrund, weil die Kämpfe zwischen Adel und Bürgertum in Großbritannien zu weit zurücklagen und es sie in Amerika niemals gegeben hatte. Wohl aber besaßen der deutsche Germanenkult und die französische Frankenlegende im „teutonism" ihr angelsächsisches Pendant. Der amerikanische Historiker John Lothrop Motley behauptete in seinem Buch „The Rise of the Dutch Republic" (1856), daß im Freiheitskampf der Niederländer gegen die Spanier das überlegene germanische Element den Sieg über die weniger befähigten romanischen Mächte davongetragen habe. Der britische und amerikanische Teutonismus, der in der ersten Hälfte des 19. Jahrhunderts vor allem in historischer Literatur einige Bedeutung erlangte, verfolgte im Gegensatz zu den meisten kontinentaleuropäischen Parallelerscheinungen keineswegs durchweg reaktionäre und restaurative Ziele. So meinte der britische Historiker John Mitchell Kemble in seiner Schrift „The Saxons in England" (1849), daß sein Volk von den Germanenvölkern die Segnungen eines konstitutionellen Verfassungsstaates ererbt habe: die Gleichheit der Bürger vor dem Gesetz, die Sicherung der Freiheiten des einzelnen und die Repräsentativverfassung. Aber in der Mehrzahl fühlten sich doch vor allem konservative Publizisten, Historiker und Politiker von den Thesen des Teutonismus angezogen. Mittels der Lehre von der Überlegenheit der Angelsachsen und Normannen gegenüber Kelten und anderen Völkern ließen sich in Großbritannien die Unterdrückung der Iren, in Nordamerika bestimmte Praktiken der Einwanderungspolitik und die Diskriminierung der Farbigen rechtfertigen. So entwickelte der schottische Anatom Robert Knox in seinem Buch „The Races of Men: A Fragment" (London 1850) die Theorie von der

Abhängigkeit aller Kultur und Wissenschaft von der Rasse. Seine Schrift war vornehmlich gegen die Iren gerichtet, die er als von ihrer Rasse her geborene Feinde der germanischen Engländer betrachtete. Es läge daher, so meinte er in offenherzigem Zynismus, im Interesse Großbritanniens, seine keltischen Bevölkerungselemente, vor allem die Iren, zu vertreiben, um die Einheit und Sicherheit des Staates zu gewährleisten[38]. Wenig bekannt ist, daß ohne ausdrückliche Anknüpfung an den Germanenmythos auch der frühe Benjamin Disraeli (1804—81) Beiträge zu rassenideologischem Denken lieferte. Nicht in historischen Schriften, wohl aber in Romanen unterstrich er in Verbindung mit politisch-philosophischen Betrachtungen die Bedeutung der Rasse im Leben der Völker und verstieg sich zu der Behauptung: „All is race; there is no other truth[39].“

Der Rassengedanke war, wie wir bereits andeuteten, eine Verschmelzung bestimmter politischer Ideen auf der Grundlage gesellschaftlicher Entwicklungen mit zeitgenössischen Strömungen in Politik, Philosophie, Literatur und Wissenschaft. Zusammenfassend können wir folgende Faktoren hervorheben, die zu seiner Entstehung wesentlich beigetragen haben: die gegen die Aufklärung und gegen die von der Französischen Revolution aufgestellte Forderung nach Gleichheit aller Bürger gerichtete Doktrin von der natürlichen Ungleichheit der Menschen zur Rechtfertigung sozialer Privilegien; der zunehmende Ethnozentrismus und aggressiver werdende Nationalismus in Publizistik und Wissenschaft anstelle des Universalismus und Kosmopolitismus im Zeitalter der Aufklärung; das entchristianisierte, säkularisierte, wissenschaftliche Menschenbild und die Anfänge von Völkerkunde und naturwissenschaftlicher Anthropologie.

Diese hier aufgeführten Vorläufer und Wegbereiter der Rassentheorien haben zu deren Entstehung folgende wesentlichen Aussageinhalte geliefert:

(1) Die Lehre von der Einheit von Leib und Seele; diese Lehre war für die Rassentheorien insofern von Bedeutung, als mit ihr die Grundlage der These von der Rassenbezogenheit aller Kultur und Gesellschaft, kurz: des gesamten Überbaus, gelegt wurde, gleichsam eine die Grenzen der biologischen Anthropologie weit überschreitende Konstruktion von (rassischer) Basis und Überbau.

(2) Die Lehre von der naturgegebenen Ungleichheit der Menschen in kultureller und politischer Befähigung. Die Lehre von der Überlegenheit bestimmter Völker (gewöhnlich der Germanen oder aber generell der Weißen) gegenüber andersartigen (gewöhnlich nichtnordischen, meist farbigen) Völkern und die damit verbundene Wiederholung der gesell-

38 Gossett, S. 87 ff., 95 f.

39 Gustav Blume: Rasse oder Menschheit? Eine Auseinandersetzung mit der nationalsozialistischen Rassenlehre, Dresden 1948, S. 48 f.

schaftlichen Ungleichheit der Menschen im globalen Maßstab der Menschheit.

(3) Die Verbindung von (1) und (2): die Lehre von der rassisch „höherwertigen“ Abstammung aller herrschenden Schichten, somit die naturwüchsige Verankerung sozialer Ungleichheiten.

(4) Der Geschichtspessimismus, der in zunehmender Egalisierung der Gesellschaft und in der Entmachtung (rassisch verstandener) Eliten ausschließlich politische und kulturelle Dekadenz erkennen zu können meinte.

Alle diese zentralen Aussagen hat schließlich Gobineau in einer breit angelegten Geschichtstheorie zusammengefaßt, so daß er als eigentlicher Begründer der Rassenlehren gilt. Alle Vorläufer und Wegbereiter vereinigten in ihren Theorien entweder die genannten charakteristischen Aussagen des Rassengedankens nicht vollständig oder wichen in einigen von ihnen wesentlich ab. Trotzdem sei hier auf einen früheren Versuch näher eingegangen, die Menschheitsgeschichte rassentheoretisch zu deuten. Wir wollen hier auf einen Mann hinweisen, der als einziger von Gobineau die Bedeutung der Rasse universalhistorisch betrachtete und sie nicht bloß auf die europäischen Völker und den abendländischen Kulturkreis beschränkte.

Der sächsische Hofbibliothekar Gustav Klemm (1802—67) veröffentlichte in den 1840er Jahren eine zehnbändige „Allgemeine Kulturgeschichte der Menschheit“, deren letzter Band 1852, also ein Jahr vor Gobineaus „Essai“ erschien. In dieser Schrift unterschied Klemm zwischen „aktiven“ männlichen Völkern und Rassen einerseits, von denen Künste und Wissenschaft, Handel und Seefahrt erfunden, kühne Entdeckungen gemacht und Staaten und Rechtssysteme begründet worden seien, und andererseits „passiven“ weiblichen Völkern, die seit jeher selbstgenügsam und zufrieden mit ihrem Lebensunterhalt und ohne kulturelle und politische Ansprüche dahingelebt hätten. Dieses Bild erinnert an Carus’ Tag- und Nachtvölker, und wie dieser betrachtete auch Klemm die Weißen als die höher entwickelten, befähigteren Teile der Menschheit.

Im Jahre 1845 veröffentlichte Klemm den rassentheoretischen Extrakt seines Geschichtswerkes als Privatdruck unter dem Titel „Die Verteilung der aktiven Menschenrace über den Erdball“[40]. Wir wollen anhand dieser Schrift kurz die Klemmsche Rassentheorie erläutern. Im Gegensatz zu den passiven weiblichen seien die aktiven männlichen Rassen — eine nähere Unterscheidung von Rasse und Volk nahm Klemm noch nicht vor — durch besondere angeborene Triebe und Veranlagungen auf ein bestimmtes Verhalten fixiert. Zunächst verkörpern sie nach Klemm das Streben nach Besitz

40 Wegen der Rarität dieser Schrift erfolgte rund sechzig Jahre später ein Wiederabdruck in der *Politisch-Anthropologischen Revue* V (1906), S. 65—92.

und Macht, was sie zur Eroberung und Unterwerfung anderer Völker, zum Handel und Reichtum prädestiniere. Das Streben nach Ruhm sporne sie zu kriegerischen Heldentaten an. Ihr Hang zur Freiheit und Unabhängigkeit sei die Ursache ihres herrischen und stolzen Wesens, das keine Herrschaft über sich dulde. Ihr Drang in die Ferne habe zur Entwicklung der Seefahrt und zur Erschließung des Erdballs geführt. Schließlich sei noch ihr Bedürfnis zur Mitteilung und zum Gedankenaustausch zu erwähnen als Voraussetzung von Literatur und Pflege aller Kultur[41]. Alle diese Charaktereigenschaften haben nun die aktive Rasse veranlaßt, ihre Heimat Mittelasien zu verlassen und sich sternförmig in alle Himmelsrichtungen auszubreiten, die passiven Völker zu unterwerfen und ihnen Kultur und Gesetz zu bringen. Ihre eigentliche Heimat aber sei Europa geworden, von wo aus sie dann ihren lichtbringenden Kulturauftrag für die gesamte Menschheit angetreten hätten.

In konzentrierter Form hat Klemm damit zahlreiche geschichtsphilosophische Gedankengänge Gobineaus vorweggenommen. Sein Werk blieb indessen weitgehend unbekannt. Gobineau, der es in einer einzigen Fußnote beiläufig erwähnt, scheint es nur aus zweiter Hand gekannt zu haben, dürfte aber mittelbar manche Anregung von Klemm empfangen haben[42].

Gobineau vertrat stärker und konsequenter als Klemm die These von der konstanten Eigenschaft und Beschaffenheit der Rassen über Jahrhunderte hinweg. Auch hob er anders als dieser besonders den durch die Rasse begründeten Determinismus sowohl im persönlichen als auch im ethnischen Bereich hervor, ebenso den Einfluß der Rassenentwicklung auf den kulturellen Überbau. Klemm dagegen stand in der Tradition des Liberalismus und verband die Ausdehnung der europäischen Kultur mit einem Fortschrittsglauben, wie er dem frühen Liberalismus eigen war. Schließlich bezog er nicht alle Bereiche der Kultur in den Rassendeterminismus ein, sondern ließ hier Freiräume offen. Erst Gobineau war es vorbehalten, die rassentheoretischen Gedanken seiner Vorläufer zu einem ebenso kolossalen wie düsteren System zusammenzufassen, welches den Anspruch erhob, Vergangenheit, Zukunft, Aufstieg und Niedergang von Völkern, Staaten und Kulturen, die Entstehung und Geschichte von Künsten und Wissenschaften zu deuten. Mit Recht wird er daher als eigentlicher Begründer der politischen Rassentheorien angesehen.

---

41 Ebd., S. 71 ff.
42 Zum Verhältnis beider s. Ludwig Woltmann: Klemm und Gobineau, *Politisch-Anthropologische Revue* VI (1908), S. 637 ff.

Die Rassentheorie Gobineaus

Gobineaus Werk bildete die Zusammenfassung einer langen Reihe von Vorarbeiten. Seine Geschichtsschreibung auf rassentheoretischer Grundlage konnte daher schwerlich Anspruch auf Originalität erheben, da fast jeder einzelne seiner Gedanken als Fragment schon vor ihm formuliert worden war. Aber Gobineau konzipierte als erster aus einzelnen rassenideologischen Elementen eine in sich zusammenhängende (wenn auch widerspruchsvolle) Theorie über die Triebkräfte des politischen und gesellschaftlichen Lebens und über den zukünftigen Verlauf der Geschichte. Sein Werk bildete zudem die Grundlage, auf der eine Schule von späteren Rassentheoretikern aufbaute, so daß er bis in die Mitte des 20. Jahrhunderts Schlüsselfigur vieler Rassentheorien blieb. Es ist daher gerechtfertigt, ihn als grundlegenden Vertreter einer bestimmten Richtung politischer Ideengeschichte gesondert zu untersuchen.

Comte Joseph Arthur de Gobineau[1] (1816—82) diente der zweiten und dritten Republik und dem zweiten Kaiserreich als Diplomat. 1849 wurde er „chef de cabinet" unter Tocqueville während dessen kurzer Amtszeit als Außenminister. 1851 wurde er Gesandtschaftssekretär in Bern und bekleidete später diplomatische Posten in Hannover, Frankfurt, Teheran, Athen, Rio de Janeiro und Stockholm. Seit 1877 lebte er zurückgezogen und widmete sich ausschließlich seiner schriftstellerischen Arbeit. Diese umfaßte neben seinem Rassenwerk orientalistische Studien („Les religions et les philosophies dans l'Asie centrale", 1865), kulturgeschichtliche Darstellungen („La Renaissance", 1877) und eine Reihe schöngeistiger Schriften. Sein Hauptwerk, welches allein für uns von Interesse sein soll, war der vierbändige „Versuch über die Ungleichheit der Menschenrassen", den er zu je

1 Zu Person und Werk Gobineaus vgl. das bereits zitierte Buch von Ernest Seillière; dazu Robert Dreyfus: La vie et les prophéties du comte de Gobineau, Paris o. J. (1905); Eugen Kretzer: Joseph Arthur Graf von Gobineau. Sein Leben und sein Werk, Leipzig 1902; Ludwig Schemann: Gobineau, eine Biographie, 2 Bde., Leipzig 1913/1916; die neueste Darstellung des Lebens und der Lehre Gobineaus, in der auch weitere Literatur angegeben ist, liefert Michael Biddiss: Father of Racist Ideology. The Social and Political Thought of Count Gobineau, London 1970.

zwei Doppelbänden 1853 und 1855 herausgab[2]. Dieses Werk, das zunächst ohne große Resonanz blieb, erschien erst 1883 in zweiter Auflage. Gobineau konnte sie noch für die Drucklegung vorbereiten, hat ihr Erscheinen jedoch nicht mehr erlebt.

In seiner Entwicklung als politischer Publizist hatte Gobineau keineswegs als Rassist begonnen. Der Überlieferung Boulainvilliers' von der fränkischen Herkunft des französischen Adels stand er sogar ausgesprochen skeptisch gegenüber[3]. Sein Ausgangspunkt war allerdings gleichfalls eine pessimistische Gesellschaftskritik aus der Sicht der entmachteten französischen Aristokratie. Erst nach verschiedenen theoretischen Ansätzen, die er alle wieder verwarf, verband er Gesellschaftskritik, Geschichtsphilosophie und die rassentheoretischen Fragmente seiner Vorläufer zu einer umfassenden Vision der Menschheitsgeschichte, in deren Zentrum die von ihm proklamierte Ungleichheit der Menschenrassen stand. Nur seine starke Bindung an die kirchliche Lehrtradition von der adamitischen Abstammung der Menschen hinderte ihn, die vermeintliche Ungleichheit auf verschiedenartige Ursprünge der Rassen zurückzuführen. Gleichwohl äußerte er Skepsis gegenüber der Theorie von der unitarischen bzw. monogenetischen Abstammung der Rassen aus einer Wurzel, wie sie in der biblischen Darstellung enthalten ist[4]. Da Gobineau in seinen Überlegungen jedoch biologischen und genetischen Argumenten keinen Raum ließ und sein Werk bereits sechs Jahre vor Darwins „On the Origin of Species by Means of Natural Selection" erschien, somit ihm auch die von Darwin angedeuteten Hypothesen von der möglichen tierischen Abstammung des Menschen zur Zeit der Niederschrift des „Essai" unbekannt waren, ließ er diese Frage unentschieden.

Den Ansatz zu seiner Theorie bildet die Annahme der von ihm so benannten Sekundärrassen, von denen es nach seiner Überzeugung drei gab: Weiße, Gelbe und Schwarze. Die Bezeichnung Sekundärrasse sollte besagen, daß ihnen ältere, historisch aber nicht mehr nachweisbare Menschengattungen vorausgegangen seien. Zwar habe es diese ersten Menschengattungen wohl niemals rein gegeben, aber sie hätten gewissermaßen die Urtypen aller historischen Rassen abgegeben. Aus den Vermischungen dieser drei Sekundärrassen seien durch spezifische Mischungsverhältnisse Zwischenstufen, die sogenannten Tertiärrassen, entstanden und aus deren Vermischungen alle weiteren anthropologischen Gattungen der Menschheit[5].

---

2 Comte Joseph Arthur de Gobineau: Essai sur l'inégalité des races humaines, 4 Tomes, Paris 1853/55, 2ème éd. 1883. — Im folgenden wird die von Schemann besorgte deutsche Ausgabe „Versuch über die Ungleichheit der Menschenracen" (Stuttgart 1899 ff. und öfter) zitiert; dieser Ausgabe fügte Schemann noch einen fünften Registerband an.

3 Biddiss, S. 105 f.

4 Gobineau Bd. I, S. 154 f., 157.

5 Ebd., S. 195 f.

Gobineau gliederte die Menschheit in eine charakteristische anthropologische Hierarchie, innerhalb derer die jeweils helleren Typen den Dunkleren als überlegen galten und ihnen übergeordnet waren. Denn kulturelle Leistung, intellektuelle Ausstattung und politisch-gesellschaftliches Verhalten waren nach seiner Überzeugung rassenbedingte Eigenschaften, so daß sich die Rasse in sämtlichen Bereichen menschlicher Zivilisation auswirkte. Die begabteste und zugleich schönste Rasse waren ihm die Weißen (Arier), von denen wiederum die Germanen ihre rassenspezifische Art am meisten von fremden Beimischungen freigehalten hätten. Sie seien durch körperliche Schönheit und intellektuelle Fähigkeit ausgezeichnet und bildeten gewissermaßen den Adel der Menschheit[6]. Den Weißen ordnete Gobineau die mongolischen Völker unter, die zwar zu keiner eigenen Kulturleistung fähig, aber doch durch die kulturelle Befruchtung der Weißen kultivierbar und auch tatsächlich kultiviert worden seien[7]. Den Gelben unterstellte er schließlich die dunkleren Menschengattungen bis hin zu den Schwarzen, denen Gobineau alle Fähigkeit zur höheren Kultur — mit Ausnahme eines gewissen musikalischen Talents — absprach; sie bildeten nach seiner Theorie den geborenen Sklavenstand der Spezies Mensch.

Um nun die zahllosen Ungereimtheiten und offensichtlichen Irrtümer seiner Kultur- und Geschichtstheorie historisch zu untermauern, sah Gobineau sich veranlaßt, die Geschichte auf vielfältige Weise zu verfälschen. So stellte er die phantastische Behauptung auf, daß alle nicht-europäischen Kulturen (mit drei Ausnahmen) durch prähistorische arische Eroberervölker begründet und durch Rassenvermischung auch erbbiologisch im Bevölkerungssubstrat verankert worden seien. Von den Kulturkreisen, die er — ähnlich wie später Spengler oder Toynbee — als historische Ganzheiten auffaßte, galten ihm folgende als das Werk der Arier: die griechische, die italisch-römische und die germanische Kultur (des Mittelalters) sind nach ihm unmittelbare Schöpfung einer arischen Bevölkerung, ebenso die indische, die von den dort einfallenden Ariern begründet worden sei. Die ägyptische Kultur hätten wiederum einwandernde indische Arier und die assyrische (d. h. semitische) Kultur arische Perser und Griechen geschaffen. Das alte China schließlich sei teils durch nordwärts ziehende indische Arier, teils durch historisch nicht mehr nachweisbare arische Nomadenvölker im subarktischen Asien befruchtet worden. Allein der peruanischen, mexikanischen und einer nicht näher definierten indianisch-nordamerikanischen („alleghenischen") Kultur traute Gobineau eine Entfaltung ohne arische Hilfestellung zu[8].

Der konstitutive Akt zur Bildung von Hochkulturen war für Gobineau in

6 Ebd., S. 142 f. — Zu Recht bemerkt Biddiss (a. a. O., S. 267), daß Gobineau die ständische Dreiteilung der feudalen Gesellschaft auf Menschenrassen projiziert.

7 Gobineau I, S. 280.

8 Ebd., S. 288.

der Regel die Eroberung sowie die erbbiologische Prägung durch die einzige geschichtsträchtige Rasse, die Arier, ohne deren geistigen und physischen Beitrag die Spezies Mensch ein gleichförmiges kulturloses Dasein gefristet haben würde. Der Verlauf der Geschichte war nun nach seiner Überzeugung dadurch entschieden worden, daß die Arier die ihnen unterlegenen Völkerschaften zwar befruchtet, selbst aber an Reinheit und somit an Überlegenheit eingebüßt hatten. Ohne diesen Kultivierungs- und Vermischungsprozeß hätten die Menschenrassen auf unterschiedlichen Zivilisationsstufen kontaktlos nebeneinander bzw. in hierarchischer Unterordnung beziehungslos zueinander koexistiert: „Wenn die großen Menschenracen, streng getrennt lebend, sich nicht untereinander verbunden hätten, so wäre ohne Zweifel das Übergewicht immer bei den schönsten unter den weißen Stämmen verblieben, und die gelben und schwarzen Varietäten hätten in alle Ewigkeiten den geringsten Völkern dieser Race zu Füßen gelegen[9]."
Die Menschenrassen sind nun nach Gobineau nicht nur unterschiedlich befähigt zur Zivilisation, sondern auch zur Herrschaft. Die Arier seien stets vom Drang nach Herrschaft über andere Völker getrieben worden und auch die politisch talentiertesten gewesen. Aufgrund ihrer vielseitigen Überlegenheit haben sie als Eroberer die anderen Rassen unterworfen und ihnen ihr Herrschaftssystem aufgezwungen, indem sie die Fürstenhäuser und den Adel stellten. Da nun der Anspruch auf Herrschaft und Machtausübung allen Angehörigen der arischen Völker gleichermaßen innewohnte und sie selber ungerne die Herrschaft anderer über sich duldeten, schufen sie sich ein Herrschaftssystem aristokratischer Machtverteilung, d. h. den Feudalismus, den Gobineau somit als typisches Rassenspezifikum der Arier bezeichnet[10]. Interessant ist hierbei für uns die Umkehrung von Ursache und Wirkung. Während wir die Rassentheorie Gobineaus als Ausfluß einer feudalistischen Restaurationsideologie erkennen, interpretierte dieser den Feudalismus als die den Ariern angemessene Gesellschaftsordnung.
In Gesellschaften, die durch Vermischung den einheimischen (arischen) Adel vollständig aufgesogen hätten, wirkt nach Gobineau dennoch die Rasse im sozialen Schichtungsgefüge nach. Die Angehörigen der herrschenden Stände und Klassen besitzen demnach stets mehr arisches Blut als die unteren Schichten. Herrschaft und Unterdrückung galten somit als naturgegebene Ordnungsprinzipien menschlichen Zusammenlebens. Soziale Konflikte wurden nicht als Klassen-, sondern als Rassenkämpfe interpretiert, bei denen die rassisch „Minderwertigen" gegen ihre „höherwertigen" Beherrscher aufbegehrten[11]. Wir erkennen hier deutlich die Tradition der Boulainvilliersschen Frankenlegende wieder, die Gobineau trotz seiner aus sachlich un-

9 Ebd., S. 282.
10 Gobineau II, S. 342 f.
11 Gobineau I, S. 212 u. ö.

erheblichen Bedenken genährten Reserve zumindest sinngemäß übernahm und verallgemeinerte. Auch die Deutung der Revolution von 1789 als einer Revolte der gallischen Plebejer gegen ihren germanischen Adel fand hier ihre Verarbeitung.

Alle Geschichte — und das hieß bei Gobineau: aller kultureller und politischer Zerfall — war ein Resultat der Rassenveränderungen. Die arische Rasse, so meinte er, hatte durch die Ausdehnung ihrer Herrschaft zwar in alle Weltteile Kultur gebracht, sich selbst aber durch Anpassung und Vermischung physisch verausgabt. Bereits zur Zeit Christi habe der endgültige Zerfallsprozeß eingesetzt und in der Völkerwanderung seine nicht mehr korrigierbare Fortsetzung gefunden. Im Mittelalter, dem Gobineau besonders zugetan war[12], haben nach seiner Überzeugung die Arier durch ihren letzten rein erhaltenen Zweig, durch die Germanen, noch späte Blüten ihrer Herrschaft und Kultur erlebt. Aber auch sie verbrauchten — nach Gobineau — ihre Kräfte dazu, den Erdball zu entschleiern, zu erobern und in die bislang noch unentdeckten Kontinente das Licht der Zivilisation einschließlich des Christentums zu tragen. Wenn dieses Werk vollendet und abgeschlossen sein werde — Gobineau verlegte diesen Zeitpunkt ins späte 19. oder ins frühe 20. Jahrhundert — dann bleibe den Germanen nichts mehr zu tun übrig. Einerseits hätten sie ihre Kräfte vollständig verzehrt, andererseits würden sie dann auch überflüssig, da es nichts Großes mehr zu vollbringen gebe. Ihre letzte Aufgabe, eine einheitliche Weltkultur zu schaffen, werde dann erfüllt sein: „Die germanische Race war mit der ganzen Energie der arischen Varietät ausgestattet. Sie mußte es sein, um die Rolle, zu der sie berufen war, durchführen zu können. Nach ihr hatte die weiße Familie nichts Mächtiges und Lebendiges mehr herzugeben[13]."

Dieser Geschichtsmythos war ungeachtet seiner sachlichen Abstrusität ein imposantes Kolossalgemälde, was übrigens viele universalhistorische und deterministische Geschichtstheorien kennzeichnet. Man kann in ihm, wie Biddiss richtig beobachtet, sogar Anklänge an Hegels dialektischen Dreischritt in der Weltgeschichte erblicken, freilich mit umgekehrten Vorzeichen. Die Rase war hierbei die These, die Vermischung die Antithese und die endzeitliche Aufhebung der Rassenunterschiede die Synthese[14]. Es entsprach der Tradition, in der Gobineau stand, daß diese Synthese nur eine Entwicklung auf eine niedere Stufe, also Niedergang und Zerfall sein konnte. Der Gott der Rasse, charakterisiert Cassirer den Grundton dieses Geschichtspessimismus, war ein sterbender Gott: „... sein Untergang besiegelte das

12 Dem brasilianischen Kaiser Dom Pedro II. erklärte er: „Ich bin ein Mann des Mittelalters — und bleibe es" (Biddiss, S. 246).

13 Gobineau IV, S. 316.

14 Vgl. Biddiss, S. 267.

Schicksal der menschlichen Geschichte und der menschlichen Zivilisation: er verstrickte sie in seinen eigenen Untergang[15]."
Der vermeintliche Untergang der Arier hatte für Gobineau auch die politische Konsequenz, daß alle Rassen- und damit auch alle Klassenunterschiede verschwinden würden. Die weiße Rasse werde, nachdem sie das Zeitalter der Götter (d. h. das der Rassenreinheit), das der Heroen und schließlich das des Adels durchlaufen habe, vom Erdboden verschwinden und in einer allgemeinen Mischrasse, einer einzigen, vom Prinzip der Gleichheit geprägten Weltbevölkerung aufgehen. „Wir können als Grundsatz aufstellen, daß das Endziel der Mühen und Leiden, der Freuden und Triumphe unserer Gattung das ist, eines Tages zur vollkommenen Einheit zu gelangen[16]." Diese aber werde die Inkarnation der Mittelmäßigkeit bilden und nichts Überragendes mehr vollbringen können. Wann der Zeitpunkt der totalen Rassenmischung und damit die Entstehung der egalitären Einheitsgesellschaft eintreten werde, ließ Gobineau offen. Aber in den zeitgenössischen Klassenkämpfen, in deren Verlauf immer mehr Privilegien und soziale Vormachtstellungen gefährdet würden, sah er die Geburtswehen der kommenden Endgesellschaft, in der alle hohe Kultur abgestorben sein würde: „Die Völker, nein, die Menschenherden, werden alsdann, von düsterer Schlafsucht übermannt, empfindungslos in ihrer Nichtigkeit dahinleben, wie die wiederkäuenden Büffel in den stagnierenden Pfützen der pontinischen Sümpfe[17]."
Es ist gelegentlich versucht worden, Gobineau wegen gemeinsamer oder kontrastierender Merkmale seinem Freunde und älteren Zeitgenossen Alexis de Tocqueville (1805—59) gegenüberzustellen. Beide entstammten dem normannischen Adel, beide waren — vor dem Hintergrund der französischen Restaurationsepoche — Royalisten, ersterer Anhänger der Bourbonen, letzterer des Hauses Orleans. Beide gingen von ähnlichen politischen und sozialen Erfahrungen und gleichen historischen Beobachtungen aus, nämlich von der zunehmenden Egalisierung der Gesellschaft, in der Tocqueville eine Entwicklung zur Demokratie, Gobineau hingegen politischen Zerfall und kulturelle Dekadenz zu erkennen glaubte. Während Tocqueville diese Entwicklung mit gewissen skeptischen Vorbehalten bejahte, sah Gobineau in ihr einen gesellschaftlichen Erosionsprozeß, in dem die Ungleichheit — als Vorbedingung aller Kultur — durch die Gleichheit der Menschen ersetzt und somit die Weltherrschaft der Mittelmäßigkeit begründet würde[18]. Der Ent-

15 Ernst Cassirer: Vom Mythos des Staates, Zürich 1949, S. 321.
16 Gobineau IV, S. 317 f.
17 Ebd., S. 319.
18 Eine geistreiche Gegenüberstellung der Gemeinsamkeiten und Unterschiede bringt Romain Rolland: Le conflit de deux générations — Tocqueville et Gobineau, *Europe* III, 9 (1923), S. 68 ff. — Eine weniger geistreiche und weniger originelle Gegenüberstellung in der gleichen Art bietet Melvin Richter: Der Begriff der Rasse. Aus dem Briefwechsel zwischen Tocqueville und Gobineau, *Der Monat* H. 121, Jg. 11 (1958), S. 34 ff.

wicklung zur Massendemokratie zog er noch den Despotismus einer Alleinherrschaft vor, wie er sie von Napoleon III. praktiziert sah.
Auch den Verlauf der zeitgenössischen Geschichte beurteilten Gobineau und Tocqueville ähnlich, wenn auch von unterschiedlichen Standpunkten aus. Dieser übte scharfe Kritik am „Essai“, die er in seiner Korrespondenz mit seinem jüngeren Landsmann ausführlich darlegte. Vor allem lehnte er den historischen Determinismus Gobineaus ab und die Deutung individueller und sozialer Phänomene aus der Rasse. Er reihte dessen Rassenlehre ein unter die verschiedenen Varianten des Materialismus — ein Vorwurf, gegen den sich Gobineau heftig zur Wehr setzte[19]. Tocqueville weigerte sich auch, Gobineaus Fatalismus zu akzeptieren, demzufolge der Mensch seiner Rassenkonstitution vollständig ausgeliefert sei und die er durch die von ihr gesetzten Schranken niemals überwinden könne[20]. Tocqueville hielt am humanistischen Menschenbild fest, das er durch den düsteren Rassenmythos in Frage gestellt sah. Und so sind auch beide politisch unterschiedlich zu bewerten: der eine als skeptischer Liberaler, der andere als geistiger Ahnherr faschistischer Rassentheorien.
Man kann Gobineau indessen noch mit einem anderen Zeitgenossen vergleichen, zu dessen Werk sein „Essai“ in einer ähnlich gelagerten Antithese steht: Karl Marx. Setzen wir Gobineaus Rassenbegriff dem marxistischen Begriff der Klasse gleich, so ergeben sich erstaunliche Parallelen. Auch in diesem Vergleich fällt die äußerlich ähnliche Konzeption der Geschichte auf, die sich auf einen durch Gleichheit gekennzeichneten Endzustand der Menschheit hin entwickelt: die klassenlose bzw. rassenlose Gesellschaft. Beide sahen im Übergang von der feudalen zur bürgerlichen Gesellschaft einen Schritt in diese Richtung und beide glaubten die Bourgeoisie in ihrer zeitgenössischen Phase als Zwischenstufe zu einer Endgesellschaft der vollkommenen Gleichheit interpretieren zu können. Beide deuteten die sozialen Konflikte als Triebkraft der Menschheitsgeschichte, der eine in emanzipatorischer Sicht als Befreiung, der andere in düsterer Resignation als nicht mehr umkehrbaren Zerfallsprozeß[21]. Die Ausgangspunkte des feudalistischen und des sozialistischen Kritikers der bürgerlichen Gesellschaft waren allerdings entgegengesetzte: Marx ging von der Klasse als der widernatürlichen Negation der Gleichheit der Menschen aus, Gobineau von der Rasse als dem naturgegebenen Ordnungsprinzip der von ihm propagierten Ungleichheit. Gobineau beklagte das Ende aller Freiheiten durch die wachsende Bedeutung des Staates seit Entstehen des Absolutismus, die in der von ihm prognostizierten Endgesellschaft zur egalitären Despotie führen werde, Marx

19 Brief vom 11. Oktober 1853, in: Correspondance entre Alexis de Tocqueville et Arthur de Gobineau 1843—1859, publiée par Louis Schemann, Paris 1908, S. 187.
20 Ebd., S. 254.
21 Vgl. hierzu Biddiss, S. 109, 270 und 164.

hingegen sah in der revolutionären Beseitigung von Ungleichheit und der damit eingeleiteten Funktionslosigkeit von Herrschaft die Gewähr für ein Absterben des Staates. — Die aus dieser *kontrapunktischen Parallelität* resultierenden formalen Gemeinsamkeiten und inhaltlichen Gegensätze beider Theorien werden uns weiterhin beschäftigen.

Es ist müßig, das Werk Gobineaus auf alle seine Absurditäten und inneren Widersprüche hin zu untersuchen[22] oder alle jene offensichtlichen Irrtümer und Unrichtigkeiten herauszugreifen, die auch schon von seinen Zeitgenossen als solche erkannt und kritisiert wurden. Wir werden ohnehin bei der Behandlung einzelner Probleme auf sie zurückgreifen. Vom wissenschaftlichen, insbesondere methodologischen Standpunkt aus war Gobineau völlig unergiebig, ja geradezu primitiv und konnte wissenschaftlichen Ansprüchen in keiner Weise genügen. Nimmt man den „Essai" als Geschichts*philosophie*, so fehlt jede Klärung und Abgrenzung der zentralen Begriffe: Rasse, Entwicklung, Kultur, Dekadenz. Der erkenntnistheoretische Ausgangspunkt seiner Theorie blieb ungeklärt und beruhte — wie übrigens in vielen späteren Rassentheorien auch — auf unreflektierter Intuition, die sich jeder kritischen Nachprüfung entzog. Betrachtet man den „Essai" als historische Darstellung, so fallen die völlige Kritiklosigkeit gegenüber den benutzten Quellen und deren oft recht willkürliche Interpretation auf. Anekdotische Gerüchte, die etwa Eingang in die antike Literatur gefunden hatten, übernahm Gobineau ohne Anwandlung auch nur des geringsten Zweifels und Reisebeschreibungen irgendwelcher zeitgenössischer Weltenbummler fanden seine Zustimmung, sobald sie nur in sein Konzept paßten. Für eine naturwissenschaftliche Anthropologie fehlten meßbare Daten und überprüfbare Aussagen, wogegen die Schädelindex-Theorien späterer Rassenideologen sich geradezu seriös ausnehmen. Auch als Soziologie und Sozialgeschichtsschreibung konnte Gobineaus Werk keiner Kritik standhalten. Den einzigen Beitrag, dem trotz seiner abstrusen Begründung eine gewisse imposante Kühnheit nicht abgesprochen werden kann, lieferte er mit der Theorie der arischen Rasse, die die übrige Menschheit befruchte, dabei aber sich selbst verbrauche und nach Ausführung ihres Auftrags zugrunde gehen müsse. Man fühlt sich an das Schicksal der Drohnen erinnert, die nach der Befruchtung parasitär geworden und dadurch dem Untergang geweiht sind. Dieser Ariermythos stand aber jenseits aller Wissenschaftlichkeit und gehörte in den Bereich politischer Phantasie.

Wie wir bereits an der Vorgeschichte der Rassentheorien erkannten, stand Gobineau in der Tradition der französischen Aristokratie, die ihre nicht mehr als legitim anerkannten Privilegien durch den Nachweis ihrer fränkisch-germanischen Herkunft erbbiologisch zu rechtfertigen suchte[23]. Obwohl

22 Beispiele hierfür siehe bei Lukács, S. 533. Eine Aufstellung zahlreicher Ungereimtheiten der gobinistischen Theorie findet sich bei Hertz, S. 402 ff.

23 Seillière, S. 444.

Gobineau der etwas naiven Theorie Boulainvilliers' skeptisch gegenüberstand und stärker differenzierte, stimmte er mit ihm überein in der Lehre von der Höherwertigkeit der Germanen, die nach seiner Überzeugung am reinsten das Blut der alten Arier bewahrt hatten. Aber dieses Thema bildete nicht den Kern des „Essai", auch nicht die auf den Kopf gestellte Beobachtung, daß nicht der Feudalismus die Rassentheorien, sondern die Rasse den Feudalismus hervorgebracht habe. Vielmehr war es der Totalitätsanspruch seiner Rassentheorie, der ihr eine universelle und in jedem erdenklichen Sinne mögliche Anwendbarkeit verlieh. Die Restauration der Gesellschaft vor 1789 war auch zu Gobineaus Zeiten, worauf Lukács zu Recht hinweist[24], eine reaktionäre Utopie und die Rassentheorie wäre allenfalls zeitweiliger Gesprächsstoff der Pariser Salons geblieben, wenn sie nicht Argumente geboten hätte, die sich auch das Großbürgertum zueigen machen konnte: die Lehre von der „naturrechtlichen" Ungleichheit von Individuen und Völkern. Wie schon erwähnt, teilte Gobineau die gesamte Menschheit ein in einen arischen Adel, ein gelbes Kleinbürgertum und einen schwarzen Sklaven- bzw. Proletarierstand. Entscheidend für die posthume Resonanz auf diese Rassenlehre war die Schlußfolgerung, daß sämtliche soziale Schichtenbildung auch unter bürgerlichen Gesellschaftsverhältnissen die angenommene Rassenhierarchie in mehr oder weniger starkem Maße widerspiegele. Die Herrschenden weisen danach stets den höheren Anteil an arischem Blut auf, die Unterdrückten hingegen auch in rein weißen Völkern in stärkerem Maße Erbanlagen dunklerer Rassen. Herrschaft und Unterdrückung wurden somit zum Resultat von Naturgesetzen erklärt, Herrschende und Beherrschte erhielten ihre sozialen Rollen durch die Natur zugewiesen.

Aber noch mit einigen anderen Aussagen kam Gobineau ideologischen Bedürfnissen des späten 19. Jahrhunderts entgegen: mit seiner Geschichtsphilosophie. Die Menschheitsgeschichte begann für ihn mit der Existenz der drei Sekundärrassen, die selbst wiederum für ihn geschichtslose Größen waren. Die Rasse war für ihn das Unveränderliche, die Konstante, und blieb den ihr innewohnenden Gesetzen treu, solange sie sich rein und unvermischt erhielt. Den Anstoß zur Änderung gab nur der erbbiologische Beitrag einer anderen Rasse, wodurch überhaupt erst eine kulturelle und soziale Differenzierung innerhalb einer Gesellschft ermöglicht wurde. Die Geschichte der Menschheit wäre ohne Rassenkonflikte in einer politisch und sozial ereignislosen Form abgelaufen, wie sie Gobineau für die Zukunft der zu einer Einheitsrasse nivellierten Weltbevölkerung glaubte voraussagen zu können. Den Anstoß zu aller Geschichte habe erst das Bedürfnis der Arier geführt, die übrige Menschheit zu beherrschen und sie zu kultivieren.

Das Abstreiten von möglichen gesellschaftlichen Entwicklungen und insbesondere der *statische* Rassenbegriff Gobineaus lagen ganz auf der Linie jener

---

24 Lukács, S. 528.

Ideologien, die die durch soziale Konflikte schwer erschütterte französische Gesellschaft gleichsam als Lebenslüge brauchte. Solange die Rassen als unveränderliche Größen verstanden wurden, waren alle Bestrebungen zur Änderung der Gesellschaft (in emanzipatorischem Sinne) zwecklos, ja geradezu naturwidrig. Aber da auch die historischen Wandlungen der Geschichte letztlich nur der Rasse — im konkreten Falle: dem Rassenzerfall — entsprangen, war es für Gobineau ein müßiges Unterfangen, durch staatliche Maßnahmen und soziale Einrichtungen auf den Verlauf der Geschichte Einfluß zu nehmen.

Zu dieser zutiefst antiemanzipatorischen Einstellung gehörte auch der Umstand, daß Gobineau jeden Einfluß der Umwelt und überhaupt anderer Faktoren auf die Gesellschaft leugnete. Die Rasse war für ihn das allein Bestimmende in der Geschichte, neben der andere soziale, politische oder kulturelle Komponenten zurücktraten. „Der Gott der Rasse, wie er von Gobineau proklamiert wird", schreibt Cassirer, „ist ein eifriger Gott. Er erlaubt nicht, daß andere Götter neben ihm angebetet werden. Die Rasse ist alles, alle anderen sind nichts"[25].

Die Frage des Umwelteinflusses auf die Völker war schon vor dem Erscheinen des „Essai" des öfteren diskutiert worden, so daß sich Gobineau mit diesem Gedanken im ersten Bande seines Werkes ausführlich auseinandersetzte. So fragte er, weswegen etwa in Mitteleuropa eine hohe Kultur entstanden sei, während die (mutmaßlichen) finnougrischen Ureinwohner vor der Ankunft der arischen Kelten und Germanen daselbst keine solche zu begründen imstande gewesen seien. Da das Klima vor Jahrtausenden vermutlich das gleiche gewesen sei, folgerte er, daß die Frage nur mit dem Hinweis auf die Rasse beantwortet werden könne. Gobineau kannte in seiner ahistorischen Betrachtungsweise nicht den Entwicklungsgedanken und begriff daher nicht, daß der ökonomische Nutzwert einer Landschaft, ihrer Bodenschätze und anderer Lebensbedingungen vom jeweiligen gesellschaftlichen und technologischen Entwicklungsstand ihrer Bewohner abhängt und nicht abstrakt bestimmt werden kann. Was für primitive Urgesellschaften ohne Nutzen war und auf ihren Wohlstand folglich ohne Einfluß blieb, kann einer industriellen Gesellschaft von unschätzbarem Wert sein und umgekehrt, ohne daß anthropologische Faktoren von irgendeiner Bedeutung wären. Diese völlige Mißachtung des Verhältnisses von Gesellschaft und Umwelt war freilich ein Spezifikum Gobineaus, das auch seine Schüler und Anhänger in dieser generellen Form nicht übernommen haben.

Auch die aus seiner pessimistischen Geschichtsphilosophie abgeleitete politische Resignation Gobineaus wurde von seinen Epigonen nicht geteilt. Hielt er den Untergang der letzten Arier, der Germanen, für unvermeidlich und

---

25 Cassirer, S. 301.

somit jedes politische Unterfangen zu ihrer Rettung für vergeblich[26], so übernahmen seine Anhänger zwar den Pessimismus und versuchten sogar, ihn mit zusätzlichen exakten Forschungsergebnissen über den vermeintlichen Rassenzerfall zu untermauern, nahmen diesen jedoch zum Anlaß, ihre Sorgen und Ängste in der neuen Wissenschaft der Eugenik in die Praxis umzusetzen. Gobineau verharrte jedoch in einer heroischen Untergangsstimmung und in stoischem Gleichmut über das ihm sichtbare Ende der zivilisierten Welt: „Die betrübende Voraussicht ist nicht der Tod, es ist die Gewißheit, daß wir ihn nur entwürdigt erreichen werden; und vielleicht könnte selbst diese unseren Nachfahren vorenthaltene Schmach uns gleichgültig lassen, wenn wir nicht mit einem geheimen Schauder empfänden, daß die räuberische Hand des Geschicks schon auf uns gelegt ist[27]."
Wir können die Kernthesen von Gobineaus Rassentheorie in folgenden drei Punkten festhalten:

(1) die apriorische Ungleichheit der Menschenrassen;
(2) die Rückführung (fast) aller sozialen Schichtenbildung auf Rassenunterschiede;
(3) die pessimistische Geschichtsbetrachtung in Verbindung mit der Theorie des künftigen kulturellen Unterganges aller zivilisierten Völker.

Diese drei Grundsätze unterscheiden sich wesentlich von den Überzeugungen späterer sozialdarwinistischer Rassentheoretiker und an ihnen ist erkennbar, welcher der beiden ideologischen Varianten des Rassengedankens die im folgenden untersuchten Rassenlehren zuzurechnen sind. Wir werden diesen drei Kernthesen und allen von ihnen wesentlich geprägten Theorien künftig das Attribut „gobinistisch" erteilen.
Die in der ersten These ausgedrückte „apriorische Ungleichheit der Menschenrassen" soll besagen, daß zwischen den Rassen *naturbedingte* und daher durch Staatsverfassungen, sozialpolitische Einrichtungen oder irgendwelche Maßnahmen nicht überbrückbare Unterschiede in Befähigung, Anlagen und Wert bestehen, wobei Gobineau die Ursachen dieses Sachverhalts ungeklärt ließ. Bekanntlich enthielt er sich aus konfessioneller Disziplin jeder eindeutigen Stellungnahme zur Herkunft der Menschheit und nahm die von ihm proklamierte Ungleichheit als evidentes Faktum an. Diese Enthaltsamkeit des Urteils war nach dem Erscheinen von Darwins Werken und angesichts des rapiden Fortschritts der naturwissenschaftlichen Anthropologie nicht mehr vertretbar, und so mußten Gobineaus spätere Anhänger versuchen, die angenommene naturbedingte Ungleichheit unter den Menschenrassen mit den neuesten Erkenntnissen in Einklang zu bringen. Hierbei boten sich nur zwei Varianten einer und derselben Theorie an, nämlich die Annahme, daß

26 Vgl. Biddiss, S. 173.
27 Gobineau IV, S. 323; vgl. Richter, S. 43.

die Ungleichheit in einem so frühen Stadium der menschlichen Entwicklungsgeschichte entstanden sei und sich als unumstößliches biologisches Naturgesetz etabliert habe, daß sie durch spätere soziale Entwicklungen nicht mehr habe verändert werden können. Die Vertreter der sogenannten Polygenese nahmen an, daß sich die Aufspaltung der Menschen in Rassen noch in einem vormenschlichen Entwicklungsstadium vollzogen habe, so daß die einzelnen Menschengattungen aus verschiedenen Zweigen der Anthropoiden abstammten. Die Verfechter der Monogenese meinten dagegen, daß diese Spaltung erst nach der Menschwerdung der Affen eingetreten sei, jedoch so früh, daß die Geschichte der Menschen unter dem Gesetz der unabänderlichen Ungleichheit angetreten sei. Nach beiden Theorien jedoch hat die Menschheit ihre Geschichte unter der unüberbrückbaren und unüberwindbaren Scheidung in ungleiche, nicht zu versöhnende Teile angetreten.
Der gobinistische Begriff der Rasse und das statische Gesellschaftsbild erklären übrigens auch, weswegen Gobineau den Darwinismus, den er in seinen letzten Lebensjahren ohne tieferes Verständnis oberflächlich zur Kenntnis nahm, ablehnen mußte. Zwar akzeptierte er die Auffassung vom Leben als Kampf ums Dasein. Aber die von ihm angenommene naturgegebene Ungleichheit der Rassen hinderte ihn an der Zustimmung zur Annahme, daß sich in diesem Kampfe die jeweils Besten herausbildeten[28], ein Gedanke, der für einen Geschichtspessimisten und Vertreter des entmachteten französischen Adels völlig unannehmbar war.
Der zweite Grundsatz von Gobineaus Theorie betraf die durch ebendiese Ungleichheit begründete soziale Schichtung in allen rassisch heterogenen Gesellschaften. Die Rassenunterschiede bestanden nach dieser Annahme ja vor und unabhängig von der Arbeitsteilung, d. h. vor der Bildung von Klassen und Ständen. Vielmehr entstanden diese erst, nachdem die „höheren“ Rassen sich die „niederen“ unterworfen und in Sklaverei überführt hätten. Erst durch diesen Akt der Eroberung sei die Klassenbildung und damit die Entstehung des Staates möglich geworden. Diesen Gedanken hat später der Soziologe und Rassentheoretiker Ludwig Gumplowicz in seiner 1875 veröffentlichten Schrift „Rasse und Staat“ aufgegriffen und geradezu zum Kern seiner eigenen Theorie gemacht: ohne Rassengegensätze könne es keinen Staat und keine staatlichen Einrichtungen geben[29].
Charakteristisch war auch die aus diesem Ansatz resultierende Menschheitshierarchie, die Gobineau nicht nur im universalen, sondern auch im konkreten sozialen Bereich anzutreffen meinte. So wie die Weißen und unter ihnen die Germanen die Spitze bildeten, während die unteren Schichten je tieferstehend, desto dunkelhäutiger seien, so glaubten er und seine Anhänger,

---

28 Vgl. Biddiss, S. 248.
29 Ludwig Gumplowicz: Ausgewählte Werke, Bd. III: Der Rassenkampf, Innsbruck 1928, S. 375 u. ö.

dieses rassische Schichtungsgefüge in jeder konkreten Gesellschaft anzutreffen. Im Adel und in den sonstigen Oberschichten eines jeden beliebigen Volkes vermuteten sie ein Mehr an arischen oder sonstwie bezeichneten Rassenmerkmalen als in seinen jeweiligen Unterschichten. Entsprechend wurden Kulturleistungen als Ausdruck arischer Überlegenheit gewertet, was zu der absurden Schlußfolgerung führte, daß auch die Kulturen Ostasiens letztlich durch arische Eindringlinge begründet worden seien.

Der dritte Grundsatz der gobinistischen Rassentheorie betraf den Geschichtspessimismus, der auf alle jene Kräfte, die den Abbau feudaler Privilegien und später sorgenvoll das Aufkommen der Arbeiterbewegung beobachteten, große Anziehungskraft ausüben mußte. Der Geschichtspessimismus schlug die gleichen Saiten an, die auch später die Dekadenzphilosophie des fin de siècle bis hin zu Spengler und Toynbee bewegte und somit über die eigentliche Rassensystematik weit hinausgriff. Er fügte sich jedoch fugenlos in die ersten beiden Kernthesen der gobinistischen Theorie ein, da die Lehre vom rassischen Schichtungsgefüge zivilisierter Völker notwendigerweise demokratische Forderungen nach Gleichheit als Auflehnung der Minderwertigen und als Bedrohung von Kultur und Gesellschaft interpretieren mußte. Und da die Geschichte spätestens seit 1789 für jedermann erkennbar eine Entwicklung eingeschlagen hatte, die soziale und politische Ungleichheit — zumindest in formaler Hinsicht— in Frage stellte und in einen zunehmenden Egalisierungsprozeß einmündete, konnte sie aus restaurativer Sicht nicht anders denn als permanenter Zerfall begriffen werden. Gobineaus Anhänger haben das pessimistische Motiv in sehr verschiedenartiger Weise aufgenommen und mit biologischen und anderen wissenschaftlichen Hilfsmitteln zu bestätigen und zu untermauern versucht. Teilweise wurden Theorien entworfen, denen zufolge das „mindere Erbgut" bei Mischehen stets die stärkere Durchschlagskraft habe oder aber die „niederen" Rassen sich durch größere Fruchtbarkeit auszeichneten. Freilich akzeptierte keiner der Gobineau-Anhänger dessen völlige Resignation in bezug auf den künftigen unvermeidlichen Untergang der Arier; vielmehr wurde die düstere eschatologische Stimmung Antrieb für einen militanten Aktivismus, um durch rigorose staatliche Eingriffe, durch Ehe- und Erbgesetze und Projekte der Menschenzüchtung das angebliche drohende Aussterben der Arier abzuwenden oder wenigstens aufzuhalten.

Wenn wir im folgenden versuchen werden, anhand der herausgearbeiteten Kernthesen Spuren des gobinistischen Denkens in der weiteren Geschichte der Rassentheorien ausfindig zu machen, so müssen wir uns von der Vorstellung befreien, ausschließlich Ideologen anzutreffen, die sich ausdrücklich auf ihren Lehrmeister beriefen. Dieser hat zu Lebzeiten nur wenige Anhänger gewinnen können und auch in späteren Zeiten mehr indirekt durch die Übernahme seiner Gedanken in die Werke von Epigonen gewirkt. Anhaltspunkt für die Einordnung rassentheoretischer Schriften in die gobinistische Richtung ist also nicht das ausdrückliche Bekenntnis zu Gobineau als vielmehr die Abhängigkeit von den drei Kernthesen seiner Philosophie. Gobineaus Theorien stießen in seinem eigenen Heimatland zunächst auf heftigen Widerspruch. Sein Freund und Gönner Tocqueville teilte ihm mit, daß er — auf dessen Bitte — den „Essai" in der Académie française zwar zur Sprache bringen, jedoch mit einer eigenen sehr kritischen Stellungnahme kommentieren werde[30]. Zu Gobineaus Lesern gehörten zwar Historiker und Literaten wie Ernest Renan, Hippolyte Taine und Prosper Mérimée. Aber in der historisch-archäologischen wie auch in der anthropologischen Fachwelt Frankreichs verhielt man sich sehr reserviert. Der Politiker und Publizist Charles de Rémusat lehnte die monokausale Erklärung sozialer Phänomene durch die Rasse ab, meinte aber, daß Ethnologie und Geschichtswissenschaft eine durchaus fruchtbare Verbindung eingehen könnten. Der bekannte Anthropologe Armand de Quatrefages hingegen wies bei allem Interesse, das er dem „Essai" entgegenbrachte, seinen Inhalt als unhaltbar zurück und der Akademie-Präsident Alfred Maury schließlich erklärte ihn für pure Phantasie[31]. Zustimmung erhielt Gobineau in den ersten fünf Jahrzehnten nach Erscheinen seines Werkes hauptsächlich von interessierten Dilettanten, die die Verbindung von Anthropologie und Ethnologie mit Geschichte unter geschichtspessimistischem Vorzeichen befürworteten. Zumeist entstammten sie dem gleichen sozialen Milieu wie Gobineau oder standen doch seiner Geisteswelt nahe, wie etwa der Comte de Basterot, der auch die zweite französische Auflage des „Essai" herausgab. Gobineaus treuester Schüler war der Comte Paul de Leusse, der um die Jahrhundertwende aus zahlreichen Quellen, Dokumenten, mit Hilfe von Etymologie und Dialektforschung die Spuren des Germanentums im mittelalterlichen Frankreich verfolgte[32]. Die in den letzten Jahrzehnten des 19. Jahrhunderts häufigen Untersuchungen und Reflexionen über die Entstehung der französischen Nation und ihres Nationalcharakters lassen gobinistische Einflüsse deutlich erkennen. Verwiesen sei hier auf die Historiker Jacques de Boisjoslin, Henri de Tourville und den Archäologen Gabriel de Mortillet, in deren Werken durchweg das Germanische als treibende Kraft in der französischen Geschichte dargestellt wird[33]. Einer der bekanntesten französischen Anthropologen und Rassentheoretiker des späten 19. und frühen 20. Jahrhunderts, Georges Vacher

30 Correspondance . . ., S. 287.

31 Biddiss, S. 148; Seillière, S. 160 ff.; Barzun, S. 61 f. — Vgl. auch Rudolf Streidl: Gobineau in der französischen Kritik, Phil. Diss., Würzburg 1935, S. 20 f.

32 Comte Paul de Leusse: Etudes d'histoire ethnique depuis les temps préhistoriques jusqu'au commencement de la Renaissance, Paris—Strasbourg 1899.

33 Jacques de Boisjoslin: Les peuples de la France. Ethnographie nationale, Paris 1878; Gabriel de Mortillet: L'origine des grands peuples actuels, Paris 1905. — Eine Charakteristik von Gobineaus Epigonen liefert sein eifrigster deutscher Apostel Ludwig Schemann: Die Rasse in den Geisteswissenschaften, Bd. III, München 1931, S. 312.

de Lapouge, würdigte Gobineau als genialen Entdecker einer neuen Wissenschaft: „A l'origine de toute grande découverte, il y a d'ordinaire un homme de génie. L'homme de génie de l'anthroposociologie a été le comte de Gobineau[34]."

Um die Jahrhundertwende setzte — über die Vermittlung Deutschlands — eine französische Wiederentdeckung oder Neuentdeckung Gobineaus ein, wie dies Tocqueville 1856 richtig vorausgesagt hatte: allein die Deutschen würden ihm ein aufnahmebereites Publikum sein, von denen seine Gedanken an Frankreich zurückgegeben würden[35]. Der 1894 in Deutschland begründeten „Gobineau-Gesellschaft" gehörten auch einige Franzosen aus dem äußersten rechten Lager des französischen Konservatismus an. Der bekannteste unter ihnen war der Schriftsteller Paul Bourget, ein militanter Anhänger der Bourbonen-Monarchie, der die Restauration erblicher Adelsprivilegien forderte[36]. In der Tradition dieser Ideologien standen schließlich Teile jener Kreise, die sich 1902 zur militanten „Action française" zusammenschlossen. Selbst im Ersten Weltkrieg, in dem aufgrund der psychologischen Situation eine Verherrlichung alles Germanischen unpopulär war, wirkten in ihr einsame gobinistische Politiker und Literaten wie Edouard Schuré, Jacques Morland und Alfred Dufréchou[37].

Auch in Deutschland war die Resonanz auf den „Essai" eine zunächst sehr kritische. Mit dem Halleschen Philologen August Friedrich Pott, der 1856 eine Gegenschrift über die Ungleichheit der Rassen vom sprachwissenschaftlichen Standpunkt aus veröffentlichte, trug Gobineau einige Differenzen über den historischen Determinismus aus. Wie in seiner Heimat widersprachen ihm auch in Deutschland Fachwissenschaftler fast aller angesprochenen Disziplinen, während fachliche Dilettanten wie die beiden Tübinger Literaturhistoriker Ludwig Holland und Adalbert von Keller die Rassentheorie mit Begeisterung aufnahmen[38]. Allerdings besaß Gobineau in Deutschland immer eine gewisse Leserschaft, die sich im Verlauf von zwei oder drei Jahrzehnten zu einem kleinen Verehrerkreis ausweitete. Zu seinen Lesern gehörten Schopenhauer und Nietzsche sowie Richard Wagner, mit dem ihn eine persönliche Freundschaft verband. Einen frühen Bewunderer fand er in dem österreichischen Diplomaten Anton Grafen Prokesch-Osten, den er in seiner Frankfurter Zeit kennengelernt hatte.

---

34 Georges Vacher de Lapouge: Race et milieu social. Essais d'anthroposociologie, Paris 1909, S. 172.

35 Correspondance . . ., S. 292 f.

36 Seillière, S. 438.

37 Biddiss, S. 135, 147 ff.; Streidl, S. 31. — Hierzu M. Lémonon: Les débuts du gobinisme en Allemagne, *Etudes gobiniennes* 9 (1968), S. 168; über Gobineau im Urteil seiner deutschen Zeitgenossen ist in Paris eine — leider nur hektographierte — Dissertation angefertigt worden von Manfred Steinkühler: Gobineau au jugement de ses contemporains d'Outre-Rhin, Paris 1961.

38 Streidl, S. 31.

Der literarische Durchbruch gelang Gobineaus Rassenwerk freilich erst in der wilhelminischen Ära. Der Diplomat und Politiker Philipp Fürst von Eulenburg-Hertefeld bekannte sich zu ihm. Vor allem aber der Bayreuther Kreis der Wagner-Verehrer nahm es auf sich, Gobineau in Deutschland bekannt zu machen. Richard Wagner selbst hatte im Jahre 1880 den jungen Bibliothekar und Privatgelehrten Ludwig Schemann (1852—1938) auf den französischen Rassenpropheten hingewiesen. Schemann machte es sich zur Lebensaufgabe, das Werk Gobineaus in Deutschland, aber auch in dessen Heimat, zu verbreiten; mit seinem Namen ist die seit der Jahrhundertwende einsetzende allgemeine Verbreitung gobinistischen Gedankenguts untrennbar verbunden. Schemann übersetzte einen Teil von Gobineaus Büchern ins Deutsche und gab ab 1899 auch den „Essai" in deutscher Sprache heraus. Unterstützung erhielt er von dem alldeutschen Publizisten Hans von Wolzogen, der über die Presse Gobineaus Theorien weitesten Kreisen zugänglich machte. Im Jahre 1894 wurde auf Schemanns Betreiben die schon erwähnte „Gobineau-Gesellschaft" gegründet, die bis 1919 existierte[39]. Sie wurde nach ihrer Auflösung neu begründet und geriet dabei völlig unter den Einfluß des Alldeutschen Verbandes, dessen Vorsitzender mit Sitz und Stimme in ihrem Vorstand vertreten war. Die Höhepunkte ihrer Aktivitäten lagen in den letzten Jahren vor dem Ersten Weltkrieg. Vermutlich hat sie bis zum Ende des Zweiten Weltkrieges bestanden, wenn sie nicht schon vorher gleichgeschaltet und zwangsweise mit irgendeiner ideologischen NS-Formation vereinigt worden ist.

Werk und Person Schemanns entbehren jeder Originalität; er ist für uns nur in seiner Eigenschaft als Gobineau-Apostel von Interesse. In der Biographie über seinen Meister sowie in kommentierenden und exegetischen Schriften, zuletzt in seinem bereits zitierten Alterswerk „Die Rasse in den Geisteswissenschaften", erläuterte er die gobinistische Rassenlehre und reinigte sie gewissermaßen für den Hausgebrauch von den gröbsten Unstimmigkeiten, um ihr durch Scheinkritik an nebensächlichen Detail-Fragen den Anstrich einer wissenschaftlichen Unanfechtbarkeit zu erhalten. Die drei von uns als wesentlich herausgestellten Kernthesen des gobinistischen Weltbildes übernahm Schemann ohne nennenswerte Abstriche, allerdings ergänzt durch den Zusatz, daß man den Rassenzerfall durch Züchtung aufhalten und womöglich rückgängig machen könnte und sollte.

Bereits um die Jahrhundertwende trugen die Bemühungen Schemanns und seiner „Gobineau-Gesellschaft" literarische Früchte. Oft in enger Anlehnung an den Wagner-Kult, vermischt mit den chauvinistischen Parolen des Alldeutschen Verbandes, drang gobinistisches Gedankengut gleichermaßen in die politische Trivialliteratur wie auch in wissenschaftliche Veröffent-

39 Barzun, S. 61 f.; Biddiss, S. 257.

lichungen jener Zeit. Es setzte sich zumindest in der Umgangssprache weitgehend die begriffliche Gleichsetzung von Ariern und Germanen mit der Nordrasse durch, der ein angeblich durch anthropologische Forschung begründetes Charakterbild auf der Grundlage von Gobineaus Ariermythos angepaßt wurde. Dieser Prozeß vollzog sich derart intensiv, daß sich auch solche Rassenideologen, die in biologisch-naturwissenschaftlichen oder soziologischen Kategorien dachten, rein sprachgeschichtliche Gruppennamen wie Arier und Germanen als anthropologische Gattungsbegriffe verwandten. Vacher de Lapouge nannte die blonden Langschädel Arier. Seinem Beispiel folgten andere, so daß alle Begriffe, die diese vermeintliche Menschheitselite kennzeichnen sollten, zwar nicht durchgehend als synonym, wohl aber als weitgehend kongruent verstanden wurden.

Im Jahrzehnt vor dem Ersten Weltkrieg häuften sich in Deutschland und Österreich Veröffentlichungen, die die (fiktive) Welt der Arier oder der Germanen verherrlichten und lebhaft die Geschichte ihres Niederganges beklagten[40]. Der Historiker Ludwig Wilser entwarf romantische Bilder von der germanischen Vorzeit und verzierte bereits eines seiner Bücher mit einem Hakenkreuz als mythischem Sonnensymbol[41]. Eine gewisse Korrektur nahmen Wilser und seine Geistesgenossen an Gobineau insofern vor, als sie die Urheimat der Arier von Mittelasien in den Raum zwischen Grönland und Süd-Skandinavien verlegten, von wo aus sie sich — darin wieder wie bei Gobineau — in alle Welt als Eroberer, Kulturbringer und schließlich als indogermanische Sprachschöpfer ausgebreitet hätten[42]. Auch der Gedanke an eine Rückzüchtung, wie er später von der SS ansatzweise versucht wurde, ist nach der Jahrhundertwende durchdacht und sogar in eigens zu Zuchtzwecken eingerichteten Dorfgemeinschaften praktiziert worden. Der sächsische Oberlehrer Willibald Hentschel propagierte 1906 die Gründung von Zuchtkommunen zur Restauration der nordischen Rasse und traf hierzu im niedersächsischen Dorf Westerwanna (bei Cuxhaven) die ersten Anstalten[43]. Wir werden an anderer Stelle darauf zurückkommen.

Stark unter dem Einfluß der gobinistischen Lehrtradition standen die Schriften des Berliner Altertumswissenschaftlers Gustaf Kossinna (1858 bis 1931)[44]. Die von ihm seit 1909 herausgegebene Schriftenreihe „Mannus“

---

40 Helmut Nicolai: Das Germanentum und sein Verfall. Eine rassenpolitische Studie, Stuttgart 1905.

41 Ludwig Wilser: Rassen und Völker, Leipzig 1912; ders., Deutsche Vorzeit. Eine Einführung in die germanische Altertumskunde, Berlin-Steglitz 1917.

42 Wilser: Rassen und Völker, S. 20 f.; Wilser: Altertumskunde, S. VI, 7.

43 Willibald Hentschel: Mittgart. Ein Weg zur Erneuerung der germanischen Rasse, Leipzig 1906. — Ders.: Varuna. Eine Welt- und Geschichts-Betrachtung vom Standpunkt des Ariers, Leipzig 1901.

44 Aus dem umfangreichen Schrifttum Kossinnas seien genannt: Die deutsche Vorgeschichte, eine hervorragende nationale Wissenschaft, Würzburg 1912; Die Indogermanen. Ein Abriß, Leipzig 1921.

verbreitete populärwissenschaftliche Traktate, in denen vorwiegend auf historischer und archäologischer Grundlage die Überlegenheit der Germanen oder der arischen Rasse insgesamt beschrieben wurde. Überhaupt hielt sich die gobinistische Rassentheorie in ihrer reinsten, d. h. vom Sozialdarwinismus am wenigsten beeinflußten Form bis in die NS-Zeit vor allem in den Geistesprodukten der vulgärhistorischen Literatur. Während die biologische Anthropologie sich mit dem Darwinismus, die Anthroposoziologie — die Sozialwissenschaft auf rassenideologischer Grundlage — gelegentlich wenigstens verbal sich mit dem Marxismus auseinandersetzte, konnten die historischen Rassenlehren ungestört von den Fortschritten der Wissenschaften ihre vor- und frühgeschichtlichen Mythen weiterspinnen[45].

Die geistige Erbschaft dieser literarischen Tradition traten zwischen den beiden Weltkriegen dann die deutschen und skandinavischen Angehörigen der sogenannten Nordischen Bewegung an, deren bekanntester Vertreter der aus Freiburg im Breisgau stammende Hans F. K. Günther (1891—1968) war[46]. Zwar bekannten sich die Nordgesinnten nicht durchweg zu Gobineau. Auch verarbeiteten sie in ihren Schriften vielfach Forschungsergebnisse der naturwissenschaftlichen Anthropologie, die Gobineau noch unbekannt waren. Aber sie vertraten Überzeugungen, die weitgehend mit den von uns herausgestellten Kriterien der gobinistischen Rassenlehre übereinstimmten: zunächst behaupteten sie die Unvergleichbarkeit und Unersetzbarkeit der nordischen Rasse gegenüber der übrigen Menschheit, zum andern beschworen sie den drohenden „Rassetod", d. h. den Untergang eben dieser Rasse sowohl durch den Rückgang des nordischen Elements im gesellschaftlichen Leben als auch durch den weltpolitischen Machtverlust der nordischen Völker; drittens vertraten sie die Ansicht, daß der Untergang der nordischen Rasse den Untergang der abendländischen Kultur nach sich ziehen werde[47].

Hans F. K. Günther, der bekannteste und einflußreichste Vertreter des Nordischen Gedankens, wird uns unter verschiedenen Aspekten wiederholt beschäftigen. Wir wollen seine Rassenlehre hier nur insoweit skizzieren, als sie in besonders augenfälliger Weise die Tradition Gobineaus widerspiegelt oder aber von ihr in charakteristischer Weise abweicht. Stärker als andere Rassenideologen übernahm Günther von Gobineau die Theorie von der rassenbedingten Schichtenbildung und formte sie um zu einer Theorie der „Entnordung". Die gesellschaftliche Hierarchie wurde für ihn bestimmt durch die vertikale Gliederung von Oberschicht, Mittelschicht und Bauerntum, Arbeiterschaft und schließlich „Lumpenproletariat". Getreu gobini-

45 Beispiele hierfür sind Wilhelm Erbt: Weltgeschichte auf rassischer Grundlage. Urzeit, Morgenland und Mittelmeer, Frankfurt/M. 1925; Heinrich Wolf: Angewandte Rassenkunde (Weltgeschichte auf biologischer Grundlage), Leipzig 1927.

46 Hans-Jürgen Lutzhöft: Der Nordische Gedanke in Deutschland 1920—1940 (Kieler Historische Studien Bd. 14), Stuttgart 1971.

47 Ebd., S. 17.

stischer Lehrmeinung nahm hierbei das nordische Element von oben nach unten ab. Günther entwarf zur Verdeutlichung ein graphisches Schema in Form einer kegelförmigen Hierarchie, deren nordische Bestandteile sich in der Spitze konzentrieren, während die „minderwertigen“ Rassenelemente die Basis bilden. Unterhalb dieser Basis siedelte Günther das rassisch völlig verkommene Lumpenproletariat an. Der Prozeß der „Entnordung“ vollzog sich dadurch, daß die Basis sich verbreiterte und somit die Zahl der nichtnordischen Elemente erhöhte, während die Spitze des Kegels immer stumpfer und flacher wurde, was die zahlenmäßige und qualitative Verringerung der nordischen Elite anzeigen sollte[48]. Die Schuld an dieser Entwicklung zur Gleichheit schob Günther — auch hierin Gobineau folgend — auf die bürgerlich-liberale Gesellschaft. Nach dem Sturz des vorwiegend nordischen Adels, der Beseitigung seiner Privilegien und der Einführung der formalen Gleichheit aller Bürger vor dem Gesetz sei der soziale Aufstieg käuflich und somit auch den „rassisch Minderwertigen“ möglich geworden[49].

Man sieht wohl, daß der politische und soziale Impuls bei Günther den gleichen oder zumindest ähnlichen Wurzeln entspringt wie bei Gobineau. Nordisch-arischer Rassengedanke, rassische Sozialschichten-Theorie, Determinationsverhältnis von (rassischer) Basis und (kulturellem) Überbau sowie Dekadenztheorie und Geschichtspessimismus — alle diese Elemente finden wir in Günthers Schriften vollständig wieder. Unterschiedlich und wesentlich differenzierter war bei ihm die anthropologische Nomenklatur und das System von Kriterien, aufgrund derer er diese erstellte. Hier waren die Ergebnisse von mehreren Jahrzehnten anthropologischer Forschung eingeflossen, zu der Gobineau zwar Anregungen gegeben hatte, ohne selbst aus ihnen jemals Nutzen gezogen zu haben. Neu gegenüber Gobineau war auch der Gedanke der „Entmischung“ und somit der biologischen Restauration der nordischen Rasse, der bei Günther — wie auch vielen anderen Rassenideologen — eine zentrale Stellung in seinem Denken einnehmen sollte.

Relativ gering blieb der Einfluß Gobineaus in der angelsächsischen Welt. Zwar stand der Teutonismus mit seiner Germanenverehrung der gobinistischen Geisteswelt sehr nahe, ihm fehlte jedoch vielfach die charakteristische restaurative Tendenz. Der Teutonismus war nicht ausschließlich reaktionär ausgerichtet, sondern unternahm gelegentlich sogar den Versuch, demokratische Einrichtungen wie die Repräsentativverfassung als politisches Erbe germanischer Völker (Angelsachsen, Normannen) zu würdigen und zu verteidigen. Gleichwohl fehlte dem Teutonismus niemals ganz die rassistische Ausrichtung, in Großbritannien gegen das Keltentum in Irland, Wales und Schottland, in Nordamerika gegen die nicht-angelsächsischen Bevölkerungs-

48 Hans F. K. Günther: Rassenkunde des deutschen Volkes, München (1. Aufl. 1922) 1935, S. 431, 462.
49 Ebd., S. 362; vgl. Lutzhöft, S. 70.

teile. In der Anhängerschaft dieser mehr literarisch-publizistischen Bewegung fand Gobineau naturgemäß eine dankbare Aufnahme. Zu seinen britischen Bewunderern gehörte der konservative Schriftsteller und Diplomat Earl Robert Bulwer-Lytton, 1876—1880 Vizekönig von Indien, der von der vermeintlich drohenden keltischen und slawischen Rassenbeimischung einen künftigen Zerfall seines Landes befürchtete. Der amerikanische Anthropologe Charles D. Meigs betrachtete den „Essai", den er insgesamt zehnmal las, als politische Offenbarung, als eine Art Bibel, in der die Grundgesetze der Weltgeschichte enthüllt worden seien[50].
Unmittelbar nach Erscheinen des „Essai" hatte Gobineau mehrere Briefe aus Nordamerika erhalten, die seiner Rassentheorie Beifall zollten. Der Absender hatte, wie Gobineau Tocqueville mitteilte, Teile des Buches ins Englische übersetzt und sich besonders für die Lehre vom konstanten Charakter der Rassen und ihrer unveränderlichen Ungleichheit erwärmt; auch die aus dem „Essai" gefolgerte Überlegenheit der Angelsachsen gegenüber den Mexikanern fand Zustimmung[51]. Es handelte sich hier um die 1856 unter dem Titel „Moral and Intellectual Diversity of Races" edierte amerikanische Teilübersetzung von Gobineaus Rassenwerk, an der dieser jedoch bemängelte, daß der Herausgeber nicht alle Konsequenzen aus dem „Essai" voll begriffen und ihn nur in einer unvollkommenen Auswahl veröffentlicht habe. Tocqueville drückte in seiner Antwort die Vermutung aus, daß Gobineau bei den Gegnern der Sklavenbefreiung Zustimmung finden werde; er sagte ihm aber voraus, daß die Amerikaner niemals die These vom bevorstehenden Untergang der Arier, der ja auch die Angelsachsen mit einschlösse, akzeptieren würden[52]. Auch in diesem Falle hat Tocqueville die Wirkung Gobineaus richtig vorhergesehen. Seine Theorie hat in der angelsächsischen Welt niemals in vergleichbarem Maße Fuß fassen können wie im kontinentalen Europa. Die in Großbritannien oder in den Vereinigten Staaten publizierten Rassentheorien wurzelten meistens in anderen ideologischen Mutterböden und in anderer gesellschaftspolitischer Landschaft. Der dem Gobinismus inhaltlich benachbarte Teutonismus hat nur in Einzelfällen auf das Œuvre des französischen Rassenpropheten zurückgegriffen und es nur selten in besonderem Maße hervorgehoben. Da sowohl Großbritannien als auch Nordamerika Prototypen der bürgerlichen kapitalistischen Gesellschaftsordnung waren, konnte eine Geschichtsphilosophie, die in ihren Prämissen so sehr der feudalistischen Welt verhaftet war, nur schwer breitere Resonanz finden. Erst 1912 erschien in Amerika wieder eine gekürzte Übersetzung des „Essai", der wegen der heftigen Diskussionen um die Einbürgerungsgesetze eine gewisse Aktualität erhielt. In der Agitation gegen die Einwanderung von

50 Barzun, S. 67, 61 f.
51 Correspondance . . ., S. 280.
52 Montagu, S. 22; Correspondance . . ., S. 292 f.

slawischen und südeuropäischen Immigranten wurde angeführt, daß das nicht-germanische (nicht-teutonische) Bevölkerungselement gegenüber dem nordamerikanischen Angelsachsentum die Oberhand gewinnen könnte wie einst die galloromanischen Plebejer über die arischen Franken[53].

Wenn der amerikanische Rassengedanke sich theoretischer Rechtfertigungsideologien bediente, griff er im späten 19. und frühen 20. Jahrhundert meist auf den Rassendarwinismus zurück. Eine Ausnahme bildete der bekannteste nordamerikanische Rassenideologe, Madison Grant (1865—1937), der sich vor allem als Agitator für verschärfte Einwanderungsgesetze, aber auch als Großwildjäger und Mitbegründer des New Yorker Zoos einen Namen machte. Grants Anlehnung an Gobineau, den er aber in seinen düsteren Schriften über den drohenden Untergang der nordischen Rasse nur beiläufig erwähnt, war wohl durch seine persönliche Ausrichtung nach Europa begründet, das er bereits als Kind kennengelernt hatte. Nicht ganz ohne Bedeutung dürfte auch seine Zugehörigkeit zu einer der ältesten Neuengland-Familien sein, unter denen manche Traditionen des europäischen Adels nachgeahmt wurden. Grant lieferte gewissermaßen eine Neubearbeitung der Ideen Gobineaus, deren universalhistorischen Horizont er aber auf Europa und Nordamerika einengte und dafür mit einigen Elementen anderer Rassenlehren (Schädelmessungen, Erbbiologie, Rassenhygiene) anreicherte. Im übrigen aber finden wir in seiner Hauptschrift[54] eine fast unverfälschte Kopie Gobineaus, die dessen zentrale Aussagen nahezu vollständig enthielt:

(1) Die apriorische Ungleichheit der Menschenrassen stand für Grant außer Zweifel; er übernahm — mit geringfügig geänderter Terminologie — die von Gobineau skizzierte Hierarchie von Kaukasiern (Weißen), Mongoliden und Negroiden, wobei für ihn die „niederen" Rassen ältere, stehengebliebene Gattungen aus der frühmenschlichen Entwicklungsgeschichte waren, die ohne Einfluß und Hilfestellung der Weißen zu keiner zivilisatorischen Eigenleistung fähig seien: „Die Neger haben in ausreichender Weise dargetan, daß sie eine stehengebliebene Menschenart sind und die Fähigkeit zum Fortschritt von innen heraus nicht besitzen[55]."

(2) Auch das soziale Schichtungsgefüge war für Grant Resultat von Eroberungsakten überlegener Rassen, ihre Herrschaft folglich naturgegeben[56].

(3) Der Geschichtspessimismus, den schon der Titel seines Buches ausdrückt, gründete sich wie bei Gobineau auf die Feststellung von der zunehmenden Egalisierung der Gesellschaft. Mit dem Einzug des Prinzips der

---

53 Gossett, S. 351.

54 Madison Grant: The Passing of the Great Race, New York 1916; deutsch: Der Untergang der großen Rasse. Die Rassen als Grundlage der Geschichte Europas, München 1925. — Über Grant s. Gossett, S. 353 ff.

55 Grant, S. 27, 35, (Zitat) 58 f.

56 Ebd., S. 20 ff. u. ö.

Gleichheit werde, so Madison Grant, alle Grundlage der Zivilisation untergraben, da die Demokratie endgültig die Pöbelherrschaft aufrichten und allem Fortschritt ein Ende machen würde. Zur egalisierenden Entwicklung der modernen Gesellschaft bemerkte er verächtlich: „Wenn die Gleichheit nicht erreicht werden kann durch die Verlängerung und Hebung der körperlich und geistig Minderwertigen, so kann sie wenigstens verwirklicht werden durch Vernichtung der an Körpergröße und Seelenadel Überragenden[57]."

Grant beklagte den Rückgang des teutonischen (germanischen) Elements in Europa, das nur noch in Großbritannien und Skandinavien dominiere, während es in Deutschland und Österreich schon selten anzutreffen sei[58]. Überall sah er die alpinen und mediterranen Europäer, zu denen er die keltischen, südeuropäischen und die meisten slawischen Völker rechnete, das nordische Element verdrängen. Allerdings unterschied sich auch Madison Grant wie die meisten Rassenideologen in einem Punkte wesentlich von Gobineau: in der Hinwendung zur politischen Praxis, durch die der vermeintliche Untergang der Germanen oder der nordischen Rasse aufgehalten und ihre Existenz gesichert werden könnte. Gobineaus Pessimismus war eingemündet in Resignation, in eine Einsicht in das Unvermeidliche, was ihm sogar eine politisch recht tolerante Haltung ermöglichte[59]. Aber da die Rassentheorien in mythologischer Gewandung politische Interessen ausdrückten, mußte Gobineau hierin von seinen Epigonen korrigiert werden. Die Möglichkeit dazu bestand im theoretischen Bereich in einer Ergänzung des gobinistischen Rassengedankens durch Elemente anderer ideologischer Provenienz, die in stärkerem Maße als dieser den Bezug zur politischen Praxis enthielten.

57 Ebd., S. 60, 120.

58 Ebd., S. 142 f. — Diese Feststellung veranlaßte den deutschen Herausgeber und Übersetzer zu einer wütenden Replik in einer ausführlichen Fußnote. — Auch spätere amerikanische Rassentheoretiker vertraten die Ansicht, daß die meisten nordischen Deutschen nach Amerika ausgewandert seien, während sie in Deutschland selbst weitgehend ausgestorben seien; vgl. Gossett, S. 357.

59 Vgl. Biddiss, S. 173.

Darwinistische Rassentheorien

Das zweite Glied in der Ahnenreihe der Rassenideologien bilden einige Theorien, die im Gefolge der Darwinschen Biologie oder zumindest unter Berufung auf Darwin erarbeitet wurden. Aber anders als im Falle Gobineaus kommt hier der Person Darwins nicht die Schlüsselrolle eines Propheten zu. Er muß freigesprochen werden vom Vorwurf, zumindest bewußt und mit Absicht einen Beitrag zur Entstehung des Rassengedankens geliefert zu haben. Wir können die Tatsache übergehen, daß sich in seinen Schriften wohl Äußerungen finden, die auf eine Höherbewertung der weißen Völker — Darwin benutzte sogar den Ausdruck „Arier" — deuten oder denen zufolge unter bestimmten Umständen die „Reinheit" einer Rasse zu befürworten sei[1]. Damit stand Darwin nicht allein, sondern drückte allgemein verbreitete Ansichten der Mehrheit seiner europäischen Zeitgenossen aus und befand sich somit nicht außerhalb des herrschenden europazentrischen Geschichtsbildes. Ungeachtet dieser Tradition hat Darwin in mehreren Fällen leidenschaftlich Partei für farbige Völker oder Volksgruppen und gegen ihre Unterdrückung durch die Weißen ergriffen, so anläßlich der Sklavenbefreiung während des amerikanischen Bürgerkrieges und bei der Niederschlagung einer Negerrevolte in Jamaica durch britische Kolonialtruppen[2].

Entscheidend ist für unsere Fragestellung nach der Genealogie der Rassentheorien vielmehr, ob und in welchem Verhältnis die Annahme einer Ungleichheit bzw. Ungleichwertigkeit der Menschenrassen mit zwingender Konsequenz aus Darwins biologischem Weltbild abgeleitet werden kann. Er selbst hat in seinen entscheidenden Werken „On the Origin of Species" (1859) und „Descent of Man" (1871) zur Frage der Ungleichheit der Menschenrassen nur indirekt und sehr vorsichtig Stellung genommen. Darwin bezeichnete die Unterschiede der einzelnen Typen der Gattung Mensch als außerordentlich gering (gemessen am Variantenreichtum bei anderen Lebe-

1 Gertrude Himmelfarb: Darwin and the Darwinian Revolution, London 1959, S. 342 f. — Hans-Ulrich Wehler: Sozialdarwinismus im expandierenden Industriestaat, in: Deutschland in der Weltpolitik des 19. und 20. Jahrhunderts. Fritz Fischer zum 65. Geburtstag, hrsg. von Immanuel Geiss und Bernd Jürgen Wendt, Düsseldorf 1973, S. 138 f.

2 Himmelfarb, S. 340 f.

wesen) und hob ihre enge biologische Verwandtschaft hervor[3]. Zudem gab er seiner Überzeugung Ausdruck, daß durch bestimmte Kreuzungen spezifische Erbmerkmale in einer Gruppe in bestimmten Kombinationen vorherrschend werden und nach wenigen Generationen somit neue Typen geschaffen werden bzw. entstehen können. Diese Feststellung galt für alle Lebewesen und Darwin übertrug sie ausdrücklich auch auf den Menschen[4]. Diese relativ spärlichen Aussagen stellten im Hinblick auf den Rassengedanken ein Neutrum dar und mochten je nach Interpretation und Schlußfolgerung sowohl für als auch gegen die These von der Ungleichheit der Menschenrassen an die Hand liefern. Wenn wir uns vergegenwärtigen, daß der Rassengedanke vor ihm mit der Annahme statischer Rassen und der Spekulation über die getrennte (polygenetische) Abstammung der einzelnen Menschengattungen dem Gobinismus oder dessen Vorläufern nahestand, so können wir eher meinen, daß die darwinistische Theorie mit ihrer Annahme einer gemeinsamen Wurzel der Menschheit unter Zeitgenossen eher die Gegner des Rassengedankens begünstigte[5].

Der Beitrag Darwins zu den Rassentheorien war mittelbarer, weitläufiger und durchlief großräumigere Bahnen. Zunächst wird man hier Darwins unbewußte Übertragung von Verhältnissen der englischen bürgerlichen Gesellschaft auf die Biologie nennen müssen. Bekanntlich hat Darwin entscheidende Impulse zur Formulierung der Evolutionstheorie sowie der Lehre von der Entstehung der Arten durch natürliche Zuchtwahl durch die Lektüre von Malthus' „Essay on the Principles of Population" (1798) empfangen, der das durch Konkurrenz bestimmte Szenario des frühen englischen Hochkapitalismus und die Hypothese von der geometrischen Progression der Bevölkerung bereits mit einer biologischen Komponente versah. Darwin ließ nun den gesellschaftlichen Hintergrund des Malthusianismus beiseite und beschränkte die Kriterien der Konkurrenzgesellschaft auf die Natur, wie dies Marx treffend charakterisierte: „Mit dem Darwin, den ich wieder angesehn, amüsiert mich, daß er sagt, er wende die ‚Malthussche' Theorie *auch* auf Pflanzen und Tiere an, als ob bei Herrn Malthus der Witz nicht darin bestände, daß sie nicht auf Pflanzen und Tiere, sondern nur auf Menschen — mit der geometrischen Progression — angewandt wird im Gegensatz zu Pflanzen und Tieren. Es ist merkwürdig, wie Darwin unter Bestien und Pflanzen seine englische Gesellschaft mit ihrer Teilung der Arbeit, Konkurrenz, Aufschluß neuer Märkte, ‚Erfindungen' und Malthusschem ‚Kampf ums Dasein' wiedererkennt. Es ist Hobbes' bellum omnium contra omnes, und es erinnert an Hegel in der ‚Phänomenologie', wo die

3 Charles Darwin: Gesammelte Werke (Auswahl in 6 Bänden), Bd. III: Die Abstammung des Menschen, Stuttgart 1886, S. 168.
4 Ebd., S. 171, 181.
5 Himmelfarb, S. 341 f.

bürgerliche Gesellschaft als ‚geistiges Tierreich', während bei Darwin das Tierreich als bürgerliche Gesellschaft figuriert[6]."

Wenn wir den Beitrag Darwins zum Rassengedanken mit einer zunächst sehr allgemeinen Etikette versehen wollen, so können wir die von Malthus ansatzweise durchgeführte und von Darwin im Bereich der Natur fortgesetzte „Biologisierung" der Gesellschaft hervorheben. Darwin selbst hat die Rückübertragung der ins Biologische transponierten gesellschaftlichen Kriterien auf die Gesellschaft, diesmal in Form von deren vermeintlichen Grundgesetzen, nicht vorgenommen. Diese Arbeit haben ihm, der an politischen und sozialen Fragen relativ wenig interessiert war, seine Epigonen abgenommen. Aber die enge Verwandtschaft zwischen kapitalistischen Gesellschaftstheorien und der Darwinschen Biologie ist unverkennbar und läßt vor dem Hintergrund der evolutionsgeschichtlichen Diskussion beide als Bestandteile des gleichen historischen Kontextes erscheinen[7].

Den konkreten Ansatz zu rassentheoretischen Interpretationen dieses biologisierten Gesellschaftsbildes boten zwei zentrale Aussagen des Darwinismus, die weitläufig miteinander zusammenhängen, aber in ihrer Anwendung auf die Geschichte doch unterschiedliche Schlußfolgerungen nach sich ziehen. Der sogenannte *Sozialdarwinismus,* verbunden mit der Übertragung des Selektionsprinzips (Kampf ums Dasein, Überleben der Tüchtigsten), stellt nur den einen darwinistischen Beitrag zu den Rassentheorien dar. Ihn werden wir weiter unten behandeln. Es wäre aber eine unzulässige Einengung des Einflusses Darwins, wenn man den anderen Beitrag übergehen wollte. Seine Darstellung sollte der Analyse der zahlreichen Verzweigungen des Sozialdarwinismus vorangestellt werden, da er — ungeachtet der Chronologie der Entstehung darwinistischer Rassentheorien — die urtümlichere und an älteren Gesellschaftsbildern orientierte Interpretation von Gesellschaft und Geschichte darstellt. Gemeint ist der *Evolutionsgedanke* und seine Übertragung auf die Geschichte der Menschwerdung und der Entstehung der Menschenrassen.

Aus zwei wesentlichen Bestandteilen der Biologie Darwins ließen sich also Thesen von einer „natürlichen" Ungleichheit und — politisch gewendet — Ungleichwertigkeit der Menschenrassen ableiten: einmal aus der Evolutionstheorie und zum andern aus dem Selektionismus, der sozialdarwinistischen Lehre von der (permanenten) Entstehung von Arten durch natürliche Zuchtwahl. Die Evolutionstheorie ermöglichte zumindest hypothetisch die Annahme einer durch Umweltbedingungen und andere Faktoren bewirkten ungleichen Entwicklung der einzelnen Menschenarten. Diese ungleiche Entwicklung mag einer rassentheoretischen Interpretation des Evolutionismus zufolge dazu geführt haben, daß in der Entstehungsgeschichte der Mensch-

6 Marx an Engels, 18. 6. 1862, MEW 30, S. 249.
7 Wehler, S. 136.

heit einzelne Menschenarten aufgrund besonderer Anforderungen auch besonderen Ausleseprinzipien unterworfen waren und sich daher schneller oder langsamer, in jedem Falle aber anders entwickelt haben als andere. Diese Ungleichheit habe solange keinerlei Bedeutung gehabt, als die betreffenden Menschenarten isoliert voneinander gelebt hätten, sie träten aber offen zutage, sobald sie mit anderen Völkern in Beziehung und damit in ein sehr wahrscheinliches Konkurrenzverhältnis gerieten.

Die selektionistische Hypothese über die Entstehung anthropologischer Ungleichheit ist nur auf Umwegen aus dem Darwinismus abzuleiten und führt über solche Wege, die keineswegs notwendigerweise in einen Rassengedanken einmünden. Die Lehre vom allseitigen Kampf ums Dasein und dem Überleben der Tüchtigsten und Lebensfähigsten mag die Schlußfolgerung suggerieren, daß durch die Entstehung *sozialer* Eliten zugleich auch *biologische* Eliten entstünden, die durch strenge Abgrenzung und Abschließung über Generationen hinweg eigenständige „Rassen" entwickeln können.

Diese Theorie vom „inneren Kampfe ums Dasein", die den Auslesemechanismus vorwiegend innerhalb einer Gesellschaft wirken sieht, kann ergänzt werden durch eine Theorie vom „äußeren Kampf ums Dasein": ethnische Einheiten wie Sippen, Stämme, Völker entwickeln durch Inzucht und besondere umweltbedingte Auslesefaktoren spezifische Erbmerkmale, die sie von anderen Menschenarten, mit denen sie in Beziehung treten, unterscheiden und sie im gegenseitigen Konkurrenzkampf um Herrschaft und „Lebensräume" bevorzugen oder benachteiligen. Durch diesen „Zuchtprozeß" könnten besonders tüchtige Völker entstehen, die sich in der Entwicklung charakteristischer Eigenschaften gegenüber anderen Menschenarten so verhalten wie edle Zuchtpferde gegenüber Wildpferden.

Die Theorie vom „äußeren Wettbewerb" steht zwischen der zuerst genannten evolutionistischen und der an zweiter Stelle angeführten sozialselektionistischen. Sie unterscheidet sich von ersterer durch die historische Dimension, da der Evolutionismus hier von einer über Jahrtausende sich erstreckenden erdgeschichtlichen Entwicklung als Ursache der Ungleichheit ausgeht, die selbst zwar nichts Endgültiges darstellte, aber zumindest innerhalb weniger Generationen nicht korrigiert werden kann. Die selektionistischen Theorien stellen hingegen die relativ leichte Veränderbarkeit aller (Zucht-)Rassen in Rechnung, deren Qualität sich gewissermaßen mit jeder Geburt und jedem Abgang von Individuen neu zusammensetzt und innerhalb weniger Generationen sich erbbiologisch wandeln kann. — Es braucht nicht betont zu werden, daß der evolutionistische und der selektionistische Rassengedanke auch miteinander kombiniert werden können, wie wir dies teilweise an nachfolgenden Beispielen sehen werden.

Der evolutionsgeschichtliche Ansatz steht keinesfalls in Widerspruch zur gobinistischen Fiktion von den ungleichen Urrassen, sondern vermochte ihr sogar die fehlende biologische Argumentation zu liefern. Dies wird deutlich an Ernst Haeckel (1834—1919), dem bekanntesten Repräsentanten einer evolutionistischen Rassentheorie[8]. Haeckel teilte die neuzeitliche Menschheit ein in zwölf Arten, die er wiederum in 36 Rassen gliederte[9], wobei er unter „Rassen" — merkwürdige Inkonsequenz für einen Biologen — gelegentlich auch Sprachfamilien (z. B. Indogermanen) verstand. Die zwölf Arten mit ihren 36 Rassen machen für ihn allerdings nicht die gesamte Spezies Mensch aus, da ihr auch noch ausgestorbene Gattungen zuzurechnen seien. Das Aussterben einer Gattung war für ihn ein natürlicher Vorgang und eine konsequente Folge des angenommenen Kampfes ums Dasein. Haeckel vertrat daher auch die Ansicht, daß einige der von ihm aufgezählten Rassen in Zukunft dem Wettbewerb mit den zivilisatorisch überlegenen Völkern erliegen und vom Erdboden verschwinden würden. Die ersten vier Arten — Papuas, Hottentotten, Kaffern und Neger — hätten ohnehin keine Geschichte und seien auch zu keiner höheren Kultur fähig.

Ähnlich wie Gobineau, wenn auch von anderem Ausgangspunkt zu dieser Annahme gelangend, hielt Haeckel die Weißen für die höchst entwickelte Menschenart, die sich durch besondere Auslese an die Spitze der Menschheit gesetzt habe. „Sie allein hat (abgesehen von der mongolischen Spezies) eigentlich ‚Geschichte' gemacht. Sie allein hat jene Blüte der Kultur entwickelt, welche den Menschen über die ganze Natur zu erheben scheint[10]."

Ähnlich wie Gobineau billigte auch Haeckel den Weißen die historische Aufgabe zu, ihre Herrschaft und Kultur über den ganzen Erdball auszudehnen: „Natürlich wechselt das Zahlenverhältnis der zwölf Spezies mit jedem Jahre, und zwar nach dem von Darwin entwickelten Gesetze, daß im Kampf ums Dasein die höher entwickelten, begünstigteren und größeren Formengruppen die bestimmte Neigung und die sichere Aussicht haben, immer mehr auf Kosten der niederen, zurückgebliebenen und kleineren Gruppen sich auszubreiten. So hat die mittelländische [= weiße] Spezies, und innerhalb derselben die indogermanische Rasse vermöge ihrer höheren Gehirnentwicklung alle übrigen Rassen und Arten im Kampfe ums Dasein überflügelt, und spannt schon jetzt das Netz ihrer Herrschaft über die ganze Erdkugel aus. [...] Dagegen werden die übrigen Rassen, die ohnehin sehr

8 Haeckel bekannte sich offen zu Gobineau, wobei er allerdings den Rassengedanken auf eine biologische Grundlage stellte. Vgl. Daniel Gasman: The Scientific Origins of National Socialism. Social Darwinism in Ernst Haeckel and the German Monist League, London—New York 1971, S. XXIV und 39 f. — Hans Günther Zmarzlik: Der Sozialdarwinismus in Deutschland als geschichtliches Problem, *Vierteljahreshefte für Zeitgeschichte* 11 (1963), S. 259 f.

9 Die zwölf Arten sind: 1. Papuas, 2. Hottentotten, 3. Kaffern, 4. Neger, 5. Malaien, 6. Mongolen, 7. Arktiker, 8. (Ur-)Amerikaner, 9. (Ur-)Australier, 10. Dravidas, 11. Nubier und 12. Mediterrane (= Weiße). Vgl. Ernst Haeckel: Natürliche Schöpfungsgeschichte. Gemeinverständliche wissenschaftliche Vorträge über die Entwicklungslehre, Berlin (1. Aufl. 1869) 1911, S. 742.

10 Ebd., S. 752.

zusammengeschmolzen sind, den übermächtigen Mittelländern im Kampf ums Dasein früher oder später gänzlich erliegen[11]." Von hier aus war es freilich nur noch ein kleiner Schritt zur Apologie des Kolonialismus, die sich auf eine vorgebliche Minderwertigkeit farbiger Völker und das Recht des Stärkeren auf ihre Ausrottung berief[12].

Haeckels Resonanz in der Öffentlichkeit ist nicht nur deutlich erkennbar an der hohen Auflagenzahl seiner Werke, sondern auch im organisatorischen Zusammenschluß seiner Adepten in dem 1906 in Jena unter seinem Ehrenvorsitz gegründeten „Monisten-Bund", der sich die Verbreitung darwinistischen Gedankenguts und dadurch auch eines biologisch begründeten Rassengedankens zur Aufgabe machte. Die monistische Bewegung, aus der eine Reihe späterer bekannter Rassenideologen hervorgegangen ist, darf als markantes Glied in der Ahnenreihe des Nationalsozialismus betrachtet werden. Wir werden ihre Spuren in vielen Variationen auch in Theorien verfolgen können, die selber mehr der Nachfolge Gobineaus zuzuordnen sind.

Die von Haeckel propagierte Theorie der genetischen Ungleichheit der Menschenrassen wurde durch die großen literarischen Erfolge ihres Urhebers in weite Kreise auch außerhalb Deutschlands getragen. So baute beispielsweise der amerikanische Anthropologe James M. Baldwin seinen Darwinismus weiter aus zu einer Theorie von der Wiederholung der anthropogenetischen Entwicklung in jedem einzelnen Individuum: Jedes Kind vollziehe in seinen Entwicklungsphasen in komprimiertem Zeitraum die Entwicklungsphasen der Menschheit nach, die durch eine Heranbildung von jeweils „höheren" aus jeweils „niederen" Rassen gekennzeichnet sei. Kinder stünden demnach auf einer Stufe wie die Angehörigen der „niederen Rassen"[13]. Die politische Schlußfolgerung aus dieser Psychologie ist die, daß die sogenannten primitiven Rassen unmündig und infantil und demnach wie Kinder zu behandeln seien — ein Vorurteil, das sich bis auf den heutigen Tag in vielen Varianten des Rassismus erhalten hat.

Den anderen Zugang vom Darwinismus zum Rassengedanken boten die bereits angedeuteten *sozialdarwinistischen* Theorien, die in mehr oder minder starker Form auf dem Ausleseprinzip und dem Gedanken der selektionistischen Veränderung biologischer Gattungen beruhten. Vielfach ist der Sozialdarwinismus überhaupt als Kern des Darwinismus betrachtet worden, was allerdings eine unzulässige Einengung des Spektrums und Umfanges des

11 Ebd., S. 750.

12 Haeckel gehörte dem chauvinistischen Alldeutschen Verband an und agitierte darin eifrig für einen expansiven Kolonialimperialismus Deutschlands; vgl. Gasman, S. 128.

13 James M. Baldwin: Mental Development in the Child and in the Race, New York 1895. — Schriften mit ähnlicher Tendenz wurden später noch häufig vor allem in Nordamerika herausgegeben und haben gegenwärtig durch die Diskussionen über die Forschungsergebnisse des IQ-Forschers Arthur R. Jensen in den USA neue Aktualität erhalten.

darwinistischen Erbes ist. Es ist aber unbestreitbar, daß der Selektionismus ein entscheidendes Element des Darwinismus ist, das diesem auch zu seiner schlagartigen Verbreitung verholfen hat. Auch diejenigen Darwinisten, die wie Haeckel die Ungleichheit der Rassen aus der Evolutionsgeschichte ableiteten, beriefen sich auf das Selektionsprinzip, das wir auch als wesentlichen Bestandteil aller späteren synkretistischen Rassenideologien kennenlernen werden.

Der Sozialdarwinismus und Selektionismus stellt die oben angedeutete, von Darwins Epigonen vollzogene Rückübertragung der darwinistischen Biologie auf die zeitgenössische Gesellschaft des Manchester-Kapitalismus dar, woraus sich seine politische Aktualität und somit seine ungeheure Verbreitung unter Soziologen des späten 19. Jahrhunderts erklärt. Der Sozialdarwinismus leitete Phänomene wie Kampf ums Dasein, Konkurrenz, Rentabilität, Überleben der Tüchtigsten und schließlich die Entwicklung der Gesellschaft als Folge aller dieser Faktoren aus der Biologie Darwins ab, somit aus ewigen, naturgesetzlichen Kategorien, die außerhalb des menschlich Disponiblen und Machbaren standen und bei gleichzeitigem Leugnen metaphysischer Ordnungsprinzipien als gesellschaftliche Totalität figurierten. Der Sozialdarwinismus stellte sich somit dar als Apologie der bestehenden Gesellschaft des Hochkapitalismus, die im Zeitalter der die industrielle Entwicklung wesentlich mitbestimmenden Naturwissenschaften uneingeschränkte Autorität beanspruchte.

Dieser enge Zusammenhang zwischen Gesellschaft und darwinistischer Gesellschaftstheorie ist frühzeitig erkannt worden. In seiner „Dialektik der Natur" schreibt Engels: „Die ganze Darwinsche Lehre vom Kampf ums Dasein ist einfach die Übertragung der Hobbesschen Lehre vom bellum omnium contra omnes und der bürgerlichen Lehre von der Konkurrenz, sowie der Malthusschen Bevölkerungstheorie aus der Gesellschaft in die belebte Natur. Nachdem man dies Kunststück fertiggebracht hat (...), ist es sehr leicht, diese Lehren aus der Naturgeschichte wieder in die Gesellschaft zurückzuübertragen, und eine gar zu starke Naivität, zu behaupten, man habe damit diese Behauptungen als ewige Naturgesetze der Gesellschaft nachgewiesen[14]." Außer Marx und Engels haben auch spätere Philosophen mit anderem politischen Standort diese Zusammenhänge gesehen: Nietzsche, Spengler und andere, deren Kritik in die gleiche Richtung ging[15].

Im Hinblick auf unsere Untersuchung des Rassengedankens und seiner gesellschaftlichen und geistesgeschichtlichen Wurzeln muß jedoch betont werden, daß die biologistische Betrachtungsweise des Sozialdarwinismus weder

14 MEW 20, S. 565.

15 Wehler, S. 137; vgl. hierzu Hedwig Conrad-Martius: Utopien der Menschenzüchtung. Der Sozialdarwinismus und seine Folgen, München 1955; Oskar Hertwig: Zur Abwehr des ethischen, des sozialen, des politischen Darwinismus, Jena 1918.

in allen ihren Verzweigungen noch zwangsläufig und mit innerer Notwendigkeit die These von der Ungleichheit der Menschenrassen enthielt oder auf sie hinführte. Zunächst verstand und versteht man unter Sozialdarwinismus die Philosophie eines konsequenten Individualismus, eines extremen laissez-faire in Politik, Wirtschaft und Gesellschaft[16]. Sozialdarwinismus — das konnte einmal die Übertragung der Lehre vom „struggle for life" auf sämtliche gesellschaftlichen Wettbewerbsebenen und -situationen bedeuten, naturgemäß vorrangig auf die ökonomischen. Danach überlebt nur derjenige Teilnehmer des Wettbewerbs, der seine Rivalen an Widerstandskraft übertrifft und generell den Anforderungen der Konkurrenz von Individuum zu Individuum oder von Gemeinschaft zu Gemeinschaft genügt. Diese Betrachtungsweise ließ sich auf alles übertragen, was irgendwie mit Wettbewerbssituationen in Verbindung gebracht werden konnte: rivalisierende Kunstrichtungen oder konkurrierende wissenschaftliche Schulen, Wirtschaftssysteme oder Waffengattungen. Es versteht sich, daß eine derartige Theorie den Erfolg zum Maßstab aller Wertung überhaupt erhob und vor allem im politischen und ökonomischen Bereich macchiavellistischen Theoremen vom vermeintlichen Recht des Stärkeren und dem angeblich naturwüchsigen „Willen zur Macht" jene naturalistische Scheinlegitimation lieferte, die die allgemeine Brutalisierung der Politik im Zeitalter krasser sozialer Ausbeutung und imperialistischer Expansion ideologisch begleitete[17]. Diese Version des Sozialdarwinismus hat zwar mit dazu beigetragen, daß die späteren Rassentheorien jenen amoralischen Zynismus entwickelten, der die Unterdrückung ganzer Volksgruppen als selbstverständliche Folge einer vermeintlichen Weltordnung und Völkermord als bloßes Naturereignis — einem Gewitter oder Erdbeben vergleichbar — verharmloste. Es muß aber korrekterweise hinzugefügt werden, daß die Ideologie vom „Recht des Stärkeren" primär als individualistisches Prinzip verstanden wurde und nicht als „Recht der stärkeren Rasse". Auch eine innere Konsequenz zur Weiterentwicklung des Sozialdarwinismus zum Rassengedanken war darin nicht enthalten. Diese wurde erst dadurch möglich, daß die Prinzipien des ungehemmten Wettbewerbs ins Anthropologische übertragen wurden.
Wenn wir den „struggle for life" als Spiegelbild kapitalistischer Wirtschaftsordnung, insbesondere des extremen Manchestertums, interpretieren, ist das Anpassungsvermögen der Konkurrenten, aufgrund dessen die „Tüchtigsten" ermittelt werden, vergleichbar der *Rentabilität* im Bereich der Wirtschaft. Die anpassungsfähigsten Konkurrenten sind diejenigen, die unter geringsten Verlusten und Schwierigkeiten die durch Umweltbedingungen und Konkur-

16 Himmelfarb, S. 344. — Eine gesellschaftliche Analyse hierzu, allerdings anhand einer wenig repräsentativen Auswahl, liefert Wolfgang Holler: Funktionswechsel des Sozialdarwinismus in der Soziologie, Phil. Diss. Frankfurt am Main 1971.
17 Zmarzlik, S. 250 f., 260.

renzsituation von ihnen abverlangten Anforderungen optimal erfüllen. Organismen, die am rentabelsten arbeiten, sind im Kampf ums Dasein die brauchbarsten[18]. Die Rentabilität selbst ist daher keine abstrakte Qualität, sondern steht in Beziehung zu den jeweiligen Anforderungen der Umwelt.

Die Schlußfolgerung hieraus war eine sehr wesentliche. Der Sozialdarwinismus rein selektionistischer Prägung kannte *keine apriorische Ungleichheit* der Konkurrenten (wie Gobineau unter den Rassen), sondern nur eine relative Ungleichheit als Resultat der Anpassungs- und Wettbewerbsfähigkeit der Konkurrenten nach Maßgabe ihrer Lebensbedingungen. Er ging somit von einer fiktiven Gleichheit der Konkurrenten aus, die erst durch den Wettbewerb, in dem sie stehen, aufgehoben wird; die Gleichheit war deswegen eine fiktive, weil es für einen konsequenten Sozialdarwinismus ein wettbewerbsfreies Nebeneinander von Individuen und Arten nicht gibt.

Wir erkennen im Darwinismus in naturwissenschaftlichem Gewande den Mechanismus der bürgerlichen Gesellschaft wieder. Die formelle Gleichheit ihrer Angehörigen ist Voraussetzung für die ökonomische Wettbewerbssituation, die durch Aussiebung der Unterlegenen beständig neue Ungleichheiten verursacht. Eine ständische Gesellschaft kannte dieses Konkurrenzprinzip nicht. Ein Baron und sein Leibeigener traten niemals in Wettbewerb zu einander, da beider gesellschaftliche Stellung schon durch Geburt festgelegt war. Die bürgerliche Gesellschaft beseitigte ständische Schranken, um unter dem Banner einer proklamierten Gleichheit durch ein soziales Ausleseprinzip eine Wettbewerbssituation einzuführen, die als Resultat erneut die faktische gesellschaftliche Ungleichheit ihrer Angehörigen nach sich zieht. War für Gobineau die vermeintliche Ungleichheit der Menschenrassen ein historisches Prinzip a priori, ein offensichtliches Faktum, das er als ebenso naturgegeben betrachtete wie die Gliederung der Menschen in rangunterschiedene Stände, so mußte ein auf Darwin sich berufender Rassenideologe die Geschichte als Ausleseprinzip zur bestimmenden Ursache der Ungleichheit von Menschenrassen erklären. Diese Ungleichheit trug für ihn aber nicht den Charakter einer ahistorischen Apriorität, da sie erst durch den permanenten „Kampf ums Dasein“ entstand (und auch wieder vergehen konnte) und somit einem stetigen Entwicklungsprozeß unterlag.

Selbst der Begriff der Rasse, den Gobineau als nicht weiter zu hinterfragendes Ordnungsprinzip der Ungleichheit verwandte, mußte für Selektionisten problematisch sein. Die Rasse entstand für sie durch Differenzierung der unterschiedlichen Lebensbedingungen und/oder miteinander im Wettbewerb

18 In diesem Sinne bezeichnete einer der radikalsten Sozialdarwinisten, John B. Haycraft, ein funktionsloses Organ als Kapitalverlust, das auf Kosten anderer Organe Ernährung beanspruche, ohne Nutzen zu bringen. Vgl. John Berry Haycraft: Darwinism and Race Progress, London 1895; deutsch: Natürliche Auslese und Rassenverbesserung, Leipzig 1895, S. 40.

stehenden Arten, woraus die anpassungsfähigsten als Sieger hervorgingen. Beschränkten sich spezifische anthropologische Eigenarten auf ein Individuum, so charakterisierten sie eine *individuelle* Abart; bezeichneten sie hingegen eine größere Zahl von Individuen, die sich von anders veranlagten Artverwandten abhob, fand der Begriff Rasse Anwendung. Die „Rasse" war für konsequente Darwinisten aber auch nichts Endgültiges, sondern unterlag weiteren Differenzierungen, aus denen sich durch Auslese neue „Rassen" bilden konnten. Wegen des dynamischen Ansatzes war der Begriff Rasse für sie, sofern er statisch genommen wurde, ein bloß heuristisches, beschreibendes Attribut wie etwa „Epoche" für den Historiker.

Dies sind in skizzenhafter Andeutung diejenigen Ansätze, die einige Rassenideologen bei Darwin zu finden meinten. Es muß hier nochmals unterstrichen werden, daß der darwinistische Rassengedanke nur eine mögliche, keine zwingende Schlußfolgerung des Sozialdarwinismus war. Wir können davon ausgehen, daß in der rassentheoretischen Literatur, insbesondere in Veröffentlichungen mit politisch-publizistischer Breitenwirkung, derartige subtile Fragen unberücksichtigt blieben und der Begriff Rasse in sehr vieldeutiger, selten näher definierter Bedeutung verwendet wurde. Dennoch wollen wir vor einer Darstellung der wichtigsten darwinistischen Rassentheorien kurz auf einen Versuch eingehen, eine klare und wissenschaftliche Terminologie zu schaffen.

Der Berliner Genetiker Alfred Ploetz (1860—1940) unterschied zwischen der morphologischen und der physiologischen Rasse. Die morphologische Rasse bezeichnete dabei eine Gruppe, deren Angehörige untereinander ohne Einschränkung fortpflanzungsfähig sind. Die physiologische stellt innerhalb der morphologischen eine Einschränkung dar und bezeichnet nur diejenigen Gruppen, die untereinander ohne *qualitative* oder *quantitative Einbuße* fortpflanzungsfähig sind[19]. Diese zweite Begriffsbestimmung steht in Beziehung zu der in vielen Rassentheorien auftauchenden Behauptung, daß Rassenkreuzungen entweder erbgeschädigte oder „minderwertige" Nachkommen hervorbrächten oder die Fruchtbarkeit beeinträchtigten.

Diese beiden vorwiegend aus wissenschaftlichen Erwägungen vorgenommenen Begriffsbestimmungen erweiterte Ploetz durch einen neuen pragmatischen Terminus: die biologische oder Vitalrasse. „Eine biologische Rasse ist mit anderen Worten ein Kreis von ähnlichen Lebewesen, die ähnlicher Abstammung sind und ähnliche Nachkommen liefern, die wegen ihrer Ähnlichkeit gegen dieselben äußeren Einflüsse in ähnlicher Weise reagieren, sich deshalb gegenüber zerstörenden Gewalten gegenseitig ersetzen können und die durch alles das dahin zusammenwirken, den gesonderten Lebensstrom,

19 Alfred Ploetz: Die Begriffe Rasse und Gesellschaft und die davon abgeleiteten Disziplinen, *Archiv für Rassen- und Gesellschaftsbiologie* 1 (1904), S. 5 ff.

den sie miteinander bilden, dauernd zu erhalten. Man kann somit kurz *die biologische Rasse als die Erhaltungseinheit* des Lebens bezeichnen[20]."

Diese Definition der Vitalrasse als faktischer Zucht- und Fortpflanzungsgemeinschaft schließt auch alle ihre früheren Entwicklungsstufen mit ein, die eine systematische Klassifizierung vielleicht als verschiedenartige Gattungen begreifen würde. Ploetz schloß aber damit nicht aus, daß Teile derselben Vitalrasse bei unterschiedlichen Lebensbedingungen getrennte Entwicklungen einschlagen und neue Gattungen bilden können. — Diesem Rassenbegriff stellte er die aufgrund bestimmter biologischer Kriterien statisch konzipierte Systemrasse oder Varietät gegenüber[21], die wiederum dem gobinistischen Rassenbegriff recht nahekam.

Bereits die frühen Anhänger Darwins, die des Meisters Lehre vom Kampf ums Dasein und vom Überleben der Tüchtigsten auf die Gesellschaft übertrugen, erkannten recht bald, daß die soziale Wirklichkeit nicht vollständig der Vorstellung vom allseitigen Konkurrenzkampf in der Natur entsprach. Es gab gesellschaftliche Bereiche, in denen aufgrund erblicher Privilegien die Auslesefaktoren ausgeschaltet oder aber durch sozial-humanitäre Einrichtungen in ihrer Wirksamkeit vermindert waren. Die Zugehörigkeit zu den Oberschichten war nicht identisch mit physischer Überlegenheit, und umgekehrt konnte beobachtet werden, daß anders, als es die vermeintliche Naturordnung vorschrieb, in sozialen Randgruppen, die in physischer und psychischer Hinsicht nach Auffassung der Rassendarwinisten „minderwertig" waren, oft auch der Kinderreichtum besonders groß war. Da der Mensch die Gesellschaft durch Gesetze und Institutionen prägen kann, vermag er auch Auslesefaktoren mit unterschiedlicher, oft negativer Wirkung zu schaffen. Die Sozialdarwinisten folgerten daher, daß der Kampf ums Dasein und das Ausleseprinzip unter bestimmten Voraussetzungen *kontraselektorisch* wirken, d. h. weniger gesundes, „minderwertiges" Erbgut begünstigen könne. Daraus ergab sich die Konsequenz, daß man die erbliche Qualität eines Volkes in ähnlicher Weise steuern könne wie bei der Tierzüchtung. Der Mensch konnte also nicht nur Objekt, sondern auch Subjekt der Auslese sein[22]. Damit erschlossen Sozialdarwinisten — zuerst Darwins Vetter Francis Galton (1822—1911), nach ihm eine Schar kleinerer Geister — die Vision einer groß angelegten Menschenzüchtung (Eugenik), die schließlich wesentlicher Bestandteil fast aller späteren Rassentheorien werden sollte. Objekt der Auslese (d. h. der gesteuerten Selektion) konnten nach sozialdarwinistischer Auffassung sowohl Individuen als auch Menschengruppen sein, von denen erstere in vermehrter Zahl sich zu sozialen und — bedingt durch gesellschaftliche Selektionsfaktoren — auch biologischen Eliten ent-

20 Ebd., S. 7.
21 Ebd., S. 9, 10 f.
22 Conrad-Martius, S. 67, 70.

wickeln konnten, letztere aber zu kollektiven Eliten, gewissermaßen zu Zuchtrassen. Damit waren die Grundlagen eines sozialdarwinistischen selektionistischen Rassengedankens gelegt.

Ein Beispiel hierfür boten der bereits zitierte walisische Physiologie-Professor John Berry Haycraft und der sizilianische Soziologe Alfredo Niceforo[23]. Durch eine gründliche und breite Auslese, meinte Haycraft, könne sich eine „Aristokratie von wirklichem inneren Wert und wahrer Vornehmheit" bilden, die sich „... mit jeder Generation mehr und mehr von der großen Masse absondern wird"[24]. Haycrafts selektionistischer Radikalismus, der die Auslese geradezu zum Selbstzweck zu erheben scheint, ließ auch unerwartete Auslesefaktoren zu wissenschaftlicher und politischer Wertschätzung gelangen. So begrüßte Haycraft die Lepra als Menschenfreund, denn sie räume in den Hungerdistrikten der Welt stärker auf als in den Wohlstandsgebieten, in denen sich dann die gesünderen Rassen entwickelten[25]. Die Auslese aber — darin griff er einen Einwand vieler Sozialdarwinisten gegen Darwin auf — stellt keineswegs einen allgemeinen Fortschritt dar, sondern nur eine Anpassung an die Auslesefaktoren. Die Tüchtigsten im Kampf ums Dasein sind nicht immer die Besten, sondern nur die Geeignetsten für die jeweilige Wettbewerbssituation. „Ob diese Passendsten nun eine Aristokratie von wirklich hohem Werte bilden oder nicht, wird ganz von der Art der Bedingungen abhängen, denen sie sich zu fügen haben, kurz es wird auf die Auslese ankommen, welche die Gesellschaft durchführt[26]."

Eine physische und psychische Ungleichheit der Klassen ist nach Auffassung Alfredo Niceforos weniger Resultat bewußter eugenischer, selektorischer Maßnahmen; sie entsteht von selber durch generationenlange unterschiedliche Lebensverhältnisse. Anhand einer umfangreichen Materialsammlung wollte er begründen, daß zwischen Herrschenden und Unterdrückten nicht nur keine ökonomischen und politischen Gemeinsamkeiten bestehen, sondern auch keine anthropologischen. Mit Statistiken und Erhebungen versuchte er nachzuweisen, daß die Unterdrückten in Durchschnittsgröße, Körperbau, Kopfform, intellektueller und psychischer Eigenart, Anfälligkeit gegenüber Krankheiten, sozialer Anpassungsfähigkeit und Tendenz zur Kriminalität

---

23 Im folgenden werden die sozialdarwinistischen Theorien nach systematischen Gesichtspunkten ohne Rücksicht auf die Chronologie ihrer Veröffentlichung dargestellt. — Zu Haycraft vgl. Conrad-Martius, S. 197 ff.

24 Haycraft, S. 156 f.

25 Ebd., S. 62. — Nicht in bezug auf Haycraft, dessen Schriften er nicht mehr erlebte, aber generell sich nicht von den Auswüchsen seiner Theorie distanziert zu haben, ist wahrscheinlich der einzige Vorwurf, der gegen Darwin bezüglich der Rassentheorien erhoben werden kann; vgl. Hannsjoachim Koch: Der Sozialdarwinismus. Seine Genese und sein Einfluß auf das imperialistische Denken, München 1973, S. 66 f.

26 Haycraft, S. 160.

weitaus schlechter abschnitten als die herrschenden Klassen. Die Unähnlichkeit der Klassen in anthropologischer Sicht verschärfe noch den sozialen Konflikt, da Menschen mit zunehmender Unähnlichkeit sich immer stärker abstießen[27]. Armut war für Niceforo gleichbedeutend mit allseitiger Inferiorität. Die materielle Ungleichheit erzeuge sogar verschiedene ethnographische Bevölkerungsgruppen mit jeweils eigenen Kulturen. Die unteren Schichten besäßen ursprünglichere, ältere und teilweise atavistische Kulturrelikte und stellten daher eine zurückgebliebene ethnographische Gruppe dar[28].

Sowohl Haycraft als auch Niceforo gelangten an die Schwelle, die ihren Sozialdarwinismus vom Rassengedanken noch trennte. Wenn Haycraft von Rasse sprach, so meinte er damit die physische Konstitution eines Individuums und in erweiterter Sicht die einer ganzen Gemeinschaft von Individuen, ungeachtet ihrer ethnischen und anthropologischen Zuordnung. Niceforo wiederum behauptete nicht, daß bestimmte rassisch bedingte Erbmerkmale sich anderen als überlegen erweisen und ihre Träger gewissermaßen zum sozialen Aufstieg prädestinieren, noch zog er die Schlußfolgerung, daß die abgeschlossene Klassenzugehörigkeit „Rassen" oder zumindest anthropologisch besondere Wesen schaffe. Nachdem er seine Leser über 500 Seiten im Unklaren darüber ließ, welches nach seiner Ansicht die Ursache der „Inferiorität" der Armen in physischer, psychischer und intellektueller Sicht sei, bekannte er verschämt, daß eine Veränderung der gesellschaftlichen Verhältnisse auch die anthropologischen Unterschiede zwischen den Klassen beseitigen würde[29]. — Sowohl Haycraft als auch Niceforo haben aber die Schwelle zum Rassengedanken in strengem Sinne nicht überschritten.

Eine Weiterentwicklung des selektionistischen und eugenischen Ansatzes von Francis Galton lieferten der bereits erwähnte Alfred Ploetz, sein Landsmann Otto Ammon sowie der Franzose Georges Vacher de Lapouge. Alle drei standen zudem Haeckels Monismus recht nahe, dessen Werke Vacher de Lapouge teilweise ins Französische übertragen hatte[30]. Ploetz machte Galtons Lehre von der Eugenik in Deutschland unter dem Namen „Rassenhygiene" bekannt. Dieser Begriff ist insofern irreführend, als Ploetz keine statische Systemrasse im Sinne der gobinistischen Lehrtradition meinte, sondern — wie wir gesehen haben — eine bloße (relativ homogene) Fortpflanzungsgemeinschaft. Er werde, so schrieb er, das Wort Rasse „... ein-

27 Alfredo Niceforo: Anthropologie des classes pauvres, Paris 1906; deutsch: Anthropologie der nichtbesitzenden Klassen, Leipzig 1910, S. 273. — Niceforo (1876—1960) war Professor für Soziologie in Neapel.

28 Ebd., S. 438.

29 Ebd., S. 510.

30 Über Vacher de Lapouge und einige andere Anthroposoziologen vgl. J. J. Roginski & M. G. Lewin: Der Rassismus und seine sozialen Wurzeln, in: Rassen, Rassen„theorie" und imperialistische Politik, a. a. O., S. 47 ff.

fach als Bezeichnung einer durch Generationen lebenden Gesamtheit von Menschen im Hinblick auf ihre körperlichen und geistigen Eigenschaften brauchen"[31]. Schwerpunkte seiner Untersuchungen lagen nun in der Frage, mit welchen Mitteln man zu einer qualitativen Verbesserung des erbhygienischen Zustandes beitragen und wie man Gefahren einer Verschlechterung begegnen könne. Wie bereits Galton stellte er die Forderung auf, daß man die Tüchtigsten zu stärkerer Vermehrung anhalten und ihr Heiratsalter senken, das der sozial schwachen Klassen dagegen heben sollte[32].

Man erkennt an dieser unbekümmerten Gleichsetzung von „Tüchtigkeit" und sozialer Position die naive kalvinistische Apologetik eines Manchester-Kapitalismus, der die soziale Ungerechtigkeit und Klassenbildung gleichsam in einer säkularisierten Prädestinationslehre als naturnotwendige Folgen physischer und intellektueller Konstitution deutete. Folgerichtig lehnten konsequente Sozialdarwinisten alle Formen des Wohlfahrtsstaates ab, weil sie nur eine willkürliche Störung der natürlichen Auslese der Tüchtigsten und die natürliche Ausmerze der Untüchtigsten bewirke. Wie stark hier die darwinistische Gesellschaftslehre ein Abbild des ungehemmten Kapitalismus war, zeigt auch ein recht offenherziges Zitat von Ploetz: „Die Systeme des reinen Manchesterthums und theilweise die mehr oder weniger verwandten Systeme der resignirten Concurrenzwirthschaft kommen mit dem Princip der natürlichen Zuchtwahl wenig in Conflict" — wohl aber alle Formen sozialistischer Gesellschaftsordnung, die sich nach seiner Überzeugung nonselektorisch und damit für die Erbhygiene schädlich auswirken[33].

Aufbauend auf Vorarbeiten anderer Sozialdarwinisten und aufgrund eigener umfangreicher Erhebungen stellten Vacher de Lapouge und Otto Ammon die ihrer Ansicht nach entscheidenden Prinzipien auf, nach denen die folgenden Auslesefaktoren bestimmte anthropologische Typen besonders begünstigen oder benachteiligen: (1) Erziehungssystem, (2) Klima, (3) Vermischung, d. h. unterschiedliche Prägekraft von Erbfaktoren, (4) natürliche Auslese (z. B. durch Krankheit), (5) militärische Auslese (Rekrutierung der Kräftigsten, die dann in Kriegen am meisten dezimiert werden), (6) politische Auslese (Verkörperung bestimmter Rassenmerkmale in politischen Parteien), (7) religiöse Auslese (Auswirkung des Zölibats auf die Vererbung

31 Alfred Ploetz: Die Tüchtigkeit unserer Rasse und der Schutz der Schwachen, Berlin 1895, S. 2. — Der Gebrauch der Begriffe Eugenik und Rassenhygiene war in Deutschland schwankend; vielfach wurden sie als Synonyma verwendet. Im allgemeinen bezeichnete Eugenik stärker eine Politik der Rassenzüchtung, während Rassenhygiene — ungeachtet des irreführenden Namens — mehr die Politik zur Förderung der Erbgesundheit war. Im angelsächsischen Raum war der Begriff Rassenhygiene unbekannt und wurde durch eugenics wiedergegeben.

32 Francis Galton: Hereditary Genius. Its Laws and Consequences, London 1869; deutsch: Genie und Vererbung, Leipzig 1910, S. 374 ff.; Ploetz: Tüchtigkeit, S. 236.

33 Ploetz: Tüchtigkeit, S. 197, 208 ff.

von Rassenmerkmalen), (8) moralische Auslese (Rasse und Kriminalität), (9) gesetzliche Auslese (durch Begünstigung bestimmter Bevölkerungsgruppen in der Gesetzgebung), (10) ökonomische Auslese[34]. Durch die Wirkung dieser Faktoren von Anpassung und Auslese vollziehe sich ein „Zuchtprozeß" in bezug auf die „rassische Substanz" und verändere den Charakter ganzer Völker.

Recht inkonsequent interpretierte Otto Ammon die vermeintlichen Selektionsgesetze. Im Gegensatz zu seinem eigenen darwinistischen Ansatz befürwortete er eine Gesellschaftsordnung, die sogar ausgesprochen nonselektorisch war. So bezeichnete er die Bildung von Ständen als Ansporn des sozialen Wettbewerbs[35], obwohl doch diese gerade durch Zementierung ungleicher Ausgangschancen den Wettbewerb einschränken. Das verbale Bekenntnis zum Darwinismus verbarg hierbei das Anliegen, ständische Ungleichheiten mit einer „moderner" anmutenden Rassenlehre, als sie der Gobinismus darstellte, zu verteidigen, wobei die daraus resultierenden theoretischen Unstimmigkeiten unbekümmert übergangen wurden[36]. In einem ähnlichen Widerspruch zu seinem darwinistischen Ansatz stand seine Erwartung, daß Ständebildung und Klassengesellschaft eine „Panmixie" (d. h. eine auf bloßer Neigung beruhende, nicht sozial determinierte Gattenwahl) verhinderten und somit „züchterisch" wirkten[37]. Konsequentere Darwinisten befürworteten gerade die Panmixie, um durch eine totale Wettbewerbssituation auch im sexuellen Bereich eine Überlagerung erbhygienischer, gesundheitspolitischer Maßstäbe durch soziale Interessen und Rücksichten zu unterbinden.

Folgerichtiger urteilte hier Alexander Tille (1866—1912)[38], Funktionär großindustrieller Verbände und zeitweiliger Syndikus der Handelskammer von Saarbrücken. In seiner anonym herausgegebenen Schrift „Volksdienst" plädierte er für die Abschaffung aller nominellen und faktischen Privilegien wie Erbadel und Erbrecht auf Eigentum an Produktionsmitteln, um eine durch soziale Ungleichheiten möglichst wenig verfälschte allseitige gesellschaftliche Konkurrenz sicherzustellen. Von ihr erwartete Tille die Entstehung neuer Eliten, die ihre Stellung aber weder vererben noch übertragen dürften. Diese personell sich ständig neu zusammensetzenden Führungsschichten würden die — auch biologisch — Tüchtigsten darstellen und zu einer allgemeinen „Artaufbesserung" im Sinne züchterischer Ausleseverfah-

---

34 Georges Vacher de Lapouge: Les sélections sociales. Cours libre de science politique professé à l'université de Montpellier (1888—1889), Paris 1896, S. 101 ff. — Vgl. Otto Ammon: Die Gesellschaftsordnung und ihre natürlichen Grundlagen, Jena (1. Aufl. 1895) 1900, S. 35 ff.

35 Ammon, S. 94 ff.

36 Vgl. S. 102 f. und 165 f.

37 Ammon, S. 66.

38 Zur Person Tilles vgl. Conrad-Martius, S. 214 ff.

ren führen[39]. Es versteht sich, daß Tille mit dieser radikalen Position den Boden der bürgerlichen Gesellschaft verließ und mit seiner gleichermaßen egalitären wie anti-egalitären Rassenlehre auch den zeitgenössischen Kapitalismus in Frage stellte. Wir werden hierauf an anderer Stelle zurückkommen[40].

Es wäre ein Irrtum, allen sozialdarwinistischen Gesellschaftskonzeptionen ausnahmslos die Absicht zu unterstellen, soziale Ungerechtigkeiten, Klassen- und dadurch „Rassen"-Bildung zu rechtfertigen. Es gab auch Werke mit durchaus diskutablen Ansätzen zur Volksmedizin und Erbhygiene. Vor allem in den Vereinigten Staaten setzten sich Organisationen wie die „Eugenic Research Association", die „Galton Society", die „American Eugenic Society" und die „American Genetic Association" für die Erforschung und Verhütung von Erbkrankheiten sowie für die Bekämpfung von Erbschäden durch Alkoholismus, Syphilis und andere Krankheiten ein. Allerdings traten auch einige dieser Vereine für eine strikte Rassentrennung ein[41]. Manche Eugeniker indessen distanzierten sich ausdrücklich von rassenideologischen Interpretationen ihrer Theorie. Der Deutsche Wilhelm Schallmayer bewertete sogar die Blutmischung von Personen verschiedener rassischer Herkunft sehr positiv und wies dabei auf die Konstitution und durchschnittliche Körperlänge der Amerikaner hin[42]. Freilich vertrat auch Schallmayer die Idee von der angeblichen biologischen Notwendigkeit von Klassen und sozialer Schichtenbildung. Auch Schallmayer wollte durch eine gezielte Sozialpolitik den Kinderreichtum in den Unterschichten reduzieren und in den Oberschichten, als Hort des angeblich höheren Erbgutes, fördern. Als Vorbild und Ideal sah er das zeitgenössische China an, in dem Kinderreichtum ein Privileg der Reichen und damit der vermeintlich Tüchtigeren sei[43]. Scharf verurteilte er jedoch die Rassenlehren Gobineaus und der sogenannten Anthroposoziologen Ammon und Vacher de Lapouge, die sich, wie er treffend feststellte, zwar auf Darwin beriefen, jedoch Gobineau viel näher stünden. Die Versuche, in der Theorie besonders qualifizierte Rassen zu konstruieren, bezeichnete er als unwissenschaftlich und meinte, daß man bei der Lektüre vieler Rassentheorien tief in Blut wate[44].

Tatsächlich enthielten viele Varianten von Eugenik und Rassenhygiene,

---

39 [Alexander Tille:] Volksdienst. Von einem Sozialaristokraten, Berlin—Leipzig 1893, S. 112, 64, 115.

40 Vgl. S. 179 f.

41 Resultat dieser Erbhygiene war das rassenhygienische Standardwerk von Paul Popenoe & Roswell H. Johnson: Applied Eugenics, 2 Bde., New York 1918.

42 Wilhelm Schallmayer: Vererbung und Auslese. Grundriß der Gesellschaftsbiologie und der Lehre vom Rassendienst, Jena (1. Aufl. 1904) 1918, S. 251. — Zur Person Schallmayers s. Conrad-Martius, S. 74 ff.

43 Schallmayer, S. 282 ff.

44 Ebd., S. 269 f., 381.

obwohl keinesfalls notwendigerweise rassenideologisch ausgerichtet, eindeutige rassistische Aussagen — besonders dann, wenn sie die vermeintliche Ungleichheit der Menschenrassen nicht aus dem Darwinismus ableiteten, sondern sie einfach als naturgegeben voraussetzten. Bereits Francis Galton behauptete, daß Neger intellektuell innerhalb des Durchschnitts der Weißen stünden[45]. Das hohe Kulturniveau des antiken Athen erklärte er mit dessen Einwanderungspolitik und seinem sozialen Auslesesystem, durch das eine hochwertige Rasse herangezüchtet worden sei. Das gesamte alte Hellenentum sei nur durch Vermischung mit minderwertigen Rassen zugrunde gegangen[46]. Otto Ammon ließ zwar offen, ob neue Arten durch sozialen Wettbewerb entstehen könnten und bezeichnete die Abstammungslehre als für seine sozialdarwinistische Gesellschaftstheorie bedeutungslos[47]. Aber seine Äußerungen darüber, daß bestimmte Gesellschaftskonstellationen die „höherwertigen" Bevölkerungsteile benachteiligten — so die Deutschen gegenüber slawischen Wanderarbeitern in Ostpreußen und Österreich oder die Weißen gegenüber chinesischen Kulis in Kalifornien — weisen deutliche rassistische Elemente in seiner Theorie auf[48].

Auch Alfred Ploetz, der „Rasse" als bloße Fortpflanzungsgemeinschaft definiert hatte, unterstrich die Überlegenheit der „Westarier", worunter er die germanischen und romanischen Völker verstand. Die Germanen, so räsonnierte er, besäßen die besten Schädelgrößen und hätten auch die höchste Kulturstufe entwickelt. Der Arier insgesamt verhalte sich zum Neger wie dieser zum Gorilla[49]. Alexander Tille gelangte so von einem sozialdarwinistischen Ansatz zu einer vollständigen Rassentheorie. Die mittelländische (d. i. weiße) Rasse habe eine bessere Gehirnentwicklung als alle übrigen und werde mit Ausnahme der mongolischen Konkurrenten alle anderen überflügeln. Wenn die Deutschen das von ihm empfohlene System des „Sozialaristokratismus" übernähmen, würden sie den übrigen Völkern der Erde überlegen sein und die Welt erobern und beherrschen. Ausdrücklich bejahte Tille das Recht der stärkeren Rasse, die schwächeren zu vernichten[50].

Vacher de Lapouges Verhältnis zum Darwinismus wurde bereits kurz gestreift. Eigentlich war er nur im Hinblick auf das Phänomen des Selektionismus Darwinist und stand im übrigen Gobineau wesentlich näher. Er war überzeugt von der rassischen Überlegenheit der blonden Langschädel gegenüber allen übrigen Varietäten und versuchte mit empirischen Methoden, die Auslese oder Ausmerze der Arier durch verschiedene selektorische oder kontraselektorische Faktoren zu verfolgen und ihre sozialen und geogra-

45 Galton, S. 361 f.
46 Ebd., S. 346 f.
47 Ammon, S. 4.
48 Ebd., S. 12.
49 Ploetz: Tüchtigkeit, S. 130 ff.; vgl. Conrad-Martius, S. 131 f.
50 Conrad-Martius, S. 270 f., 268.

phischen Wanderungen zu beschreiben. Teilweise unter Berufung auf ähnliche Arbeiten von Ammon formulierte er elf sogenannte Grundgesetze der Anthroposoziologie, von denen wir hier die wesentlichsten nennen wollen: (1) In Ländern mit heterogener Mischbevölkerung verhält sich der Wohlstand im umgekehrten Verhältnis zum Schädelindex, d. h. die dolichozephalen (langschädeligen) Bevölkerungselemente sind im Durchschnitt wohlhabender als die brachyzephalen. (4) Der Schädelindex ist in den Städten im Durchschnitt niedriger (d. h. langschädeliger) als in der Landbevölkerung der Umgebung. (5) Bei Emigrationsbewegungen innerhalb einer Bevölkerung sind die langschädeligen Elemente auswanderungswilliger, die rundschädeligen seßhafter. (8) Das Landleben vollzieht eine Auslese dergestalt, daß die dolichozephalen Elemente stärker in die Städte drängen, die brachezephalen mehr auf dem Lande bleiben. (9) In der sozialen Schichtung nimmt die Zahl der Langschädel nach oben hin zu. (11) Seit prähistorischen Zeiten befinden sich die dolichozephalen Bevölkerungselemente überall in der Welt auf dem Rückzug, was — da Vacher de Lapouge sie für die höherwertigen hielt — für ihn eine fortschreitende „Entwertung" der Menschheit bedeutete[51].

Vacher de Lapouge leitete die Existenz von Rassen aber nicht aus darwinistischen Prinzipien ab. Lang- und Rundschädel, Weiße und Farbige waren für ihn als historische Größen naturgegeben und nicht weiter erklärbar. Gelegentlich ließ er durchblicken, daß er die Arier für das Resultat einer anthropologischen Sonderentwicklung hielt, was einen hier an seinen Lehrmeister Haeckel erinnert. In den meisten seiner Schriften jedoch ging er von der Faktizität der unterschiedlichen Rassen aus. Andererseits sah er das darwinistische Prinzip der permanenten Auslese als konstitutiven Hauptmotor für die Entwicklung der Völker an. Durch die Auslese unterliege ein Volk ständigen Wandlungen und könne sich innerhalb weniger Generationen ohne Einwirkungen von außen und Beimischung fremder Völker allein durch die Begünstigung des einen Bevölkerungsteiles auf Kosten des anderen verändern: „C'est la sélection qui, modifiant sans cesse la composition des peuples, fait émerger des couches nouvelles et prépare au sein des masses mêmes les phénomènes déterminant de la vie et de la mort, de la croissance et du déclin des nations[52]."

Vacher de Lapouge berief sich auf darwinistische Prinzipien, um das Vordringen oder den Rückgang bestimmter Rassenelemente in Bevölkerungsgruppen und ihre Verteilung auf soziale Schichten zu verfolgen. Aber die Ursache ihrer Entstehung unterstellte er nicht mehr diesen Prinzipien, denn für ihn waren unterschiedliche Rassen einfach da. Auch die Überlegenheit der Langschädel gegenüber den Rundschädeln stand für ihn fest, was darauf

51 Vacher de Lapouge: Race et milieu, S. 169. Näheres über die Anthroposoziologie s. S. 115 f.
52 Vacher de Lapouge: Sélections, S. 61.

hindeutet, daß er offensichtlich von konstanten Rassenmerkmalen ausging. Wir erkennen hier, daß in seiner Theorie starke gobinistische Einflüsse nicht zu übersehen sind, ohne daß sich Vacher de Lapouge der hierbei zwangsläufig sich ergebenden inneren Widersprüche bewußt war. Die Schwierigkeiten des Sozialdarwinismus, Rasse einerseits als konstant zu verstehen, andererseits sie dem permanenten Gesetz des Wandels durch Selektion, Anpassung und Kampf ums Dasein zu unterstellen, haben zu einem rassentheoretischen Synkretismus geführt, den wir im nächsten Kapitel am Beispiel einiger Rassenideologen näher untersuchen werden.

Zusammenfassend kann gesagt werden, daß in den Theorien der Sozialdarwinisten Galton, Haycraft, Ploetz, Tille und Vacher de Lapouge der Rassengedanke nicht eigentlich eine konsequente Schlußfolgerung des darwinistischen Ansatzes war, sondern nur zusätzliche ideologische Beigabe. Aus der Konzeption der eugenischen Artverbesserung folgte nicht mit Notwendigkeit der Gedanke an die Heranzüchtung besonders edler und qualifizierter Rassen. Wohl aber ließ die Eugenik eine rassenideologische Interpretation gesellschaftlicher Vorgänge zu und vermittelte nach Ansicht ihrer Vertreter die Verbindung von Theorie und politischer Praxis.

Einer der frühen Darwinisten, die Staat und Gesellschaft als Zuchtprozeß deuteten, war Ludwig Gumplowicz (1838—1909). Aus polnisch-jüdischer Familie stammend, hatte er sich lange als bürgerlicher Nationalist in der Donaumonarchie politisch betätigt und vor allem den polnischen Adel bekämpft. Später setzte er sich in Innsbruck als Wissenschaftler nieder. In seinen beiden Schriften „Rasse und Staat" (1875) und „Der Rassenkampf" (1883)[53] entwarf er die Theorie von der Entstehung des Staates durch Rassengegensätze. Wir können hierbei die Tatsache übergehen, daß Gumplowicz Anhänger der sogenannten polygenetischen Anthropogenese war und somit die Auffassung vertrat, daß die Menschenrassen auf entwicklungsgeschichtliche Differenzierungen zurückzuführen seien, die bereits vor der Menschwerdung abgeschlossen waren[54]. Diese These ist für seine eigentliche Theorie bedeutungslos, und nähere Ausführungen über die polygenetisch entstandenen anthropologischen Rassen tauchen in seinen zentralen Gedankengängen nicht auf. Sein Gebrauch vom Begriff Rasse war nicht einheitlich. Während er ihn im „Rassenkampf" mehr als biologischen Gattungsbegriff verwendete, bekannte er in „Rasse und Staat", daß er darunter keine anthropologische, sondern eine ethisch-soziale Größe verstehe[55].

Die Rolle der Rasse als gesellschaftliches Phänomen war für Gumplowicz erst durch die Unterwerfung und Unterdrückung eines Stammes durch den

53 Beide Schriften sind vereinigt in Ludwig Gumplowicz: Ausgewählte Werke, Br. III, Innsbruck 1928.

54 Ebd., S. 60 ff.

55 Ebd., S. 194; vgl. Holler, S. 86 f.

anderen gegeben. Die Eroberer bilden nach seiner Lehre innerhalb der unterworfenen Völkerschaft die Herrenschicht und prägen — ähnlich wie bei Gobineau — das soziale Schichtungsgefüge durch die Bildung einer von ihnen entwickelten Kultur. Diese Herrenschicht bedürfe zur Festigung ihrer Machtstellung eines besonderen Instrumentes: des Staates. Nicht durch einen Gesellschaftsvertrag, nicht aus Familien oder Sippen sei der Staat entstanden, sondern aus der Unterwerfung fremder Völker und den hieraus hervorgehenden (sozialen) Rassengegensätzen. Diese Theorie besagt somit nichts anderes, als daß Krieg und Gewalt unmittelbare Eigenheiten der (bürgerlichen) Gesellschaft seien[56]. Gumplowicz verstieg sich sogar zu der Feststellung: „Ohne Rasse gibt es keinen Staat und keine staatliche Entwicklung[57]."

Nach dieser Lehre wiederholen sich Eroberung und Unterwerfung ständig und bestimmen wie ein Naturgesetz immer von neuem die Völkerschicksale. Alle Geschichte war bislang nur ein großer Krieg, dessen Zweck es war, sich „... des Feindes als Mittels zur Befriedigung eigener Bedürfnisse zu bedienen". Der Staat aber sei das hierzu erforderliche Herrschaftsinstrument und zugleich die Form, in der die Völker Geschichte machten[58]. Die Rassengegensätze können sich aber auch durch lang anhaltende soziale Umschichtungsprozesse verwischen. Durch einen Vorgang, den Gumplowicz „Syngenese" nannte, kann eine Bevölkerung eine gewisse Einheitlichkeit erlangen und die bestehenden Rassengegensätze zum Verschwinden bringen. Dadurch verbinden sich Rassen zu Nationen und schaffen die Voraussetzung für Nationalkulturen, die vorher ausschließlich auf die Herrenschicht beschränkt waren. Der Staat verliert aber somit weitgehend seine Funktionen als Mittel zur Erhaltung von Herrschaft und erschlafft. Zugleich setzt ein physischer Niedergang ein und macht die Bevölkerung reif für die erneute Unterwerfung durch fremde Eroberervölker[59]. Es besteht kein Zweifel, daß nach Gumplowiczs Überzeugung die meisten zeitgenössischen Staaten Europas diesen Zustand erreicht hatten und daß auch sie eines Tages in neuen „Rassenkriegen" untergehen würden. Denn der „Rassenkampf um Herrschaft in allen seinen Formen, in den offenen und gewalttätigen wie in den latenten und friedlichen, ist daher das eigentlich treibende Prinzip und die bewegende Kraft in der Geschichte"[60].

Wir entdecken bei Gumplowicz eine der gobinistischen keineswegs unähnliche Gesellschaftstheorie, und es ist auch nicht verwunderlich, daß er sich allen unterschiedlichen Ausgangspunkten zum Trotz des öfteren auf den

---

56 Holler, S. 79.
57 Gumplowicz, S. 355, 367, (Zitat) 375.
58 Ebd., S. 177, (Zitat) 179 f., 183.
59 Ebd., S. 242, 392.
60 Ebd., S. 219.

französischen Rassenpropheten berief. Gleichwohl war der zentrale Begriff der Rasse ein von Gobineau völlig verschiedener. Rassen waren für ihn Zuchtprodukte und somit veränderliche Größen. Selbst wenn sie sich homogen erhielten, konnte sich ihre erbbiologische Qualität doch ändern, während sie nach Gobineau unveränderlich, geradezu ahistorisch war und nur durch den Faktor der Vermischung Wandlungen erfahren konnte.

Als ein durch komplizierte Zuchtprozesse, durch Vermischung und Inzucht entstandenes Resultat bezeichnete auch der bayerische Arzt Albert Reibmayr die Rasse. Sein Werk fand nur geringe Beachtung, aber es soll uns an dieser Stelle wegen seiner für den Rassendarwinismus charakteristischen Gedankenführung interessieren. Ursprünglich waren nach Reibmayr alle Völker und Stämme mit dem Prinzip strengster Inzucht in die Arena der Geschichte getreten. Vermischungen zwischen einzelnen Gruppen mögen in geringem Maße zwar vorgekommen sein, jedoch in erbbiologisch bedeutungsloser Zahl. Durch unterschiedliche Umweltverhältnisse und durch die Konkurrenzsituation des Kampfes ums Dasein haben sich aber unterschiedliche physische Konstitutionen ebenso wie die dazugehörigen psychisch-charakterlichen Eigenarten herausgebildet und durch generationenlange Inzucht weiter vertieft. In diesen Prozeß bezog Reibmayr auch den geistig-kulturellen Überbau wie rassenspezifisches Denkvermögen, Sprache und Religion mit ein[61]. Durch die blutsmäßige Abkapselung einer Bevölkerung entstand eine gewisse Homogenität und somit eine „Rasse". Man sieht, daß sich dieser Begriff von Rasse kaum mehr von dem der Nation oder des Volkes trennen ließ. Mit dieser faktischen Gleichsetzung vor Augen konnte Reibmayr daher mit Recht konstatieren: „Wir können also den Nationalcharakter [!] als die Resultierende der gezüchteten Charaktereigenschaften eines Volkes auffassen oder, modern ausgedrückt, als ein aus vielen Momentaufnahmen sich zusammensetzendes Bild[62]."

Aus der Vermischung mehrerer Rassen konnte nach Reibmayr eine neue Rasse entstehen, vorausgesetzt daß sie nach dem Verschmelzungsprozeß eine viele Generationen währende Inzuchtphase durchlaufe. Italien habe hierfür nach der Völkerwanderung etwa 1000 Jahre benötigt[63]. Entscheidend für die politische und kulturelle Blüte eines Volkes sei aber die Existenz einer Oberschicht, in der sich durch extreme Inzucht die spezifischen Rasseneigenschaften eines Volkes potenzieren und durch soziale Barrieren wie Kasten, Stände und Klassen rein erhalten[64]. Reibmayr zeigte sich hier wie die meisten Rassenideologen als Verfechter einer scharfen sozialen Differenzierung und damit als Apologet der Klassenherrschaft. „Der Hauptzweck und Nut-

61 Albert Reibmayr: Inzucht und Vermischung beim Menschen, Leipzig—Wien 1897, S. 13 f., 19, 28 f.
62 Ebd., S. 37.
63 Ebd., S. 67.
64 Ebd., S. 77 ff.

zen der führenden Kaste ist die Arbeitsteilung auf dem geistigen Gebiete und die dadurch allein ermöglichte Ausbildung der geistigen Charaktere jedes Inzuchtvolkes[65]."

Als konsequenter Verfechter des darwinistischen Zuchtgedankens vertrat Reibmayr die Ansicht, daß Inzucht und Rassenreinheit jedoch keine Werte an sich darstellen, sondern im Gegenteil auch zur Degeneration führen können. Zwar hänge jede Kulturblüte eines Volkes von seinem Inzuchtzustand und noch mehr von dem seiner Herrenschicht ab. Aber ein Übermaß an Inzucht könne Kulturvölker auch zugrunde richten. „Das Wesen des Culturfortschritts der Menschheit beruht daher in seiner Hauptursache auf dem regelmäßigen Wechsel von Inzucht und Vermischung der einzelnen Völker und Rassen[66]." Reibmayr und Gumplowicz hielten somit stark an der Kongruenz von rassischer und sozialer Differenzierung fest. Die Oberschicht stellte entweder ein rassisch andersartiges, überlegenes Bevölkerungselement dar (Gumplowicz) oder aber ein besonders edles Zuchtprodukt (Reibmayr). Das Bild von der fremdrassigen Unterwerfung oder die skurrile Theorie von Inzucht und Vermischung enthalten jedoch in versteckter Form noch etwas, was schließlich offen und konsequent Chamberlain vertreten hat: die faktische Identität von Rasse und Nation.

Houston Stewart Chamberlain (1855—1927), von Geburt Engländer, ließ sich als junger Mann in Deutschland nieder, wurde Deutscher und schließlich Schwiegersohn Richard Wagners. Chamberlain, den Alfred Rosenberg einmal mit Leibniz und Goethe auf eine Stufe stellte, hat mit seinem Erfolgswerk „Die Grundlagen des 19. Jahrhunderts" (1899) zwar kaum eigene und originelle Gedanken entwickelt und vorgetragen, sondern nur vorhandene, schon formulierte Ansätze in einem eklektizistischen System zusammengefaßt und mit leichter Feder niedergeschrieben. In seiner simplifizierenden Weise aber paßte er den sozialdarwinistischen Rassengedanken dem herrschenden deutschen Chauvinismus, der verbreiteten Apologie imperialistischer „Realpolitik", den zunehmenden antisemitischen Tendenzen und der aktuellen und weit verbreiteten Lebensphilosophie an und schuf somit die literarischen Voraussetzungen für das Vordringen des Rassengedankens in weiteste Kreise des deutschen Bürgertums[67].

Als konsequenter Anhänger Darwins wies Chamberlain jede Berufung auf Gobineau zurück, den er nur in unwesentlichen Fragen gelten ließ. Ebenso lehnte er auch dessen Begriff von der Urrasse als abstruse Phantasie ab und erklärte die Rasse zum bloßen Resultat eines biologischen Zuchtprozesses. Gegen die ehemals „reinen" Rassen der Gobinisten führte er sogar einige treffende Argumente ins Feld, die zu den wenigen Geistesblitzen seines

65 Ebd., S. 88.
66 Ebd., S. 128 f.
67 Vgl. Lukács, S. 553 ff.

Œuvre zählen. Rasse im anthropologischen Sinne sei nur eine hypothetische Wesenheit, deren Existenz für kein Zeitalter nachgewiesen werden könne: „‚Il n'y a plus de races pures!'; aber wer beweist, daß es in diesem apriorischen Sinne anthropologischer Voraussetzungen jemals welche gab? Reine Tierrassen werden nur durch Züchtung und mit Zugrundelegung von Blutmischungen erzielt; warum sollte beim Menschen das Umgekehrte gelten[68]?" Chamberlain verspottete alle Rassentheoretiker, die ihren Grundbegriff auf eine bloß angenommene prähistorische Wesenheit stützten. „Anstatt das Gegebene, das Erforschbare so nun zu nehmen, wie es ist, und uns mit der Erkenntnis der nächsten, nachweisbaren Bedingungen zu begnügen, glauben wir immer wieder von möglichst weit zurückliegenden, gänzlich hypothetischen Ursachen und Annahmen ausgehen zu müssen, denen wir das Gegenwärtige, Zweifellose ohne Scheu opfern[69]." Rasse war für Chamberlain ein historisch gewordenes Phänomen, das durch die Vereinigung von verschiedenen Erbfaktoren entstand und durch politische, soziale oder auch geographische Barrieren zu einer Art Inzucht großen Stils angehalten und dadurch konserviert wurde. Mit einem Wort: Rasse war für Chamberlain weitgehend identisch mit Nation, so daß er von deutscher, englischer oder französischer Rasse sprechen konnte[70].

Eine sozialdarwinistische Auffassung von der Nation als Vererbungsgemeinschaft mußte indessen keineswegs zwingend zu einer umfassenden Rassentheorie führen. Chamberlain entwickelte indessen eine solche mit der Annahme, daß bestimmte Kombinationen von Erbfaktoren durch eine über viele Generationen wirkende Zuchtwahl eine gewisse Homogenität sowie eine begrenzte Invarianz der dadurch erzeugten Großgruppen verursachen und damit besonders fähige und edle Vererbungs- und Fortpflanzungsgemeinschaften erzeugen können. Nun sind für Chamberlain solche Kombinationen von Erbfaktoren, die besonders gelungene Rassen begründen, äußerst selten. Völker, die durch eine derartige glückliche Konstellation von Erbanlagen ausgezeichnet seien, übertreffen daher in vielfacher Weise alle anderen. Innerhalb der Spezies Mensch sind für Chamberlain die Germanen und die von ihnen abstammenden Nationalrassen derartige gelungene Produkte der Natur, die allen übrigen Völkern, insbesondere den farbigen, an Intelligenz, politischer und kultureller Begabung überlegen seien[71]. Den einzigen kongenialen Konkurrenten für sie sah Chamberlain — wie übrigens auch Vacher de Lapouge — in den Juden, die den Germanen zwar an Begabung nachstünden, aber wegen ihrer unbestreitbaren Tüchtigkeit eine

---

68 Houston Stewart Chamberlain: Die Grundlagen des neunzehnten Jahrhunderts, 2 Bde., München (1. Aufl. 1899) 1938, S. 289 (Paginierung nach der großen Gesamtausgabe).
69 Ebd., S. 291.
70 Ebd., S. 274, 278 ff.
71 Ebd., S. 289.

Bedrohung darstellten. An diesen Gedankengang schloß sich nun der berüchtigte Antisemitismus Chamberlains, der durch die hohen Auflagen seines Machwerks weiteste Verbreitung fand. Chamberlain sah die germanischen Nationalrassen vor allem dadurch gefährdet, daß sie — anders als das Judentum — keine ihrer Rasse gemäße Religion besäßen. Anstelle des von Chamberlain als jüdisches Relikt verachteten Christentums wollte er durch eine Verschmelzung zeitgenössischer Kulturströmungen nach dem Vorbild des Wagner-Kults eine neue Weltanschauung begründen.

Da Rasse und Nation für Chamberlain weitgehend identisch waren, andererseits nahezu sämtliche Völker aus sehr heterogenen Bevölkerungsteilen zusammengesetzt sind, konnten bei ihrer anthropologischen Bestimmung theoretische Schwierigkeiten auftauchen. Chamberlain wich ihnen aus, indem er sie einfach ausklammerte und zum Hauptmerkmal einer Zuchtrasse das entsprechende *Rassenbewußtsein* erklärte. Nicht Schädelform, Hautfarbe und Statur entscheiden für ihn die Zugehörigkeit zur deutschen, französischen oder englischen Rasse, sondern das subjektive Gefühl der Rassenzugehörigkeit. „Unmittelbar überzeugend wie nichts anderes ist der Besitz von *Rasse* im eigenen Bewußtsein. (...) Rasse hebt einen Menschen über sich selbst hinaus, sie verleiht ihm außerordentliche, fast möchte ich sagen, übernatürliche Fähigkeiten ...[72]." Damit aber verließ Chamberlain bereits den Boden des meist naturwissenschaftlich ausgerichteten Rassendarwinismus und griff zur Lebensphilosophie, ja zum Obskurantismus, der schließlich in einen Rassenmystizismus einmünden sollte.

Zu Richard Wagner stand Chamberlain — als dessen Schwiegersohn — auch in einem engen ideologischen Verhältnis, das über die familiären Bande weit hinausging. Wagner wiederum war ein Freund und Verehrer Gobineaus. Aufgrund dieser biographischen Fakten haben Historiker des öfteren eine kontinuierliche ideologische Linie von Gobineau zu Chamberlain ziehen zu können gemeint und diesen gewissermaßen über die Vermittlung Wagners zum geistigen Erben und Vollender des gobinistischen Rassengedankens erhoben[73]. Wer indessen die Rassentheorien in ihrer Entstehungsgeschichte und in ihrer politischen Funktion begriffen hat, wird nicht zum Ergebnis gelangen, daß derart unterschiedliche, geradezu entgegengesetzte und nur durch einen verschwommenen Germanenmythos einander berührende Theorien voneinander inhaltlich abhängig sind. Chamberlain hat in seinen „Grundlagen" wiederholt den gobinistischen Rassenbegriff karikiert und ihn als unbrauchbar zurückgewiesen. In einem Brief an den „Mercure de France" vom Februar 1904 stellte Chamberlain gegenüber ähnlichen von Zeitgenossen geäußerten Vermutungen fest, daß er nicht unter dem Einfluß Gobineaus stehe[74]. Diese Feststellung wollen wir nicht bloß als persönliches

72 Ebd., S. 271 f.
73 So vor allem Biddiss, S. 257; Richter, S. 35; Streidl, S. 31.
74 Streidl, a. a. O.

Bekenntnis werten, sondern vor allem deswegen anerkennen, weil es vollkommen glaubwürdig ist. Der sozialdarwinistische Rassenbegriff ist dort, wo er konsequent durchgearbeitet wurde wie bei Chamberlain, mit dem gobinistischen unvereinbar, was nicht ausschließt, daß es vor allem nach der Jahrhundertwende in sich recht widerspruchsvolle Synkretismen und Eklektizismen gab. Wir werden zu diesem Zweck die wesentlichen Kriterien des Rassendarwinismus unter den gleichen Gesichtspunkten wie bei Gobineau herausarbeiten und dann die unüberbrückbaren Unterschiede beider ideologischen Ansätze leicht erkennen.

Zunächst einmal ging der Rassendarwinismus keineswegs von *konstanten* Rassen aus, die — wie bei Gobineau — über Jahrtausende unverändert ihr Erbgut bewahrten, sofern sie es nicht durch Vermischung verloren, sondern von *variablen* Gruppen, die selbst bei sozialer und demographischer Abgeschlossenheit und Inzucht ständig neue Varianten bildeten. Rasse war kein statisches Ordnungsprinzip, sondern ein dynamisches[75]. Bei Gobineau bedeutete sie den ins Biologische übertragenen (Geburts-)Stand, während sie bei den Sozialdarwinisten entsprechend die (bürgerliche) Klasse bezeichnete, die das Individuum zumindest formalrechtlich durch gesellschaftliche Wettbewerbsleistungen wechseln kann. Dem entsprechend kann auch die sozialdarwinistisch konzipierte Rasse durch züchterische Auslesefaktoren oder durch Degeneration auf- oder absteigen. Zumindest für die konsequenten Selektionisten gab es daher keine apriorische Ungleichheit der Menschenrassen, da Konkurrenzkampf ums Dasein und Auslese ständig neue Wettbewerbssituationen und somit neue Selektionsresultate schaffen. Selbst Vacher de Lapouge, der in seiner sehr widerspruchsvollen Synthese von Gobinismus und Darwinismus von der Faktizität arischer Überlegenheit überzeugt war, räumte ein, daß farbige Rassen binnen weniger Generationen die Arier übertreffen könnten. Allein Haeckels Theorie von der evolutionsgeschichtlich bedingten Ungleichheit der Menschenrassen ging von einem nach weitgehend abgeschlossener Entstehungsgeschichte statisch gewordenen Rassenbegriff aus und näherte sich hierin wieder Gobineau.

Wir konnten im Gefolge des Darwinismus mehrere Ansätze zur Bildung eines Rassenbegriffs beobachten: über den evolutionsgeschichtlichen zum selektionistischen Ansatz, von der Inzucht über die Vermischung zur gezielten Züchtung, die beides in sich vereinigt. Eine einheitliche Basis für alle Spielarten des Rassendarwinismus läßt sich nur schwer finden. Wohl aber hat der dynamische Rassenbegriff der Selektionisten grundlegend das Ver-

75 Holler (a. a. O., S. 107 f.) charakterisiert den Sozialdarwinismus als *statisch,* da er eine evolutionäre Sozialgeschichte leugne. Diese Kennzeichnung ist irreführend, da der sozialdarwinistische Rassenbegriff variabel und somit dynamisch, der gobinistische hingegen konstant und daher statisch ist. Im Hinblick auf das geleugnete sozial-emanzipatorische Geschichtsverständnis können wir den Sozialdarwinismus als *sozial-stationär* bezeichnen.

hältnis von Nation und Rasse neu gefaßt. Sahen Gobineau, seine Vorläufer und Epigonen eine eindeutige Nicht-Identität beider und redeten von einem „conflit des deux races qui divisent la nation française", so versöhnten die Selektionisten beide Begriffe wieder und erklärten sie teilweise für identisch oder allenfalls für nur graduell verschieden.
Auch in der zweiten charakteristischen Aussage, die den Gobinismus kennzeichnete, wichen die Sozialdarwinisten ab. Nicht die Rassenschichtung habe die soziale Schichtung zur Folge, sondern umgekehrt konnte die soziale Schichtung zur „Züchtung" von Eliten führen, die sich nach generationenlanger Isolation physisch und psychisch wesentlich von den Unterschichten unterschieden. Zwar hatten wir an den Beispielen von Gumplowicz und Vacher de Lapouge Rassentheorien kennengelernt, die hierin Gobineau ähnelten. Generell können wir indessen festhalten, daß nach gemeinsamer Überzeugung konsequenter selektionistischer Sozialdarwinisten alle soziale Schichtung das Resultat des Wettbewerbs und des Kampfes ums Dasein war. Dieser Lehre zufolge unterlag die Schichtenbildung selbst dem Wettbewerb und war somit ein dynamisches, kein ständisch-statisches Prinzip. Nur bei sehr inkonsequenten Ausnahmen wie Otto Ammon war die Elitenbildung angeblich Resultat eines Wettbewerbs, tatsächlich aber einer sozialen Kastenbildung und damit der Aufhebung des Wettbewerbs.
Der dritte wesentliche Gesichtspunkt von Gobineaus Theorie — der tiefe Geschichtspessimismus — konnte in verschiedenen Varianten auch in den Darwinismus Eingang finden, blieb jedoch stets eine offene, zumindest aus dem theoretischen Ansatz her unentschiedene Frage. Der Rassendarwinismus ließ sowohl Geschichtsdeutungen im Sinne der restaurativen Dekadenztheorie zu als auch fortschrittsgläubige Erwartungen, die sich auf die Methoden einer systematischen Menschenzüchtung und somit auf die Aussicht auf Steuerung der Natur- und Sozialgeschichte der Menschheit stützte. Beispiel für diese Variante des Rassengedankens, die den biologischen Entwicklungsgedanken als verzerrte Kopie des frühliberalen Fortschrittsglaubens in die Rassentheorien einführte, war Houston Stewart Chamberlain. In der politischen und wirtschaftlichen Expansion des wilhelminischen Deutschland und in der raschen Ausbreitung des chauvinistischen pangermanischen Rassengedankens sah er Anzeichen einer beginnenden Entfaltung der nordischen Rasse. Freilich blieb er mit seiner Zuversicht und seinem optimistischen Blick in die völkische Zukunft weitgehend allein, wie dies sein gobinistischer Gesinnungsgenosse Schemann mißbilligend vermerkte[76].
Die Mehrheit auch der sozialdarwinistischen Rassenideologen erblickte in der zeitgenössischen bürgerlichen Gesellschaft eine Ordnung, die die „natürlichen" Faktoren von Auslese und Wettbewerb weitgehend ausgeschaltet und somit den biologischen Verfall innerhalb der Industriegesellschaften

76 Schemann I, S. 464.

eingeleitet habe. Von anderem Ausgangspunkte ausgehend, gelangten die meisten Rassendarwinisten zur gleichen Forderung wie ihre gobinistischen Gesinnungsgenossen, zur Forderung nach einer radikalen Gesellschaftsform zum Zwecke der Menschenzüchtung. Erst in der damit verbundenen konkreten gesellschaftspolitischen Zielsetzung trennten sich wieder die Wege beider Fraktionen des Rassengedankens, sofern sich nicht beide Richtungen im Rahmen eines Synkretismus zu einer zwar widerspruchsvollen, aber publizistisch wirksamen Einheit verschmolzen[77].

77 Hierzu vgl. S. 160 ff.

Synkretistische Rassenlehren

Es ist für den weiteren Verlauf der Geschichte der Rassentheorien und für eine Reihe ihrer Einzelprobleme von Bedeutung, daß Gobineau und die Rassendarwinisten nicht nur von sehr unterschiedlichen Prämissen ausgingen, sondern vor allem auch von solchen, die einander diametral gegenüberstanden. Die einzige gemeinsame Aussage, auf die sich beide Richtungen einigen konnten, war die Lehre von der naturwüchsigen Ungleichheit der Menschenrassen, wobei schon die Begriffe „Natur" und „Rasse" verschiedenartige Inhalte in sich bargen. Gleichwohl konnte man schon gegen Ende des 19. Jahrhunderts Versuche beobachten, beide Varianten des Rassengedankens zu vereinen und zu verschmelzen. Die Geschichte der Rassentheorien war seitdem gekennzeichnet von Synkretismen und eklektizistischer Vereinigung von Aussagen des Rassengedankens beider Richtungen in wechselnden Kombinationen. Da die Rassentheoretiker, soweit ich sehe, in keinem einzigen Fall sich der drei zentralen Aussagen und deren Prämissen voll bewußt waren, ist ihnen auch nicht die Erkenntnis gekommen, daß diese Versuche einer Synthese von unvereinbaren Ansätzen notwendigerweise zu Ungereimtheiten führen mußten. Gebannt auf die einzige unumstrittene Gemeinsamkeit, auf die sie sich festlegen ließen: die vermeintliche natürliche Ungleichheit der Menschenrassen, übersahen sie den sandigen Grund, auf dem daher jeder rassentheoretische Synkretismus ruhen mußte.
In rein geisteswissenschaftlicher Betrachtungsweise können wir in den synkretistischen Rassentheorien eine Art wissenschaftlichen Opportunismus dergestalt feststellen, daß ihre Verfechter und Anhänger ihr theoretisches Hauptanliegen mit allen nur denkbaren Argumenten zu stützen suchten, ohne Rücksicht auf ihre logische Stimmigkeit. Aber der Synkretismus der Rassentheorien war kein Produkt mangelnder Wissenschaftlichkeit und fehlender begrifflicher Präzision. Um ihn zu begreifen, sollten wir fragen, warum Theoretiker unter allen Umständen wissenschaftlich das zu untermauern suchten, woran sie offensichtlich großes Interesse hatten. Der Synkretismus war vielmehr ein Abbild der gesellschaftlichen Entwicklung, die für die beiden letzten Jahrzehnte des 19. Jahrhunderts charakteristisch war. Wenn wir das Werk Gobineaus als erkennbaren Ausfluß ständisch-feudalistischer Restaurationsideen begreifen und andererseits die verschiedenen sozialdarwinistischen Ansätze als Extrakt eines bürgerlichen Weltbildes,

vornehmlich geprägt durch den Manchester-Liberalismus, so sind die synkretistischen Rassentheorien offensichtlich zu einer Zeit entworfen worden, in der zwischen den Interessen des weitgehend entmachteten oder aber teilweise dem Bürgertum als dekorative Spitze einverleibten Adels einerseits und dem Bürgertum in Deutschland und Frankreich und anderen kontinentaleuropäischen Ländern andererseits nicht nur keine kontradiktorischen Gegensätze mehr bestanden, sondern sogar punktuelle politische Gemeinsamkeiten.

Die Lehre von der natürlichen Ungleichheit der Menschen konnte im Bürgertum solange keine Resonanz finden, als — zumindest theoretisch — die Konkurrenzgesellschaft allen gesetzlich gleichgestellten Individuen bei (fiktiven) gleichen Ausgangspunkten die Möglichkeit des sozialen Aufstiegs bot. Solange die Parole von der „égalité" ein Kampfmittel der Bourgeoisie in der Durchsetzung ihrer Interessen gegen den Adel und das absolutistische Königtum war, mußten Rassentheorien in ihrer Verbreitung auf schmollende Grundherren und ihre städtischen Klientelen beschränkt bleiben. Erst als das liberale Wettbewerbssystem der frühkapitalistischen Gesellschaft durch die Bildung von Trusts und Monopolen und durch die faktische Vorrangstellung von Kartellverbänden, Konzernen und schließlich nationalstaatlich protegierten Kapitalkonsortien verdrängt wurde, konnte das Großbürgertum auf ständestaatliche Ideen der Restaurationszeit zurückgreifen. Sobald in erkennbarer Weise die Individuen nicht mehr die Möglichkeit besaßen, durch eigene individuelle Leistung ihre gesellschaftliche Stellung, die sie durch Geburt oder jedenfalls ohne persönliches Zutun innehatten, zu verlassen und zu verändern, konnte die Lehre von der natürlichen Ungleichheit der Menschen Interessen derjenigen Teile des Bürgertums ausdrücken, die unmittelbar von diesem Zustand profitierten. Ungeachtet aller grundlegenden Unterschiede der beiden Gesellschaftsordnungen konnte es einem Vertreter des Großbürgertums des späten 19. Jahrhunderts nicht schwerfallen, sich mit ständisch-aristokratischen Ideen aus der Restaurationszeit zu befreunden. Tatsächlich ahmte das Bürgertum im kontinentalen Europa den Adel nach im Lebensstil, in Form ländlicher Residenzen, Eigentum an agrarischem Grundbesitz und anderen Prestigeobjekten oder wurde — wie in England — durch Verleihung von Titulatur und Nobilitierung in diesen aufgenommen. Speziell für Deutschland ist noch auf den tatsächlichen Einfluß des großagrarischen Adels vor allem des ostdeutschen Raumes hinzuweisen, der durch seine politischen Interventionen in der Agrarzollpolitik sowie durch seinen Führungsanspruch in Heer, Diplomatie und Beamtenschaft dem andererseits stark industrialisierten wilhelminischen Reich sein gleichermaßen spätfeudalistisches und großbürgerliches Gepräge gab[1].

---

1 Hans-Ulrich Wehler: Das Deutsche Kaiserreich 1871—1918, Göttingen 1973, S. 54. —

Aber noch in einem anderen politischen Sinne konnte der Rückgriff auf ursprünglich aristokratische Ideen durch das Bürgertum motiviert sein: als Abwehrideologie gegen die organisierte Arbeiterschaft. Die Rassentheorien in ihren synkretistischen Varianten sind als Versuch zu werten, die Arbeiterschaft unter Berufung auf eine vermeintliche Naturordnung für unfähig und damit für nicht berechtigt zu erklären, die Gesellschaft mitzugestalten. Aufgrund angeblicher anthropologischer „Minderwertigkeit" sollte es ihr verwehrt bleiben, an der von Großagrariertum und Großbürgertum ausgeübten Macht im Staate sowie in der Außenpolitik teilzuhaben. „Ohne den durchlaufenden Oligopolismus der Großunternehmen, Kartelle und Verbände, in der internationalen Konstellation und imperialistischen Expansion läßt sich die Ausbreitung des deutschen Rassismus überhaupt nicht hinreichend begreifen (...)[2]."

Diese sozialen Hintergründe konnten wir andeutungsweise bereits bei einigen Sozialdarwinisten deutlich erkennen. Wenn beispielsweise Otto Ammon die Bildung von Ständen und Klassen paradoxerweise als besondere Förderung einer sozial-anthropologischen Wettbewerbssituation bezeichnete, so lag dem nicht mehr frühkapitalistisch-egalitäres Denken zugrunde, sondern der Versuch, Klassen- in Standesunterschiede umzuwandeln: „Knaben, die zur Ausfüllung höherer Stellungen im Leben bestimmt sind, dürfen daher nicht mit Proletarierkindern gemeinsam die Schule besuchen und der Einwirkung ihrer Unterhaltung und ihres Vorbildes ausgesetzt werden. Das Große und Bedeutende reift nur im Wettbewerb mit seinesgleichen und in der Absonderung vom Gewöhnlichen[3]."

Sowohl aus gobinistischen als auch aus sozialdarwinistischen Ansätzen heraus wurden zudem Rassentheorien entwickelt, die zur Zeit des Höhepunktes des Kolonialimperialismus zwischen Jahrhundertwende und Erstem Weltkrieg Rechtfertigungen für koloniale Expansionen versuchten. Indessen waren diese konkreten politischen Hintergründe in der Zeit vor der Jahrhundertwende, wie wir sehen werden, für die Rassentheorien noch von untergeordneter Bedeutung. Wohl aber mag der Wunsch, die Lehre von der Überlegenheit der arischen Völker mit der Lehre vom Kampf ums Dasein und dem Überleben der Tüchtigsten zu verbinden, ein weiteres Motiv für den rassenideologischen Synkretismus gewesen sein. Schließlich sei hier noch folgender entscheidender Gesichtspunkt angeführt, der die Anhänger und Verehrer Gobineaus veranlaßt haben mag, sozialdarwinistische Gedankengänge aufzugreifen. Bekanntlich mündete Gobineaus düstere Philosophie

---

Treffend bezeichnet Holler (a. a. O., S. 71, 72, 84, 110 f.) die synkretistische Entwicklung der Rassentheorien als „Darwinisierung" bzw. Verbürgerlichung Gobineaus und andererseits als „Aristokratisierung" des Sozialdarwinismus.

2 Wehler: Kaiserreich, S. 110.

3 Ammon, S. 94 ff., (Zitat) 81.

ein in einen allgemeinen heroischen Fatalismus, was in der politischen Szenerie nicht viel mehr als tatenlose Resignation bedeuten konnte. Da die Rassentheorien jedoch nur dann von politischem Interesse waren, wenn sie konkrete gesellschaftliche Ordnungsvorstellungen begründen konnten, mußte Gobineaus Werk neu formuliert werden. Dies geschah dadurch, daß aus dem Sozialdarwinismus der Gedanke der Auslese aufgegriffen wurde. Durch die künstliche Regelung und Manipulation der Auslesefaktoren glaubte man Einfluß gewinnen zu können auf die rassische Zusammensetzung einer Bevölkerung, was gleichbedeutend war mit der Möglichkeit, gesellschaftspolitische Ziele zu verfolgen unter der Etikette aktiver Rassenpolitik. Dabei konnte sich der Rassengedanke allerdings auch vom konkreten sozialen Bereich lösen, verselbständigen und schließlich in rein ideologischen, aller gesellschaftlichen Relevanz baren Projekten einer groß angelegten „Rassen-Entmischung" oder blutrünstigen eugenischen Züchtungs- und Ausmerze-Phantasien gipfeln, wie wir sie im einzelnen noch kennenlernen werden.

Einzelne Beispiele für einen Rassensynkretismus haben wir bereits kurz gestreift. Zu ihnen gehörte der nach Gobineau bekannteste französische Rassenideologe Georges Vacher de Lapouge[4]. Als konsequenter Selektionist, der die Gesetze von Auslese und Veränderung der „Rasse" in der Gesellschaft untersuchte und für den gerade im Kampf ums Dasein der Faktor Umwelt neben dem Erbgut eine wesentliche Rolle zukam, erschien Vacher de Lapouge als ausschließlicher Darwinist. Auch der äußere Eindruck seiner Schriften scheint ihn in eine Reihe mit seriösen Anthropologen, Biologen, Genetikern und anderen Naturwissenschaftlern zu verweisen. Rasse, so scheint es zumindest auf den ersten Blick, war für ihn eine weitgehend quantifizierbare Größe, die sich mit Schädelindices, Haut-, Haar- und Augenfarbe messen und statistisch erfassen ließ. Vacher de Lapouge hatte selbst auch mit seinen Meßgeräten die Bevölkerung ganzer französischer Landstriche auf ihr physisches Erscheinungsbild hin untersucht und exakte Ergebnisse darüber vorgelegt. Nur mit großen Vorbehalten verwandte er den gobinistischen Begriff des „Ariers", worunter er den langschädeligen „Homo europäus" verstand. Sein Begriff von Rasse war ein variabler, deutete etwas Gewordenes und somit Veränderbares an, ohne freilich einen menschlichen Fortschritt einzubeziehen.

Die Zuordnung seines Rassengedankens zum Sozialdarwinismus erfährt jedoch eine erhebliche Relativierung, wenn wir den großen Einfluß Gobineaus in seinen Schriften erkennen. Unbekümmert um sein Bekenntnis zur Variabilität von Rassen und damit zur Möglichkeit ihrer Züchtung kon-

---

4 Georges Vacher de Lapouge (1854—1936) wirkte als Bibliothekar und Dozent an den Universitäten von Rennes, Montpellier 1886—93, Paris 1893—1900 und Poitiers 1900—1922. Die meisten seiner Schriften sind aus Vorlesungen über Politische Wissenschaft in Montpellier hervorgegangen.

statierte Vacher de Lapouge die apriorische Überlegenheit der Arier gegenüber allen anderen Rassen: „Aufgrund seiner Fähigkeit, viele sehr hochstehende Menschen hervorzubringen, setzt sich der ‚Homo europäus' an die Spitze der gesamten Menschheit[5]." Zwar relativierte er dies durch die Gegenthese, daß durch Eugenik andere Rassen die gleiche hohe Stufe oder eine noch höhere erklimmen könnten. Aber ungeachtet dieses Widerspruchs ließ er in historischer und sozialer Perspektive den Arier stets als den Überlegenen erscheinen. In der anglophilen Manier vieler zeitgenössischer Franzosen sah Vacher de Lapouge das arische, langschädelige Element am meisten in Engländern und Amerikanern, weniger in den Deutschen vertreten. Sie alle aber zeigten ihre rassische Überlegenheit in ihrer Ausdauer und ihrem Arbeitswillen; sie könnten ihre Taten und Vorhaben kühl und sachlich berechnen, mit zähem Willen durchsetzen und vor allem herrschen und gebieten. Die Städte, aus denen große und geniale Männer stammten, lägen fast ausschließlich im Bereich der Langschädel[6].
Für Frankreich fand Vacher de Lapouge keine schmeichelhaften Worte. Das arische Element sei dort seit 1789 immer stärker im Rückgang begriffen. Darin übernahm er ganz die gobinistische Lehre vom rassischen Schichtungsgefüge und griff auf den alten Franken-Mythos der französischen Aristokratie zurück. Was andere vor ihm als Entnordung oder Entgermanisierung bezeichnet hatten, drückte Vacher de Lapouge in der Sprache der Schädellehre aus. Die Revolution habe die blonde dolichozephale (langschädelige) Herrenschicht entmachtet, teilweise ausgerottet und an ihre Stelle die jakobinischen Kleinbürger gesetzt, die in Wahrheit brünette Brachyzephale (Kurzschädel) seien. Gleichwohl seien auch in der Gegenwart noch in der Oberschicht relativ mehr Langschädel anzutreffen als im entsprechenden Relationsverhältnis zur Gesamtbevölkerung. Unter Berufung auf die Arbeiten Ammons sowie seines Lehrmeisters Durand de Gros' konstatierte er des weiteren, daß die Langschädel stärker in den Städten als auf dem Lande anzutreffen und daß sie im Durchschnitt wohlhabender als die Kurzschädel seien[7].
Vacher de Lapouge übernahm auch Gobineaus tiefen Geschichtspessimismus, modifizierte ihn jedoch fast ausschließlich unter antisemitischem Vorzeichen, was vor dem Hintergrund des zeitgenössischen Frankreich nur wenige Jahre vor der Dreyfus-Affäre zu sehen ist. Der Antisemitismus war für ihn der rassenmäßige Widerstand der brachyzephalen französischen Kleinbürger gegen die vermeintliche Überfremdung ihres Landes, insbesondere durch

---

5 Georges Vacher de Lapouge: L'Aryen. Son rôle social. Cours libre des sciences politiques, Paris 1899; deutsch: Der Arier und seine Bedeutung für die Gesellschaft. Freier Kursus in Staatskunde, gehalten an der Universität Montpellier 1889—1890, Frankfurt am Main 1939, S. 267.

6 Ebd., S. 244 ff., 274.

7 Ebd., S. 13, 271.

die Juden: „Durch die Revolution [von 1789] hat der Kurzschädelige die Macht ergriffen, und in der Entwicklung der Demokratie liegt das Streben begründet, theoretisch diese Macht in den Händen der niederen Klassen, die am kurzschädeligsten sind, zusammenzufassen. Der politische Antisemitismus hat das Ziel, das Werk der Revolution zu erhalten und den Übergang der Macht in die Hände der Juden und, noch allgemeiner ausgedrückt, in die Hände der Fremden zu verhindern[8]."

Beispiel für eine synkretistische Rassentheorie bot auch der Franzose Gustave Le Bon (1841–1931), der als Verfasser der berühmten „Psychologie der Massen" („La psychologie des foules", Paris 1895), aber auch von ethnographischen und anthropologischen Schriften bekannt geworden ist. Sein Rassenbegriff erinnert stark an Reibmayr, Gumplowicz und Chamberlain. Die heutigen Rassen seien „künstliche", das heißt historisch durch Wanderungen, Vermischungen, Inzucht und andere Vorgänge entstandene Gruppengebilde. „Reine" Rassen, also solche, die sich seit Urzeiten isoliert und damit unveränderlich gehalten hätten, könne man allenfalls unter Wilden antreffen. Entscheidend sei jedoch der historisch entstandene Rassentyp. Darum ist für ihn die Anatomie ein ungeeignetes Mittel zur Erforschung der Rassen, sondern allein die Psychologie, die gleichsam die „Rassenseele" eines Volkes, also den durch jahrhundertelange Inzucht geprägten Idealtypus des Franzosen oder des Engländers zu ermitteln habe[9].

Le Bon stützte sich auf einen zweifachen Rassenbegriff: den anthropologischen, den er zwar akzeptierte, aber weitgehend ignorierte, und den der gezüchteten Nationalrasse, wie ihn später Chamberlain verwendete. Sein theoretischer Ansatz führt ihn in die Nähe der Sozialdarwinisten. Um so erstaunlicher ist es dann, daß er an anderer Stelle Gobineaus auf der Fiktion von ungleichen Urrassen begründete Menschheitshierarchie übernahm und sie nur geringfügig abwandelte. Nach seiner Überzeugung weist die Menschheitspyramide folgende vier Stufen auf: (1) Primitivrassen, worunter er Pygmäen und australische Ureinwohner zählte, (2) die niederen Rassen, zu denen Le Bon die dunkleren der farbigen Menschengruppen rechnete, (3) die mittleren Rassen, unter denen er Chinesen, Mongolen und Semiten zusammenfaßte, und (4) die höheren Rassen, verkörpert in den von Le Bon als Indoeuropäer bezeichneten Völkern. Die letzteren allein seien zur Hochkultur fähig, während die Kulturen anderer Rassen nur durch deren befruchtenden Einfluß entstanden seien[10].

Zwar hatte Le Bon die Rassen als entstandene, als gewordene und somit als veränderliche Größen bezeichnet, andererseits betrachtete er die Rassen-

---

8 Ebd., S. 305.

9 Gustave Le Bon: Lois psychologiques de l'évolution des peuples, Paris 1894; deutsch: Psychologische Grundgesetze in der Völkerentwicklung, Leipzig 1922, S. 7 f.

10 Ebd., S. 20 f.

charaktere als beständig, allenfalls durch Mischungen veränderbar. Erst aus dieser Beständigkeit ließen sich historische Gesetze der Völkerentwicklung ableiten[11]. Damit erklärte auch Le Bon die von ihm skizzierte Rassenhierarchie für unveränderlich, es sei denn durch Kreuzung, Vermischung und Inzucht, wodurch er sich wieder dem gobinistischen Rassengedanken näherte.

Ein weiteres Beispiel für einen in sich widerspruchsvollen, theoretisch recht unausgegorenen Synkretismus lieferte der Arzt und Zoologe Ludwig Woltmann (1871—1907). Dem eigenen Bekenntnis nach war der frühere Haeckel-Schüler Darwinist. Als ehemaliger Sozialdemokrat versuchte er, marxistische Elemente vom Klassenkampf zu übertragen in seine sozialdarwinistische Konzeption vom Kampf ums Dasein und vom Ausleseprozeß, in dem sich Völker ebenso wie Individuen befänden. Woltmann erhob diesen Konkurrenzkampf zum tragenden Prinzip aller zwischenmenschlichen und gesellschaftlichen Beziehungen. Denn nicht allein um Nahrung und andere Existenzbedingungen gehe dieser Kampf, sondern um Wohlstand, Macht und Herrschaft[12].

Natürliche Zuchtwahl, Selektion und Kampf ums Dasein waren für Woltmann auch entscheidende Faktoren bei der Entstehung der Arten[13], was ihn eindeutig in die Reihe der Sozialdarwinisten einordnete. Dem aber widersprach er an anderer Stelle mit der Behauptung, daß es ursprünglich zwar reine Rassen gegeben habe, die sich jedoch durch Kinder- und Frauenraub vermischt hätten. Daß der Begriff der „reinen" Rasse mit einer selektionistisch aufgefaßten darwinistischen Naturgeschichte nicht vereinbar war, kam ihm nicht in den Sinn. Im Widerspruch zum Rassendarwinismus leugnete er auch, daß die Rassen im Kampf ums Dasein besondere Fähigkeiten entfalteten und sich so weiterentwickelten: „Die Rassen verdrängen, unterjochen oder vernichten einander, aber nicht geschieht es, daß eine Rasse physisch eine höhere erzeugt, welche die alleinige Trägerin des Fortschritts bleibt[14]." Die Rasse war für ihn zwar die treibende Kraft der Geschichte, unterlag aber selbst nicht deren Entwicklungsläufen und blieb als ahistorisches Naturprinzip unverändert: „Die Rassen sind Naturfaktoren, die in die Bilance der geschichtlichen Ereignisse als gegebene Ursache und Mächte einzusetzen sind. Die Entstehung dieser Rassenbegabungen liegt jenseits der eigentlichen Geschichte im engeren Sinne, die hier für uns in Betracht kommt[15]."

Ähnlich wie sein uneingestandener Gewährsmann Gobineau stellte auch

---

11 Ebd., S. 27, 36.

12 Ludwig Woltmann: Politische Anthropologie, Jena 1903, S. 147. Zur Person Woltmanns vgl. Lukács, S. 548 ff.

13 Ebd., S. 10, 247.

14 Ebd., S. 105, (Zitat) 149.

15 Ebd., S. 246.

Woltmann die Arier (er benutzte diesen Ausdruck zwar nicht, übernahm jedoch weitgehend seinen Inhalt unter anderen Bezeichnungen) an die Spitze der Menschheit, unter ihnen naturgemäß die Germanen, deren physischen Abstieg durch mediterrane Beimischungen er lebhaft bedauerte: „Die germanische Rasse verliert in diesen Kreuzungen die hervorragende Körpergröße und Langschädeligkeit, was in letzter Hinsicht eine physische und geistige Verschlechterung bedeutet." Zwar seien Mischungen nicht immer verwerflich, wie beispielsweise die Italiener durch die zahlreichen Germaneneinfälle „veredelt" worden seien, aber „niedere Rassen" wie Mongolen, Neger und Indianer könnten keinen erbbiologischen Beitrag zur Verbesserung der weißen Rasse leisten[16]. Ähnlich wie für Gobineau, Gumplowicz und andere gingen auch für Woltmann alle sozialen und (partei)politischen Gruppierungen auf rassische Differenzen zurück: „Den politischen Parteiungen liegen ursprünglich immer Rassengegensätze zu Grunde, später ökonomische Klassengegensätze, in welchen die Rassengegensätze, wie die Naturgeschichte des Staates zeigt, im verborgenen mehr oder minder mächtig fortwirken[17]." Im Widerspruch zur gobinistischen Tradition vertrat Woltmann indessen die Ansicht, daß in den europäischen Revolutionen nicht eine unterdrückte Rasse ihre „höherwertige" Oberschicht beseitige, sondern daß vielmehr nur eine germanische Führerschicht die andere ablöse. Das gelte nicht nur für den Sturz des Adels durch das Bürgertum, sondern auch für die zeitgenössische Arbeiterbewegung. Offensichtlich wollte Woltmann damit seinen früheren marxistischen Kampfgefährten ein Rassezeugnis ausstellen, bewirkte aber damit, daß seine Lehre für alle Seiten unannehmbar war[18].

Für die weitere Entwicklung des Rassengedankens kann festgestellt werden, daß der Synkretismus vorwiegend zwei Elemente miteinander verband: die gobinistische Doktrin von der apriorischen Überlegenheit der Arier (oder vergleichbarer angenommener Eliten) und die sozialdarwinistische von der eugenischen Züchtung hochwertiger Menschenrassen. Die Synthese beider entgegengesetzter Doktrinen gipfelte in der Parole von der Rückzüchtung der mit anderen „minderwertigen" Rassenelementen vermischten Arier. Dieser Gedanke sollte seit der Jahrhundertwende den Rassengedanken in allen Ländern seines Verbreitungsgebiets in immer stärkerem Maße beherrschen. Das Problem der Rassenzüchtung und die damit verbundenen Fragen nahmen seitdem eine zentrale Stellung ein und bildeten überdies das Bindeglied zwischen den recht verschiedenartigen Rassendoktrinen. In den weiteren Bereich der Züchtung gehörte auch die Erhaltung der noch vorhandenen arischen Erbelemente, was in Nordamerika ergänzt wurde von Forderungen

16 Ebd., S. 112 f., 261 f.
17 Ebd., S. 300.
18 Ebd., S. 326; vgl. Lukács, S. 550.

nach einer bestimmten restriktiven Einwanderungspolitik oder aber ganz allgemein nach Vertiefung sozialer Schranken, um die stärker nordisch durchsetzten Oberschichten zu schützen. Man sieht daran, welche praktisch-politischen Perspektiven sich dem Zuchtgedanken eröffneten. Den Gobinisten bot er einen Ausweg aus der fatalistischen Resignation ihres Propheten und den Sozialdarwinisten gab er Orientierung darüber, in welche Richtung man den Menschen züchten solle. Vor allem aber enthielt er die Möglichkeit, den tiefen Geschichtspessimismus umzuleiten in praktisches Handeln, die Angst umzusetzen in politischen Fanatismus.

Politische Aspekte dieser Art konnten wir bereits in den Werken von Francis Galton, Otto Ammon, Alfred Ploetz und Georges Vacher de Lapouge feststellen. Eine Fortsetzung dieser Tradition können wir sodann beobachten beim Gobineau-Apostel Schemann, beim Amerikaner Madison Grant und dessen Landsmann Lothrop Stoddard und schließlich beim einflußreichsten deutschen Rassenideologen der 1920er Jahre, bei Hans F. K. Günther, für den das Problem der „Entmischung" der Rassen und der züchterischen Neuschöpfung des nordischen Menschen im Vordergrund stand[19]. Indessen verselbständigte sich bereits wenige Jahre vor dem Ersten Weltkrieg der Züchtungsgedanke von irgendwelchen erkennbaren sozialen Interessen und führte zum skurril-makabren Projekt, das der bereits erwähnte frühere Haeckel-Schüler Willibald Hentschel (geb. 1852) entwickelte[20]. In eigens hierfür eingerichteten Dorfkommunen sollten Männer mit einer zehnfachen Überzahl von Frauen zusammenleben und nach erbhygienischen Gesichtspunkten Kurzzeit-Ehen schließen, denen dann körperlich gestählte, hochgezüchtete kleine Germanen entsprießen würden. Mit Hilfe von etwa 300 derartiger Zuchtdörfer, in denen etwa 30 000 männliche und 300 000 weibliche Nordwesen untergebracht werden müßten, würde Deutschland einen jährlichen „Ausstoß" von 100 000 kleinen Germanen erleben. — Im Jahre 1906 gründete Hentschel den „Mittgart"-Bund zur Durchführung dieses Projekts, das sich erst in den Wirren des Ersten Weltkrieges wieder auflöste[21]. — Hentschel war später geistiger Mentor der im Ersten Weltkrieg aktiven rechtsradikalen Jugendorganisation der „Artamanen", die nach dem arischen Gott Artam benannt wurde und sich engstens des Zuchtgedankens annahm. Bekannte Mitglieder dieser Sekte waren Männer des späteren NS-Regimes, die selbst als Fortsetzer dieses Gedankens bis zu seinen letzten Konsequenzen in Erscheinung traten: Hitlers Landwirtschaftsminister Walther Darré, Heinrich Himmler und der Auschwitz-Kommandant Rudolf Hoess[22].

---

19 Saller, S. 40; Lutzhöft, S. 74 f.
20 Zu Person und Werk Hentschels vgl. Gasman, S. 152.
21 Conrad-Martius, S. 99 f.; Lutzhöft, S. 134.
22 Gasman, a. a. O.

Der synkretistische Rassengedanke vermochte es nicht nur, Gobinismus und Sozialdarwinismus auf der Grundlage des Zuchtgedankens miteinander zu verknüpfen, sondern auch wesentliche Inhalte des (gobinistischen) Rassengedankens, die utopisch in ihren Konsequenzen waren, mit dem Realitätsprinzip zu versöhnen. Dies gilt für das Verhältnis von Rasse und Nation sowie von Rasse und Staat. Wie schon ausgeführt wurde, gehörte es bereits bei den Vorläufern Gobineaus zu den rassenideologischen Pflichtübungen, die Nation als künstlichen und naturwissenschaftlich unbrauchbaren Begriff abzulehnen. Die Angehörigen einer Nation besäßen, so meinte später Madison Grant, als einzige sichtbare Gemeinsamkeit allein die gleiche Staatsbürgerschaft und in der Regel auch ein gemeinsames Volkstum, das sich vorwiegend auf eine einheitliche Sprache und Kulturtradition erstrecke. Im Hinblick auf die Rasse könne die Nation dabei von beliebiger Vielfalt sein[23]. Für Frankreich stellte noch in den 1930er Jahren der deutsche Gobineau-Anhänger Ewald Mangold fest, daß die Idee einer einheitlichen Nation unnatürlich und konstruiert sei. Der Nationalismus kaschiere die Tatsache, daß das französische Volk aus sehr heterogenen Elementen zusammengesetzt sei[24]. Auch Vacher de Lapouge, dessen ganzes Streben darauf ausgerichtet war, die rassische Uneinheitlichkeit seiner französischen Landsleute nachzuweisen, leugnete, daß durch das Bürgerrecht die Homogenität einer Nation hergestellt werden könne[25]. Andererseits meinte er, daß Nationen trotz aller rassischen Vielfalt auch bestimmte Erbkombinationen darstellen könnten und somit ihre Eigengesetzlichkeit besäßen[26]. Damit war aber bereits ein Ausgleich mit dem politischen Realitätsprinzip vollzogen und zumindest in der (außen-)politischen Praxis die weitere Differenzierung von Nationen in einzelne Rassenbestandteile gegenstandslos geworden. Die faktische Identität von Rasse und Nation deutet denn auch folgender Satz bei ihm an: „Das Blut, das man bei der Geburt in den Adern hat, behält man sein ganzes Leben. Der einzelne, wird von seiner Rasse erdrückt. Die Rasse, die Nation ist alles[27]."

Der Synkretismus eröffnete auch gobinistischen Rassenideologen die Möglichkeit, die Nation als Zuchtgemeinschaft, als eine große „Mittgart"-Kommune zu interpretieren, in der bestimmte Eigenschaften in besonderer Häufung und Konzentration vererbt würden. Die Nation war demzufolge in der Lage, das vorhandene nordische Element vor dem Eindringen anderer

23 Grant, S. 49 und öfter.

24 Mangold, S. 69.

25 Vacher de Lapouge: Der Arier, S. 238. — Die Bemerkung Lutzhöfts (a. a. O., S. 84), wonach Vacher de Lapouge als erster Rasse und Volk auseinanderhielt, ist nicht zutreffend. Diese Unterscheidung war bereits von Gobineaus unmittelbaren geistigen Wegbereitern getroffen worden.

26 Vacher de Lapouge: Der Arier, S. 236.

27 Ebd., S. 339.

Rassen von außen zu bewahren, ihm möglicherweise sogar eine dominierende Stellung zu verschaffen und die heterogenen Elemente langsam „aufzunorden". Mit diesem Kompromiß ließen sich Gobinismus und Sozialdarwinismus vereinbaren, ohne daß grundsätzliche Abstriche an elementaren Aussagen gemacht werden mußten. Vor allem im angelsächsischen Raum setzte sich der sehr viel unbestimmtere Begriff Rasse durch, der — wie bei Chamberlain — aufgrund des Zuchtgedankens de facto sich mit dem der Nation deckte. In der Tradition des Rassendarwinismus und in der Tradition pragmatischen Denkens andererseits lag es begründet, daß der Begriff „race" im angelsächsischen Raum recht unbestimmt geblieben ist, was eine stärkere Orientierung der Rassentheorien an konkreten *Völkern* bewirkte[28]. So konnte es durchaus vorkommen, daß in Schriften von „English-speaking races" die Rede war[29], was keineswegs so absurd war, wie es zunächst scheinen möchte. Denn war auch die Sprache für einen sozialdarwinistischen Rassentheoretiker nicht konstitutiv für eine Rasse, so konnte sie doch wesentlich zur Verschmelzung heterogener Bevölkerungsgruppen und somit zur Züchtung einer (National-)Rasse beitragen.

Die weitere politische Bedeutung dieses begrifflichen Integrationsprozesses bestand darin, daß der Nationalismus nunmehr auch rassenideologische Züge annehmen konnte, ohne dabei auf unüberwindbare theoretische Widersprüche zu stoßen. Zwar waren noch bei Hans F. K. Günther und seinen Anhängern Rasse und Nation gegensätzliche Begriffe, was aber in der publizistischen Behandlung dieser Problematik selten beachtet wurde. Ein weiterer wichtiger Gesichtspunkt bei der Beschreibung von National-Rassen war die Verwertbarkeit dieses Begriffs in den Ideologien des Imperialismus. Solange die weißen Nationen selbst als rassisch heterogen betrachtet und als mit „minderwertigen Elementen" durchsetzt angesehen wurden, konnte sich daraus kaum ein imperialer Führungsanspruch gegenüber Kolonialvölkern ableiten. Er war theoretisch und propagandistisch leichter vertretbar, wenn die weißen Kolonialmächte als relativ homogene „weiße Rasse" den Farbigen gegenübergestellt wurden.

Noch weniger vereinbar war ursprünglich der gobinistische Rassenbegriff mit der Konzeption des modernen neuzeitlichen Staates, weil dieser weniger noch als die Nation rassische Differenzierungen berücksichtigte. Der Staat, so argumentierte Le Bon, ignoriere das Individuum und seine rassische Konsistenz und behandle die Bürger als Gleiche, mit anderen Worten: er ignoriere rassische Ungleichheiten. Diesen Fehler habe schon die absolutistische Monarchie der Bourbonen begangen, nachdem sie — getreu dem Tenor der Frankenlegende — durch die Entmachtung des Adels das rassisch begründete Ständewesen abgebaut habe. Seitdem hätten alle französischen Par-

---

28 Mühlmann, S. 48.
29 Vgl. hierzu Beispiele bei Gossett, S. 155.

teien diese Tradition fortgesetzt: Klerikale und Monarchisten, Radikale und Sozialisten. Sie alle wollten das Individuum durch den Staat aufsaugen und somit die abstrakte gesetzliche Gleichheit rassisch ungleicher Staatsbürger verwirklichen. Selbst die Revolution von 1789 sei nur eine beschleunigte Anpassung des bourbonischen Etatismus an diese Entwicklung und finde seine Fortsetzung im Sozialismus[30].
Auch Günther und seine Anhänger hegten tiefstes Mißtrauen gegen den Staat und jede Form von Etatismus, Bürokratie, Technokratie und vor allem gegen den „obrigkeitlichen Wohlfahrtsstaat"[31]. Aber als Problem wurde das Verhältnis Rasse—Staat mehr im Hinblick auf Frankreich gesehen. In Deutschland und England erhoben Rassenideologen den Anspruch auf die annähernd reinrassige germanische oder überwiegend nordische Zusammensetzung ihrer Völker und führten auch ihre staatlichen Institutionen — die demokratischen Einrichtungen jenseits, die autoritären diesseits der Nordsee — auf diese angeblich homogene Zusammensetzung zurück. In Frankreich besaß das (rassenideologische) Räsonnement gegen den Staat schon Tradition; ihre Anfänge reichen zurück in die Historiographie (Augustin Thierry) und den politischen Feuilletonismus (Renan, Taine) der Restaurationsepoche. Zum andern war der französische Nationalismus sehr viel stärker auf den Staat bezogen, abstrakter und etatistischer als etwa der deutsche, der sich mehr auf Volkstum und Sprache berief. Diesen abstrakten, vom Volkstum weithin losgelösten Nationalismus brauche Frankreich, meinte in Anlehnung an ältere Vorbilder der deutsche Rassenideologe Ewald Mangold, sonst würde es in seine rassischen und ethnographischen Bestandteile zerfallen. Nur die Überhöhung von Staat und Nation bilde ein Bindeglied für die zentrifugalen Kräfte separatistischer Bewegungen[32]. Auch im französischen Imperialismus glaubte Mangold ein Mittel zu erkennen, um durch auswärtige politische Erfolge die rassischen Antagonismen der eigenen Bevölkerung zu überbrücken. Das gelte selbst für den Anspruch chauvinistischer Franzosen, wonach ihre Nation an der Spitze der Zivilisation marschiere. Das lebendige französische Geistesleben diene nur dazu, die rassisch heterogene Bevölkerung durch einen gemeinsamen kulturellen Überbau zu kitten[33].
Der Sozialdarwinismus vermochte mit seinen Argumenten dazu beizutragen, das von seiten der gobinistischen Tradition gehegte Mißtrauen gegen den Staat zu mildern. Bereits Gumplowicz bezeichnete den Staat als Resultat eines rassischen Schichtungsgefüges in der Gesellschaft, als Instrument einer Rasse zur Beherrschung der anderen; ohne Rassengegensätze würde

30 Le Bon, S. 82, 84.
31 Vgl. Lutzhöft, S. 173 f.
32 Mangold, S. 136.
33 Ebd., S. 67 f., 94 ff.

es keinen Staat geben. Andere Theoretiker wie Ammon, Ploetz, Tille und Chamberlain sahen in ihm das Instrument zur Rassenzüchtung, jene Instanz also, die die Aufsicht über den eugenischen Züchtungsprozeß führe und die Gesetze, unter denen die Auslese stattfinden müsse, erlasse und kontrolliere. Auch im Hinblick auf die expansive territoriale Ausdehnung im Zeitalter des Kolonialimperialismus erkannten die meisten Rassentheoretiker dem Staat eine gewichtige Rolle zu.

Es ist für die Entwicklung der Rassentheorien nicht ohne Bedeutung, daß sie sich seit den 1880er Jahren in zunehmendem Maße auch als Wissenschaft verstanden und unter wissenschaftlichem Anspruch auftraten. Parallel hierzu lief, wie wir später sehen werden, eine Entwicklung zur Mystifizierung, zum Obskurantismus und zur Pseudoreligion. Diese gegenläufige Entwicklung hat indessen enge Querverbindungen zwischen allen Rassendoktrinen nicht ausgeschlossen und bei aller inhaltlichen Differenzierung die Gemeinsamkeiten ihres Anliegens nicht verschüttet. Die Tendenz zur Verwissenschaftlichung der Doktrinen führte dazu, daß diese im Gewande solcher Fachgebiete und Disziplinen auftreten konnten, von denen verwertbares Material über die vermeintliche Ungleichheit der Menschen erwartet wurde. Gobineau und seine Epigonen hatten sich vorwiegend auf Kulturgeschichte, Sprachwissenschaften, Archäologie, mithin also auf alle ihnen brauchbar scheinenden Geisteswissenschaften gestützt, ansonsten aber kaum den vulgärphilosophischen und feuilletonistischen Rahmen ihrer Theorien verlassen. Auch dort, wo in den Rassentheorien neben Mythen und Religionsgeschichte auch Schädelmessungen und Knochenfunde aus der Vor- und Frühgeschichte als Argumentationshilfen angeführt wurden, war die Orientierung der Gobinisten eindeutig auf Kultur- und Geistesfächer fixiert. Die Sozialdarwinisten hingegen gingen von Naturwissenschaften aus, von Skelettuntersuchungen und Schädelformen, Blutgruppen und Erbfaktoren. Sie verleugneten niemals ganz den Ursprung ihres Ansatzes im Biologischen und waren daher meistens der naturwissenschaftlichen Anthropologie stärker verbunden. Diese lieferte ihnen das fachliche Vokabular, die meßbaren Daten, die auf relativ exakten Methoden beruhenden Ergebnisse ihrer Forschung und nicht zuletzt den wissenschaftlichen Bezugsrahmen. Auch die naturwissenschaftliche Anthropologie hat Systeme von Rassen entworfen und Menschengattungen katalogisiert, ohne daraus zwangsläufig gesellschaftliche und politische Ansprüche in irgendeiner Form abzuleiten. Allerdings hat sie sich zumindest im 19. Jahrhundert niemals streng von den Rassentheorien abgegrenzt und durch keine Untersuchung über die Grenzen ihrer Aussagefähigkeit den politischen Mißbrauch ihrer Forschungsresultate verhindert.

Frankreich war nicht nur die Heimat der Rassentheorien, sondern auch der bedeutendsten Anthropologen. Namen wie Paul Broca (1824—80), Armand de Quatrefages (1810—1892), E. T. Hamy (1842—1908) und Paul Topinard (1830—1911) seien hier stellvertretend für viele genannt. Erwähnenswert ist die 1876 von Paul Broca begründete Ecole d'Anthropologie in Paris, die bis zur Jahrhundertwende führendes Institut der Welt auf ihrem Gebiet war. Vor allem die französischen Anthropologen entwickelten unter Berufung auf frühere Vorarbeiten Instrumentarien zur empirischen anthropologischen Forschung, die den Bereich bloßer Intuition und Beobachtung verließen. Hatte im 18. Jahrhundert Blumenbach die Schädelform als wichtigstes Kriterium einer Rasse bezeichnet, so entwickelte der Schwede Anders Retzius (1796—1860) erstmals 1840 ein Meßverfahren zur Erfassung des Schädelindex. Das Meßverfahren war vornehmlich darauf ausgerichtet, Kurzschädel (Brachycephale) von Langschädeln (Dolichozephale) zu unterscheiden. Den Schädelindex ergab die Formel Schädelbreite mal 100, dividiert durch die Schädellänge. Eine niedrige Zahl kennzeichnete folglich die Lang-, eine hohe Zahl die Kurzschädel. Dieses Meßverfahren wurde durch Broca und seine Schule noch wesentlich verfeinert. Damit hatte die Anthropologie den Schritt zur Quantifizierung ihrer Aussagen vollzogen, was ihr die Verwendung mathematischer und statistischer Methoden gestattete.

Bis zur Jahrhundertwende erarbeitete die Anthropologie eine große Menge an Faktenmaterial, erschöpfte sich aber ansonsten weitgehend im Sortieren und Katalogisieren des Gesammelten. Als strenge Wissenschaft hat sie es nicht vermocht, eine befriedigende Definition von „Rasse" zu liefern. Offensichtlich hat der starke Einfluß des Positivismus die Definition eines Gattungsbegriffs zu sehr als platonisch-idealistisch erscheinen lassen. Man begnügte sich — wofür Broca ein Beispiel ist — mit der Feststellung, daß keine „reinen Rassen" mehr existierten, wobei die skeptische Frage nicht zu überhören war, ob es überhaupt dergleichen wie „Rassen" gäbe. Verwendet wurde der Begriff meist in nominalistischem Sinne, als bloßes Ordnungsprinzip[34]. Diese Zweifel erhielten weitere Nahrung aus dem Darwinismus, für den ein statisch konzipierter Gattungsbegriff ohnehin problematisch war.

Gleichwohl hat man auf der Grundlage der naturwissenschaftlichen Anthropologie Unterdisziplinen wie Rassenanatomie, Rassenphysiologie und Rassenpsychologie entwickelt. Durch einen Mann wie Vacher de Lapouge wurde die Verbindung zur politischen Rassentheorie hergestellt und seitdem von anderen Anthropologen fortgeführt. Durch die Entdeckungen der Vererbungslehre wie der Mendelschen Gesetze fand auch die Medizin unmittelbar Zugang zu den Rassenlehren. Seit Otto Weismanns Forschungen über das Keimplasma in den 1880er und '90er Jahren interessierten sich in zunehmendem Maße Ärzte für den Rassengedanken. In Verbindung mit der Eugenik und Rassenhygiene als Schutzmaßnahme gegen angeblichen Rassenzerfall (Entartung und Entnordung) fanden Theorien in der bereits ange-

34 Mühlmann, S. 100 f.

deuteten Verschmelzung von Erbmedizin und Rassenzucht gerade unter Medizinern wachsenden Anklang[35].

Durch die methodische Erweiterung der Anthropologie um Möglichkeiten der Quantifizierung war auch die Verbindung zu einem dritten Wissenschaftsbereich eröffnet: zu den Sozialwissenschaften. Die Schädelmessungen ließen sich nicht nur auf regionale und ethnische Bevölkerungsgruppen oder auf Skelettfunde anwenden, sondern auch auf die soziale Schichtung. Ergebnisse dieser Verschmelzung von Rassentheorien und Sozialwissenschaften lieferten die Sozialanthropologie in Deutschland und die Anthroposoziologie in Frankreich. Nach Vacher de Lapouge war auch sie eine echt französische Erfindung, die er dem Anthropologen Durand de Gros zuschrieb. Dieser hatte sich 1867 an die von Broca geleitete Société d'Anthropologie mit einem Vortrag über „Polyzoisme ou pluralité animale dans l'homme" gewandt, in dem er Abstammung, Rassenbildung und soziale Schichtung untersuchte und in Korrelation zu setzen versuchte. Wenig später begann er durch Messungen im Aveyron-Tal in Süd-Frankreich seine Theorien durch empirisches Material zu untermauern[36]. Seine Arbeiten wurden indessen wenig beachtet, bis sie in den 1880er Jahren von Vacher de Lapouge aufgegriffen und fortgeführt wurden. Dieser stellte die bereits skizzierten, auf dem Prinzip der sozialen Auslese beruhenden „Grundgesetze der Anthroposoziologie" auf, nach denen bestimmte Bevölkerungselemente auch durch gemeinsame oder ähnliche Schädelformen gekennzeichnet seien. So steige in Staaten mit Mischbevölkerung der Wohlstand in umgekehrtem Verhältnis mit dem Schädelindex der einzelnen sozialen Schichten. Die Langschädel weisen eine größere Emigrationsrate auf als Kurzschädel; sie seien auswanderungswilliger und eher auf Machtgewinn, Eroberung und Abenteuer aus. Der Schädelindex der Stadtbevölkerung sei niedriger als auf dem Lande, also „nordischer", was gegen die Behauptungen vieler deutscher Rassenideologen gerichtet war, die gerade in der Bauernschaft das meiste germanische Blut vermuteten[37]. Zu diesen Resultaten gelangte Vacher de Lapouge durch empirische Erhebungen, durch Messung von Schädeln in bestimmten sozialen Schichten und Berufsgruppen, durch die Untersuchung von Skeletten und Knochenresten in geöffneten Grabstellen.

In Deutschland übernahm Otto Ammon die von Durand de Gros erstmals entwickelten empirischen Forschungsmethoden und wandte sie bei der Musterung badischer Rekruten an. Die gesammelten Daten über ihre physische Konstitution faßte er in Statistiken zusammen und wertete sie wiederum nach regionalen, sozialen, medizinischen und anderen Gesichtspunkten aus. Seine Ergebnisse entsprachen im wesentlichen den Schlußfolgerungen

---

35 Saller, S. 167.
36 Vacher de Lapouge: Race et milieu, S. 273 ff.
37 Ebd., S. 169 ff.

von Vacher de Lapouge. — In die Reihe der Sozialanthropologen gehört auch Ludwig Woltmann, von Beruf Arzt, dessen Interesse vor allem dem Wandel von Gesellschaftsformen und politischen Institutionen aufgrund von Veränderungen der „Rassenbasis" galt. Allerdings unternahm Woltmann selbst keine empirischen Bestandsaufnahmen und stützte seine Rassensoziologie vorwiegend auf kulturhistorisches Quellenmaterial.

Die Anthroposoziologie bzw. Sozialanthropologie erlebte eine nur kurze Blüte, etwa von den späten 1880er Jahren bis zum Ersten Weltkrieg. Außer den genannten Vertretern verfochten sie noch der Franzose Henri Muffang, der Schweizer Historiker Lucien Chalumeau und der Amerikaner C. Closson, insgesamt ein kleiner Kreis von unbekannten Rassenideologen, von denen allein Vacher de Lapouge, Ammon und Woltmann einige publizistische Breitenwirkung erlangten. Die in späteren Zeiten noch nachwirkende „Leistung" der Anthroposoziologie bestand allerdings darin, die Verschmelzung der verschiedenen Rassentheorien unter Verwendung zahlreicher Fachgebiete vollendet zu haben. Von Gobineau die Kultur- und Geschichtstheorie übernehmend, von den Sozialdarwinisten den Entwicklungsgedanken und den Selektionismus und von Paul Broca die anthropologischen Methoden, teilweise auch die Terminologie, vermochten es die Rassentheoretiker, politische Mythologien in wissenschaftlicher Gewandung zu präsentieren und publizistisch hoffähig zu machen[38].

In den angelsächsischen Ländern, insbesondere in Nordamerika, fand die Anthroposoziologie nur wenig Anklang, was wohl vorwiegend daran lag, daß sie fast ausschließlich auf die europäische „Rassenszenerie" ausgerichtet war. Mit Hilfe ihrer Schädelmessungen glaubten die Anthroposoziologen, innerhalb der weißen Bevölkerung Europas die nordische, alpine und mediterrane Rasse ermitteln zu können, ein Vorhaben, das im amerikanischen Schmelztiegel wenig erfolgversprechend war. Hinzu kam, daß die vorwiegend phrenologische Unterscheidung der europäischen Rassen sich als wenig brauchbar erwies, sobald die farbigen Bevölkerungsteile in die rassenspezifische Katalogisierung einbezogen werden sollten. Der Langschädel stellte sich als keineswegs ausschließliches Kriterium der sogenannten nordischen Rasse heraus, sondern überwog auch bei der amerikanischen Negerbevölkerung. Die im 19. Jahrhundert unternommenen Versuche, mit Hilfe von Schädelmessungen eine intellektuelle und moralische Minderwertigkeit von Negern und Indianern nachzuweisen, waren denn auch rasch aufgegeben worden.

Der amerikanische Rassengedanke regte dagegen stärker Methoden der empirischen Psychologie an, um die vermeintlichen Ungleichheiten zwischen Rassen zu behaupten. Der bekannte Psychologe und Begründer des „Ameri-

38 Barzun, S. 158 f.

can Journal of Psychology", Stanley Hall, hatte die dem Sozialdarwinismus entlehnte Schlußfolgerung gezogen, daß Kinder etappenweise die Entwicklungsstufen der einzelnen Rassen durchlaufen, was wiederum eine Stufenhierarchie der Rassen voraussetzte[39]. Zum gleichen Ergebnis kam wenige Jahre später — 1895 — der bereits erwähnte Anthropologe James M. Baldwin. In die Entwicklung der Intelligenztests, die ursprünglich zur Klassifizierung von Schulkindern gedacht waren, wurden konsequenterweise auch die in Nordamerika ansässigen Angehörigen verschiedener Volksgruppen und Rassen einbezogen. Einen Test großen Stils unternahm dann im Jahre 1916 der Psychologe Lewis Terman, der mit seinem Mitarbeiterstab 1,7 Millionen amerikanische Soldaten und Rekruten untersuchte. Das Ergebnis zeigte die günstigsten Resultate für die nordischen Amerikaner; an zweiter Stelle folgten die Nachfahren süd- und osteuropiäscher Einwanderer, danach die Farbigen aller Schattierungen und an letzter Stelle die reinrassigen Neger[40].

Der methodischen und konzeptionellen Vielfalt der Rassentheorien entsprach eine ebenso große Vielfalt der Rasseneinteilungen. Die Zahl der festgestellten Rassen variierte im einschlägigen Schrifttum erheblich und bewegte sich zwischen drei und 150[41]. Man kann daher mit Jacques Barzun festhalten, daß jede Theorie ihre eigenen „Rassen" konzipierte, die wiederum der schematischen Gliederung der Menschheit in anderen Theorien nicht entsprachen[42]. Die methodischen Ansätze waren derart uneinheitlich, daß nicht einmal eine Übereinstimmung des eigentlichen Zentralbegriffs bestand. In der rund 100 Jahre währenden Geschichte der Rassentheorien ist es keinem ihrer Vertreter gelungen, jemals eine allgemein anerkannte, wissenschaftlich brauchbare Definition von „Rasse" zu liefern. Sofern überhaupt der Anspruch auf Wissenschaftlichkeit erhoben wurde, blieben die Definitionsversuche unbefriedigend und erschöpften sich weitgehend in der Konstruktion willkürlich festgelegter Gattungsbegriffe, die letztlich zufällig waren und einer gründlichen Überprüfung nicht standhalten konnten. Häufiger war es indessen so, daß sich die Rassenlehren auf bloße Intuition beriefen, auf das „Rassenbewußtsein" oder andere obskure Erkenntnisquellen.

Am brauchbarsten erschienen noch diejenigen Versuche, die sich eng an physiologische Fakten aus dem Bereich der Anthropologie hielten, aber auch sie waren unbefriedigend und oft derart unbestimmt, daß der Rassenbegriff leicht in jeder beliebigen Richtung gedeutet werden konnte. Beispielhaft in

---

39 Gossett, S. 154 ff.; eine neue Kontroverse um den wissenschaftlichen Wert solcher Messungen entstand in den letzten Jahren anläßlich von Intelligenztests an weißen und farbigen Amerikanern; vgl. Race and Intelligence. The Fallacies Behind the Race I.Q. Controversy, ed. by K. Richardson and D. Spears, Penguin Books 1972.

40 Mühlmann, S. 194.

41 Blume, S. 31.

42 Barzun, S. 12 ff.

diesem Sinne war die Definition des Berliner Physiologen Emil Grosse, der um 1900 die Rasse als „... eine größere Gruppe von Menschen [bezeichnete], die durch den hereditären (erblichen) Gemeinbesitz eines bestimmten angeborenen körperlichen und geistigen Habitus untereinander verbunden und von anderen Gruppen getrennt sind“[43]. Weder wurde hier geklärt, was „Trennung“ bedeutete, noch auf die Frage eingegangen, wie weit der Rahmen des Vererbbaren abzustecken sei. Besonders aber die beiden bestimmenden Begriffe „größere Gruppe“ und „Habitus“ waren, worauf Saller zu Recht hinweist, in jeder Beziehung und Richtung dehnbar. Unter den gleichen Mängeln litt auch Günthers Definition von Rasse als einer erbgleichen Menschengruppe, „... die sich durch die ihr eignende Vereinigung körperlicher Merkmale und seelischer Eigenschaften von jeder anderen (in solcher Weise zusammengefaßten) Menschengruppe unterscheidet und immer nur ihresgleichen zeugt“[44].

Willkürlich bei diesen Definitionsversuchen war jeweils die Größenbestimmung der Gruppe, die als Rasse gelten sollte. War ein nur wenige Dutzend Angehörige umfassender Stamm, der aufgrund jahrhundertelanger Isolierung einen charakteristischen Typus entwickelt hatte, bereits als Rasse anzusehen oder erst wenn dieser Typus nach Millionen zählte und ganze Kontinente bevölkerte? Die Grenzziehung zwischen einer physisch ausgeprägten Gruppe wie Stamm oder Sippe und einer „Rasse“ war somit eine zufällige. Ähnliche Schwierigkeiten wiederholten sich bei der Bestimmung von „Habitus“ bzw. „Vereinigung körperlicher Merkmale und seelischer Eigenschaften“. Lassen wir die seelischen Eigenschaften beiseite, deren rassenspezifischen Charakter erst der Nachweis ihrer Vererbbarkeit erbringen könnte, so bleibt weiterhin offen, aufgrund welcher anthropologischen Kriterien ein Gattungsbegriff gebildet werden kann. Die Rassentheorien haben hier willkürlich solche Unterschiede unter den Menschen ausgewählt, die ihnen zwar als augenfälligste erschienen, ohne jedoch eine Begründung für diese Auswahl zu geben[45].

Günther belegte die Existenz der nordischen Rasse mit der Häufigkeit der Korrelation von langem Schädel, blondem Haar, blauen Augen sowie einer Palette von angeblich nordischen psycho-intellektuellen Merkmalen und berief sich somit auf ein statistisches Prinzip. Die Korrelation der genannten Merkmale spiegelte ihm das Erbbild am deutlichsten wider und vermittelte ihm „das reine Bild des jeweiligen Typus (als Idee im platonischen Sinn)“[46].

---

43 Zitat nach Saller, S. 37.

44 Günther: Rassenkunde, S. 14. — Ähnlich lautete auch die Definition von Vacher de Lapouge: „Ce qui constitue la race, c'est la réunion de certains caractères tranchés, et héréditaires“ (Sélections, S. 6).

45 Zur wissenschaftlichen Problematik des Rassenbegriffs vgl. Gustav Kafka: Was sind Rassen? Eine Kritik an den Grundbegriffen der modernen Erblichkeitslehre, München 1949, insbes. S. 25 ff. — L. C. Dunn: Race and Biology, in: Race and Science, S. 286 ff.

46 Günther: Rassenkunde, S. 10 f., (Zitat) 12.

Aber Günther erkannte nicht, daß dieser Ansatz die Theorie von den drei Urrassen zur bloßen Spekulation verkümmern ließ. Wenn „Rasse" nur positivistisch durch bestimmte Kriterien erfaßt werden konnte, war die auch von Günther vertretene Konzeption einer ehemals reinen arischen Urrasse, die es nur noch in abgestuften Mischungen gab, fragwürdig. Günthers Berufung auf den positivistischen Ansatz stellte daher eine Erschleichung dar. Ehrlicher war er schon darin, daß er die „platonische Idee" bemühte. Vermutlich spielte hier hinein die Vorstellung, derzufolge „Rasse" eine Art Menschenideal in physischer und geistiger Hinsicht bilde, vergleichbar etwa der griechischen „Kalokagathia". Dieser Hinweis ist kein zufälliger; Günther selbst hat Platon als geistigen Ahnherrn beansprucht und dessen „Politeia" sowie andere Werke nach rassenideologischen Interpretationsmöglichkeiten abgetastet[47].

Eine Vulgärinterpretation der „Kalokagathia" war, wie wir gesehen hatten, schon bei den frühen Rassentheoretikern und ihren Vorläufern nachweisbar und beruhte auf der Verabsolutierung der im eigenen Kulturkreis gültigen ästhetischen Normen. Diese entsprachen und entsprechen noch heute weitgehend dem antiken griechisch-römischen Schönheitsideal. Es ist daher nicht verwunderlich, daß in den Rassenlehren, die sich ja ausdrücklich um den Nachweis der physischen, charakterlichen, geistigen und somit auch kulturellen Ungleichheit der Menschen bemühten, ästhetische Maßstäbe angesetzt wurden, wenn sie dem vorgefaßten Bild zu entsprechen schienen. Wie in jedem Rassismus ästhetische, in weiterem Zusammenhang wohl auch erotische Maßstäbe mitwirken, so lag es nahe, Völkern, denen man in der konstruierten Menschheitshierarchie einen niedrigen Platz zuweisen wollte, auch ein besonderes Maß an Häßlichkeit und Unansehnlichkeit zuzuschreiben oder — umgekehrt — das nach Maßgabe der eigenen gültigen Norm besonders Häßliche auch politisch, moralisch oder kulturell als „minderwertig" zu kennzeichnen.

„Rasse" als Gestalt im Sinne einer platonischen Idee versuchte auch der Münchener Hygiene-Professor Ignaz (Igo) Kaup zu begreifen. Aufgrund eines von ihm angenommenen Körperproportionsgesetzes glaubte er aus den individuellen Konstitutionen der Deutschen auf eine ganzheitliche Gestalt *des* Deutschen, auf die platonische Idee der deutsch-germanischen Rasse in der Einheit des Gesichtsausdrucks (facies germanica) rückschließen zu können. „Die Konstitutionshygiene sieht Gestalten, sieht individuelle, nur relative Ganzheiten, die sie intuitiv und nach allen Regeln der Wissenschaft dem Ideal der Volksganzheit annähern will. Diese überindividuelle Ganzheit muß jedoch vorhanden, das ideale Gestaltsbild einheitlich sein. Daraus ergibt sich als Voraussetzung für jede psychophysische Konstitutionshygiene

47 Hans F. K. Günther: Platon als Hüter des Lebens. Platons Zucht- und Erziehungsgedanken und deren Bedeutung für die Gegenwart, München 1928.

die Bedeutung des Rassenproblems"[48]. Kaup postulierte die Existenz einer deutschen bzw. germanischen Rasse (eine strengere Differenzierung nahm er hier nicht vor), lehnte jedoch eine Charakterisierung derselben aufgrund empirisch-statistischer Befunde ab. Sein trocken-wissenschaftlich verfaßtes Buch bot keinen anderen Weg zur Erkenntnis dieser Rasse als die Intuition.

Charakteristisch für die meisten Rassenlehren war ihre erkenntnistheoretische Naivität und Unbedarftheit, die nicht mehr mit einem noch unentwickelten Wissenschaftsbegriff erklärt werden kann, sondern schon einen deutlichen Hang zur Mystifikation und zum Okkultismus verrät. Dies gilt auch für Vacher de Lapouge, der sich auf den Positivismus berief und selber eine Fülle empirischer Daten aufgrund umfangreicher Schädelmessungen gesammelt hatte. Den Beweis für die Korrelation von Rassenkriterien mit bestimmten Eigenschaften erbrachte er nicht und stützte sich dort, wo ihm seine Statistiken keine Gewißheit geben, auf bloßen Augenschein. Zwar behauptete er, daß man die spezifischen Merkmale der „Rassenseele" mit physiologischen Methoden ermitteln und untersuchen könne, gestand jedoch sofort ein, daß diese Methoden noch gar nicht existierten und erst gefunden werden müßten[49].

Noch verschwommener waren die theoretischen Ansätze vorwiegend geisteswissenschaftlich orientierter Rassenideologen, die gelegentlich im Zweifel darüber gipfelten, ob man Rasse überhaupt mit naturwissenschaftlichen Methoden erfassen könne. So sprach Le Bon den Naturwissenschaften jegliche kognitive Leistungsfähigkeit in dieser Frage ab und behauptete, daß allein die Psychologie die Mittel an die Hand liefere, um von politischen und kulturgeschichtlichen Symptomen auf die Existenz von Rassen zu schließen[50]. Die Skepsis gegenüber den Naturwissenschaften war zweifellos Teil einer Immunisierungstaktik, da gerade von ihnen die wirksamsten Gegenargumente gegen den Rassengedanken angemeldet werden konnten. Daher beeilte sich denn auch der Gobineau-Apostel Schemann, sein Mißtrauen gegen statistische und quantifizierende Methoden in die Feststellung einzukleiden, „... daß mathematische Formeln überhaupt Erkenntnis der äußeren Vorgänge, in der Lüftung des Erbgeheimnisses keinen Schritt weiter bringen"[51]. Aber gerade auf dem Prinzip der Vererbbarkeit nicht allein physischer Eigenschaften, sondern auch vor allem eines psychisch bedingten sozialen Verhaltens beruhte der Rassengedanke. Noch einfacher freilich war es, die Rasse aller erkenntnistheoretischen Fragestellung dadurch zu entheben, daß man sie — wie Chamberlain — zum Bestandteil des eigenen

48 Igo (Ignaz) Kaup: Gestaltlehre des Lebens und der Rasse. Lösung der Krise in der Medizin und Hygiene, Leipzig 1935, S. 63, (Zitat) 59 f.
49 Vacher de Lapouge: Der Arier, S. 225 f.
50 Le Bon, S. 7.
51 Schemann III, S. 430.

Bewußtseins deklarierte, wodurch jeder Kritiker des Rassengedankens zwangsläufig bestätigte, daß er keine Rasse besaß. Um den Nachweis ihrer Existenz oder um begriffliche Definitionen brauchte sich daher der Rassenhistoriker Heinrich Wolf nicht zu bekümmern: „Für mich sind die Rassen ganz einfach da als eine unleugbare Tatsache der Gegenwart"[52].

Die meisten Rassentheorien standen auf derart niedrigem wissenschaftlichen Niveau, daß sie über ihre erkenntnistheoretischen Grundlagen keine Rechenschaft ablegten. Das gilt auch für die naturwissenschaftlich orientierten Schriften, die sich mit Hilfe von Schädelstatistiken und medizinisch-anthropologischen Methoden einen wissenschaftlichen Schein zu geben versuchten. Entscheidende „Erkenntnisquelle" war für sie in der Regel letztlich das „innere Schauen", mit anderen Worten: ein subjektiver Ästhetizismus, der jeder Mystifikation und jedem Obskurantismus Eingang gewährte. In einem Falle wurde sogar versucht, Rassenkunde als Stilkunde — vergleichbar der Kunstwissenschaft — zu betreiben und somit eine phänomenologische Rassentheorie zu begründen. Ihr Urheber Ludwig Ferdinand Clauss[53] unternahm den Versuch, die Phänomenologie Husserls, dessen Schüler er gewesen war, dem Rassengedanken nutzbar zu machen. Folgerichtig ignorierte er die Frage nach dem entwicklungsgeschichtlichen Ursprung der Rasse und den Ursachen ihrer Entstehung und verzichtete auch auf Definitionsversuche. Rassen waren für ihn einfach etwas Gegebenes, gleichermaßen ein unhistorisches Prinzip. „Die Rassen verändern sich nicht, bedeutet: ihr Artgesetz (biologisch gesprochen: ihr Erbbild) bleibt dasselbe, ob auch ihr seelisches und leibliches Erscheinungsbild sich im Wechsel der Umwelt und der Lebensbedingungen abzuwandeln vermag[54]."

„Rasse" war für Clauss etwas Ganzheitliches, das nicht durch exakte Kriterien oder gar quantifizierende Messungen erfaßt werden konnte; die körperliche und seelische Einheit konnte nur *erschaut* und nicht durch Beobachtung oder Messungen gewonnen werden: „Wir beobachten nicht, sondern wir erleben; wir schließen nicht, sondern wir schauen." „Rasse", die Clauss in deutschtümelndem Purismus stets „Artung" nannte, ist dem „Stil" in der Kunsttheorie verwandt. „Artung bedeutet uns: Einheit des Stiles[55]." Die Erforschung der Rassen müsse daher „... eine Stilforschung sein genau in jenem Sinne, in welchem die Kunstwissenschaft eine Stilforschung ist". Jede

52 Heinrich Wolf: Angewandte Rassenkunde (Weltgeschichte auf biologischer Grundlage), Leipzig 1927, S. 11.

53 Ludwig Ferdinand Clauss (geb. 1892) studierte Psychologie, Ethnographie und Philosophie und war seit 1936 als Dozent an der Berliner Universität tätig. Er war neben Günther einer der bekanntesten, wenn auch kein unumstrittener Vertreter des Nordischen Gedankens. Biographische Einzelheiten s. Lutzhöft, S. 47 ff.

54 Ludwig Ferdinand Clauss: Rasse und Seele. Eine Einführung in die Gegenwart, München 1922, S. 28 f.

55 Ebd., S. 26, 28, 17.

Rasse aber habe ihren Proto- bzw. Idealtypus, der ihr jeweiliger Adel sei; bei der nordischen Rasse sei dieser Adel vorwiegend im Bauerntum anzutreffen[56]. Getreu seinem Ansatz versuchte Clauss die Rasse mit optischen Hilfsmitteln zu begreifen. Landschaftbildern aus Skandinavien und dem mediterranen Raum stellte er Aktphotos von nordischen Schönheiten und entblößten Tunesierinnen gegenüber und verglich diese wiederum mit gotischen Domen und orientalischen Bauwerken, was dem gesamten Machwerk den Anstrich einer geschmacklosen Farce verlieh. Wissenschaftlich völlig abwegig war es jedoch, daß Clauss Landschaften als Umwelt bestimmter Bevölkerungsgruppen in den Rassenbegriff einbezog, was den Rahmen der Anthropologie vollends sprengte.
Insgesamt haben die Rassentheorien wissenschaftlich nicht nur nichts hergegeben, sondern Wissenschaft sogar durch Obskurantismen und Mystizismen zu ersetzen versucht. Nicht der Intellekt sei für die Erkenntnis entscheidend, bemerkte Heinrich Wolf unter Berufung auf Clauss, sondern: „Höher steht die Intuition, das innere Schauen, die Offenbarungen[57].“ Es wird daher verständlich, daß es nicht einmal Versuche gegeben hat, die drei wichtigsten Rassenbegriffe auf ihre Vereinbarkeit zu überprüfen und sie in einer umfassenden Theorie zu verbinden. Und den recht vagen Zusammenhang der drei Begriffe plausibel zu machen, mußte Schemann nichtssagende Metaphern bemühen: „Die dreierlei Rassen[begriffe] berühren einander immerfort, gehen allerwärts ineinander über. Sie sind wohl drei getrennte Ströme, in verschiedenen Gebirgen entsprungen, ergießen aber ihre Gewässer in das gleiche Wissensmeer, das seinerseits wieder in den unendlichen Ozean sich verliert.“ Die drei Rassenbegriffe — den kulturgeschichtlichen (gobinistischen), den anthropologischen (sozialdarwinistischen) und schließlich den von Chamberlain eingeführten mystischen — umschrieb Schemann folgendermaßen: „In dreierlei Ausprägungen ragt die Rasse in unser heutiges Geistesleben hinein. Erstlich als die ‚Vitalrasse‘ (Ploetz), die den ganzen heute lebenden Völkerkomplex umfaßt, und innerhalb deren der Wertmesser von Individuum zu Inviduum geht. Zweitens als die anthropologische Systemrasse. Hier scheidet sich Rasse von Rasse in unwillkürlicher hierarchischer Gliederung, die namentlich da zutage tritt, wo sich die Rassen in Völkern verkörpern oder auch — infolge von Mischungen — verlieren. Endlich drittens treffen wir auf das, was von beiden ersteren Formen in den Völkern sich niedergeschlagen hat, auf die Rasse als Bewußtseinseinheit der Völker. Die Auswirkung der ersten, der Vitalrasse, vollzieht sich — in der Wissenschaft der Rassenhygiene — vorwiegend in humanitärer, die der zweiten, der anthropologischen Systemrasse, ausschließlich in wissenschaft-

56 Ebd., S. 9, 31.
57 Wolf, S. 11.

licher, die der dritten, der Volkstumsrasse, vornehmlich in nationaler Richtung[58]."

Es versteht sich, daß das Nebeneinander von anthropologischen, kulturgeschichtlichen, medizinalhygienischen und sonstigen Ansätzen der Rassentheorien eine entsprechende Vielfalt von Gattungsbegriffen nach sich zog. Aber auch die vermeintlich exakte, naturwissenschaftliche Grundlage der Werke von Vacher de Lapouge, Günther und Gesinnungsgenossen bot keineswegs die Gewähr für eine Einteilung der Menschheit nach einheitlichen Gattungsbegriffen. Welche Gruppen jeweils als „Rassen" figurierten und welche Rassen wiederum als führende und welche als minderwertige angesehen wurden, das blieb — trotz gelegentlichen Übereinstimmungen — weitgehend dem persönlichen Belieben überlassen. Man fühlt sich an das von Göring überlieferte Wort erinnert: „Wer Jude ist, bestimme ich." — Gobineau hatte hierin noch die einfachsten und klarsten Vorstellungen, die sich freilich in einem vorwissenschaftlichen, mythischen Raum bewegten. Auf die von ihm konzipierte Menschheitshierarchie wurde bereits hingewiesen. Nach seiner Dreiteilung bildeten die Weißen die Elite, die Gelben das Bürgertum und die Schwarzen die geborene Dienerschaft der Menschheit. Weitere Differenzierungen entstanden für ihn allenfalls durch verschiedene Mischungsverhältnisse dieser drei Gattungen; er schenkte ihnen indessen wenig Interesse und Aufmerksamkeit. Innerhalb der kaukasischen oder weißen Varietät interessierten ihn nur diejenigen Völkerschaften, die nach seiner Überzeugung das Erbgut der Arier — d. h. der einst unvermischten weißen Rasse — am reinsten erhalten haben: Germanen, Ur-Kelten und die von ihnen durchsetzten Völker.

Vacher de Lapouge berief sich nun bereits auf umfangreiche Schädelmessungen. Aber die Differenzierungen, zu denen sich einige seiner Zeitgenossen aufschwangen, ignorierte er weitgehend, ebenso die Anthropologie der farbigen Völker. Im Vordergrund seines Intersses standen der blonde, blauäugige, hochgewachsene Langschädel, der „Homo europäus", den er Arier nannte, sowie der untersetzte brünette Kurzschädel, den er nicht weiter in Untergruppen aufteilte[59]. Der Kampf zwischen Dolichozephalen und Brachyzephalen war für ihn das große gesellschaftliche und historische Drama, das den Hintergrund von Revolutionen und Klassenkämpfen, Bürgerkriegen und Eroberungen in Europa bildete. Es versteht sich, daß die von ihm Arier genannten Langschädel die Elite der Menschheit darstellten.

Seit dem Erscheinen des Buches „Les races et les peuples de la terre" (Paris 1900, ²1926) des französich-russischen Anthropologen Joseph Deniker (1852 bis 1918) hatte sich als Bezeichnung für den dolichozephalen „Homo euro-

58 Schemann III, S. 431.
59 Vacher de Lapouge: Der Arier, S. 1 und öfter.

päus“ die Bezeichnung „race nordique“ eingebürgert[60], was dem Germanenkult der meisten Rassenlehren entgegenkam. Bis zum Ersten Weltkrieg setzte sich etwa folgende weitere Gliederung der weißen Varietät durch, bei der freilich manche Bezeichnungen variieren konnten. Der Amerikaner Grant unterteilte die sogenannte kaukasische Rasse, neben der es für ihn noch die mongolide und negroide gab, in Nordische, Mediterrane und Alpine. Die Nordischen waren für ihn weitgehend gleichbedeutend mit Germanen und Ur-Kelten und entsprachen etwa dem Arier bei Gobineau und bei Vacher de Lapouge. Die Mediterranen waren für ihn vorwiegend in Spanien, Portugal und Süd-Italien beheimatet. Das Siedlungsgebiet der Alpinen erstreckte sich von Frankreich über die Alpenländer bis weit nach Osteuropa; sie entsprachen weitgehend den von Vacher de Lapouge so verachteten Kurzschädeln[61].

Diese Dreiergliederung innerhalb der weißen Rasse wurde durch die Forschungsergebnisse der Anthropologie noch erweitert um die dinarische und ostbaltische Rasse. Eine letzte, freilich gelegentlich umstrittene Ergänzung lieferte Hans F. K. Günther, dessen Rassenschema somit folgendermaßen aussah: (1) nordische, (2) westische (= mediterrane), (3) dinarische (= adriatische), (4) ostische (alpine), (5) ostbaltische (osteuropäische) und (6) fälische Rasse[62]. Diese Einteilung der weißen Weltbevölkerung wurde schließlich, wenn wir von der zeitweiligen Diskussion um die Existenz einer sudetischen Rasse absehen, in der 1930er Jahren weitgehend anerkannt. Die Schaffung der neuen Kategorie der fälischen Rasse war erforderlich geworden, nachdem etliche Bevölkerungsgruppen in Westfalen sowie im schwedischen Dalarne in keiner der bisher bekannten Kategorien untergebracht werden konnten.

Günther war mit Wertungen außerordentlich vorsichtig. Abfällige Äußerungen über die einzelnen Rassen sind bei ihm selten zu finden und kaum in verletzender Form. Gleichwohl war bei ihm wie auch bei den anderen Rassenideologen die Menschheit hierarchisch gegliedert. Die nordische Rasse stellte für ihn die Spitze des Homo sapiens dar, gefolgt von der fälischen, der westischen und den übrigen Rassen, von denen die ostbaltische das Schlußlicht bildete; an sie schloß sich dann das Gros der farbigen Völker. Ähnlich sah diese Hierarchie auch bei anderen Rassenideologen aus, mochte auch die Terminologie eine andere sein. Gemeinhin gipfelte die angenommene Rassenpyramide in jener Menschengattung, die unterschiedlich als Arier, Germanen (Woltmann), Langschädel (Vacher de Lapouge) oder nordische Rasse bezeichnet wurde. Es hing nur vom Interesse des jeweiligen Rassenideologen ab und von der engen oder weiten Fassung des Rassen-

---

60 Vgl. Lutzhöft, S. 84.

61 Zur Charakteristik dieser Gruppen vgl. Grant, S. 140 ff. und öfter.

62 Günther: Rassenkunde, passim; vgl. Lutzhöft, S. 88 ff.

begriffs, ob in diese Gliederung die farbigen Rassen gewissermaßen als unterer Bodensatz mit aufgenommen oder schlicht ignoriert wurden.
Gelegentlich beschränkte sich der Rassengedanke auf die bloße Zustimmung zur Lehre von der Ungleichheit und Ungleichwertigkeit der Menschenrassen[63]. An die Spitze der gedachten Menschheitspyramide wurde nicht immer der nordische Mensch, der Arier, Germane oder Langschädel gesetzt, sondern irgendeine fingierte Nationalrasse. Das war naturgemäß in solchen Ländern häufiger der Fall, die sich aus historischen oder auch aus Gründen der zeitgenössischen Politik nicht mit dem Germanentum identifizieren mochten. In Frankreich und Belgien bildete sich in bewußter Opposition zur Germanophilie Gobineaus und seiner Epigonen eine keltizistische Schule des Rassengedankens heraus, die das Galliertum und die lateinische Kultur dem „barbarischen" Germanentum gegenüberstellte. Ausgehend von einer zunächst nur kulturbezogenen Verehrung der keltischen Vergangenheit, fand der Keltizismus im Laufe des 19. Jahrhunderts bald auch Eingang in die Rassenlehren[64]. Eine ähnliche, jedoch ungleich weniger bedeutende Erscheinung bildeten seit dem späten 19. Jahrhundert der Panturanismus in Ungarn und der Pantürkismus in der Türkei.
Eine besonders skurrile Einteilung der Menschheit in Rassen nahm der führende Rassenideologe der italienischen Faschisten, Giulio Evola, vor, dessen Ausführungen tief in mystizistische Gefilde führten und durch besonders phantasievolle Rassenbezeichnungen hervorstachen. Als Vorfahren der nordischen Rasse vermutete er eine hyperboreische Rasse, deren Urheimat die nach seiner Überzeugung einstmals klimatisch wohnlichere Arktis gewesen sei. Daneben existierten für ihn eine lunare oder demetrische, eine tellurische oder chthonische, eine dionysische, eine titanische, amazonische, aphroditische (= keltische) und eine heroische Rasse[65].
Das Rassenbild war, wie wir sahen, kein einheitliches, zumal es keinen fest umrissenen und allseits anerkannten Rassenbegriff gab. Daraus aber geht mit erneuter Bestätigung hervor, daß die Rassentheorien in Europa nicht ideologischer Überbau bestehender Rassenkonflikte waren. Wann hat es denn jemals Konflikte zwischen blonden blauäugigen Langschädeln und brünetten Kurzschädeln gegeben, wenn nicht in den Phantasien der Rassenideologen, die diese Konflikte meist in archaische Vorzeiten verlegten? Und die Länder, in denen Rassenkonflikte bestanden, haben erst unter europäischem Einfluß Rassentheorien entwickelt. Aber auch in den Vereinigten Staaten, die hier an erster Stelle genannt werden müssen, wurde der Rassengedanke zuerst in den Neuengland-Staaten aufgegriffen, die damals eine fast homogene

63 Barzun, S. 69.
64 Ebd., S. 108 ff.
65 Giulio Evola: Sintesi di dottrina della razza, Milano 1941; deutsch: Grundrisse der faschistischen Rassenlehre, Berlin o. J. (1943), S. 66, 78 ff., 98 ff.

weiße Bevölkerung hatten. Es versteht sich, daß diese Theorien dann sehr schnell als propagandistisches Instrument in bestehenden Rassenkonflikten Verwendung fanden und zur Diskriminierung von Negern, Indianern und recht bald auch von chinesischen Einwanderern an der Westküste eingesetzt wurden. Sowohl in den USA als auch in den europäischen Ländern dienten sie in späteren Zeiten, etwa seit der Jahrhundertwende, zur Rechtfertigung kolonialer Expansion auf Kosten farbiger Völker. Aber an der Wiege der Rassentheorien standen, wie wir gesehen hatten, soziale und keine rassischen Gegensätze.

Diese Tatsache macht klar, daß in Europa, in dem es keine wirklichen Rassenkonflikte gab, die Rassentheorien vermutlich langsam abgestorben wären, sobald der bei Gobineau noch deutlich nachwirkende feudale Hintergrund vollends verkümmert und der Anschluß an Apologien bürgerlicher Klassenschranken nicht mehr aufrechterhalten worden wäre. Mit anderen Worten: die Rassentheorien hätten zumindest starke Einbußen an öffentlichem Interesse erlitten, wenn sich nicht auch in Europa ein „Farbiger“ gefunden hätte, dessen Außenseiterstellung den Rassengedanken mit Ressentiments und Vorurteilen ständig neu belebt hätte. Es handelt sich hier um die Rolle der Juden.

Es muß an dieser Stelle dem weitverbreiteten Irrtum entgegengetreten werden, daß der Rassengedanke von Anbeginn antisemitisch ausgerichtet gewesen sei. Zwar hatte schon einer seiner geistigen Ahnherren, Christoph Meiners, die Juden zusammen mit Negern und Indianern zwischen Weißen und Tieren angesiedelt[66]. Wohl haben auch Gobineau und seine Anhänger die Juden unterhalb der Arier eingestuft, sie aber auch nicht ausdrücklich zu einer besonders verwerflichen Menschenart oder gar zum Gegenmenschen erklärt[67]. Erst in den letzten Jahrzehnten des 19. Jahrhunderts verschmolzen Rassentheorien mit der bisher religiös oder soziokulturell motivierten Judenfeindschaft[68] zum eigentlichen Rassenantisemitismus. Von diesem kann daher erst dann die Rede sein, wenn mit den antijüdischen Ressentiments die Annahme verbunden war, daß die Juden wegen *angeborener* und damit als unveränderlich geltender Eigenschaften eine Fremdgruppe bildeten, die aufgrund ihrer rassenbiologischen Determinanten nicht integriert werden könne und dürfe.

---

66 Saller, S. 21.

67 Dieser Irrtum ist weit verbreitet; ihn wiederholen mehrfach Ernst Nolte: Der Faschismus in seiner Epoche. Die Action française — Der italienische Faschismus — Der Nationalsozialismus, München 1962, S. 352 und öfter; Peter G. J. Pulzer: The Rise of Political Antisemitism in Germany and Austria, New York—London—Sydney 1964, S. 49 und öfter; Ignaz Zollschan: Der Rassenwahn als Staatsphilosophie, Heidelberg 1949, S. 103 f. — Vgl. hiergegen Alexander Bein: Der moderne Antisemitismus und seine Bedeutung für die Judenfrage, *Vierteljahreshefte für Zeitgeschichte* 6 (1958) S. 343.

68 Für Deutschland vgl. Eleonore Sterling: Judenhaß. Die Anfänge des politischen Antisemitismus in Deutschland (1815—1850), Frankfurt am Main 1969.

Die ersten populären Schriften des Rassenantisemitismus trennten freilich nicht immer scharf zwischen Rasse und Gruppe und vermengten ihre Aussagen vielfach mit recht schwammigen völkerpsychologischen Thesen. Die erste Differenzierung zugunsten eines rassenbiologischen Antisemitismus finden wir erst in der 1861 anonym, in späteren Auflagen unter dem Pseudonym D. H. Naudh herausgegebenen Broschüre „Die Juden und der deutsche Staat": „Mehrtausendjährige Abschließung und Inzucht haben die durchgreifende Herrschaft des Racentypus gefestigt und die Denkweise zu einem Theile desselben gemacht. Jüdisches Blut und jüdischer Sinn sind untrennbar geworden, und wir müssen das Judentum nicht allein als Religion und Kirche, sondern auch als den Ausdruck seiner Raceneigenthümlichkeiten auffassen[69]."

Wilhelm Marr, einer der ersten deutschen Propheten des Antisemitismus, unterstrich bereits die rassenbiologische Konfrontation zwischen Juden und Germanen. In seinem Buch „Der Sieg des Judentums über das Germanentum vom nicht-konfessionellen Standpunkt betrachtet" (Berlin 1893) beschwor er die Gefahr einer Machtergreifung durch das „parasitäre" Judentum, das schließlich zur Weltherrschaft gelangen werde, wenn sich nicht das Germanentum energisch zur Wehr setze. Mit der Gründung einer „Antisemitenliga" 1879 und der Herausgabe der „Antisemitischen Hefte" hatte Marr zwar ebensowenig Erfolg wie zeitgenössische Gesinnungsgenossen, die ihre Polemik in die Tagespolitik einfließen lassen wollten; aber ihre Vorläuferschaft für spätere Entwicklungen kann und darf nicht unterschätzt werden[70].

In sehr ähnlichen ideologischen Bahnen verlief die Entwicklung in Frankreich, wo der radikalkonservative Publizist Edouard Drumont (1844—1917) in seinem zweibändigen Werk „La France juive" (Paris 1885/86) ein ähnliches Bild für die gesellschaftliche Szenerie entwarf. Seit ihrer Emanzipation hätten sich die Juden wie ein Krebsgeschwür in Staat und Gesellschaft eingenistet und ausgebreitet und durch ihre internationalen „vaterlandslosen" Verbindungen unter ihre Kontrolle gebracht[71]. Die politische Saat ging in Frankreich früher auf als in Deutschland, wie dies der Ausbruch des Rassenfanatismus im Gefolge der Dreyfus-Affäre 1897/98 offenbaren sollte.

Zum eigentlichen „Klassiker" des Rassenantisemitismus in Deutschland wurde freilich erst der durch Engels' „Antidühring" bekannt gewordene Berliner Philosoph Eugen Dühring (1833—1921)[72]. Stärker noch als Drumont und Marr betrachtete er die Judenfrage ausschließlich als Rassen-

---

69 Zitat nach Bein, S. 345.

70 Über Marr vgl. Bein, S. 346 f.; Pulzer, S. 50 ff. — Vgl. Paul W. Massing: Rehearsal for Destruction, New York 1948; deutsch: Vorgeschichte des politischen Antisemitismus, Frankfurt am Main 1959, S. 6 ff.

71 Bein, a. a. O.; Robert F. Byrnes: Antisemitism in Modern France, Tome I: The Prologue to the Dreyfus Affaires, London 1950.

72 Über Dühring s. Bein, S. 347 ff.; Pulzer, S. 52 ff.

problem. In seiner bekannten Schrift über die Judenfrage legte er dar, wie er die Rasseneigenschaften aus der Geschichte ableiten zu können meinte: „Die gesamten Raceneigenschaften bekunden sich nun in den Handlungen und müssen im geschichtlichen Gesammtverhalten wie im Thun der Einzelnen studirt werden. Die Völkercharaktere erkennen sich aus dem Lebenslauf der Völker, wie der Einzelcharakter aus dem Lebenslauf des Einzelnen[73]." Darauf skizzierte er die in allen späteren antisemitischen Pamphleten wiederkehrenden Thesen vom parasitären Charakter der Juden als ihrer markantesten Rasseneigenschaft: „Ihr Stamm ist seit Jahrtausenden die auserwählt eingefleischte Selbstsucht, und er hat nur unter steter Belästigung anderer Völker leben können[74]." Die Juden seien dabei zu jeder eigenständigen höheren Geistesbetätigung unfähig und allein auf geschäftlichen Gewinn aus: „In dieser grob und niedrig materiellen Richtung liegt auch ein Hauptgrund der Unfähigkeit der Juden, sich in Wissenschaft und Kunst schöpferisch zu bewähren. Ihnen fehlt jene frei und uneigennützige Thätigkeit des Geistes, die allein zur uninteressirten Wahrheit und Schönheit vordringt[75]."
Dührings Schrift enthielt bereits alle jene Standardbehauptungen, die in späteren antisemitischen Schriften in endlosen Variationen wiederholt wurden. Sogar die Polarisierung des Rassengegensatzes durch die Konstruktion eines jüdischen Unter- bzw. Gegen-Menschen, wie sie für das Denken Hitlers charakteristisch werden sollte, hatte Dühring bereits vorweggenommen: „Die Feindschaft [der Juden] gegen das Menschengeschlecht ist auch politisch und social ihr Element, und hieraus erklärt sich auch Alles, was wir in jüngster Zeit auf Deutschem Boden von ihnen erfahren[76]." Selbst die Maßnahmen, die Dühring gegen die Juden empfahl, muten als Vorwegnahme der späteren NS-Praxis an. Er befürwortete die Aufhebung der Judenemanzipation, forderte ihre Beseitigung aus dem öffentlichen Leben, ihre „Einpferchung und Abschließung" und endlich ihre Zwangsausweisung: „Das Wohin ist die eigene Sache der Juden[77]." Die Verwirklichung dieser Pläne verwies Dühring späteren, weniger von humanitären Normen gehemmten Zeit. „Der Größe und Zähigkeit [des Judentums] müßte die Stärke und Nachhaltigkeit der Mittel entsprechen. (...) Wo die Race einmal gründlich erkannt ist, da steckt man sich ein weiteres Ziel, zu welchem der Weg nicht ohne die kraftvollsten Mittel zu bahnen ist[78]." Für Dühring stellte auch die Vertreibung der Juden nur eine regionale Verschiebung des Problems dar; der Gedanke der *Endlösung* zeichnete sich bereits ab.

73 Eugen Dühring: Die Judenfrage als Racen-, Sitten- und Culturfrage, Carlsruhe—Leipzig 1881, S. 5.
74 Ebd., S. 109.
75 Ebd., S. 61, (Zitat) 77.
76 Ebd., S. 81.
77 Ebd., S. 107, 113 f, (Zitat) 110.
78 Ebd., S. 156 f.

Es ist trotz allen von Dühring gemachten Äußerungen über die Juden nicht unproblematisch, ihn in die Reihe der bisher genannten Rassenideologen zu stellen. Sein Antisemitismus war zwar rassenbiologisch motiviert, aber ihm fehlte der theoretische rassenideologische Rahmen. Dühring kannte nur die Juden als Inkarnation des Niederträchtigen, verzichtete aber im übrigen auf eine abgestufte Werthierarchie der Menschheit. Sein Werk war ausschließlich antisemitisch und ignorierte alle Ariertheorien und verwandten Konstrukte. Es enthielt keine für die übrigen Rassentheorien so charakteristischen Aussagen zum Problem rassischer Elitenbildung und skizzierte nicht eine die gesamte Menschheit oder wenigstens eine Mehrheit derselben umfassende Rassenhierarchie. Auch zur Frage der rassenspezifischen Basisabhängigkeit aller Kultur sowie zur geschichtspessimistischen Dekadenztheorie gab Dühring verschwommene Antworten, die nur andeutungsweise den entsprechenden Aussagen anderer Rassentheoretiker ähnelten.
Erst Vacher de Lapouge unternahm den etwas unbeholfenen Versuch, den Antisemitismus in den umfassenderen Rahmen seiner Anthroposoziologie einzubeziehen. Zunächst übernahm er die „klassischen" Klischees vom Juden als dem parasitären Händler, der sich — wie schon Drumont vor ihm behauptet hatte — als Krebsgeschwür in der Gesellschaft eingenistet habe. Aber dann gelangte er zu einer für einen Rassenideologen überraschenden Feststellung: die Juden seien gar keine Rasse im anthropologischen Sinne, sondern eine durch gemeinsame Lebensverhältnisse geprägte geistig-seelische Einheit. Anthropologisch seien sie die Nachfahren von Mischlingen palästinensischer Ureinwohner mit blonden Langschädeln (!)[79]. Mit dieser Ahnenschaft verwies sie Vacher de Lapouge auf einen recht hohen Rang in seiner Rassenhierarchie. Es ist nicht völlig klar, wie er den Widerspruch zwischen seiner Theorie und seinem rassenideologisch drapierten Antisemitismus zu lösen gedachte. Einerseits stellten die Juden überhaupt keine Rasse dar, andererseits waren sie die Nachfahren von blonden Langschädeln und standen somit auch jenen dolichozephalen Aristokraten nahe, die 1789 durch die kleinbürgerlichen kurzschädeligen Jacobiner beseitigt worden seien. Vacher de Lapouge blieb die Antwort schuldig, worin sich denn schließlich die langschädeligen Juden von den langschädeligen Ariern unterschieden. Das einzige, was er hierüber festzustellen vermochte, war die Behauptung, daß die Juden deren gefährlichste Konkurrenten seien[80]. Auch spätere Rassenideologen, die trotz des nach der Jahrhundertwende rapide sinkenden theo-

79 Vacher de Lapouge: Der Arier, S. 305 f.

80 Ebd., S. 304. — Der Hintergrund dieser These beruht auf der Tatsache, daß die Suche nach einem charakteristischen physischen Konstitutionstypus *des* Juden ergebnislos geblieben war und nur die anthropologische Vielfalt der Juden ergeben hatte, auf die keine Rassenkategorie paßte; vgl. hierzu die Tabellen über durchschnittliche Schädelindices, Haar- und Augenfarben von Juden bei Montagu, S. 225 ff.

retischen Niveaus der Rassenlehren einigen Wert auf wissenschaftliches Renommee legten, haben sich mit der rassenbiologischen Bearbeitung des Antisemitismus schwer getan. So hat Günther beispielsweise gelegentlich abfällige Äußerungen gegen Juden getan, aber das Problem ihrer anthropologischen Bestimmung stets umgangen.

Hervorgegangen aus ungleichen Wurzeln weisen der Rassengedanke und die frühe (nicht-rassistische) Judenfeindschaft doch einige gemeinsame Charakterzüge auf. Das Schlüsselereignis für beide sind das Jahr 1789 und die nachfolgenden Entwicklungen, die Abschaffung des Ständewesens und der Sieg bürgerlich-liberaler Gesellschaftsordnungen, Bauernbefreiung und Emanzipation der Juden aus kastenartigem Ghetto-Dasein. Gemeinsam sind dem Rassengedanken wie dem soziokulturellen Antisemitismus die Abwehr gegen egalitäre Gesellschaftsvorstellungen und die Rückbesinnung auf vorliberale Ständeordnungen, wie auch die Judenfeindschaft des frühen 19. Jahrhunderts auf restaurativer Grundlage schärfstens den Liberalismus bekämpfte[81]. Eine endgültige Verschmelzung von Rassengedanken und Antisemitismus erfolgte in West- und Mitteleuropa jedoch erst in den völkischen Konventikeln der 1890er Jahre, in Deutschland besonders nach dem Erscheinen von Chamberlains „Grundlagen“ (1899). Für ihn waren Juden — wie alle übrigen Rassen — eine Zuchtrasse, die zu seiner Bewunderung stets mit „absoluter Sicherheit nach der Logik und Wahrheit ihrer Eigenart“ gehandelt und durch „Humanitätsduselei“ auch nicht für einen einzigen Augenblick die „Heiligkeit der physischen Gesetze“ vergessen habe[82]. Ihr zäher Zusammenhalt über das Diaspora-Schicksal hinaus habe ihren Rasseninstinkt gestärkt und sie instandgesetzt, in den Wirtsvölkern zu bestimmendem Einfluß zu gelangen. Die Schuld hieran liege nicht in der Unfähigkeit ihrer arischen Gastgeber, sondern deren mangelnder Geschlossenheit und kultureller Heterogenität. Als Hauptschuldigen sah Chamberlain in hohem Maße das Christentum an, dessen jüdische Elemente die Herausbildung eines arischen Rassenbewußtseins verhindert habe[83].

Die europäischen Rassentheorien waren seit dem letzten Jahrzehnt des 19. Jahrhunderts durchweg antisemitisch, so wie der Antisemitismus immer stärker seine sozialen, religiösen und kulturellen Bestandteile durch Aussagen des Rassengedankens auswechselte. In Deutschland fand der Rassenantisemitismus ein Zentrum im Kreise der Wagner-Anhänger, die sich mit Gobineau- und Chamberlain-Verehrern um die „Bayreuther Blätter“ geschart hatten, und gelangte über diese und andere geistesverwandte Gazetten, insbesondere aber durch Chamberlains „Grundlagen“ in die plüschbezogenen Wohnstuben des deutschen Bürgertums. Über kleinbäuerliche und kleinbür-

81 Vgl. hierzu Sterling, S. 105 ff.
82 Chamberlain, S. 310.
83 Vgl. Lukács, S. 562.

gerliche Sozialbewegungen gelangten antisemitische Ressentiments mit sozialrevolutionärem Unterton in noch breitere Volksschichten. Ähnlich verlief die Entwicklung in Frankreich und — mit jeweiligen regionalen Varianten — in anderen Ländern Europas. In Ost- und Südosteuropa war der Rassengedanke, der dort erst relativ spät Fuß faßte, fast ausschließlich antisemitisch ausgerichtet und allenfalls durch gewisse nationalistische Ressentiments eingefärbt.

Der Rassenantisemitismus hat entscheidend dazu beigetragen, daß die Rassentheorien im kontinentalen Europa eine andere Richtung einschlugen als in Nordamerika oder im britischen Empire. Während in den Vereinigten Staaten und in den 1930er Jahren auch in Südafrika in zunehmendem Maße rassistische Parolen bloße, kaum verhüllte Rechtfertigungsdoktrinen zur Unterdrückung, Ausbeutung und diffamierenden Entmündigung farbiger Bevölkerungsteile enthielten oder noch stärker eine gewichtige Rolle in der Einwanderungspolitik spielten, besaß der antisemitische Rassengedanke zumindest in West- und Mitteleuropa diesen konkreten politischen Hintergrund nicht. Hier war der Rassenantisemitismus Bestandteil jenes restaurativen und reaktionären Syndroms, das in der Antithese gegen soziale und demokratische Staats- und Gesellschaftsordnungen die Rückkehr zur heilen Welt des Ständewesens propagierte und somit von Regierungen allzuleicht als Ablenkungsmanöver mit Sündenbockfunktionen eingesetzt werden konnte[84]. In Rußland, Polen, Ungarn und Rumänien galt der Judenhaß dem städtischen Bankier, dem jüdischen Gutsverwalter, dem dörflichen Kleinkrämer und Geldverleiher, also Inhabern von sozialen Funktionen mit teilweise ausbeuterischem Charakter. Der unmittelbare Bezug auf eine konkrete Bevölkerungsgruppe — diesmal nicht eine unterdrückte, sondern unterdrückende Minderheit — war als auch hier gegeben.

In Deutschland, Frankreich und in den meisten übrigen Staaten Europas hingegen bildeten die Juden in dieser Geschlossenheit keine derart umrissene, an bestimmte Berufe oder soziale Funktionen fixierte Schicht mehr. Da Juden mit gewissen Ausnahmen in fast jeder Stellung angetroffen werden konnten, war der Rassenantisemitismus nicht gegen eine bestimmte Schicht gerichtet. Können wir den angelsächsischen Rassentheorien eine fast naive Offenheit in ihrer ideologischen Funktion, einen geradezu nüchternen Bezug auf die politische Praxis imperialistischer Expansion und stringenter Einwanderungspolitik bescheinigen, so bietet uns der europäische Rassenantisemitismus ein in sozialer Hinsicht recht verschwommenes Bild, das die Entwicklung des Begriffs „Rasse“ zur bloßen Bewußtseinsform und weiter die Konzeption rassenmythologischer Weltanschauungen erleichterte.

---

84 Vgl. hierzu Wehler: Kaiserreich, S. 110 ff.

Kultur als „Rassenseele“

Das zahlenmäßige Anwachsen des rassenideologischen Schrifttums, wie wir es besonders in Deutschland seit 1900 beobachten können, zog Folgeerscheinungen nach sich, die sich auf Form, Inhalt und politischen Stellenwert der Rassentheorien auswirkten. Zunächst einmal bedeutete die quantitative Ausdehnung zugleich einen qualitativen Abstieg. Konnte man trotz ihrer reaktionären Ausrichtung und ihrer inhaltlichen Abstrusität den Werken Gobineaus, Chamberlains, Grants, Schemanns und anderer literarische Originalität oder wenigstens eine gewisse publizistische Perfektion nicht absprechen und mußte man Vacher de Lapouge, Woltmann, Günther mindestens dort wissenschaftliches Niveau zuerkennen, wo es um die formale Ausstattung ihrer Werke mit wissenschaftlichem Apparat und um die Verwendung vielseitiger Forschungsergebnisse ging, so vollzog sich mit dem Anwachsen rassenideologischer Literatur auch ein Wandel von der Pseudowissenschaft zur politischen Trivial- und Traktätchenliteratur. Dieser Prozeß läßt sich vor allem dort verfolgen, wo die Grenze zwischen wenigstens formaler Wissenschaftlichkeit zum ideologischen Propheten- und Quacksalbertum überschritten wurde.

Man kann verallgemeinernd feststellen, daß die „kreative“ Phase der Rassenlehren etwa bis zum Ersten Weltkrieg andauerte. Von einigen Ausnahmen abgesehen, wurden in der nachfolgenden Zeit früher ausgearbeitete Theorien entweder nur wiedergekäut, auf niederem Niveau beliebig wiederholt und geringfügig variiert, oder aber sie wurden nur durch zahllose Detailuntersuchungen erweitert. Das Anwachsen der rassentheoretischen Literatur zog somit auch eine thematische Ausdehnung in die Breite nach sich. Wie schon angedeutet, gab es mehrere Zugänge zu den Rassentheorien: über die Historie und Geisteswissenschaften, über Sozial- und schließlich über die Naturwissenschaften. Dadurch war zugleich allen drei Wissenschaftsbereichen ein rassenideologischer Aspekt abzugewinnen. Die Folge war ein Vordringen des Rassengedankens in die Disziplinen nahezu aller Fakultäten: Geschichte, Philosophie, Philologie, Völkerkunde, Pädagogik, Soziologie und Ökonomie, politische Wissenschaft, Anthropologie, Humanbiologie und Medizin. Die Expansion des Rassengedankens in alle diese Fächer beruhte naturgemäß auf der Annahme, daß Kultur, Gesellschaft und physische Konstitution des Menschen Resultat der Rasse seien oder doch mit dieser in engster Beziehung stünden.

Die Rassentheorien hatten als Kultur- und Gesellschaftskritik begonnen und darum seit jeher — in *formaler* Analogie zum Marxismus — ein enges Verhältnis von Basis und Überbau vorausgesetzt. Sie hätten niemals die ihnen zugedachte restaurative Funktion ausüben können, wenn sie diese Prämisse geleugnet oder in Frage gestellt hätten: „Wenn es nur körperliche Rassenunterschiede gäbe, so wäre ja die ganze Rassenfrage ohne besondere Bedeutung ...", meinte Fritz Lenz[1] und Hans F. K. Günther ergänzte: „Die seelische Erbungleichheit der Menschenrassen bedingt erst die augenfälligen Verschiedenheiten in Haltung und Auftreten, in Taten und Werken der einzelnen Menschen und der einzelnen Völker, bedingt auch die Unterschiede im Verhalten verschiedener Menschen oder Menschengruppen gegenüber den ihnen zustoßenden äußeren Geschehnissen[2]." Die konsequente Weiterentwicklung dieses Ansatzes war die Erhebung der Rasse zur gesellschaftlichen Totalität, nach der Kultur und Soziales zunächst überwiegend und in der Steigerung dann ausschließlich aus der Rasse gedeutet wurden. Mit diesem Schritt eröffnete sich die Möglichkeit zur Umwandlung der Rassentheorien zur allumfassenden „Weltanschauung", die dann in allen Lebensbereichen den einzigen moralischen und politischen Orientierungsrahmen bildete.

Der Vergleich der rassenideologischen Kulturkritik mit der marxistischen Lehre von Basis und Überbau ist keineswegs so abwegig, wie es angesichts der grundverschiedenen Ansätze und Inhalte zunächst scheinen möchte. Denn beide setzten als Gesellschaftskritik an und begriffen die Gesellschaft als Totalität. Beide verstanden — mit unterschiedlicher Bewertung — die Entwicklung der Gesellschaft als Prozeß der Egalisierung, der den Überbau mit einschloß und gerade auch an kulturellen Symptomen erkennbar wurde. Es ist nicht daran zu zweifeln, daß darin die materialistische Geschichtsauffassung kopiert und in Form eines biologischen Materialismus imitiert wurde. Selbst methodologische Parallelen, die wir noch in erkenntnistheoretischer Sicht werden behandeln müssen, lassen sich ohne Schwierigkeit ziehen. Aber alle *formalen* Gemeinsamkeiten dürfen nicht über den *inhaltlichen* Gegensatz hinwegtäuschen, der beide Richtungen grundsätzlich verschiedenen, ja entgegengesetzten Positionen zuordnet. Begreift der Marxismus die Geschichte als materiell bedingten Prozeß der Befreiung mit dem Ziel eines Reiches von Gleichheit und Freiheit, so interpretierten sie die Rassentheoretiker als Zerfallsprozeß, den es aufzuhalten galt, um Ungleichheit und Unterdrückung zu verewigen.

Von unmittelbarer politischer Bedeutung war die These von der Rassenbedingtheit sozialen Verhaltens, deren Gefährlichkeit darin bestand, daß

1 Lenz: Erblichkeitslehre I, S. 521.
2 Günther: Rassenkunde, S. 190.

sie ausdrücklich moralische Kategorien mit einschloß. Die Lehre von menschlichem oder sozialem Verhalten (oder Fehlverhalten) auf der Basis des Rassendeterminismus begründete eine erneuerte Version der Lehre von der Erbschuld. Aber während das Christentum hierzu den Weg der Erlösung anbot, konnten die Rassenideologien letztlich nur einen konsequenten Weg aufweisen: den der Vernichtung. Die Frage, wie sich beispielsweise ein Jude verhalten müsse, um Anerkennung oder gar Sympathie zu erlangen, konnte einen Rassenantisemiten in große Verlegenheit versetzen. Die „Schuld“ für das angebliche Anderssein lag ja in der Herkunft, von der die vermeintlich daraus resultierenden Fehlleistungen als zwingende Konsequenz angesehen wurden. Moral und Ethik wurden somit als Ausfluß der „Sprache des Blutes“ angesehen, die nicht einer von einer anderen Rasse kopieren oder übernehmen könne[3], was zur Folge hatte, daß auch Haß, Feindschaft und Unterdrückung unter Völkern und Individuen als biologisch determiniert galten.
Diese Ethik erinnert an die „Herrenmoral“ und „Sklavenmoral“ Nietzsches, der zweifellos für die Rassentheorien eine seit der Jahrhundertwende wachsende Bedeutung gewann. Die Ungleichheit aller moralischen Maßstäbe, die sich aus der Zweiteilung in Herrschende und Beherrschte ergab, war eine der zentralen politischen Konsequenzen des Rassengedankens, was Nietzsches Popularität unter dessen Anhängern erklärt[4]. Ebenso sind seine Lehren vom Herrenmenschen, von der „blonden Bestie“, von der Rassenzüchtung und schließlich vom Übermenschen von Rassenideologen für sich in Anspruch genommen worden. Mag Nietzsche auch dem Rassengedanken in engerem Sinne skeptisch gegenübergestanden haben, so ist doch eine weitläufige Geistesverwandtschaft zu ihm oder zumindest zu den ihm innewohnenden Wertvorstellungen unverkennbar; es wurde bereits darauf hingewiesen, daß auch Nietzsche zu den Lesern und Bewunderern Gobineaus gehört hatte.
Als restaurative Gesellschaftskritik waren die Rassentheorien seit jeher auch und besonders Kulturkritik. Aufstieg und Niedergang einer Kultur waren für sie stets Ausdruck von Veränderungen der Rassenbasis. Aufgrund ihrer restaurativen Orientierung standen daher die Phänomene Degeneration und Untergang im Vordergrund ihres Interesses. Den Prozeß kulturellen Zerfalls eines Volkes erklärte schon Gobineau mit der Behauptung, „. . .daß dieses Volk nicht mehr den inneren Werth hat, den es ehedem besaß, weil es nicht mehr das nämliche Blut in seinen Adern hat, dessen Werth fortwährende Vermischungen allmählich eingeschränkt haben“[5]. Denn Kultur war für Gobineau nicht auf andersrassige Völker übertragbar: „Der gute Wille und die Menschenliebe der Franzosen erfahren es zur Zeit in der ehemaligen Regentschaft Algier nicht weniger als die Engländer in Indien und die Hol-

3 So Schemann I, S. 75, 410.
4 Hierzu vgl. Friedrich Glum: Philosophie im Zerrspiegel der Zeit, München 1954, S. 136 f.
5 Gobineau I, S. 31 f.

länder in Batavia. Es gibt keine schlagenderen Beispiele und bündigeren Beweise für die Unähnlichkeiten der Rassen untereinander[6]."
Weiter ging noch Le Bon, für den Konstitution, Entwicklungsstand und Reinheit einer Rasse ausschließlich an der Kultur erkennbar wurden. Die Auflösung von „Rassenseelen", deren Ausdruck wiederum vorwiegend die Kunst sei, zeige stets die Auflösung der Rassensubstanz an[7]. Alle Kultur, so ergänzte schließlich Ludwig Woltmann, sei an die Rassenbasis gebunden und spiegele im geistigen Überbau den Rassenkampf an der Basis wider[8].
Der erste — wenn auch von späteren Epigonen nicht unwidersprochen übernommene — Bereich der Kultur, auf den nach seiner Überzeugung die Rasse einwirkte, war für Gobineau die Sprache. Dieser Frage widmete er ein ganzes Kapitel seines „Essai", in dem er nachzuweisen versuchte, daß Wortschatz, Grammatik, Syntax, mit einem Wort: das Differenzierungsvermögen einer Sprache und ihre Fähigkeit, Gedanken auszudrücken, Ausfluß der Rasse seien[9]. Diese Behauptung stieß freilich schon frühzeitig auf Widerspruch und Gobineau hatte nach Erscheinen seines „Essai" literarische Fehden über diese Frage auszufechten. Spätere Rassentheoretiker leugneten in der Regel einen derartigen Zusammenhang, so wie sie meistens auch streng zwischen Nation und Rasse unterschieden. Vacher de Lapouge, theoretisch zwischen Gobineau und dem Rassendarwinismus stehend, leugnete strikt jede Beziehung zwischen Rasse und Sprache. Durch eine gemeinsame Sprache könne zwar eine Bevölkerung zu einem Volke verschmolzen werden, aber gleichwohl blieben die verschiedenen Rassenelemente bestehen. Rasse und Sprache seien daher völlig unabhängig voneinander[10].
Für manche Rassendarwinisten bestand jedoch kein Unterschied zwischen Volk und Rasse, so daß sich die Problemstellung hinsichtlich der Sprache erübrigte. Vor allem im angelsächsischen Raum waren daher Begriffe wie „English speaking race" durchaus nicht ungebräuchlich. Das Problem des Zusammenhanges von Rasse und Sprache blieb innerhalb der rassentheoretischen Literatur eine offene, niemals endgültig entschiedene Frage. Sie mußte ungeklärt bleiben, solange es keine allgemein anerkannte Definition von Rasse und somit auch keine systematische Abgrenzung von Volk, Stamm, Sippe und anderen Gruppenbildungen gab. Diese Ambivalenz spiegelt sich in einer und derselben Person wider: Hans F. K. Günther ging in seiner „Rassenkunde" von der Feststellung aus, daß Rasse nichts mit Sprache, Nationalität, Volkstum und ähnlichem zu tun habe, sondern ausschließlich „... Menschen mit den gleichen leiblichen und seelischen Erbanlagen be-

6 Ebd., S. 229.
7 Le Bon, S. 7 f. u. ö.
8 Woltmann, S. 149; vgl. Frank H. Hankins: The Racial Basis of Civilization, New York 1926.
9 Gobineau I, S. 244 ff.
10 Vacher de Lapouge: Sélections, S. 8 ff.

zeichne"[11]. Aber im Anhang desselben Buches veröffentlichte Günther den Essai „Rasse und Sprache", in dem er diese seine Feststellung teilweise widerrief. Sprache wurde darin als Ausdruck der Rasse interpretiert. So offenbare die Entwicklung des Verbums in den indogermanischen Sprachen, die gewöhnlich die Muttersprachen der arischen bzw. nordischen Völker seien, den aktiven, von Willen, Zielstrebigkeit, Mut und Entschlossenheit geprägten Charakter der nordischen Völker. Je mehr sich eine Rasse durch Vermischung von ihrer Urform entferne, desto mehr entferne sie sich auch sprachlich von ihr[12]. Sogar die Aussprache und die Lautgesetze der Sprachen bezog Günther in diese Überlegungen ein.

Weniger umstritten als der Zusammenhang von Rasse und Sprache war für die Rassenideologen die rassische Determination von Kunstrichtungen und ihren Stilarten. Gustave Le Bon, der die naturwissenschaftliche Erfaßbarkeit von Rasse schlechthin leugnete, sah die Kunst als fundamentales Lebenszeichen von Rassen und somit als einzigen Nachweis ihrer Existenz an. „Die Kunst stellt also, ebenso wie alle Elemente einer Kultur, die äußerliche Offenbarung der Seele eines Volkes dar, aber ich wiederhole, daß sie weit davon entfernt ist, bei allen Völkern die deutlichste Offenbarung ihres Denkens zu geben[13]." Die Kunst sei — wie alle Kultur — Ausdruck der Geistesverfassung eines Volkes. Zwar könnten Rassen voneinander kulturelle Entlehnungen vornehmen, die jedoch durch den Wechsel ihrer rassischen Basis selbst wichtige Wandlungen durchmachen müßten[14].

Umfassende Theorien, die ästhetische Probleme mit Hilfe anthropologischer Methoden angingen, wurden erst nach dem Ersten Weltkrieg, in Deutschland besonders während der Nazi-Diktatur entworfen. Die vermeintliche Abhängigkeit künstlerischer Stile und Inhalte gab, da hier intuitive Deutungen gegenüber beweisbaren Fakten dominierten, zu zahlreichen und meist recht willkürlichen Spekulationen Anlaß. Die Abhängigkeit galt jedoch als derart gesicherte Erkenntnis, daß der nationalsozialistische Schriftsteller Paul Schultze-Naumburg ähnlich wie Le Bon von vorherrschenden Kunststilen auf den Zustand der Rasse rückschließen zu können meinte[15]. Seinen Gedankengang begründete er folgendermaßen: jeder Künstler stellt in seinen Werken in mehr oder minder ausgeprägter Form sich selber, d. h. seinen seelischen und damit seinen rassischen Typ dar. Diese Behauptung versuchte er mit Bildern von Rembrandt, Rubens und anderen zu belegen[16]. Der Stil der Werke eines Malers entspreche also seiner eigenen psychischen und

11 Günther: Rassenkunde, S. 6.
12 Ebd., S. 480 ff.
13 Le Bon, S. 48.
14 Ebd., S. 65 ff.
15 Paul Schultze-Naumburg: Kunst und Rasse, München 1928, S. 1.
16 Ebd., S. 21 ff.

physischen (d. h. anthropologischen) Verfassung, woraus der auch schon von anderen Ideologen gezogene Schluß folgte, daß Rasse selbst nichts anderes sei als eine Art Stil: „Eine jede reine Rasse bildet, soweit sie wirklich eine solche ist [?], eine Einheit, in der die einzelnen Teile des Körpers zueinander in bestimmter Beziehung stehen und einem dementsprechenden Rhythmus folgen[17]." Die modernen Kunststile zeigten deutlich den Rassenzerfall an, weswegen Schultze-Naumburg ihnen das später auch vom NS-Regime offiziell verwendete Attribut der „entarteten Kunst" verlieh. Er belegte den Grad ihrer vermeintlichen Entartung durch eine Gegenüberstellung von meist scharf sozialkritischen, modernen Gemälden mit klinischen Photographien, die Beispiele von Mißgeburten, Idiotismus, Mongolismus, Elephantiasis und anderen krankhaften Verunstaltungen zeigten[18]. Der Rassenzerfall, so folgerte Schultze-Naumburg, bewirke aber nicht nur die Dekadenz in der Kunst, sondern auch die allgemeine ästhetische Disharmonie der Gesellschaft und ihrer Umwelt. Die Entwicklung der Technik stehe nämlich in engem Zusammenhang mit dem Rassenzerfall: die moderne industrielle Gesellschaft biete durch ein größeres Angebot von Arbeitsplätzen und durch erhöhte Befriedigung menschlicher Bedürfnisse auch solchen „minderwertigen" Elementen Existenzmöglichkeiten, die in früheren Zeiten dem Kampf ums Dasein zum Opfer gefallen wären[19].

Differenzierter urteilte Hans F. K. Günther, dessen ästhetische Theorie alle Kunstgattungen umfaßte. Seine Rassenlehre versuchte, über die Lehrmeinung von der rassenspezifischen Determination aller Kunst hinaus das Verhältnis von Form und Inhalt auf anthropologische Grundlagen zurückzuführen. In der sogenannten westischen Rasse, als deren Hauptsiedlungsgebiete Südfrankreich, Teile Italiens und die iberische Halbinsel galten, dominiere der Hang zum Theatralischen und zur Pose, was in der Kunst zu einer Vorliebe für starren Formalismus führe. Umgekehrt fehle der ostischen und ostbaltischen Rasse, die als weitgehend identisch mit den slawischen Völkern angesehen wurde, jegliches Gefühl für Form und Grenze. Ihre Ausdrucksweise sei amorph und ohne festes Gefüge wie die ihr entsprechende Weite der Landschaft. In der Musik sei dafür Wagner ein Beispiel, den Günther — gegen die mißbilligenden Kommentare seiner Gesinnungsgenossen — zur ostischen Rasse rechnete. Der dinarischen Rasse schließlich, deren Heimat Günther nach Oberbayern, Österreich und ins nördliche Jugoslawien verlegte, ermangele es gleichfalls an Gefühl für Form und Grenze, jedoch werde dieser Charakterzug durch die Vorliebe zum Pathos aufgefangen. Aus diesem Grunde habe sich auch die Baukunst des Barock so stark in Öster-

17 Ebd., S. 25.
18 Ebd., S. 88 ff.
19 Ebd., S. 119 ff., 124.

reich und Bayern entfaltet[20]. Bei der nordischen Rasse schließlich ergäben sich alle diese Probleme nicht. In ihren Kunststilen ließen sich Form und Inhalt nicht trennen. Charakteristisch sei für sie die vollkommene Harmonie beider, „... der ungestüme Wille zu neuem Aufbruch, gebändigt durch eine kühle Strenge: die nordische Zurückhaltung. Ist nicht Bachs Passacaglia c-moll hierfür ein gutes Beispiel?"[21]. — Aber die nordische Kunst werde auch durch andere Werke würdig vertreten, etwa die gotischen Dome, Shakespeare, Alfieri, Keats, Hölderlin, Flaubert und Hebbel. Unter den Literaten seien überhaupt die beiden letzteren die den nordischen Typus am reinsten verkörpernden Künstler und Flauberts „Madame Bovary" atme den gleichen Geist wie die alten Isländersagas[22].

In enger Anlehnung an Woltmann und Günther behauptete auch Richard Eichenauer, zeitweilig Leiter der Reichsbauernschule in Goslar, daß jede Rasse einen ihr zukommenden Stil besitze. Qualitätsmaßstäbe könnten nur innerhalb des jeweiligen Rassenstiles angesetzt werden, wie es beispielsweise innerhalb der nordischen Musik gute und schlechte gebe[23]. „Höchsten Wert hat auch in der Kunst nur das, was lebenssteigernd für meine Rasse wirkt; ist es dagegen den Lebensgesetzen meiner Rasse schädlich, so kann es auch nicht im Sinne meiner Rasse ‚schön' sein[24]." Daß jeder Rasse ein charakteristischer Stil entspreche, lag für Eichenauer außerhalb jedes Zweifels, zumindest bei einem Mindestmaß an Reinrassigkeit. Wie diese festgestellt werden könne, ließ er offen und komplizierte seine Ausführungen durch den relativierenden Zusatz, daß bei Rassenmischungen die feste Zuordnung bestimmter Stile sich ebenso verlieren könne wie umgekehrt Rasseneigentümlichkeiten übertragbar seien: „Es ist eine Tatsache, daß rassische Eigenschaften sich auch solchen Seelen überprägen lassen, denen jene Eigentümlichkeiten gar nicht arteigen sind[25]."

Diese Grundthese, verbunden mit allen Relativierungen, eröffnete Eichenauer alle möglichen Musikexegesen, von denen wir ähnliche Beispiele schon bei Günther kennengelernt hatten. So feierte er die Entdeckung der Oktaven als Geistestat der nordischen Rasse und stufte Monteverdi als nordisch-dinarisch, Bach als fälisch-nordisch, Mozart hingegen als dinarisch ein[26]. Schon Woltmann hatte sich darum bemüht, die arische bzw. germanische Abstammung auch solcher Persönlichkeiten nachzuweisen, deren Nationalität

---

20 Hans F. K. Günther: Rasse und Stil. Gedanken über ihre Beziehungen im Leben der Völker und in der Geistesgeschichte der europäischen Völker, insbesondere des deutschen Volkes, München 1926, S. 16 f., 23 ff., 79 ff., 85 ff.

21 Ebd., S. 29.

22 Ebd., S. 31.

23 Richard Eichenauer: Musik und Rasse, München (1. Aufl. 1932) 1937, S. 18.

24 Ebd., S. 305.

25 Ebd., S. 44, 23.

26 Ebd., S. 32, 159 ff., 221 ff.

ein allzu starkes nordisches Erbgut nicht erwarten ließ. Vor allem bedeutende Italiener, aber auch Franzosen und Spanier, versuchte er für das Deutschtum zu reklamieren und ermittelte sogar die mutmaßliche deutsche Urform ihres Namens: Boccaccio (Buchatz), Michelangelo Buonarotti (Bohnrodt), Dante Alighieri (Aigler), Donizetto (Dönitz), Giotto (Jothe), Leonardo da Vinci (Wincke), Raffael Santi (Sandt), Tizian Vecellio (Wetzel), Torquato Tasso (Dasse), Verdi (Werth), Diderot (Tietroh) und Murillo (Moerl). Dem als nordisch eingestuften Korsen Napoleon suchte er germanisch-vandalische Vorfahren nachzuweisen[27].

Geradezu virtuos handhabte Heinrich Driesmans die Interpretation der europäischen Kulturgeschichte mittels der Kombination verschiedener, teilweise recht skurril anmutender rassischer Mischungsverhältnisse, was an die Berufskenntnisse eines erfahrenen Tabakherstellers erinnert. Die englische Revolution deutete er als Aufstand des germanischen Sachsentums gegen die keltische Dynastie der Tudors und ihren romanisch-normannischen Hofstaat. Shakespeare war jedoch echter Sachse, während Lord Byron Kelte war. Alle britische Kunst, meinte Driesmans, sei keltisch (trotz Shakespeare?), während Staatswesen und Handel sächsisch seien. Byrons Haß gegen sein Vaterland beruhte daher auf dem Rassenhaß des musischen Kelten gegen die amusischen Germanen[28]. Ähnliche Interpretationen hatte Driesmans auch für die deutsche Geschichte zur Hand. Die Reformation war eine Revolte der Germanen gegen romanische Überfremdung. Lessing bezeichnete er als Slawogermanen, Goethe als Keltogermanen, Hegel als keltischen Radikalen und alle Links-Hegelianer sowie Sozialdemokraten und Tiroler als Keltomongolen[29].

Differenzierter im Ansatz, wenn auch nicht weniger absurd in den Schlußfolgerungen, war die Theorie des bereits erwähnten bayerischen Arztes Albert Reibmayr. Die Kulturgeschichte wurde nach seiner Überzeugung geprägt durch die einander ablösenden Phasen von Inzucht und Vermischung in der Rassenbasis. Durch Inzucht konzentrieren sich die Erbanlagen in einer Oberschicht, was zur Herausbildung eines Adels führe, der sich durch die institutionalisierte Arbeitsteilung zur kulturtragenden Schicht entwickele. Ein Übermaß an sozialer Abgeschlossenheit könne jedoch dazu führen, daß die natürliche Auslese in zu starkem Maße suspendiert werde und die Oberschicht degeneriere[30]. In diesem Falle könne eine Kultur nur noch durch Ver-

---

27 Ludwig Woltmann: Die Germanen und die Renaissance in Italien, Leipzig 1905; vgl. J. Matiegka: Die Gleichwertigkeit der europäischen Rassen in geistiger Hinsicht, in: Die Gleichwertigkeit der europäischen Rassen und die Wege zu ihrer Vervollkommnung, red. von Karel Weigner, Prag 1935, S. 98 f.; Comas, S. 42; Blume, S. 92.

28 Heinrich Driesmans: Das Keltentum in der europäischen Blutsmischung. Eine Kulturgeschichte der Rasseninstinkte, Leipzig 1900, S. 40, 47, 62, 69.

29 Ebd., S. 123 ff., 152, 154, 159 ff., 166 ff.

30 Reibmayr, S. 77 ff., 83, 88.

mischung mit einer zwar unterlegenen, aber gesunden Bevölkerung genesen. Diese Vermischung habe in Italien allerdings einen vorübergehenden Rückschritt oder Kulturabfall nach sich gezogen, so daß es erst etwa 1000 Jahre nach der Völkerwanderung zu neuer Blüte in der Renaissance gefunden habe; aber die erneut eintretende Inzuchtphase habe bald zu einem weiteren kulturellen Überaltern der italienischen Kultur geführt[31]. Es erübrigt sich, die Darstellung dieser rassentheoretischen Ästhetik in Einzelheiten fortzuführen. In mehr oder minder starken Abweichungen läßt sich diese anthropologisch aufgetakelte Systematisierung von völkerpsychologischen Verallgemeinerungen, Vorurteilen und Ressentiments in zahllosen Variationen früherer Kulturkritiken nachweisen[32].

Es lag durchaus in der Konsequenz der Lehre vom rassenbedingten Überbau, daß darin auch die Wissenschaften, sogar die exakten Naturwissenschaften, einbezogen wurden. Ausgebrütet wurden derartige Theoreme meist erst unter der NS-Herrschaft oder aber in den 1920er Jahren von deren unmittelbaren ideologischen Wegbereitern. Soweit ich sehe, hat es sie fast nur in Deutschland gegeben. Sie bilden die unsinnigsten und abstrusesten Gedanken, die die neuzeitliche Wissenschaftsgeschichte aufzuweisen hat. Deutlicher als in ästhetischen Fragen wird der Grad der Absurdität erkennbar, wenn in Rassentheorien mathematische, physikalische oder sonstige naturwissenschaftliche Systeme als Ausdruck der Rasse interpretiert wurden. Im Dritten Reich stammten derartige Versuche oft von mediokren Fachgelehrten, die durch die willfährige Mitwirkung an der ideologischen Gleichschaltung ihres Fachgebietes sich den Ruhm erwerben wollten, der ihnen aufgrund ihrer mangelnden wissenschaftlichen Qualifikation bislang versagt geblieben war. Anlaß in der Physik bot hierzu oft die Polemik gegen Einsteins Relativitätstheorie, die mangels geeigneter wissenschaftlicher Argumente wenigstens mit dem Hinweis auf die jüdische Herkunft ihres Urhebers diffamiert und abgetan werden konnte. Einstein, so hieß es, habe Raum und Zeit relativiert und damit das arische Weltbild zersetzt, in dessen Mittelpunkt seit jeher Raum und Zeit gestanden hätten[33]. Aber sogar fachliche Koryphäen wie der Nobelpreisträger für Physik Philipp Lenard stellten sich in den Dienst einer derartigen geistigen Selbstentmannung und entwickelten eine rassisch begründete „deutsche Physik"; „,Deutsche Physik'? wird man fragen. — Ich hätte auch arische Physik oder Physik der nordisch gearteten Menschen sagen können, Physik der Wirklichkeits-Ergründer, der Wahrheit-Suchenden, Physik derjenigen, die Naturforschung begründet haben. — ,Die

31 Ebd., S. 128 f., 67.

32 In seinem „Doktor Faustus" hat Thomas Mann die seinerzeit gängigen Ansichten über die Verbindung von „Völkerseele" und Stil treffend karikiert („Schlafstroh").

33 Eine umfangreiche Sammlung derartiger Abstrusitäten aus allen Fachgebieten liefern Leon Poliakov & Joseph Wulf (Hrsg.): Das Dritte Reich und seine Denker, Berlin 1959.

Wissenschaft ist und bleibt international!' wird man mir einwenden wollen. Dem aber liegt ein Irrtum zugrunde. In Wirklichkeit ist die Wissenschaft, wie alles, was Menschen hervorbringen, rassisch, blutmäßig bedingt[34]."
Selbst die Mathematik blieb von rassenideologischen Deutungen nicht verschont. Der NS-Mathematiker Claus Hinrich Tietjen meinte 1933: „Die grundsätzliche Feststellung, daß der nordische Mensch eingespannt sei in die Polarität zwischen Himmel und Erde, zeigte uns schon, daß die mathematische Wissenschaft als Ausdruck des Gesetzmäßigen, als Begreifen der Kraft des Himmels in erhöhtem Maße dem nordischen Menschen zugehört." Der Unterschied zwischen arischer und jüdischer Mathematik komme zum Ausdruck in der unterschiedlichen Bewertung von Raum und Zahl. Während die jüdische Naturauffassung sich in rabulistischer Manier auf die bloße Abstraktion der Zahl stütze, finde im Verhältnis zum Raume der vorwärtsstürmende Charakter des Ariers seinen angemessenen Ausdruck[35].
Es gab kaum eine wissenschaftliche Disziplin, die vor derartigen rassenideologischen Eingriffen sicher war. Besonders waren davon die Geisteswissenschaften betroffen, aber auch ideologisch so unverdächtige Fächer wie die Veterinärmedizin. Schon zu Beginn der NS-Zeit wurde vielfach über die rassische Zuordnung von Haustieren diskutiert. Hitlers Landwirtschaftsminister Walther Darré hatte eine tiefgründige Broschüre verfaßt über „Das Schwein als Kriterium für nordische Völker und Semiten" (München 1933). In kleinen Parteizirkeln wurde die Frage diskutiert, woher die häufige Feindschaft zwischen Hund und Katze rühre; die Antwort lag auf der Hand: der Hund sei schon immer das Haustier der Arier gewesen, während die Katze erst durch asiatische Völkerschaften nach Europa gebracht worden sei[36]. In Oberbayern wurden während der NS-Zeit Kühe und Bullen, die aus jüdischem Eigentum stammten, zur Gemeindezucht nicht zugelassen. Kühe, die zeitweilig in Stallungen zusammen mit Rindern aus jüdischem Besitz gehalten worden waren, durften erst nach einjähriger Isolierung und strenger Beobachtung dem gemeindeeigenen Zuchtbullen zugeführt werden[37].
In der Medizin tauchten ähnliche Blüten auf. Während des Ersten Weltkrieges stellten französische Ärzte die These auf, daß die Deutschen an einer rassenspezifischen Darmüberfunktion litten und daher ein besonders inniges Verhältnis zur Welt der Fäkalien besäßen. Angeblich hätten französische Kampfflieger es noch in großen Höhen riechen können, wenn sie deutsche Stellungen überflogen. 1917 veröffentlichte die Pariser Medizinische Gesell-

34 Ebd., S. 297.
35 Ebd., S. 314 und 317 f.
36 Der Hinweis auf diese Diskussion begegnete mir bei der Durchsicht des Nachlasses von Karl Haushofer (Bundesarchiv Koblenz); darin befindet sich das Schreiben eines mir namentlich nicht mehr erinnerlichen Fachkollegen Haushofers, in dem über diese Diskussion berichtet wird.
37 Saller, S. 138.

schaft einen Bericht über relativ leichte und sichere Methoden zur Entlarvung deutscher Spione: der Urin von Deutschen enthalte 20 % Stickstoff, während er sich gewöhnlich nur auf 15 % belaufe[38].

Nicht nur alle höhere geistige Befähigung, sondern offensichtlich auch weniger kulturträchtige Talente galten somit als Kriterium nordisch-germanischer Abstammung. Zwar deuteten darwinistisch geprägte Rassenideologen an, daß mittels der Eugenik aus Rassen, die als zur höheren Kultur unfähig angesehen wurden, Züchtungseliten herausgezüchtet werden könnten, die den Ariern sogar weit überlegen wären. Gewöhnlich dominierte jedoch die Überzeugung von der apriorischen, unveränderlichen Überlegenheit des nordischen Menschen. Allerdings räumten gobinistische Rassenideologen wie Günther ein, daß auch Arier trotz gesunder rassischer Substanz „seelisch entnordet“ werden könnten[39], weswegen eine staatsbewußte Erziehung das Rassenbewußtsein zu wecken habe. Aus diesem Grunde hat es nicht an Versuchen gefehlt, eine Rassenpädagogik zu begründen. Da von gobinistischer Seite die Einflüsse der Umwelt und somit auch die Wirksamkeit von Erziehungsmethoden weitgehend geleugnet wurden, konnte sie sich aber allenfalls auf solche Methoden beschränken, die den vermeintlichen rassenbedingten Charakter eines Kindes wecken und von möglichen Hemmnissen in der Charakterentwicklung befreien konnten. Hierzu wurde die körperliche Ertüchtigung gerechnet sowie jede Erziehung, die zu Härte, Nationalismus, Rassenstolz und Autoritätsglauben führte, — alles „Werte“, die im Dritten Reich die Militarisierung der Gesellschaft vorbereiten sollten[40]. Von darwinistischer Seite wurde versucht, eine Pädagogik zu entwickeln, die die Auslese der vermeintlich Tüchtigsten und damit eine Art Menschenzüchtung durch Erziehung bewirkte[41]. Auch sie hat Eingang gefunden in das Erziehungssystem des Dritten Reiches.

Wenig ergiebig waren Versuche, eine Rassenpsychologie zu begründen. Sie bestanden vornehmlich in der Systematisierung vermeintlich genetisch bedingter Nationalcharaktere, deren Bilder seit Generationen überliefert worden waren. Sofern diese Versuche in gobinistischer Tradition standen, war es ihr Ziel, die Unwandelbarkeit der „Rassenseele“ auch unter wechselnden Umweltbedingungen nachzuweisen und alle charakterlichen Veränderungen auf Vermischungen zurückzuführen[42]. Klar drückte Ludwig Ferdi-

38 Edouard Bérillon: La polychésie de la race allemande, *Chronique médicale* no. 10 (1922); *Gazette médicale de Paris* no. 267 vom 24. Juni 1915; vgl. Arendt, S. 263.

39 Lutzhöft, S. 97.

40 Eberhard Meinhold: Deutsche Rassepolitik und die Erziehung zum nationalen Ehrgefühl, München 1908.

41 Wilhelm Hartnacke: Naturgrenzen geistiger Bildung. Inflation der Bildung, schwindendes Führertum, Herrschaft der Urteilslosen, Leipzig 1930. — Hartnacke (1878—1952) war 1933—35 sächsischer Volksbildungsminister.

42 Bruno Petermann: Das Problem der Rassenseele, Leipzig 1935.

nand Clauss diese Absicht aus: „Die Rassen verändern sich nicht, bedeutet: ihr Artgesetz (biologisch gesprochen: ihr Erbbild) bleibt dasselbe, ob auch ihr seelisches und leibliches Erscheinungsbild sich im Wechsel der Umwelt und der Lebensbedingungen abzuwandeln vermag. (...) Das, was sich selber gleich bleibt in diesen allzeit möglichen Abwandlungen, in allem Wechselspiele des Wenn und So, das ist es, was die Artung oder die Rasse ausmacht: das in sich unwandelbare Gesetz[43]." Jede Rasse, so führte er weiter aus, entwickelt ihren Proto- bzw. Idealtyp, der zugleich ihr Adel ist, in der nordischen Rasse also das Bauerntum. Die rassischen Merkmale aber seien ein Gesetz, das ein inneres Schicksal der Seele darstelle. Wer dies leugne, zeige, daß er kein Schicksal, d. h. keinen Adel habe: „Adel ist Treue zum Schicksal[44]."

Wie fragwürdig gerade die Rassenpsychologie war, zeigen die methodischen Grundlagen, auf die sich Clauss berief. Biologische oder sonstige streng naturwissenschaftliche Hilfsmittel lehnte er für die Erforschung der Rassenseele ab: „‚Exakte' (d. h. in Zahlen ausdrückbare) Messungen sind aber auf seelischem Gebiet leider nicht möglich." Als Grundlage für die Rassenkunde genügte ihm, wie wir schon gezeigt hatten, die bloße Intuition[45]. Als Schüler Husserls versuchte Clauss die Phänomenologie zur Grundlage der Rassenlehre zu machen, was schließlich den Widerspruch anderer zeitgenössischer Rassenideologen (Darré, Günther) hervorrief.

Es lag in der Konsequenz der Rassentheorien, daß sie auch die Religion in das Verhältnis Basis-Überbau einbezogen. So wurden die Inhalte bestimmter religiöser Bekenntnisse oder aber „Stilarten" der Frömmigkeit bestimmten Rassen zugeordnet. Grundsätzlich bestand Einigkeit unter den Rassenideologen über die Feststellung Gobineaus: „Die arische Rasse ist eben vor allem religiös[46]." Weitgehende Übereinstimmung bestand darin, den Protestantismus in stärkerem Maße der nordischen Rasse zuzuordnen. Er galt als Verkörperung eines rassenspezifischen Individualismus, der sich nicht durch kirchliche Hierarchien auf Dogmen und Glaubensdisziplin festlegen lasse. Als Beispiel hierfür führten Vacher de Lapouge und Madison Grant die im angelsächsischen Raume verbreiteten Freikirchen und Sekten an[47]. Den Katholizismus betrachteten beide als religiöse Ausdrucksweise mediterraner, galloromanischer, alpiner und kurzschädeliger Völker. Der universale Anspruch der römischen Kirche mißachte — so warfen ihr beide vor — Rassenunterschiede ebenso wie ihr Vorläufer, die römische Rechts- und Staatsordnung. Ein Ordnungssystem aber, das die unterschiedlichen Rassen

---

43 Clauss, S. 29.
44 Ebd., S. 31 f.
45 Ebd., S. 26, 9, 28; vgl. Blume, S. 104.
46 Gobineau II, S. 116.
47 Grant, S. 140. — Vacher de Lapouge: Der Arier, S. 249.

ignoriere, sei — zumindest potentiell — ein politisches Instrument unterdrückter Unterschichten, die durch die formale Gleichstellung mit ihren Beherrschern die Macht usurpieren wollten. In diesem Sinne interpretierte der Rassenhistoriker Wilhelm Erbt den mittelalterlichen Streit zwischen deutschem Königtum und Papsttum als Kampf eines Rassensubstrats gegen das es „überbauende Germanentum". Die einzelnen Ketzerbewegungen wie Katharer, Albigenser usw. hingegen deuteten eine „... von der Kirche nicht befriedrigte Stimmung innerhalb der Unterschicht selbst an" an, mit anderen Worten: eine Rasse unterhalb dieser rassischen Unterschicht[48]. Abweichend von dieser rassentheoretischen opinio communis meinte allerdings Woltmann, daß „... das Papsttum, die Renaissance, die Französische Revolution [sic!] und die napoleonische Weltherrschaft (...) Großtaten des germanischen Geistes gewesen" seien[49]. Freilich stand Woltmann mit solchen theoretischen Seitensprüngen, mit denen er manche fortschrittlichen Elemente aus seiner sozialdemokratischen Vergangenheit in die Rassentheorie hinüberretten wollte, völlig allein.

Wilhelm Erbt stellte dem nordischen Frömmigkeitstyp die Religiosität der Jesuiten gegenüber, die sich allein schon aus der kaukasisch-baskischen Abstammung von Ignazius von Loyola erklären lasse[50]. In ähnlichem Sinne konstruierte Hans F. K. Günther eine rassische Typologie der Frömmigkeit. Calvin, John Knox, Saint-Simon, William Booth und Sören Kierkegaard repräsentierten für ihn den „ungestümen Willen", der durch das stark entwickelte Formgefühl („die nordische Zurückhaltung") gebändigt werde. Als Kontrast stellte ihr Günther die Frömmigkeit der sogenannten vorderasiatischen Rasse gegenüber, als deren charakteristische Vertreter er Ignazius von Loyola und El Greco bezeichnete. Ihre „Rassenseele" drücke sich teils durch mystische, teils fanatische Charakterzüge der Religion aus. Ihre Frömmigkeit bezeichnete er als „düster-glühenden, nur von jäher Leidenschaft immer wieder durchbrochenen Ernst"[51].

So wie viele Rassenideologen entweder die Frömmigkeit schlechthin oder aber bestimmte Typen der Frömmigkeit zum Charakterzug der nordischen Rasse oder der Arier erhoben, so gerieten auch bestimmte philosophische Richtungen, die engstens mit der Religionsgeschichte zusammenhingen, in das rassenideologische Basis-Überbau-Schema. Der Gobineau-Apostel Ludwig Schemann beispielsweise bedauerte zutiefst den Rückgang der Metaphysik und der idealistischen Philosophie, den er als „Beschneidung der

48 Erbt, S. 227.
49 Woltmann, S. 293.
50 Erbt, S. 242; Erbt ging von der unter zeitgenössischen Rassenideologen verbreiteten Ansicht aus, daß das baskische Volk, dem Ignazius von Loyola entstammte, rassisch engstens verwandt sei mit einigen kaukasischen Völkerschaften und mit diesen gemeinsam der sog. vorderasiatischen Rasse angehöre.
51 Günther: Rasse und Stil, S. 109, 111.

Flügel gerade in den erhabensten menschlichen Leistungen" charakterisierte. „Denn die Beseitigung der Metaphysik bedeutet in der Tat eine Verdrängung der hervorragend arischen Bestandteile — Indoperser, Hellenen, Germanen —, welche alle in ihren höchsten geistigen Vertretern wie in ihren Religions- und philosophischen Systemen die Anschauung von der Anwesenheit des Ewigen auch im Vergänglichen, der Objektivation der Idee in der sinnlichen Erscheinung als einen ihrer Lebensgedanken kundgetan hatten[52]."
Nur der NS-Ideologe Ernst Krieck erklärte 1943 — abweichend von der gängigen rassentheoretischen Lehrtradition —, daß alle Religion den Ariern sinn- und artfremd sei. Allein *ein* Glaube sei ihnen eigen, nämlich daß sie aus eigenem Willen und eigener Kraft die Wirklichkeit gestalteten. Dieser Glaube „... gebiert den Willen und die Kraft, Religion zerstört den Willen und die Kraft; Religion ist unserer Rasse lebensfeindlich. (...) Vom Willen gehen Wirken und Werk aus, die zusammen die Geschichte ausmachen, darin sich der Sinn unseres Lebens, die Bestimmung unserer germanischen Rasse erfüllt[53]."

Ein einheitliches und eindeutiges Verhältnis der Rassentheorien zu religiösen und weltanschaulichen Fragen gab es nicht und konnte es auch nicht geben. Zwar erwiesen Gobineau und einige seiner Anhänger den kirchlichen Lehrmeinungen wie auch den Traditionen der abendländischen Metaphysik ihre mehr formale Reverenz. Aber gerade Gobineau hatte — trotz äußerlichem Bekenntnis zum Katholizismus — den Boden des Christentums verlassen. Dieses war für ihn keine historische Realität mehr und fand vor allem, wie Tocqueville ihm zu Recht vorwarf, keinen Raum in der Lehre vom rassisch determinierten Geschichtsablauf[54]. Spätere Rassenideologen wie Chamberlain oder Günther warfen dem Christentum seinen jüdischen Ursprung vor oder bemängelten, daß es die germanischen Religionen verdrängt und somit das nordische Rassenbewußtsein getrübt habe. Aber nicht erst dieser unmittelbare Affront deckte die Unvereinbarkeit beider auf. Schon Gobineau verstieß mit seiner These über die Ungleichheit der Rassen gegen die christliche Überlieferung von der Gleichheit aller Menschen vor Gott, dessen Ebenbilder sie darstellten[55]. Gerade der Geschichtsdeterminismus der Rassentheorien, der die Möglichkeit eines göttlichen Eingreifens sowohl in das Leben des einzelnen als auch das ganzer Völker ausschloß, war mit dem Christentum unvereinbar.

Als Dekadenztheorien erinnern die kulturkritischen Rassenlehren gelegentlich an die Zyklen- und Kulturkreistheorien Spenglers und Toynbees. Das gilt vor allem für die Aussage, wonach weder individuelle Eingriffe noch

52 Schemann I, S. 69.
53 Zitat nach Poliakov & Wulf, S. 173.
54 Correspondance ..., S. 187, 254; vgl. Cassirer, S. 305.
55 Vgl. Lukács, S. 536.

politisch-ökonomische Entwicklungen der Gesellschaft den kulturhistorischen Schicksalslauf aufhalten, ändern oder gar umkehren können. Aber im Unterschied zu den Kulturkreistheorien, die von einer mehr idealistischen Konzeption ausgingen, nahmen die Rassentheorien hier eine eher materialistische Position ein, indem sie die Rasse zur weltgeschichtlichen Determinanten erhoben. Diese Aussage war für Gobineau beispielsweise nicht erst Resultat seiner Ausführungen, sondern gewissermaßen Axiom und somit methodologischer Ansatzpunkt seiner Theorie. Nur unter dieser Voraussetzung glaubte er von kulturgeschichtlichen Vorgängen auf die jeweilige Konstitution der Rasse rückschließen zu können. Da aber mit der zunehmenden Egalisierung der Gesellschaft die arische Rasse dem unabänderlichen Schicksal weiterer Vermischung und damit dem Untergang ausgeliefert war, konnte alle Kulturgeschichte nur äußeres Symptom dieses Prozesses sein.
Im Gefolge Gobineaus vertraten fast alle späteren Epigonen die These, daß die zeitgenössische Kultur den befürchteten Rassenverfall bereits ankündige. Zwar vermochten Rassenideologen sozialdarwinistischer Provenienz noch an die Möglichkeit zu glauben, daß durch Züchtung und durch Kampf ums Dasein Rassen sich erneuern bzw. neu bilden und infolgedessen auch neue kulturelle Leistungen vollbringen könnten. Aber bis auf Chamberlain glaubten nur noch wenige diese zukunftsorientierte Perspektive erkennen zu können. Die meisten betrachteten neue Wissenschaften, neue Kunststile als Zersetzung, als Zerfall heroischer Werte und beklagten die Mißachtung alter Traditionen, die Entstehung materialistischer Philosophien und wähnten sich in einem Zeitalter tiefster Dekadenz, hervorgerufen durch die destruktiven und umstürzlerischen Umtriebe der rassischen Unterschichten[56]. Deren Ziel sei es, auch auf kulturellem Gebiete das morsche Herrschaftsgebäude der Herrenschicht zum Einsturz zu bringen. Vielleicht würden auch eines Tages kräftige gesunde und rassisch unverbrauchte Barbarenvölker von außen eindringen und auf den Ruinen der zerstörten Kultur ihr eigenes Herrschaftsgebäude errichten.
Diese düsteren Visionen waren keine isolierten Aussagen der Rassentheorien. Nationalistische Kulturkritiker argumentierten ähnlich, ohne daß ihr Geschichtspessimismus auf einer rassentheoretischen Grundlage beruhte[57]. Die ideologische Verwandtschaft ist unverkennbar und auch durch eine Reihe von persönlichen Querverbindungen nachweisbar[58]. Die Rassenlehren

---

56 Hierzu besonders Stoddard: Kulturumsturz, S. 21 f., 100.

57 Vgl. Fritz Stern: The Politics of Cultural Despair. A Study in the Rise of the Germanic Ideology, Berkeley 1961; deutsch: Kulturpessimismus als politische Gefahr. Eine Analyse nationaler Ideologie in Deutschland, Stuttgart—Wien—Bern 1963.

58 Eine Reihe namhafter Rassenideologen wie Chamberlain und Schemann waren erklärte Bewunderer Lagardes, dessen „Deutsche Schriften" ihnen eine Reihe kulturkritischer Anregungen gegeben haben; vgl. Lukács, S. 552; Stern, S. 36.

zeichneten sich aber dadurch aus, daß sie die einzige oder zumindest entscheidende Ursache der Dekadenz ermittelt zu haben meinten: den Zerfall der Rasse. Daß auch noch andere Faktoren mitwirken konnten, stellte Lothrop Stoddard ausdrücklich fest in seiner Theorie vom „Kulturumsturz". Die Expansion wissenschaftlichen und technologischen Wissens führte nach seiner Überzeugung zu einer quantitativen Überlastung des Kulturgebäudes. Die integrierende Kraft der Kultur gehe dadurch verloren, daß die „Untermenschen", die dieser Entwicklung nicht mehr folgen könnten, von der kulturtragenden Schicht isoliert würden. Dies verschärfe den vorhandenen rassischen Gegensatz und führe schließlich zur Revolte des „Untermenschen"[59], von der sich Stoddard und seine Gesinnungsgenossen bedroht fühlten. Auch Hans F. K. Günther beklagte lebhaft den Prozeß der „Entnordung" der Gesellschaft, der zum Einsturz der bestehenden Kultur führen könne[60]. Grants und Stoddards Schriften bildeten ein einziges Wehgeschrei angesichts des drohenden Unterganges der bestehenden Ordnung, und Gobineau-Apostel Schemann stellte erschreckt fest, daß erst durch den (Ersten) Weltkrieg und seine revolutionären Folgen zutage getreten sei, „... wie tief wir rassisch gesunken waren. Durch ihn erst sind wir für die Herrschaft der Minderwertigen reif geworden"[61]. Schon Vacher de Lapouge hatte angekündigt, daß die Menschheit sich am Vorabend einer langen Epoche von Erschütterungen befinde, hinter welcher man schon den Beginn des Unterganges erkennen könne[62].

Das rassenideologische Geschichtsbild gipfelte meist in der Beschwörung des Unterganges. Die einzige Alternative war der Gedanke der Rassenzüchtung. Für Gobinisten konnte Züchtung indessen nur Wiederherstellung der ehemals reinen arischen Rasse bedeuten. Da aber die Rasse als aus sich selbst unveränderbar galt, war Rückzüchtung zugleich Restauration einer historischen Konstanten. Gobineau selbst hat am Beispiel der chinesischen Geschichte nachweisen wollen, daß deren kontinuierlicher Verlauf auf die homogene rassische Zusammensetzung der Bevölkerung zurückzuführen sei. Erst die Beimischung anderer Arten zerstöre den unveränderlichen Charakter eines Volkes: „Je reiner eine Race sich erhält, umso weniger wird ihre sociale Grundlage angegriffen, weil die Denkweise der Race die nämliche bleibt. (...) Mit den Vermischungen des Blutes kommen die Wandlungen in den Begriffen eines Volkes; mit diesen Wandlungen ein Unbehagen, das entsprechende Veränderungen am Gebäude verlangt[63]." Ähnlich drückte es achtzig Jahre später der Italiener Giulio Evola aus: „Die Rassenlehre be-

59 Stoddard: Kulturumsturz, S. 14, 15 f. und 20.
60 Günther: Rassenkunde, S. 462.
61 Schemann II, S. 397.
62 Vacher de Lapouge: Sélections, S. 445.
63 Gobineau II, S. 124 ff., 117.

trachtet die Geschichte als das Ergebnis des Zusammentreffens, Zusammenprallens, des Aufsteigens oder Sichvermischens der Kräfte verschiedener Rassen und verschiedenen Blutes, Kräfte, die wohlgemerkt menschlich und zugleich übermenschlich sind[64]." Die Konstante der Geschichte — die Rasse — war nur durch Vermischung veränderbar, nicht aber durch eine eigene Entwicklung. Eine sehr radikale, aber wohl konsequente Schlußfolgerung hieraus wäre die Annahme, daß es niemals eine Geschichte gegeben haben würde, wenn sich nicht die drei Urrassen miteinander vermischt hätten. Ebenso würde nach Vollendung des von Gobineau prophezeiten Vermischungsprozesses und der Entstehung einer einzigen rassisch homogenen, sozial nivellierten Endgesellschaft alle Geschichte aufhören. Gobineau klammerte diese Schlußfolgerungen aus seinen Betrachtungen insofern aus, als er den Zustand der absoluten Rassereinheit in eine quellenmäßig nicht mehr erfaßbare prähistorische Vergangenheit, den der völligen Vermischung in eine hypothetische Zukunft verlegte.

Es wurde schon mehrfach darauf hingewiesen, daß Gobineau mit dieser Vision allein blieb, während seine sämtlichen Epigonen von der darwinistischen Seite die Zukunftsperspektive der Züchtung übernahmen. Sie stimmten aber mit Gobineau in der Überzeugung überein, daß es keinen Fortschritt gebe — anthropologisch nicht und folglich auch nicht kulturell. Gobineau selbst hatte dies so erklärt, daß Fortschritte in einem Bereich der Zivilisation stets nur zustande kommen, wenn andere Fähigkeiten gleichzeitig brachlägen oder verkümmerten. Die Menschen stünden also „... immer zugleich höher und tiefer als ihre Vorfahren. Die Menschheit übertrifft also nie sich selbst; die Menschheit ist also nicht ins Unendliche vervollkommnungsfähig"[65]. Schemann modifizierte diese Aussage mit der Annahme, daß innerhalb der Rasse wohl ein partikulärer Fortschritt, etwa in ihren hervorragendsten Vertretern, möglich sei, niemals aber ein universeller Fortschritt. Dieser sei ein Ideal in Zeiten gewesen, in denen man noch von „Menschheit" gesprochen habe; inzwischen wüßten alle Einsichtigen, „... daß Fortschritt wie Rückschritt sich nur in den menschlichen Rassen, wie in den Persönlichkeiten, verkörpert"[66].

Rassendarwinisten führten als Resultat des Kampfes ums Dasein und somit eines Entwicklungsprozesses vom Niederen zum Höheren die Menschwerdung aus Affenarten an. Besonders die Selektionstheorie legte die Annahme einer kontinuierlichen Entwicklung nahe, da sich nur die erbbiologisch Tüchtigsten fortpflanzten und die „minderwertigen" Erbwerte zurückdrängten, was die Aussicht auf einen permanenten Fortschritt auch in der Rassentheorie zumindest hätte als möglich erscheinen lassen können. Die-

64 Evola, S. 24.
65 Gobineau I, S. 226.
66 Schemann I, S. 78.

sem Gedanken aber widersprach Vacher de Lapouge: „Die Darwinsche Theorie ist noch weniger die eines organischen Fortschritts. Die Ursache, die [im Kampf ums Dasein] das Überleben bestimmt, begreift eine Überlegenheit mit ein, aber eine relative. Diese Überlegenheit besteht nur gegenüber der Ursache der Vernichtung, aber die überlebende Art kann in bezug auf alles andere schlechter sein[67]." Es gebe keinen biologischen Fortschritt innerhalb der Menschheit, folglich keinen kulturellen und somit keine sich verfeinernde Gesittung unter den Menschen. „Es gibt keinen Fortschritt", folgerte auch Gumplowicz, „es ist immer dasselbe, und es kann auch nicht anders sein, weil die Menschen immer dieselben sind ...[68]." Im Rassenkampf finde zwar eine Auslese statt, aber die siegreich zurückbleibende Rasse stelle keinen universellen Fortschritt dar. Auch Woltmann konstatierte: „Die Rassen verdrängen, unterjochen oder vernichten einander, aber nicht geschieht es, daß eine Rasse physisch eine höhere zeugt, welche die alleinige Trägerin des Fortschritts bleibt[69]."

Ungeachtet starker anthropologischer und humanbiologischer Einflüsse verstanden sich die Rassentheorien vorwiegend als *historische* Wissenschaft, als Schlüssel zum Verständnis weltgeschichtlicher Abläufe; Evola bezeichnete sie beiläufig als Meta-Geschichte[70]. Gleichwohl war ihr Geschichtsverständnis ein unhistorisches, welches sich auf die Wiederkehr immer gleicher Vorgänge beschränkte und Entwicklungen außerhalb des konstruierten Basis-Überbau-Verhältnisses von Rasse und Kultur verdrängte. Geschichte verkümmerte in den Rassentheorien zur Sammlung von Momentaufnahmen rassenspezifischer „Taten", bloßen Einzelfakten als Erscheinungsformen der durch sie wirkenden ewigen Artgesetze bzw. des ewigen Kampfes ums Dasein. Die Erkenntnis der gesellschaftlichen Zusammenhänge wurde somit vernebelt, die Erforschung von Ursachen und Hintergründen politischer und kulturgeschichtlicher Abläufe aufgegeben.

Das strikte Abstreiten einer fortschreitenden kulturellen wie gesellschaftlichen Entwicklung sollte auch die Geltung von allgemeingültigen Rechtsprinzipien in Abrede stellen. Eine Welt ohne Fortschritt würde nicht nur jeden gesellschaftlichen Stillstand rechtfertigen, sondern sogar die Restauration längst abgebauter Herrschaftsverhältnisse zulassen. Da dies erneut Ungleichheit schaffen würde, mußte auch der Begriff einer einzigen Menschheit geleugnet werden: die Rassentheorien kannten nur Herrschende und Beherrschte. Es versteht sich, daß eine derartige Ideologie, die keinerlei Wertmaßstäbe kannte als den der Rasse, einmünden mußte in Nihilismus und zynische Menschenverachtung, wie wir sie am stärksten ausgeprägt

67 Vacher de Lapouge: Der Arier, S. 333.
68 Gumplowicz, S. 337; in ähnlichem Sinne Woltmann, S. 246.
69 Woltmann, S. 149, 246.
70 Evola, S. 32.

finden bei Vacher de Lapouge. Das Leben, vor allem das des Individuums, galten ihm nicht viel, denn die Menschheitsgeschichte sei ohnehin ständig vom Nichts bedroht, das sie dereinst mit einem Sieg der Materie über das Leben beenden lassen werde: „Elle [l'évolution] se déroule au milieu du néant, sans cesse enveloppée, sans cesse menacée par lui[71]."
Inhalt und Methoden der Rassentheorien hätten ihre Interpretation als biologischer Materialismus nahegelegt. Diese Möglichkeit war um so wahrscheinlicher, je mehr Bereiche der Gesellschaft und der Kultur als durch die Rasse bestimmt angesehen wurden. Gleichwohl ist dieser Versuch niemals in größerem Umfange unternommen worden. Eine unter Wissenschaftlern und Partei-Ideologen 1933/34 in Deutschland geführte Diskussion über die mögliche Deutung des Rassengedankens in dieser Richtung wurde von der NSDAP-Führung unterdrückt, vermutlich um die in dieser ersten Phase der NS-Herrschaft gezeigte Konzessionsbereitschaft gegenüber konservativen Kreisen und mit Rücksicht auf die Kirchen nicht durch ideologisches Gezänk unglaubwürdig werden zu lassen. Es muß indessen angemerkt werden, daß eine grundsätzliche Diskussion über die theoretischen Voraussetzungen der Rassenlehren im nationalsozialistischen Deutschland überhaupt nicht stattgefunden hat. Das NS-Regime duldete zwar eine gewisse ideologische Pluralität, sofern dadurch nicht die wesentlichsten Dogmen — die Überlegenheit der Arier und die Minderwertigkeit aller anderen Rassen — in Frage gestellt wurden. Aber eine umfassende Diskussion hätte die zahllosen Widersprüche und Ungereimtheiten sowie ihre Inkonsequenzen in der praktischen Politik aufgedeckt, so daß sie unterbleiben mußte[72]. Selbst großangelegte wissenschaftliche Projekte wurden abgebrochen, sobald erkennbar wurde, daß sie die in sie gesetzten ideologischen Erwartungen nicht bestätigen würden. Auch im internationalen wissenschaftlichen Erfahrungsaustausch wurde eine kritische Diskussion der Rassenlehren von nationalsozialistischer Seite wiederholt verhindert[73].
Die Frage nach dem Verhältnis von Rassentheorie und Materialismus war schon in früheren Zeiten aufgeworfen worden. Gobineau-Apostel Schemann hatte dabei jeden materialistischen Anstrich des Rassengedankens und jegliche ideologische Nachbarschaft zu den Kraft-und-Stoff-Materialisten in Abrede gestellt. Die Rassenlehre stehe, so meinte er, zumindest neutral zwischen Materialismus und Spiritualismus; eher könne man sie als monistisch bezeichnen, da sie „... die Einheit, nicht die Einerleiheit von Geistigem und Leiblichem" betone[74]. Diese Einheit von Basis und Überbau, von Rasse und Kultur beruhte für ihn auf einem Naturbegriff, der beides in sich

71 Vacher de Lapouge: Sélections, S. 449.
72 Vgl. Mühlmann, S. 198.
73 Ignaz Zollschan: Der Rassenwahnsinn als Staatsphilosophie, Heidelberg 1949, S. 97 f.
74 Schemann I, S. 58 f.

zusammenfaßte; Geist ist nichts der Natur Entrücktes, sondern Bestandteil derselben: „Das Denken über die Natur ist erst aus der Natur hervorgegangen[75]." Diese Gleichwertigkeit mußte betont werden, um nicht die spiritualistischen Traditionen der abendländischen Kultur zu verletzen, was ganz dem konservativen Charakter Schemanns entsprach.

Zu einem Monismus, der sehr viel stärker materialistische Züge trug, bekannte sich Vacher de Lapouge. Er selbst fühlte sich darin als Schüler Ernst Haeckels, dessen Werk „Der Monismus als Band zwischen Religion und Wissenschaft" er 1897 in französischer Sprache herausgab. Die Einheit von Natur und Geschichte, von Biologie und Kultur sah er in der Rasse verkörpert und in ihren durch das Prinzip der Auslese bestimmten Entwicklungsgesetzen gegeben. Vacher de Làpouge bezeichnete seine Theorien als monistisch, gelegentlich auch als positivistisch und nannte sie die „Darwinsche politische Wissenschaft, die Anthroposociologie". Da er sich als agnostischer Positivist fühlte, beteiligte er sich auch nicht an Streitfragen über religiöse Probleme. Es stünden sich zwei Lager gegenüber, meinte er: auf der einen Seite die Religiösen ebenso wie die Antiklerikalen, auf der anderen die Wissenschaftler und deren Avantgarde: die Selektionisten[76].

Wir hatten Vacher de Lapouge als rassistischen Nihilisten bezeichnet. Hielten sich Gobineau und seine Anhänger noch an eine vergangene, wenngleich teilweise fiktive Rechtsordnung, die es zu restaurieren oder wenigstens in der Erinnerung zu bewahren galt, so hielten manche Sozialdarwinisten an der Vorstellung eines allgemeinen Entwicklungsprozesses fest. Vacher de Lapouge sah — insofern Darwinist — alle früheren Rechtsordnungen an als bloßen Ausdruck des Kampfes ums Dasein und der Auslese und entkleidete sie ihrer Legitimitätsphilosophie. Andererseits leugnete er, darin stärker gobinistisch geprägt, jeden Fortschritt. Allein die Auslese bestimme die Geschichte; Begriffe wie Recht und Gerechtigkeit seien Wahnvorstellungen, die Gesellschaft werde allein durch den Kampf um die Macht geprägt und vom Recht des Stärkeren regiert. Das Individuum sei nichts, die Rasse alles[77]. — Wir erkennen bei Vacher de Lapouge bereits jenen zur offenen Inhumanität entwickelten Nihilismus, wie er sich später in der Vernichtungslehre der NS-Ideologen während des Zweiten Weltkrieges als ideologische Untermalung zum Völkermord wiederholen sollte.

Bis zum ersten Drittel des 20. Jahrhunderts hatten sich die Rassentheorien inhaltlich auf nahezu alle wissenschaftlichen Disziplinen ausgedehnt, wie wir sahen, sogar auf Mathematik, Physik und Veterinärmedizin. Diese Entwicklung konnte dazu führen, daß der Rassengedanke zum allein bestimmenden Orientierungspunkt in allen Lebensfragen und somit zur Welt-

75 Ebd., S. 48.
76 Vacher de Lapouge: Der Arier, S. VII, 1, 340.
77 Ebd., S. 340.

anschauung erhoben wurde. Mit ihr wurde der Rahmen einer bloßen politischen Ideologie, die gesellschaftliche Interessen durch Legitimitätsansprüche und diese wiederum durch die Darstellung scheinbar objektiver Sachverhalte verschleiert, endgültig verlassen. Eine Weltanschauung reicht weiter, indem sie außer dem Überbau auch noch das Selbstverständnis des Individuums umfaßt, ideologische Freiräume ausschließt und durch einen allumfassenden Wertmaßstab eine Anleitung zum Handeln darstellt. Wir können diese Entwicklung gut beobachten an Gobineau, für den die Rassentheorien ein bloßer Versuch zur Deutung eines von ihm mit mißbilligender Anteilnahme beobachteten Entwicklungsprozesses waren. Seine pessimistische Geschichtsphilosophie besaß zunächst überhaupt keinen Bezug zur politischen Praxis. Seinen sämtlichen Epigonen galten indessen die Rassenlehren als Anleitung zum politischen Handeln. In zunehmendem Maße überwogen bei ihnen die praxisorientierten Elemente gegenüber den rein kognitiven, die schließlich dort, wo der Rassengedanke zum Glauben oder zur Ersatzreligion erhoben wurde, vollends zurücktraten.

Den entscheidenden Beitrag zur Mystifizierung des Rassengedankens und zu seiner Umwandlung von einer reaktionären Geschichts- und Gesellschaftstheorie in eine geschlossene Weltanschauung mit gelegentlich pseudoreligiösen Zügen lieferte Houston Stewart Chamberlain. Sein mystischer Rassenbegriff unterschied sich vom gobinistischen und darwinistischen durch den Verzicht auf jegliche Begründung durch objektive Fakten. Während jene noch kulturgeschichtliche Abläufe oder Schädelmessungen als Argumente für ihre Hypothesen anführten, verzichtete Chamberlain völlig auf jedes wissenschaftliche Fundament. Die Rasse brauche überhaupt nicht nachgewiesen zu werden: „... unmittelbar überzeugend wie nichts anderes ist der Besitz von *Rasse* im eigenen Bewußtsein“[78]. Wer dieses in sich nicht entdecken könne, beweise damit, daß er eben keine Rasse habe und nicht von arischer Abstammung sei.

Seinen sonderbaren Rassenbegriff begründete Chamberlain mit einer recht eigenwilligen, stark vulgarisierten Interpretation der Philosophie Kants. In Anlehnung an zeitgenössische Tendenzen des Neukantianismus, auf den sich Chamberlain — trotz des Judentums seiner hervorragendsten Vertreter — gern berief, reduzierte er jede Erkenntnis auf den Mythos. Nicht um Erkenntnis von Wirklichkeit gehe es, sondern um Schaffung von Einheit im Mannigfaltigen der Erfahrungen durch das Subjekt. Erkennen sei Verarbeiten der Wirklichkeit durch das Bewußtsein, welches durch das „Artgesetz“ des Subjekts seine Bestimmung erhält. „Grundlegend für unsere heutigen Ausführungen ist nun die Einsicht, daß diese Gleichsetzung zwischen Angeschautem und Gedachtem und (erweitert) zwischen Natur und Vernunft

78 Chamberlain, S. 272.

(...), die seit den ältesten Zeiten, von denen wir Nachricht besitzen, bis zum heutigen Tag herab eine so große Bedeutung für die Weltanschauung der Indoeuropäer besitzt — der *Urmythos aller Mythen* ist[79]." Alle Wissenschaft wird für Chamberlain Mythologie, ihre Aufgabe ist die Mythenbildung; das gilt auch für die Naturwissenschaften, denen er bescheinigte, die meisten Mythen zu schaffen[80]. In diesem Erkenntnisrelativismus wird das Ding an sich allein wahrnehmbar durch das Erleben des eigenen Bewußtseins. So wie Schopenhauer das Ding an sich für schlechterdings nicht erkennbar, jedoch den Willen zum Leben zur unmittelbarsten seiner Erscheinungen erklärte, so sprach nun Chamberlain diese Unmittelbarkeit der Rasse zu. Sie brauche nicht bewiesen zu werden, sondern erhalte bereits dadurch Realität, daß das Bewußtsein ihr Vorhandensein in den Wahrnehmungen als Bedürfnis empfinde. In Analogie zu Kants sittlichen Postulaten und unter deutlichem Einfluß Chamberlains meinte daher Schemann: „Und gelänge es wirklich der reinen Vernunft, den Begriff der Rasse mit den Mitteln ihrer Kritik auszutilgen, die praktische Vernunft — das seelische Bedürfnis — würde dieser so gut wieder abhelfen, wie sie einstmals jenen tiefsten Fundamenten unseres sittlichen Seins, den als rein geistig nicht beweisbar geopferten Vorstellungen von Gott, Freiheit und Unsterblichkeit zur Auferstehung in einer ganz anderen Sphäre verholfen hat[81]."

Die Rassentheorien haben wissenschaftlich nicht nur nichts hergegeben, sondern grundsätzlich kritische Wissenschaft bekämpft, ihre Grundlagen durch Irrationalismus ersetzt und ihre Aussagen durch Mystifikationen vernebelt. Recht offenherzig drückte dies Evola aus; der Rassengedanke sei antirationalistisch, d. h. überrationalistisch, weil er sich auf das berufe, was über der Vernunft stehe — die Rasse[82]. Trotzdem ist es gerade aus kognitiver Sicht von Interesse, sie wissenschaftlich zu analysieren. Es ist nicht zu bestreiten, daß die meisten Rassenlehren vereinzelte Beobachtungen verarbeitet haben, die man ungeachtet aller politischen Vorbehalte als richtig oder brauchbar bezeichnen kann. Gobineau und seine Epigonen erkannten beispielsweise richtig den Zerfall des Feudalismus und die Entmachtung des Adels durch das Bürgertum, die egalisierende Wirkung des Geldes und ihre paralysierende Wirkung auf die alte Ständeordnung sowie die Entwicklung der demokratischen Gesellschaft zu einem Zustand immer größerer Gleichheit mit allen ihren soziokulturellen Folgen. Gerade die Deutung langfristiger Entwicklungen ist dort, wo man die Rassentheorien ihres mythologischen Gewandes entkleidet, oft von verblüffender Einsichtigkeit. Gobineau sagte

---

79 Houston Stewart Chamberlain: Immanuel Kant. Die Persönlichkeit als Einführung in das Werk, München 1905, S. 285 f.
80 Ebd., S. 354; hierzu vgl. die Ausführungen bei Lukács, S. 555.
81 Schemann I, S. 25.
82 Evola, S. 18.

die Ausbreitung der Herrschaft der weißen Völker über die Erde voraus, das globale Phänomen der europäischen Kolonialimperien. Er prophezeite die Weltherrschaft der europäischen Staaten, die auch die letzten unentdeckten Flächen der Erde erschließen und erobern würden; dadurch werde, so meinte er, die Weltbevölkerung verkehrsmäßig und zivilisatorisch zusammenwachsen und verschmelzen. Damit aber würden die weißen Völker sich verausgaben und ihre Herrschaft werde nur von begrenzter Dauer sein. Denn die „Herrenvölker" würden die unterdrückten Rassen zivilisatorisch angleichen, Unterschiede einebnen und die Grundlage für ihren eigenen Abstieg legen.

Die Rassenideologen haben gelegentlich intuitiv tatsächliche Entwicklungen wahrgenommen und Prognosen gestellt, die sich teilweise bewahrheitet haben. Jedoch versuchten sie nicht, kausale Zusammenhänge zu ermitteln, sondern projizierten die Rasse in das Weltgeschehen als Bindeglied zwischen den einzelnen wahrgenommenen Fakten. Die Rasse wurde in die Veränderungen in Geschichte und Gesellschaft hineingelegt, und es war daher nicht verwunderlich, daß sie aus allen empirischen Erkentnissen wieder abgeleitet werden konnte. Die Rassentheorien mochten empirische Daten mit wissenschaftlicher Akribie zusammenstellen und auswerten, die „Rasse" selbst konnte niemals falsifiziert werden. Sie geisterte als Gespenst zwischen den Wissenschaften umher, niemals greifbar und trotz ihrer Immaterialität ständig ihren Verehrern erscheinend. Sie war zum Mythos geworden, ein „seelisches Lebensbedürfnis", und entzog sich somit dem Zugriff kritischer Wissenschaft.

Chamberlain und in seinem Gefolge Rosenberg haben dem Mythos als dem Ausdruck der „Sprache des Blutes" eine zentrale Bedeutung zuerkannt. Chamberlain bemängelte, daß das Germanentum keine seiner Rasse adäquate Weltanschauung besitze, sondern nur das stark jüdisch durchsetzte Christentum. Es gelte daher, eine neue germanische Weltanschauung zu schaffen, als deren Vorläufer er offensichtlich den völkischen Wagner-Kult betrachtet zu haben scheint. Die Forderung nach einer „nordischen Weltanschauung" wurde in der chauvinistischen deutschen Publizistik in zahllosen Varianten wiederholt. Sie müsse das Gemüt stärken, meinte Hans F. K. Günther, und somit dazu beitragen, daß auch die nordischen Erbmerkmale gerettet würden[83]. Dies versuchte schließlich Alfred Rosenberg und in seiner Gefolgschaft ein Heer kleinerer Parteiideologen der NSDAP. Odin sei als Persönlichkeit zwar untergegangen, meinte er, lebe aber fort im Mythos; er sei wiedergeboren in den großen Heroen der deutschen Geschichte: Meister Eckhard, Bach, Friedrich II., Goethe und Bismarck. Es gelte, die deutsche Kultur von römischem und jüdischem Einfluß zu reinigen und an ihre Stelle

83 Günther: Rassenkunde, S. 473.

den „artgemäßen“ Mythos zu setzen. Alle Wahrheit, alle Erkenntnis, Glaube und Wissen seien zweckbestimmt zum Dienst an der Rasse. Die Rasse aber verstand Rosenberg als Selbstzweck. Aller geistiger Ausdruck, der der Rasse diene und nütze, stimme mit ihr überein, möge er sich nun als Wissenschaft, Kunst, Religion oder als Mythos äußern. Wahrheit sei relativ, einzig wahr nur der Mythos, der Rassenausdruck, der in den ältesten religiösen Kulten enthalten sei und sich bei gleichbleibender Bevölkerungssubstanz unverändert erhalte[84]. Der rassenbedingte Mythos bedürfe aber, so führte Rosenberg die Anregung Chamberlains fort, einer institutionellen Grundlage: „Die Sehnsucht, der nordischen Rasse im Zeichen des Volksmythus ihre Form als Deutsche Kirche zu geben, das ist mit die größte Aufgabe unseres Jahrhunderts[85].“

Die „rassische Weltanschauung“ war, wie Lukács richtig bemerkt, eine Verschmelzung der Rassentheorien mit der deutschen Lebensphilosophie[86]. Die vulgarisierte und simplifizierte Erbschaft Schopenhauers und Nietzsches ist hier ebenso erkennbar wie der Einfluß Paul de Lagardes, Langbehns, Treitschkes bis hin zum Geschichtspessimismus Spenglers. In extremen Fällen konnte sich diese „Weltanschauung“ zur Rassenmystik steigern, wozu Chamberlains Lehre von der Rasse als Bewußtseinsform die theoretische Grundlage hergab. Einen Rassenmystizismus als politische Heilslehre eines rassischen Geheimordens proklamierte der ehemalige Zisterziensermönch Adolf Lanz (1874—1954), der sich später Dr. Jörg Lanz von Liebenfels nannte. Diese Heilslehre, von ihm Ariosophie genannt, begründete er in seinem 1904 in Leipzig herausgegebenen Hauptwerk „Theozoologie oder die Kunde von den Sodomsäfflingen und dem Götterelektron“. Der Inhalt des Buches ist kurz umschrieben: die Götter — reinrassige Arier, ausgestattet mit besonderen elektromagnetischen Fähigkeiten — trieben einst Sodomie mit Töchtern von Menschenaffen und zeugten mit diesen eine dem Menschen äußerlich ähnliche Rasse minderwertiger Geschöpfe („Äfflinge“). Es gelte nunmehr, diese Tiermenschen auszurotten und durch Züchtung die Arier wieder in den Zustand der Rassereinheit zurückzuführen. Wenn das Erbgut der „Äfflinge“ eliminiert sei, werde die neugeschaffene Götterrasse ihre durch Vermischung abhanden gekommenen „elektromagnetisch-radiologischen Organe“ wiedererlangen, ihre Allmacht auf Erden begründen und weise die Welt beherrschen. Der erste politische Schritt zu diesem Fernziel sollte eine „Rassenkirche“ als Sammlungsbewegung der Arier sein, für die Lanz einen „Rassenorden“ als ideologische Kerntruppe gründen wollte[87].

---

84 Alfred Rosenberg: Der Mythus des 20. Jahrhunderts. Eine Wertung der seelisch-geistigen Gestaltenkämpfe unserer Zeit, München (1. Aufl. 1930) 1934, S. 679, 684.

85 Ebd., S. 614 f.

86 Lukács, S. 574 f.

87 Wilfried Daim: Der Mann, der Hitler die Ideen gab. Von den religiösen Verirrungen eines Sektierers bis zum Rassenwahn des Diktators, München 1958, S. 88.

Gewiß stellte der österreichische Sonderling einen Außenseiter dar, der auch von Gesinnungsgenossen nicht ernst genommen wurde. Seine Lehre aber nahm durch einen gewissen Verehrer und zeitweiligen Abonnenten seiner Zeitschrift „Ostara“ welthistorische Dimensionen an: Adolf Hitler.
Adolf Lanz' Zeitgenosse und Landsmann Guido von List griff den Gedanken der Rassenabhängigkeit von Religionen und Weltanschauungen auf. Wie bereits bei Chamberlain erscheint hier das Christentum als Verfälschung des arisch-germanischen Rassenbewußtseins[88]. Zur gleichen Zeit etwa schritten Gleichgesinnte zur organisatorischen Sammlung von Anhängern eines rassenbiologisch begründeten Neuheidentums. Der Maler und Lagarde-Verehrer Ludwig Fahrenkrog gründete zusammen mit Adolf Kroll 1908 die „Deutsche Glaubensgemeinschaft“, die sich später „Deutscher Orden“ nannte[89]. Ihr Hauptvorwurf gegen das Christentum gipfelte in der Anklage, daß es eine universelle Menschenliebe propagiere und hierbei die „natürlichen Bande des Blutes“ ignoriere. Um das der arisch-germanischen Rasse artgemäße Bewußtsein wiederzuerwecken, bemühten sich ihre Anhänger um die Wiederbelebung heidnisch-germanischer Bräuche und Zeremonien. Ihre Bewegung mündete später ein in den Kreis um Ludendorfs Frau Mathilde und ihre arisch-nordische Gottesschau.
Nicht ohne innere Folgerichtigkeit hatte sich im Laufe weniger Jahrzehnte eine Entwicklung vom teilweise materialistischen Rassengedanken über einen biologischen Monismus bis hin zu jener eigenartigen Mischung von Mystizismus, Theosophie und Spiritismus vollzogen, die in den 1920er Jahren und vollends im Dritten Reich ihren Gipfelpunkt erreichte[90]. Sogar in akademischen Kreisen gewann das rassenideologische und neuheidnische Quacksalbertum eine gewisse Anhängerschaft. Die Theologie- bzw. Philosophieprofessoren Wilhelm Hauer (Tübingen), Ernst Bergmann (Leipzig) und Hermann Mandel (Kiel) propagierten eine von Alfred Rosenberg und anderen NS-Ideologen inspirierte Weltanschauung. Unter Hauers Führung nahm diese Bewegung 1933/34 festere organisatorische Formen an. In ihrer Zeitschrift „Deutscher Glaube“ wurden die Prinzipien der neuen Weltanschauung verkündet: (1) die religiöse Erneuerung auf der Grundlage der Rasse; (2) die ewige Mission der arisch-nordischen Rasse und (3) die Ausrichtung des Lebens aller Deutschen nach den Geboten dieser Mission[91].

---

88 Guido von List: Die Religionen der Ario-Germanen in ihrer Esoterik und Exoterik, Berlin o. J. (1908); vgl. Armin Mohler: Die Konservative Revolution in Deutschland 1918—1932. Grundriß ihrer Weltanschauungen, Stuttgart 1950, S. 81.

89 Albert Béguin: Le néo-paganisme allemand, *Revue des Deux Mondes,* 105ème année, 8ème période, Tome XXVII (1935), S. 281 f. — Alfred Müller: Die neugermanischen Religionsbildungen der Gegenwart. Ihr Werden und Wesen, Phil. Diss. Bonn 1933, S. 17 ff.

90 Mohler, S. 82, 170. — Weitere Schriften in dieser Richtung: Franz von Wendrin: Die Entdeckung des Paradieses, Braunschweig—Hamburg 1924; Karl Georg Zschaetzsch: Die Arier. Herkunft und Geschichte des arischen Stammes, Berlin 1920.

91 Béguin, S. 282 f.; vgl. Alfred Müller, S. 34 ff.

Der Gedanke eines „arischen Geheimordens", den Lanz und nach ihm andere völkische Schwarmgeister geäußert hatten, fand Eingang in den politischen Mummenschanz der Münchener Thule-Gesellschaft und ähnlicher geheimnisumwitterter Vereinigungen vor und nach dem Ersten Weltkrieg und sollte schließlich einmünden in die rassistische Ordensideologie der SS: ein militärisch und zugleich ordensmäßig organisierter Zusammenschluß „rassisch einwandfreier" Männer als Kern für die Errichtung der germanisch-deutschen Weltherrschaft[92]. Die Phantasien vom Rassenorden und von der Rassenkirche deuten eine weitere Entwicklung an: die immer stärkere Übernahme von pseudoreligiösen Elementen in die Rassentheorien selbst. Bildete der Rassengedanke die Voraussetzung für die angedeuteten neuheidnischen Religionsbildungen, so verdichteten sich seine Irrationalismen letzten Endes selbst zur Ersatzreligion, erkennbar an der Imitation des Sakralen und an den Vorstellungen von einer neuheidnischen Kirche mit geheimen, militärisch organisierten Ordensverbänden.

Bereits bei Gobineau stand die Rasse in unmittelbarer Nachbarschaft zum Sakralen. Den Urzustand der Arier, also den der Rassereinheit, hatte er das „Zeitalter der Götter" genannt, dem das der Heroen und das des Adels gefolgt sei[93]. Gobineau legte zudem Wert auf seine angebliche Abstammung vom normannischen Fürsten Ottar Jarl, der seinerseits ein Sproß des Königshauses der Ynglinger war. Die Ynglinger aber führten in vorchristlichen Zeiten ihren Stammbaum auf Odin zurück. Ungeachtet seines äußerlich strengen Katholizismus beanspruchte Gobineau über diese genealogische Brücke für sich reinrassige arische Ahnen, was mythologisch ausgedrückt gleichbedeutend war mit göttlicher Herkunft[94].

Unter dem Eindruck von Nietzsches Übermenschen, der durch die Verschmelzung von Lebensphilosophie und Rassentheorien von NS-Ideologen zum Archetypen des reinrassigen Ariers erhoben wurde, erhielten Phantasien über die übernatürlichen Qualitäten der Rasse ihre literarische und vulgärphilosophische Weihe. So bejahte auch Giulio Evola die quasi-göttliche Herkunft der Arier und wies den Gedanken einer Abstammung des Menschen von affenartigen Wesen energisch zurück. „Der wahre Ursprung dieses Menschengeschlechts liegt jedoch anderswo, in höheren Rassen, die schon in der fernsten Vorgeschichte eine zwar materiell beschränkte Kultur, jedoch von bedeutender Höhe besaßen, so daß sie in den mythischen, sich auf sie beziehenden Erinnerungen aller Völker als ‚göttliche' oder als

---

92 Über den quasi-religiösen Charakter der frühen NSDAP s. Karl Dietrich Bracher: Die Auflösung der Weimarer Republik. Eine Studie über den Machtzerfall in der Demokratie, Stuttgart—Düsseldorf 1955, S. 118.

93 Gobineau IV, S. 318.

94 Seillière, S. 375 ff.; nach dem Urteil Schemanns war Gobineau „von Hause aus und dem Kerne seines Wesens nach eine urheidnische Gestalt" (Zitat nach Müller, S. 15).

‚himmlische' Rassen symbolisch bezeichnet wurden[95].“ Auch Phantasien über eine außerirdische (etwa lunare) oder überirdische Herkunft der Arier gehören hierher[96].

Sogar der Gedanke der Rassenzucht wurde in eine sakrale Sphäre gerückt und zugleich von christlich-abendländischen und humanistischen Wertmaßstäben, die sich ihm als Widerstände in den Weg legten, entblößt. Durch Züchtung, meinte Vacher de Lapouge, könne man einen göttergleichen Menschen schaffen. Aber wenn der Mensch, so fügte er ironisch hinzu, Gott geworden sei, dann ein sterblicher. Denn das Ende der Gens humana wie der alles Lebens sei abzusehen: „Quand le soleil aura cessé de féconder la terre, mère de toutes choses, l'heure aura sonné, et la mort viendra glacer le dernier de ses prodigieux génies, le cerveau gros de la science universelle, vaincu par la matière[97].“

Der pseudoreligiöse Obskurantismus erinnert uns freilich an eine der geistesgeschichtlichen Entwicklungen, die der Entstehung der Rassentheorien vorangingen: der Prozeß der Säkularisierung. Die Rassentheorien waren entstanden, als das im Gottesgnadentum verankerte Legitimitätsprinzip vom Bürgertum nicht mehr anerkannt und die als gottgewollt interpretierte Ständeordnung nicht mehr hingenommen wurde. Da die Rassentheorien Herrschaftsansprüche begründen und politische Ordnungsprinzipien rechtfertigen sollten, lag es nahe, ein neues Gottesgnadentum auf neuheidnischer Grundlage zu errichten: nicht mehr für Dynastien und nicht mehr für Stände, wohl aber für Rassen, Völker und soziale Klassen. Solange diese Lehren noch als „wissenschaftliche“ Theorien vorgetragen wurden, besaßen sie den Makel, methodischen und kognitiven Ansprüchen genügen zu müssen. Erst als Mythos, als Weltanschauung und Pseudoreligion wurden sie der Kritik und damit der Gefahr einer Entlarvung ihrer politischen Motive entzogen.

Wir erkennen in den weltanschaulichen Ausformungen des Rassengedankens ansatzweise eine der Feuerbachschen Religionsphilosophie entgegengesetzte Tendenz: nicht die Vermenschlichung Gottes und in deren Folge letztlich die Herstellung paradiesischer Zustände in der irdischen Gesellschaft, sondern die Vergöttlichung einer bestimmten Menschengruppe und damit die Aufhebung einer durch den Menschen bestimmten Moralität. Durch die Erhebung der sogenannten Arier in eine quasi-göttliche Stellung wurde zugleich jeder sozialethische Maßstab in Abrede gestellt, da mit den neu-

95 Evola, S. 25.

96 Eugen Georg: Verschollene Kultur. Das Menschheitserlebnis. Ablauf und Deutungsversuch, Leipzig 1930; in ähnlichem Sinne äußerte sich der völkische Schriftsteller und zeitweilige Präsident der Reichsschrifttumskammer Hans Blunck: Urvätersaga, Jena 1934.

97 Vacher de Lapouge: Sélections, S. 490.

geschaffenen Göttern auch eine neue Quelle des Rechts gegeben war. Der Herrschaftsanspruch der nordischen Rasse wurde somit nicht mehr aus universalen, objektiv nachvollziehbaren Prinzipien abgeleitet, sondern aus sich selbst gerechtfertigt, eingekleidet in die verschleierte Form einer vorgeblichen Naturordnung.

Gesellschaft als „Rassenhege“

Es war bei einigen mit den Rassentheorien zusammenhängenden Fragen von geringer Bedeutung, ob sie in der Tradition Gobineaus, des Sozialdarwinismus oder einer der zahlreichen synkretistischen Zwischenformen standen. Diese Feststellung gilt nicht für ihre gesellschaftspolitischen Zielvorstellungen. In ihnen schlugen sich die eigentlichen Anliegen der Rassentheorien am deutlichsten nieder, wie die Zielvorstellungen ja auch nichts anderes waren als restaurative Wunschträume zur Wiederherstellung vergangener oder zur Erhaltung bestehender Gesellschaftsordnungen. In der Konzeption vermeintlich idealer Gesellschaftsordnungen trennten sich daher die ständischen Elemente des Gobinismus und die bürgerlich-kapitalistischen Elemente des Sozialdarwinismus und legten die politischen Implikationen ihres theoretischen Ansatzes offen.

Lagen die Anfänge der Rassentheorien begründet in der Abwehrhaltung des französischen Adels gegen die Gleichheitsforderungen des Bürgertums, so empfingen sie im späten 19. Jahrhundert eine zusätzliche Frontstellung durch die Bedrohung der bürgerlichen Gesellschaft durch das Proletariat. Die konservativen, an Gobineau orientierten Rassenideologien waren zwar nicht geeignet, eine Apologie der bürgerlichen Gesellschaft zu begründen, wohl aber diese als geringeres Übel gegen Angriffe aus der Arbeiterschaft in Schutz zu nehmen. Gleichwohl muß nochmals festgestellt werden, daß gerade die gobinistische Tradition der bürgerlichen Gesellschaft, die sich auf das Prinzip der (formalen, rechtlichen) Gleichheit der Individuen berief, mit Mißtrauen und Ablehnung gegenüberstand und bis in die Mitte des 20. Jahrhunderts an den Idealen einer modernisierten Ständeordnung festgehalten hat.

In nur scheinbarem Widerspruch zu ihren restaurativen und reaktionären Überzeugungen standen daher die sozialrevolutionären Parolen einiger Rassentheoretiker. Wie auch die Geschichte antisemitischer Bewegungen und Organisationen im Deutschland der 1880er Jahre zeigt, zielten diese fast immer in eine antikapitalistische und sozialrevolutionäre Stoßrichtung. Gerade die Assoziierung von Judentum und (Groß-)Bürgertum versah die bäuerlichen und kleinbürgerlichen Bewegungen mit der Durchschlagskraft antisemitischer Ressentiments[1]. Trotz seiner gelegentlichen Anpassung an konservative Parteien in tagespolitischen Fragen blieb der organisierte Rassenantisemitismus bis zum Ersten Weltkrieg „revolutionär", d. h. geprägt von antibürgerlichen und vereinzelt auch von antifeudalistischen Akzenten[2]. Wegen seines äußerlich revolutionären Erscheinungsbildes wurde er daher von Zeitgenossen vielfach als Antikapitalismus betrachtet und daher auf der Linken gelegentlich als ideologischer Bündnispartner mißverstanden[3].

Ähnliche Feststellungen lassen sich auch für Frankreich treffen. Mit Nachdruck setzte sich Vacher de Lapouge für die Arbeiterschaft ein, wenn es darum ging, sie gegen die Vorherrschaft der Juden in der Gesellschaft zu gewinnen. Die einzige Barriere gegen sie sei der Sozialismus; aber viele Arbeiterführer, die er davon habe überzeugen wollen, lehnten eine Revolution als noch verfrüht ab mit der Begründung, daß die Gesellschaft erst durch eine weitere Akkumulation des Kapitals den hierzu erforderlichen Entwicklungsstand erreichen müsse[4]. Vacher de Lapouge schrieb beißende Kritiken gegen das Bürgertum, das die Arbeiter in Bergwerken oder in zuchthausähnlichen Manufakturen und Fabriken einsperre und rücksichtslos ausbeute; die Bourgeoisie — so zürnte er — herrsche durch Gewalt, wie einstens auch der Adel seine Herrschaft durch Gewalt gewonnen und aufrechterhalten habe[5]. Man müsse einen neuen Sozialismus schaffen, der im Gegensatz zum Marxismus nicht nivellierend sei und nicht die Gleichheit aller Menschen propagiere. In seinen Ausführungen zu dieser Frage war Vacher de Lapouge allerdings recht inkonsequent. So stellte er Überlegungen an, wie man die Arbeitsteilung überwinden und beseitigen könne, forderte aber gleichzeitig ein strenges Kastensystem, wie es im antiken Sparta geherrscht und seither allen echten kommunistischen (?) Gesellschaftsordnungen zugrunde gelegen habe[6].

Es besteht kein Zweifel: die meisten Rassentheoretiker, die ganz oder zu wesentlichen Teilen auf Gobineau beruhten, lehnten die bestehende bürgerliche Gesellschaft und ihre politischen und wirtschaftlichen Grundlagen ab. Vacher de Lapouge richtete heftige Angriffe gegen die „Plutokratie", wie er die kapitalistische Wirtschaftsordnung bezeichnete[7]. Auch der im Dritten Reich so viel zitierte Hans F. K. Günther verachtete zutiefst die bürgerliche Gesellschaft und ihre charakteristische Ideologie, den Liberalismus, den er als die „unheldischste Gesinnung" unter allen politischen Ideen bezeichnete. Ihn wollte er durch die

1 Zur Geschichte der antisemitischen Bewegungen in Deutschland s. Massing, S. 84 ff.; Pulzer, S. 106 ff., 226 ff.

2 Massing, S. 114 f., 117. — 1917 brachten Antisemiten das „Weimarer historisch-genealogische Taschenbuch des gesamten Adels jehudäischen Ursprungs" heraus.

3 Massing, S. 169 ff., 180 ff.

4 Vacher de Lapouge: Der Arier, S. 308.

5 Vacher de Lapouge: Sélections, S. 251.

6 Ebd., S. 481, 459.

7 Ebd., S. 345 ff.

Verschmelzung zweier kollektivistischer Bewegungen — Nationalismus und Sozialismus — überwinden helfen[8].

Der sozialgeschichtliche Hintergrund dieses „Sozialismus" ist leicht erkennbar; er ist weitgehend kongruent mit den sozialrevolutionären Elementen vieler faschistischer Bewegungen und geht zurück auf die zweifache wirtschaftliche und soziale Bedrohung des Bürgertums, die derartige Bewegungen entfachte. Der Konzentrationsprozeß der Wirtschaft hatte im 19. Jahrhundert zunehmend die mittelständische Wirtschaft verdrängt und die Aufstiegsmöglichkeiten für Selbständige wie Angestellte verringert. Den Mittelschichten standen andererseits keine vergleichbaren politischen Organisationsformen wie Gewerkschaften zur Verfügung, mit denen sie sich gegen derartige Entwicklungen hätten wehren können. Die wirtschaftliche Wehrlosigkeit gegenüber Gewerkschaften und Konzernen und das effektiv sinkende Niveau des Lebensstandards der Mittelschichten hatten daher in den letzten Jahrzehnten vor dem Ersten Weltkrieg zu einer tiefen Verunsicherung des Bürgertums geführt[9], was Sozialtheorien mit Sympathien für einen staatlichen Schutz mittelständischer Interessen begünstigte. Nach 1918 stießen vor allem in Deutschland zu dieser Bewegung der Unzufriedenen entlassene und deklassierte Offiziere hinzu, die mit jenen manche soziale Kriterien gemeinsam hatten. Beeinflußt von den Vorbildern der staatlich reglementierten Kriegswirtschaft, trugen sie bei zur Entstehung einer Gemeinschaftsideologie, die durch die Überzeugung von der Mangelhaftigkeit der überlieferten wirtschaftlichen Ordnung charakterisiert war und als Alternative einen etwas verschwommenen „Sozialismus" propagierte[10].

Die Ressentiments gobinistischer Rassenthorien gegen die bürgerliche Gesellschaft und ihre charakteristischen Einrichtungen kamen mit ihren Vorstellungen von einer völkischen Blutsgemeinschaft und mit ihrer Sympathie für Ständeordnungen dieser Bewegung sehr entgegen. Hans F. K. Günther forderte die Verstaatlichung des gesamten Geldwesens, um den internationalen Kapitalverkehr unter Kontrolle zu bringen; denn das Kapital begünstigte nach seiner Überzeugung die bloße Quantität, d. h. die „minderen Rassen", die dadurch nicht nur zahlenmäßig, sondern auch im Einfluß auf das politisch-gesellschaftliche Geschehen den Angehörigen der nordischen Rasse überlegen seien[11]. Die Kontrolle der Banken war eine alte Forderung vieler Rassentheorien und politisch benachbarter Ideologien gewesen. In den 1880er Jahren hatte der Nestor des deutschen Chauvinismus, Paul de Lagarde, die Verstaatlichung der Banken gefordert. Während des Ersten Weltkrieges prägte Chamberlain das

8 Lutzhöft, S. 71.

9 Reinhard Kühnl: Die nationalsozialistische Linke 1925—1930, Phil. Diss. Marburg 1965, S. 5 ff.

10 Ebd., S. 8, 13.

11 Günther: Rassenkunde, S. 465.

Wort: „Die Höhlen des Mammons müssen ausgeräuchert werden[12].“ Und in der Gegenwart, so ergänzte Alfred Rosenberg 1926, seien es die Nationalsozialisten, die sich dieser Forderung angeschlossen hätten[13].
Es ist eines der zahlreichen Beispiele für den programmatischen Opportunismus des NS-Regimes, daß es die Banken wie auch die Unternehmer, mit denen es sich nach 1933 immer stärker verflocht, niemals mehr in Frage stellte. Ein zur Klärung dieser Fragen eingesetzter Untersuchungsausschuß für das Bankwesen lehnte in seinem Schlußbericht im November 1934 die Verstaatlichung der Banken ab. Ein ähnliches Schicksal widerfuhr dem Punkt 25 des NS-Programms, der die Verstaatlichung der Trusts forderte. Bereits im Juli 1933 beauftragte Hitler seinen Wirtschaftsminister mit der Schaffung von Zwangskartellen[14]. Bei seinen Auseinandersetzungen mit dem linken Flügel der NSDAP hatte er schon im Jahre 1930 rassenideologische Argumente zur Verteidigung des Großunternehmertums angeführt, dessen Beseitigung die frühe NS-Ideologie aus gleichen ideologischen Gründen gefordert hatte: „Gerade unseren großen Unternehmern kommt es nicht auf das Zusammenraffen von Geld an, auf Wohlleben usw., sondern denen ist die Verantwortung und die Macht das Wichtigste. Sie haben sich auf Grund ihrer Tüchtigkeit an die Spitze gearbeitet und auf Grund dieser Auslese, die wiederum nur die höhere Rasse beweist, haben sie ein Recht zu führen[15].“
Das Hitler-Zitat erinnert uns daran, daß die Rassentheoretiker darwinistischer Provenienz die bürgerliche Gesellschaft verteidigten, in deren krassester und extremster Ausformung, dem Manchestertum, sie die Prinzipien des Kampfes ums Dasein und die Gesetze der Auslese am konsequentesten verwirklicht sahen. Um so mehr verdient es unser Interesse, daß der britische Rassenideologe Charles Pearson von entgegengesetztem Ansatz kommend, zu ähnlichen Schlußfolgerungen gelangte wie Vacher de Lapouge oder Günther. Auch Pearson verfocht die Verschmelzung von Nationalismus und Sozialismus, um gleichermaßen Rassen- und Klassengegensätze auszugleichen. Rasse, Staat und Gesellschaft müßten zu einer Einheit verschmilzen. Diese Homogenität setze aber die Überwindung sozialer Schranken voraus. Im Sozialismus werde, so meinte er, der ererbte Reichtum als Quelle von Ungleichheit ausgeschaltet und jedermann werde dem gleichen Zwang zur Arbeit unterliegen. Die rassische Homogenität einer Bevölkerung könne durch die bürgerliche Gesellschaft nicht sichergestellt werden; die Gesetze der Auslese wirkten erst, wenn die Klassengegensätze

12 Houston Stewart Chamberlain: Hammer oder Amboß, München 1916, S. 48.
13 Rosenberg: Chamberlain, S. 54.
14 David Schoenbaum: Hitler's Social Revolution. Class and Status in Nazi Germany 1933—1939, London 1967; deutsch: Die braune Revolution. Eine Sozialgeschichte des Dritten Reiches, Köln—Berlin 1968, S. 166.
15 Zitat nach Konrad Heiden: Geschichte des Nationalsozialismus, Berlin 1932, S. 282.

überwunden und die Wettbewerbssituation nicht mehr durch soziale Schranken verfälscht würde[16].

Die angeführten Beispiele der rassentheoretischen Kritik an der bürgerlichen Gesellschaft machen indessen deutlich, worin sie sich von der echten sozialistischen Kritik unterschieden. Beide wurden von jeweils unterschiedlichen Standpunkten aus vorgetragen: letztere von links, die der Rassentheorien von rechts. Das Bekenntnis eines Vacher de Lapouge zum Ideal einer sozialistischen Gesellschaft war ebenso wenig glaubwürdig wie das Attribut „national*sozialistisch*“ in der Titulatur der Nazi-Partei. Die sozialistische Kritik an der bürgerlichen Gesellschaft bemängelt das *Zuwenig* an Gleichheit und Gerechtigkeit bzw. deren bloß formalen Charakter, während die Rassentheorien in ihr bereits *zuviel* davon verwirklicht sahen[17].

Wir können diese Feststellungen ergänzen mit dem Hinweis auf die des öfteren zu beobachtende Abneigung rechtsorientierter Ideologien gegen die Rolle des Geldes in der Gesellschaft wie überhaupt gegen jede „Plutokratie“. Denn anders als ständische Privilegien gestattet das Geld zumindest theoretisch jedermann den sozialen Aufstieg ungeachtet seiner Herkunft; es negiert die ständische Ungleichheit und reißt deren Schranken ein, um freilich die Ungleichheit durch Konkurrenzmechanismen in anderer Form wieder herzustellen. Aber allein die Tatsache, daß mittels des Geldes solche Personen zu Macht und Ansehen gelangen können, die in ständigen Ordnungen durch geburts- oder berufsständische Schranken auf dem gesellschaftlichen Niveau ihrer Herkunft verbleiben würden, — allein diese potentielle Gleichheit der bürgerlichen Gesellschaft war den Rassentheoretikern gobinistischer Provenienz bereits vom Übel. Denn durch die egalisierende Wirkung des Geldes konnten nach ihrer Auffassung rassisch „Minderwertige“ — und dazu wurden in der Regel auch Juden gerechnet — zu solchen Positionen aufrücken, die ihnen unter den Bedingungen einer Ständeordnung versperrt geblieben wären.

Die unter dem Etikett des „Sozialismus“ propagierten rassenideologischen Gesellschaftsformen waren nicht darauf ausgerichtet, Gleichheit und Gerechtigkeit unter den Individuen zu verwirklichen, sondern dem völkischen oder rassischen Kollektiv zu dienen. Günther warf Marx vor, den etatistischen Sozialismusbegriff Lassalles verzerrt und in einen übersteigerten Individualis-

---

16 Koch, S. 131 f.

17 Daher muß auch der Behauptung von Hedwig Conrad-Martius (a. a. O., S. 229, Anm. 2) widersprochen werden, „... daß auch der National*sozialismus* die sozialistische Ideologie zu einem guten Teil in sich aufgenommen hat. Schon der Sozialdarwinismus besaß die eigentümlich hybride Form des zugleich Sozialistischen und Nationalistischen“. — Ebensowenig ist es gerechtfertigt, aus der scheinrevolutionären Phraseologie einiger Rassentheoretiker eine Affinität linker Parteien für den Rassengedanken abzuleiten, wie es beispielsweise geschieht bei Hans-Helmut Knütter: Die Juden und die Linke in der Weimarer Republik 1918—1933, Düsseldorf 1971, S. 159.

mus umgewandelt zu haben[18]. Ziel aller rassenpolitischen Bemühungen sollte daher auch nicht der Mensch sein, sondern der bloße Angehörige einer bestimmten Gattung der Spezies Mensch. Deutlich und unmißverständlich sprach dies Fritz Lenz aus, einer der ideologischen Wegbereiter der NS-Rassenlehre in der Weimarer Republik: „Der soziale Gedanke muß weiter fruchtbar sein, aber mehr im organisch-sozialen als im individual-sozialen Sinne. Das Ziel des Sozialismus dürfen nicht die Individuen sein, sondern die Rasse[19]."

Beispiele für eine affirmative rassentheoretische Gesellschaftskritik lieferte hingegen der schon mehrfach zitierte Otto Ammon. Dem eigenen Bekenntnis nach Sozialdarwinist, der tatsächlichen Überzeugung nach jedoch in der gobinistischen Tradition stehend, bekannte er sich zwar zu jenen gesellschaftlichen Mechanismen, die den Wettbewerb, den „Kampf ums Dasein" und damit die Auslese der Tüchtigsten und rassisch „Wertvollsten" gewährleisteten. Aber gerade im Hinblick auf das soziale Gefüge einer Gesellschaft verließ er die sozialdarwinistischen Grundsätze, auf die er sich verbal berief. So pries er ausgerechnet diejenigen gesellschaftlichen Einrichtungen als förderlich für die Auslese, die diese gerade verhinderten: ständische Privilegien. Er bezeichnete überdies das allgemeine Wahlrecht als Mittel zur „Ausmerzung" hervorragender Männer, obwohl dieses dem Ausleseprinzip doch sehr viel näher steht als die gesellschaftliche Zuordnung zu einer geburts- oder berufsständischen Elite. Wie wir bereits festgestellt hatten, setzt der sozialdarwinistische Wettbewerbsgedanke eine grundsätzliche, in der Realität freilich weitgehend fiktive Chancengleichheit für alle Individuen voraus. Alle sozialen Vorsprünge, die auf andere als rassenbedingte Anlagen und erbliche Fähigkeiten zurückgehen, verfälschen nach dieser Auffassung das Ergebnis des Ausleseprozesses. Aber in völliger Verkennung dieses Sachverhalts begrüßte Ammon alle diejenigen Einrichtungen, die eine Ständebildung förderten. Die Stände selbst bezeichnete er als Ansporn zum Wettbewerb und begründete dies damit, daß Ständeordnungen die Panmixie — die auf individueller Neigung, nicht von sozialen Rücksichten oder Prestige-Motiven geleitete Gattenwahl — verhindere und somit die Konzentration wertvollen Erbgutes in der Oberschicht fördere, es vor einer „Vermischung mit minderwertigem Erbgut" bewahre und gleichzeitig die Unterschichten zur Nachahmung anrege[20].

Als faktischer Anhänger einer ständischen Gesellschaftsordnung — zumindest ihrer zeitgenössischen Relikte — versuchte Ammon diese mit Argumenten für die bürgerliche, vom „free enterprise" geprägte Ordnung zu verteidigen. Wie kraß hierbei die Widersprüche, die er selbst nicht bemerkte, ausfallen mußten, zeigt seine Feststellung, daß Monarchen — also ausgerechnet jener Personenkreis, der einer sozialen Wettbewerbssituation nahezu völlig entzogen ist —

---

18 Lutzhöft, S. 72.
19 Fritz Lenz: Zur Erneuerung der Ethik, *Deutschlands Erneuerung* Nr. 1 (1917), S. 54.
20 Ammon, S. 94 ff., 66.

Endprodukt einer jahrhundertelangen Auslese und daher mit besonderen Fähigkeiten ausgestattet seien[21]. Ammons Rassenlehre spiegelt insgesamt recht deutlich die Strukturen wider, die das wilhelminische Deutschland mit seinem starken industriellen Gepräge einerseits und seinen feudalen Bestandteilen andererseits auszeichneten.

Wenn man ihren Rassenbegriff sich vergegenwärtigt, so standen letztlich auch Le Bon und Madison Grant ständischen Gesellschaftskonzeptionen nahe. Indessen waren sie doch so weit der sie umgebenden bürgerlichen Gesellschaft verhaftet, daß sie diese mitsamt ihren etwaigen ständischen Relikten gegen die Arbeiterbewegung in Schutz nehmen zu müssen glaubten. Der Sozialismus war für sie nicht — wie für Vacher de Lapouge und andere — Synonym für eine quasi-ständische Ordnung zur Erhaltung der Rassenreinheit, sondern die Revolte rassisch „minderer" Unterschichten gegen ihre „höherwertigen" Eliten. Der Sozialismus, so prophezeite 1894 Gustave Le Bon, sei die größte Gefahr für das rassisch degenerierte Europa. Allein Rußland (!) sei von ihr am wenigsten bedroht, da es vorwiegend von asiatischen Rassenbestandteilen bevölkert sei, die anderen gesellschaftlichen Gesetzen unterlägen; von den europäischen Völkern könnten allein die Engländer der sozialistischen Gefahr standhalten, alle übrigen würden in ihrer künftigen Entwicklung das Stadium einer sozialistischen Despotie durchlaufen und schließlich von irgendwelchen barbarischen Völkerschaften unterworfen werden[22]. Unter Verarbeitung gewisser darwinistischer Einflüsse, z. B. des Evolutionismus, attackierte auch Madison Grant die sozialistische Bewegung. Die „niederen" Rassen in einer Gesellschaft, die auf einer früheren menschlichen Entwicklungsstufe stehengeblieben seien, besäßen nicht nur atavistische Kulturformen, beispielsweise primitive religiöse Kulte, sondern auch entsprechende politische Ideen wie den Sozialismus[23]. Mit dem Niedergang der Rasse der Herrschenden würden „... die Demokratie und ihr unehelicher Sprößling, der Sozialismus, endgültig die Kakokratie und Pöbelherrschaft aufrichten und allem Fortschritt ein Ende machen"[24].

Die Kritik der Rassentheoretiker an sozialistischen Gesellschaftskonzeptionen nahm nach dem Ausbruch der Russischen Revolution an Schärfe zu. Der Bolschewismus, so ergänzte Grants Landsmann Stoddard, sei keine völlig neue Erscheinung in der Menschheitsgeschichte. „Wir fanden vielmehr, daß er die letzte einer langen Reihe von Auflehnungen der nicht anpassungsfähigen, minderwertigen und entarteten Bevölkerungsbestandteile gegen Kulturen ist, die ihnen lästig waren, und die sie daher vernichten wollten[25]." Auch Stoddards Berufung auf das, was er „Fortschritt" nannte, war Ausdruck eines

21 Ebd., S. 38.
22 Le Bon, S. 136 f.
23 Grant, S. 26.
24 Ebd., S. 60.
25 Stoddard: Kulturumsturz, S. 191.

zutiefst reaktionären Denkens und allen wirklich fortschrittlichen Ideen entgegengesetzt. Der an vergangenen Herrschaftsordnungen orientierte Grundgedanke der Rassentheorien war den meisten ihrer Vertreter auch sehr wohl bewußt. Die Rassenlehre, so meinte Gobineau-Apostel Schemann, sei mit Kosmopolitismus, Pazifismus, Völkerverständigung und Sozialismus unvereinbar. „Und vor allem ist sie ein uraristokratisch-konservatives Element, wie ja denn auch aristokratisch-konservative Geister vor anderen den Rassengedanken in Pflege genommen haben ...[26]."

Da Rassenideologen seit Gobineau soziale Konflikte als Rassenkämpfe und Revolutionen als Aufstände unterjochter „Rassenseelen" interpretiert hatten, war es kein weiter Schritt mehr, alles politische Ideengut auf seine vermeintliche rassische Wurzel zurückzuführen. So wurden fortschrittliche Politiker naturgemäß als Sprachrohr eines „minderwertigen Rassensubstrats" dargestellt. Vacher de Lapouge glaubte Jacobiner, Bourgeois' und Bonapartisten verschiedenen Schädelgruppen zuordnen zu können. Kurz vor dem Ersten Weltkrieg erklärte Driesmans die Sozialdemokraten (und Tiroler) zu Kelto-Mongolen, die sich gegen das germanische Element auflehnten. Der militante Vorsitzende des Alldeutschen Verbandes, Heinrich Class, setzte schließlich das Parteienspektrum mit der Skala unterschiedlicher Rassenkriterien gleich: „Das germanische Unterbewußtsein wird erst wirksam bei den Rechts-Nationalliberalen und verstärkt sich je weiter nach rechts[27]." Die Konsequenz dieses Standpunktes war die Annahme, daß politisches Denken biologisch determiniert sei, was alle rationalen Maßstäbe, vor allem aber Diskussion und somit jeden Kompromiß in politischen Streitfragen als vermeintlichen „Verrat am Blute" ausschloß.

Die Abneigung gobinistischer Rassenideologien gegen die bürgerliche Gesellschaft schloß auch den Haß gegen alles das ein, was diese hervorgebracht oder mit ihrer Entstehung in unmittelbarem Zusammenhang gestanden habe. Dazu gehörten die moderne Technik, die Industrie, die zunehmende Verstädterung der Gesellschaft und die sinkende Bedeutung der Landwirtschaft. Phantasien über eine konsequente Reagrarisierung industrieller Siedlungsräume wurden zwar wiederholt seit dem Zusammenbruch feudaler Wirtschaftsformen von konservativer Seite in restaurativer Absicht entwickelt, fanden jedoch in Deutschland erst in der Blut-und-Boden-Romantik der Nordischen Bewegung während der 1920er Jahre ihre vollständige Ausarbeitung. Vor dem Ersten Weltkrieg dachten Rassenideologen allenfalls an eine partielle Aufhebung der bürgerlichen Gesellschaft durch die Einrichtung wirtschaftlich und sozial autarker, von der Außenwelt abgeschirmter Siedlungen. Ziel dieser Projekte sollte die Züchtung kerngesunder Rassemenschen sein, die frei von den schädlichen und verweichlichenden Einflüssen des Stadtlebens aufwachsen würden. Die Mittgart-Kommunen des sächsischen Oberlehrers Willibald Hentschel

26 Schemann I, S. 92.
27 Frymann (= Class), S. 37.

hatten wir bereits erwähnt. In ihrer sonderbaren Mischung von Urkommunismus, Rassenwahn und Nudismus, Armuts- und Naturfreundebewegung — man fühlt sich in mehrfacher Hinsicht an Rousseau erinnert — verkörperte sie in ganz besonders deutlicher Form den Rassengedanken als Flucht vor der gesellschaftlichen Wirklichkeit. Die tatsächlichen Konflikte wurden verdrängt durch den Blick auf die wonnigen Inseln des Rasseglücks, die Hentschel mit seinen Mittgart-Kolonien schaffen wollte. In ihnen durfte es kein Privateigentum an Produktionsmitteln geben; Grund und Boden wurden gemeinschaftlich bearbeitet, gemeinsam wurden Felder bestellt und abgeerntet. Die einzige Arbeitsteilung bestand zwischen den Geschlechtern. Den Männern oblag die Herstellung von primitiven Werkzeugen, den Frauen das Melken der Kühe, die Herstellung von Milchgerichten und Käse sowie das Weben und Nähen von Kleidungsstücken. Geld und Geldverkehr sollten von Mittgart ausgeschlossen bleiben. „Die wenigen Gebrauchsgegenstände, die sich mit den einfachen technischen Hilfsmitteln einer ländlichen Gemeinde nicht gewinnen lassen — Nadel, Fingerhut, Schere, Messer und Hiebwaffe wie etwa erforderliche Rohmaterialien —, werden vom Rate [dem Führungsorgan der Rassenkommune] angekauft, die Mittel hierfür aus dem Erlös der eifrig und mit Erfolg betriebenen Pferdehaltung bestritten[28]."

Männer und Frauen sollten auch nach ihrer für eine befristete Zeit geschlossenen Ehe getrennt leben. Die Jugend bis zum 16. Lebensjahr sollte, sofern die Jahreszeit es gestatten würde, nackt herumlaufen. Schulen und sonstige Bildungsanstalten galten als überflüssig. Statt dessen hätten die Mädchen in den Frauenhäusern allerlei Lebenskünste zu erlernen, während die Knaben, in Hundertschaften zusammengefaßt, den Tag über auf der Pferdekoppel in körperlichen Übungen geschult, am Abend durch Gesänge und Spiele erheitert würden. Da es kein Eigentum, kein Erbrecht, kein Geld geben durfte, würden auch Gesetzbuch und Justiz unbekannt bleiben. Dennoch auftretende Streitigkeiten würden im Zweikampf ausgetragen, mit Fäusten oder leichten Säbeln. Schußwaffen waren von Mittgart ausgeschlossen[29].

Die mit 16 Jahren in die sie umgebende bürgerliche Gesellschaft entlassenen Mittgart-Kinder sollten in besonderen Erziehungsanstalten das ihnen aufgrund ihres bisherigen analphabetischen Daseins fehlende Wissen erhalten. Die Jungen würden nach Hentschels Überzeugung ein hervorragendes Soldatengeschlecht abgeben und die gesellschaftliche Elite stellen. „Ich nehme an, daß alle Angehörigen derselben Mittgart-Gemeinde den gleichen Heimats-Namen tragen und daß sie mit der Zeit stillschweigend die Rolle eines Völker-Adels übernehmen werden." Freilich gelänge auch das Rasseglück nicht ohne Bürokratie. Außerhalb dieser archaischen Oasen sollten fachkundige Medizinalräte in einem eigens hierzu geschaffenen Zentralamt die neuesten Ergebnisse der

28 Hentschel, S. 11.
29 Ebd., S. 12.

Erbhygiene dem Gedanken der Rassenzüchtung dienstbar machen. Das Resultat des ganzen Unternehmens würde der *Übermensch* sein, jenes Wesen, „... in dessen Antlitz sich schon in vorgeschichtlichen Jahrtausenden die göttlichen Gedanken spiegelten — (der) Vertreter der germanischen Rasse“[30].

Man muß das Mittgart-Projekt, zu dessen Verwirklichung Hentschel im niedersächsischen Dorfe Westerwanna Anstalten traf, selber ausphantasieren und folgerichtig zu Ende denken, um alle seine Konsequenzen voll zu begreifen. Inmitten einer sich weiterentwickelnden Industriegesellschaft, die Hentschel selbst nicht in Frage stellte, wollte er Reservate anlegen für Zuchtmenschen, deren Aufgabe es war, auf frühgeschichtlicher Wirtschaftsgrundlage sich selbst zu versorgen, sich fortzupflanzen und später einen jährlichen Ausstoß von ca. 100 000 blonden Steinzeitjünglingen sicherzustellen, denen wiederum eine Führungsrolle in der ihnen unbekannten, fremdartigen Industriegesellschaft zugedacht war. Unberührt von dieser vor- und frühgeschichtlichen Rassenidylle blieben für Hentschel die Begleiterscheinungen der zeitgenössischen Industriegesellschaft: die Armut in den proletarischen Elendsvierteln[31].

Willibald Hentschels Mittgart-Plan war theoretisches Stückwerk, weil es nur einen kleinen Teil der Bevölkerung in die Zuchtprojekte einbezog. Denn alle Züchtung mußte ein Torso bleiben und letztlich nur von begrenztem Erfolg, wenn sie nicht von einer Gesellschaftspolitik begleitet würde, die das Erreichte vor erneutem Verfall schützte. Naturgemäß sollten die darauf abzielenden Maßnahmen vor allem diejenigen Institutionen und sonstigen gesellschaftlichen Faktoren beseitigen oder vermindern, die den vermeintlichen Niedergang der „Herrenrasse“ bewirkt hätten. Die gobinistische Rassenideologie forderte also in letzter Konsequenz die Aufhebung der gesetzlichen Gleichheit aller Bürger und die Wiedereinführung erblicher Privilegien für die als „rassisch hochwertig“ anerkannten Zuchtobjekte. Auf diese Weise sollten die vermeintlich „natürlichen“ sozialen Schranken wieder aufgerichtet, conubium und commercium über die neu-ständischen Kastenschranken hinaus unterbunden oder wenigstens drastisch reduziert werden. So wie die Geschichtstheorien Gobineaus und seiner frühen Anhänger die Entmachtung des französischen Adels zum Anlaß genommen hatten, ihre restaurativen Phantasien zu entwickeln, so griffen seine späten Apologeten auf den Gedanken eines wieder zu belebenden bzw. neu zu züchtenden Adels zurück[32].

---

30 Ebd., S. 13.

31 Die Flucht aus der Gesellschaft in idyllische Oasen ist seit Rousseau unter verschiedenen ideologischen Vorzeichen propagiert worden: von den Amish-Mennoniten in Pennsylvanien über die Ikarier bis hin zu modernen Hippy-Kolonien oder pseudomarxistischen Kommunen der Gegenwart. Über allen Wechseln von Ideologien hinweg bilden Schwarmgeister und Quacksalber eine Konstante in der Geschichte.

32 Diesen Gedanken hatten zunächst Paul de Lagarde für Deutschland, Vacher de Lapouge für Frankreich, nach ihnen eine Reihe weniger bekannter Geister geäußert. Stellvertretend für viele Gleichgesinnte sei auf Schemann (Bd. I, S. 240 ff.) verwiesen sowie auf die Über-

Um zu diesem Ziel zu gelangen, boten sich zwar weniger skurrile, aber insgesamt noch utopischere Wege zur Gesellschaftsreform an: ein möglichst starres, durch schwer überwindbare Sozialschranken gefestigtes Schichtungsgefüge, beispielsweise durch die Abschaffung der progressiven Besteuerung. Dadurch würde, so spekulierten Hans F. K. Günther und seine nordgesinnten Anhänger, die zahlenmäßig ohnehin schwachen nordischen Oberschichten vor den „Gefahren" sozialer Nivellierungstendenzen weitgehend geschützt. Denn war für Günther und andere Rassenideologen gobinistischer Provenienz das Geld Hauptinstrument bürgerlich-demokratischer Gleichheitsbestrebungen, so mußte die Ungleichheit eben vor den egalisierenden Folgen kapitalistischer Verhältnisse bewahrt werden[33]. Eine konsequente Maßnahme in dieser Richtung war die vollständige und d. h. *arbeitsfreie* soziale Sicherung dieser alt-neuen Herrenschicht, um dadurch Handel und Konkurrenz von ihnen fernzuhalten und sie in der Abgeschiedenheit ihrer „rassischen Reinheit" zu erhalten; unbenommen wäre diesem Neuadel freilich eine dem alten „jus primae noctis" entsprechende Möglichkeit, die unterprivilegierten Schichten rassisch „aufzunorden" und den Zuchtprozeß auf die Gesamtbevölkerung auszudehnen. Wir werden noch auf konkrete Projekte dieser Art zurückkommen. Eine dritte Maßnahme zur Erhaltung und Festigung der neuen Herrenschicht lag darin, das Land gegenüber der Stadt und seine Bevölkerung in ihren spezifischen gesellschaftlichen Strukturen aufzuwerten, da man in der Verstädterung eine Gefahr für den Bestand der Rasse sah. Folgerichtig plädierten viele Rassentheoretiker für eine Reagrarisierung der Wirtschaft und für die Übergabe von Erbhöfen an die „rassisch Besten"[34], um einen bodenständigen, vor den materiellen Anfechtungen des Wirtschaftsliberalismus bewahrten Bauernstand zu festigen. Dem Bauerntum wurde, neben dem historischen oder auch dem neu zu schaffenden Geburtsadel, die eigentliche „gesunde rassische Substanz" zugeschrieben; seine Erhaltung in wirtschaftlicher, anthropologischer und kultureller Beziehung sei höchste Pflicht des Staates. „Da ist es denn gut", so mahnte Schemann, „immer wieder daran zu erinnern, daß nächst und neben dem Adel im Bauernstande das beste, älteste und echteste deutsche — germanische — Blut uns erhalten ist"[35].

Die Überzeugung von der anthropologischen Höherwertigkeit des Landes gegenüber der Stadt entsprach der tief konservativen, an agrarisch-feudalen Leitbildern orientierten Grundstimmung der gobinistischen Rassenideologien und war weit verbreitet. Sie war aber nicht unumstritten. Vacher de Lapouge

---

legungen Hans F. K. Günthers: Volk und Staat in ihrer Stellung zu Vererbung und Auslese, in: ders.: Führeradel durch Sippenpflege. Vier Vorträge, München 1936.

33 Vgl. Lutzhöft, S. 152 f.

34 Als Beispiel für viele s. Carl Röse: Beruf und Militärtauglichkeit, *Politisch-Anthropologische Revue* IV (1905/06), S. 41.

35 Schemann I, S. 239.

war es, der mit seinen Schädelmessungen zu entgegengesetzten Ergebnissen und Überzeugungen gelangt war. Der Schädelindex der Stadtbevölkerung sei stets geringer als der der sie umgebenden Landbevölkerung, erklärte er in seinen Grundgesetzen der Anthroposoziologie[36]. Mit anderen Worten: die Stadtbevölkerung sei langschädeliger und weise somit einen höheren Anteil an nordischem Blut auf als die Landbevölkerung. Damit widersprach Vacher de Lapouge den verbreiteten Lehren von dem gesunden, rassisch homogenen Bauerntum, das als sozial konstante Größe alle Völkerstürme, alle Wechselfälle von Aufstieg und Niedergang, von Blüte und Dekadenz überdauere. Im Widerspruch zu der von vielen anderen Rassenideologen geteilten Lehrmeinung vertrat er die Ansicht, daß gerade die nordischen Elemente in einem Volke die größere geographische Mobilität, die höhere Emigrationstendenz aufweise, wie man es am Beispiel der spanischen Auswanderungs- und Kolonisationsbewegung nach Mittel- und Südamerika erkennen könne[37].

Gleichwohl sah die Mehrheit der gobinistischen Rassenideologen in der Stadt und in der Industriegesellschaft die größte Gefahr für die Rasse: „Ein Volk erzeugt sich auf dem Lande“, erklärte Günther, „und stirbt aus in den Städten[38].“ Dem Lande müsse eine rassenbewußte Bevölkerungspolitik unbedingten Vorrang geben vor der Stadt. Die Projekte, mit denen dies bewerkstelligt werden sollte, reichten in den Köpfen der Rassenideologen von Landgewinn durch Eroberungskriege bis hin zu Plänen einer Entindustrialisierung Europas, jeweils nach dem Grad der Weltfremdheit ihrer Phantasien und den Interessen, die sie vertraten.

Wir wollen hier auf einige besonders charakteristische Modelle einer rassenideologischen Sozialreform eingehen, die für uns stellvertretend für viele stehen sollen. Im Dritten Reich entsprangen derartige Sozialmodelle meist den Ideologenköpfen der „Deutschen Arbeitsfront“ (DAF) sowie der Blut-und-Boden-Bewegung um den Führer der Reichsbauernschaft Walther Darré. Gemeinsam war ihnen allen die Ablehnung der Industriegesellschaft, der Verstädterung, der Proletarisierung, worin eine der Quellen für den rassischen Verfall erblickt wurde. Sie galt es daher nicht nur zu reformieren, sondern gänzlich zu beseitigen. Daß man dies für möglich hielt, entsprach einer in den 1920er und 30er Jahren verbreiteten Erwartung, wonach die Industriegesellschaft noch innerhalb eines Lebensalters sich auflösen würde[39]. Daher war es erforderlich, nach neuen gesellschaftlichen Rollen für die Arbeiterschaft innerhalb veränderter Sozialstrukturen zu suchen.

Dieser theoretischen Aufgabe unterzog sich der DAF-Ideologe Karl Valentin

36 Vacher de Lapouge: Der Arier, S. 274; ders.: Race et milieu, S. 169 ff.

37 Ders.: Der Arier, S. 219; ders.: Race et milieu, S. 169 ff.

38 Günther: Volk und Staat, S. 41.

39 Schoenbaum, S. 79.

Müller[40]. Ausgangspunkt seiner Überlegungen war die Überzeugung von der Existenz großer rassischer Ungleichheiten innerhalb der Arbeiterschaft, derzufolge es einmal die „rassisch Minderwertigen", gleichsam die „geborenen Proletarier" gab, zum andern die durch äußere Umstände proletarisierten ehemaligen Handwerkerfamilien, die auch ein höheres Maß an nordischem Blut in sich trügen. „Es wird nach solchen Überlegungen deutlich, daß — mit zahlreichen Übergängen und Vermischungen — in unserem großen Arbeitsheer zwei nach Herkunft, Bewährung und sozialer Auftriebsfähigkeit grundsätzlich verschiedene Arten von Arbeitersippen auseinandergehalten werden müssen: solche, die Proletarier aus Beruf, aus der Art sind, und solche, die es wider ihre Art — vielleicht vorübergehend — sein müssen[41]." Nur die letzteren waren nach Müller wert, in Reformprojekte einbezogen zu werden; die „Proletarier aus der Art" mochten ihrem Schicksal überlassen bleiben. Dem nordischen Teil der Arbeiterschaft wollte Müller den Weg zu einer neuen mittelständischen Elitenbildung ebnen, denn „... nur *der* Staat steht auf die Dauer fest gegründet, in dessen Volk die körperlich und geistig und nicht zuletzt auch sittlich tüchtigsten Sippen sich in ihrem Anteil am Volksganzen behaupten und wehren"[42]. Das Mittel hierzu sollte eine von wirtschaftlichen Wechselfällen weitgehend unberührte, beinahe beamtenähnliche Karriere für Arbeiter seien, die schließlich im beruflichen Aufstieg zum „Arbeitsmeister" ihren sozialen Gipfelpunkt erreichen sollte. Entscheidend aber war für Müller die Schaffung einer „hegegerechten" Umwelt, durch die die nordische Arbeiterschaft vor einem erneuten Abstieg ins soziale und rassische Proletariat bewahrt würde. Müller dachte an ländliche Arbeitersiedlungen, in denen Eigenheime mit kleineren Ländereien durch staatlich subventionierte, zinsgünstige Darlehen erworben werden könnten. Als positives Resultat erwartete Müller eine engere Bindung der Arbeiter an die Scholle, eine gewisse Teilautarkie im Bereich der Nahrungsmittelproduktion und vor allem die demographische Konzentration nordischen Blutes in geschlossenen Wohn- und Arbeitsgemeinschaften[43]. Von dieser „Aufnordung" mit Hilfe des *Schrebergartens* — Müller bezeichnete diesen ausdrücklich als sozialpolitisches Vorbild — erhoffte er eine langsame Umwandlung der Gesellschaft in eine nordrassische, ständische Sozialidylle, die die Industriegesellschaft ablösen sollte.

Eine Antwort auf die Frage, was mit den rassisch „minderwertigen" Arbeitern geschehen solle, gab er nicht. Sie lagen außerhalb seines Interesses. Klar ist vielmehr, daß mit der rassenideologischen Zweiteilung des Proletariats der mehr oder minder bewußte Versuch propagiert werden sollte, die Arbeiterschaft zu

---

40 Karl Valentin Müller: Der Aufstieg des Arbeiters durch Rasse und Meisterschaft, München 1935.

41 Ebd., S. 71.

42 Ebd., S. 94.

43 Ebd., S. 129 ff.

spalten und ihre auf gemeinsame soziale Interessen gegründete Solidarität zu zerstören.

In ähnlichen Bahnen wie Müller bewegten sich die Pläne von Hitlers Landwirtschaftsminister Walther Darré. Er propagierte eine Reagrarisierung der Gesellschaft, wovon er einen wirksamen Schutz nordischen Blutes erwartete. Hierzu sollten neue Bauernstellen geschaffen werden, zu deren Zweck der Großgrundbesitz aufgelöst werden sollte. Später — vermutlich als versöhnliche Geste gegenüber dem ostelbischen Landadel gedacht — gab er diesen Plan auf und erweiterte seine Reagrarisierungsprojekte durch weiterführende Reformpläne, die Schoenbaum treffend eine „Kreuzung von Neofeudalismus und pervertiertem Jakobinertum" nennt[44]. Seine Vorstellungen hierüber legte er in mehreren kleineren Schriften, vor allem aber in seinem Hauptwerk „Neuadel aus Blut und Boden" nieder[45]. Das Ziel auch seiner theoretischen Bemühungen war der „nordische Mensch". Aber dessen gewöhnliche Exemplare waren für ihn unvollkommen und verbesserungsbedürftig, so daß er ihn noch zusätzlich „veredeln" und aus dem „Rohmaterial" dieses Wesens die besten zur privilegierten Elite, zum „Neuadel" emporheben wollte. Der Neuadel sollte also nicht Rasse schlechthin sein, sondern gezüchtete Rasse, die sich zu jener verhalte wie der edle Obstbaum zum Wildling. „Adel ist in jedem Falle *innerhalb* der Rasse besonders gezüchtete und ausgefeilte Leistung[46]."

Der Schutz der Rasse und des aus ihr herausragenden Neuadels bedurfte einer besonderen Sozialordnung. Darré wollte dem modernen Staat Funktionen des Lehenwesens übertragen und ihn Landgüter an die als rassisch besonders „hochwertig" angesehenen und politisch für zuverlässig erachteten Personen übertragen lassen. Unter die nähere Auswahl der damit Beglückten wollte er denjenigen Personenkreis ziehen, der „... seit etwa zwanzig Jahren", d. h. vom Beginn des Ersten Weltkrieges bis zur Machtergreifung Hitlers, auf der äußersten Rechten der politischen Bühne aktiv gewesen war: mit anderen Worten, Darré wollte die gesamte alte Garde der NSDAP in den Adelsstand erheben[47]. Wie weit der historische Adel in diesen Neuadel einzubeziehen war, wollte er von rassehygienischen Gesichtspunkten abhängig machen. Die vom Staat an die neu-adligen Alt-Nazis übertragenen Landgüter sollten die Bezeichnung „Hegehof" erhalten, ihre Eigentümer den Titel „Edelmann auf Hegehof xyz" führen. Diese Güter waren nach Vorstellung Darrés Eigentum des Belehnten und seiner

---

44 Schoenbaum, S. 198.

45 Walther Darré: Neuadel aus Blut und Boden, München—Berlin (1. Aufl. 1935) 1943.

46 Ebd., S. 162 f., 188.

47 Ähnlich hatte sich bereits Alfred Rosenberg geäußert (Mythus, S. 596): „Durch *die* Männer aber, die im Kampf um das kommende Reich in den vordersten Stellungen — geistig, politisch, militärisch — gestanden haben, ist die Grundlage für das Entstehen eines *neuen Adels* gegeben. Es wird sich dabei mit innerer Notwendigkeit zeigen, daß diese Menschen wohl zu 80 Prozent auch äußerlich dem nordischen Typus nachkommen werden, da die Erfüllung der geforderten Werte mit den Höchstwerten dieses Blutes auf einer Linie liegt."

Familie, unverkäuflich, unteilbar und nicht verpachtbar. Erbe durfte nur der körperlich tüchtigste Sohn werden. Der Adelstitel „Edelmann“ sollte nur in Verbindung mit dem Eigentum eines Hegehofes geführt werden dürfen, um dadurch die Bodenständigkeit des Neuadels zu festigen; nicht erbberechtigte Söhne eines Edelmannes durften den Titel nicht führen. Für sie wollte Darré in den wichtigsten Führungsebenen von Wirtschaft, Verwaltung und Gesellschaft — er dachte beispielsweise ans Auswärtige Amt — eine bestimmte Anzahl von Planstellen reservieren lassen[48].

Ausgehend von seinem ständischen Gesellschaftsmodell wollte Darré dem Neuadel auch jene korporative Autonomie in Form ständischer Selbstverwaltungsorgane gewähren, die der historische Adel in den meisten europäischen Ländern vor dem Aufkommen des Absolutismus besessen hatte. Die Gesamtheit aller deutschen „Edelleute“ sollte die „Adelsgenossenschaft“ bilden, die sich durch das „Haus der Edelleute“ selbst verwalten würde. Diese Institution sollte sich auf Gau- und Landschaftsebene wiederholen. In ihren Vertretungsorganen würden alle Edelleute und Alt-Edelleute (d. h. diejenigen Hegehof-Inhaber, die aus Altersgründen das Lehen ihrem Erben übertragen hätten) Sitz und Stimme, die designierten Anerben Sitz und nur beratende Stimme haben. Sogar die in der frühen Neuzeit vom Adel gegen den aufkommenden Absolutismus verteidigten „ständischen Freiheiten“ wollte Darré gesichert wissen, was bei einem Minister des totalitären Dritten Reiches sonderbar anmutet. Nicht von oben nach unten, wie Hitler das „Führerprinzip“ propagierte und praktizierte, sondern von unten nach oben sollte die Adelsgenossenschaft gegliedert sein; eine Standeszeitung, in der jedermann frei und ohne Zensur seine Ansichten veröffentlichen dürfte, sollte den Zusammenhalt und geistigen Austausch innerhalb der neuen Elite gewährleisten[49].

Das Gesellschaftsmodell Darrés zeigt Spuren einer unverhohlenen Bewunderung der britischen Gesellschaft. Auch gewisse staatliche Einrichtungen, die er eingeführt wissen wollte, lehnten sich äußerlich eng an britische Vorbilder an. Die Verbindung von feudalen Relikten mit rassenideologischen Elitevorstellungen hatte auch britische Phantasten beschäftigt. So forderte der englische Philosoph Sir Ferdinand C. S. Schiller eine Aufwertung des Oberhauses, in dem ausschließlich der rassisch „aufgenordete“ Geburtsadel repräsentiert werden sollte, was eine Zementierung ständischer Schranken nach sich gezogen hätte[50]. Auch Darré wollte eine ständisch gegliederte Volksvertretung einführen, die aus Oberhaus und Unterhaus bestehen sollte. Unter letzterem verstand er jedoch nicht ein Parlament mit gewählten Abgeordneten, sondern eine Berufsständekammer. Im Oberhaus hingegen sollte ein Drittel aller Sitze den Vertretern des Neuadels lebenslänglich vorbehalten bleiben; ob die übrigen

48 Darré, S. 58 ff., 121.
49 Ebd., S. 109 ff.
50 Ferdinand C. S. Schiller: Social Decay and Eugenical Reform, London 1932.

Sitze durch Wahl oder Ernennung oder irgendwelche Zwischenformen von beiden besetzt werden sollten, ließ er unentschieden. Aufgabe der durch ihre Hegehöfe von materiellen Sorgen befreiten Edelleute würde es sein, eine politische Führungsschicht zu bilden. „Unser Volk", argumentierte Darré, „hat von einer solchen Volksvertretung erst dann einen Vorteil, wenn dort nicht nur Männer sitzen, die es sich erwählte, und solche, die das Vertrauen seines Staatsführers dorthin berief, sondern auch solche, die ihre Lebensarbeit darin erblicken können, frei von wirtschaftlichen Sorgen und durch die Lebenslänglichkeit ihres Sitzes auch unabhängig von Tagesmeinungen sich in die Fragen der inneren und äußeren Staatsführung einzuarbeiten"[51].

Das Gesellschaftsmodell von Darré läßt sich folgendermaßen zusammenfassen: eine neue geburtsständische Elite, die ihre Legitimation aus der Rasse ableitet, soll im politischen Bereich beherrschende Funktionen erhalten; um sie vor einem Aufgehen in der übrigen Bevölkerung zu bewahren, wird sie durch die wirtschaftliche Unabhängigkeit der Hegehöfe vom commercium, durch ihre gesellschaftlichen Privilegien auch größtenteils vom conubium mit standesungleichen Personen ferngehalten. Um schließlich die neue Elite vor den verderblichen Einflüssen der Großstadt zu bewahren, sollte sie durch die Verknüpfung ihrer Privilegien mit dem unveräußerlichen Eigentum ihrer Landgüter und deren Bewirtschaftung zur Bodenständigkeit in einer weitgehend reagrarisierten Gesellschaft angehalten werden.

Wie sehr Darrés Konzeption in der Tradition der Restaurationsideologien des frühen 19. Jahrhunderts stand und somit ihren feudalistischen Wurzeln verhaftet war, zeigt ein Vergleich mit den sozialen Vorstellungen der ultrakonservativen altpreußischen Opposition gegen die gesellschaftliche Entmachtung des Adels. Deren Wortführer, Ludwig von der Marwitz, entwickelte 120 Jahre vor Darré eine Gesellschaftskonzeption, die sich mit dessen Entwürfen in nahezu allen Einzelheiten deckte. Wenn Darré nicht Marwitz völlig ignoriert hätte — er scheint ihn nicht gekannt zu haben —, könnte man geradezu von einem Plagiat sprechen. Wie später Darré wollte auch Marwitz einen Neuadel schaffen und nur die seiner Ansicht nach am wenigsten verdorbenen Standesgenossen in die neue Elite einbeziehen: „Da der Adel versunken ist in gleiches Verderben mit allen übrigen Klassen der Nation und vom wahren Adel nichts übrig hat als den Namen, so thäte noth, einen neuen Adel hervorzurufen und denselben an die Erdscholle zu knüpfen, dergestalt, daß dieselbe unveräußerlich und nur der Besitzer adlig sei[52]." — Wie später Darré wollte schon Marwitz die materielle Grundlage der Herrenschicht den egalisierenden Einflüssen des liberalen Wirtschaftssystems entziehen und Erbteilung, Pacht oder Verkauf der Güter durch die Verknüpfung der adligen Privilegien

51 Darré, S. 120.

52 Zitat nach Walther Kayser: Marwitz. Ein Schicksalsbericht aus dem Zeitalter der unvollendeten preußisch-deutschen Erhebungen, Hamburg 1936, S. 185.

mit dem Landbesitz verhindern. Das Grundeigentum des Junkers müsse „... unverschuldbar und unverkäuflich sein, damit er es nie verlieren und von der Nation sich loßreißen könne, woraus wiederum folgt, daß dieses unverschuldbare, unverkäufliche Grundeigenthum auch untheilbar vom Vater auf einen Sohn und nicht auf alle Kinder übergehen muß". Auch die Forderung, die Erbberechtigung mit der physischen Gesundheit zu verknüpfen, nahm Marwitz bereits vorweg: „Untauglichkeit zum Soldatenstande zieht den Verlust des Adels nach sich, ebenso die Neigung nach friedlichen Beschäftigungen[53]."

Marwitz und seine altpreußischen Gesinnungsgenossen kannten sicher nicht den Begriff der Rasse in seinen späteren Bedeutungen und vertraten auch keinen Rassengedanken. Sie leiteten den Anspruch auf Privilegien aus der Geschichte und der in ihr angeblich zum Ausdruck kommenden gottgewollten Weltordnung ab. Aber eben diese Ansprüche waren nach der Verkündung der Menschenrechte 1789 in ihrer herkömmlichen politischen Funktion durchschaubar und somit vorwiegend bürgerlichen Bevölkerungsteilen unglaubwürdig geworden. Die Konstruktion der Rasse stellte daher ein neues, den naturwissenschaftlichen Prinzipien des 19. Jahrhunderts angepaßtes Legitimitätsprinzip der sozialen Ungleichheit dar. Wie sehr die feudalistischen Restaurationsideologien auch ohne jegliche Kenntnis der Biologie die *Vererbung* als Stütze für das brüchig gewordene historische Legitimitätsprinzip beanspruchten, zeigen auch Marwitzens folgende Worte: „Art läßt nicht von Art, — vom Vater werden weit mehr Eigenschaften auf den Sohn vererbt, als die neuen Philosophanten und Sophisten zugeben wollen[54]." Die enge Verwandtschaft zwischen feudalistischen Restaurationsideen und der Entstehung der Rassenideologien gobinistischer Prägung macht es auch erklärlich, weswegen spätere Repräsentanten des Nationalsozialismus Marwitz für sich als geistigen Ahnherrn in Anspruch nahmen und ihn als „Zeugen nordisch-germanischer Rassenwerte" feierten[55].

Das von Darré projektierte Modell einer refeudalisierten Gesellschaft wurde nicht verwirklicht. Selbst die Versuche, der Landflucht in Deutschland durch die Erbhofgesetze, Entschuldung von Bauernhöfen und durch Gewinn von Neuland Einhalt zu gebieten, kamen über bloße propagandistische Anläufe nicht hinaus. Die Einkommensentwicklung in der Landwirtschaft verlief seit 1937 ungünstiger als in Handel und Industrie. Die Landflucht riß nicht ab und zwischen 1933 und 1938 soll etwa eine Million Landbewohner in die Städte gezogen sein, deren Einwohnerzahl rapide zunahm und sich in Einzelfällen sogar verdoppelte. Die Interessen des Dritten Reiches waren zu stark mit denen der großen Industrien liiert, als daß die Reagrarisierungsprojekte jemals mehr

53 Ebd., S. 186 f.
54 Ebd., S. 187.
55 Ebd., S. 336.

als abseitige Phantasiegebilde waren[56]. Erneuten Auftrieb erhielten die Siedlungspläne der Blut-und-Boden-Ideologie zwar während der Raubzüge gegen die östlichen Nachbarn Deutschlands. Der Kriegsverlauf hat indessen allen davon bedrohten Bevölkerungskreisen die Verwirklichung derartiger Projekte erspart[57].

Wir stellten schon eingangs fest, daß die rassenideologischen Reformprojekte zwar das vorgebliche Ziel verfolgten, die Rasse rein zu züchten und zu erhalten, so daß die ihnen zugrundegelegten gesellschaftlichen Ordnungen gleichsam als bloßes *Mittel für die Rasse* erschienen, in Wirklichkeit jedoch die *eigentliche politische Aussage* des Rassengedankens enthielten, zu deren theoretischer Ausarbeitung und propagandistischer Etikettierung der Rassenbegriff überhaupt erst konstruiert worden war. Das gilt auch für die sozialdarwinistischen Rassenlehren, von denen zwar keine mit einem solchen Aufwand an Phantasie wie bei Hentschel, Karl Valentin Müller und Walther Darré bis ins Detail ausgestaltet wurde, die jedoch gleichfalls konkrete Vorschläge zur Veränderung der Gesellschaft unterbreiteten.

Gewöhnlich forderten Rassendarwinisten eine Gesellschaft, in der die „Segnungen" des Kampfes ums Dasein voll zur Geltung kommen konnten: Wettbewerb in jeder Form, als Krieg, als wirtschaftliche oder politische Konkurrenz, als Auslese der Tüchtigsten und als Ausmerze der Schwächsten. Sogar Seuchen gewannen in diesen makabren Phantasien ihren Eigenwert, wie wir dies bei John B. Haycraft kennengelernt hatten[58]. Einrichtungen der Sozialfürsorge, die kontraselektorische Auswirkungen zeitigten oder irgendwie den Ausleseprozeß behinderten, mußten daher beseitigt werden. Da nach Überzeugung vieler Rassendarwinisten die zeitgenössische Gesellschaft im Ausleseverfahren nicht die Tüchtigsten, sondern die Schwächsten begünstigte, so daß gerade sie sich am meisten vermehrten, konzentrierten sich die Diskussionen auf Maßnahmen, die zur Abwendung rassenbiologischer und erbhygienischer Gefahren geeignet seien. Dazu gehörten Pläne zur völligen Isolierung und gegebenenfalls Sterilisierung von Verbrechern, Erb- und Geisteskranken sowie eine Ehegesetzgebung, die dem höherwertigen Erbgut Vorrang vor dem „minderen" bot. Vor allem im Gedanken der Rassenzüchtung trafen sich Sozialdarwinisten und Gobinisten; die Unterschiede offenbarten sich nur in der Frage der Mittel und schließlich der Gesellschaftsform, die das Wohl der Rasse am besten sichern würde.

---

56 Schoenbaum, S. 208; Bracher: Diktatur, S. 365 f.; Hans F. K. Günther argumentierte insofern folgerichtig, als daß Deutschland keine Expansion auf Kosten anderer Länder brauche; es habe nicht zuwenig Land, sondern zu wenige Bauernstellen und müsse zuerst die Landflucht beseitigen und neue Hofstellen schaffen; vgl. Lutzhöft, S. 176 f.

57 Darrés Einfluß auf Himmler und die Rassenprojekte des Rasse- und Siedlungshauptamtes der SS weist nach James J. Weingartner: The SS Race and Settlement Main Office: Towards an Order of Blood and Soil, *Historian* 34 (1971), S. 62 ff.

58 Haycraft, S. 62.

Die konsequenteste Lösung im rassendarwinistischen Sinne, d. h. im Sinne einer uneingeschränkten Wettbewerbsgesellschaft wie im Manchestertum, vertrat Alfred Ploetz. Die rassenhygienische Utopie, die er hierzu entwarf, spiegelt deutlich seine Orientierung am Hochkapitalismus wider. Ploetz unterstellte dieser utopischen Gesellschaft das Recht zur Tötung „minderwertiger" Neugeborener und zur Einführung einer vorgeschriebenen Zeugungserlaubnis für erbtüchtige Personen. Die Kranken- und Arbeitslosenversicherung wollte er beseitigt wissen und Krankenpflege, Blinden- und Taubstummenhilfe nur solchen Personen angedeihen lassen, die nicht mehr fortpflanzungsfähig sind[59]. Es wurde bereits darauf hingewiesen, daß konsequente sozialdarwinistische Rassenideologen jedes System von Privilegien ablehnen mußten. Dies taten Ploetz, Tille, Pearson und andere uneingeschränkt, die gobinistisch beeinflußten Darwinisten dagegen nur bedingt. Ploetz war unter ihnen insofern einer der konsequentesten, als er sich auf die Vitalrasse berief, deren Wert von Individuum zu Individuum variieren konnte. Rassenmerkmale konnten sich daher nur im Wettbewerb durchsetzen, und zwar um so erfolgreicher, je weniger die Wettbewerbssituation durch den Privilegienvorsprung einzelner Individuen verfälscht würde. Soziale Privilegien entzogen ihren Nutznießer nämlich weitgehend dem Wettbewerb und damit der Auslesewirkung des Kampfes ums Dasein. Da ein Baron und sein Leibeigener in keinerlei sozialem Wettbewerb standen, mochte ersterer durch seine gesellschaftliche Position sich trotz möglicher erbbiologischer Inferiorität leichter durchsetzen als dieser mit seinem vielleicht gesünderen Erbgut. Die nach Ploetzens Ansicht segensreiche Wirkung der natürlichen Auslese würde somit aufgehoben. Wegen der *kontraselektorischen* Wirkung von Privilegien bekannte sich Ploetz zum Gegner jeder Ständeordnung und befürwortete sogar die Aufhebung des Erbrechts, wie er andererseits die Beseitigung des Sozialstaats forderte und den Sozialismus für unvereinbar mit den Grundsätzen des Darwinismus erklärte[60]. Die einzige Gesellschaftsordnung, die die Prinzipien der Auslese am reinsten bewahre, sei der Kapitalismus in seiner krassesten, unverfälschten Form, im Manchestertum. Dagegen gefährdeten alle nonselektorischen Gesellschaftsordnungen die Qualität der Rasse[61].

Ploetz wandte sich gleichermaßen nach rückwärts gegen die Reste der Ständeordnung wie auch nach vorn gegen den Sozialstaat. Dieses Janusgesicht verlieh seiner Rassentheorie restaurative und revolutionäre Züge zugleich. So zitierte er zustimmend die Gedanken des englischen Sozialdarwinisten Alfred R. Wallace über die Emanzipation der Frau: würde man die Frau dem Manne sozial gleichstellen, so würde sie nicht aus Versorgungsgründen zur Eheschließung mit Männern gezwungen sein, die möglicherweise „minderwertiges" Erb-

59 Ploetz: Tüchtigkeit, S. 143 f., 146 ff.
60 Ebd., S. 208 ff.
61 Ebd., S. 197.

gut besäßen. Die völlig freie Gattenwahl würde vielmehr — ähnlich dem freien Arbeitsmarkt — einen stärkeren Wettbewerb und somit weitere Auslesemechanismen wirksam werden lassen[62]. Durch sie würde die Rasse permanent aufgewertet und durch den sexuellen Ausleseprozeß das beste Erbgut die größte Möglichkeit zur Fortpflanzung erhalten, was zu einer Verbesserung der durchschnittlichen Gesamtkonstitution der Rasse beitragen würde. Die dadurch mögliche Panmixie, also die unverfälschte Wettbewerbssituation auch im sexuellen Bereich, würde dem Ziel aller Rassenideologen, der reinen Rasse, neue Wege weisen.

Das gesellschaftliche Idealbild, das Ploetz als eugenische Utopie entwarf, enthält für uns eine Reihe bemerkenswerter Aspekte. Zunächst forderte Ploetz die größtmögliche Gleichheit der Individuen. Aber als Rassenideologe war er von der „natürlichen Ungleichheit" der Menschen überzeugt, die erst dann deutlich erkennbar werden könne, wenn sie nicht durch gesellschaftliche Konventionen verzerrt würde. Modern gesprochen, forderte er die Chancengleichheit für alle. So befürwortete er neben der Abschaffung des Erbrechts die Einführung eines ausreichenden Kredits von gleicher Höhe für jeden Bürger, der ihm als Startkapital bei auch sonst gleichen Ausgangsbedingungen zu Beginn seines Werdeganges gewährt werde. In dieser egalitären Stoßrichtung wirkte Ploetz geradezu revolutionär, als kapitalistischer Jakobiner. Aber es wäre verfehlt, in ihm einen Demokraten und einen besonders konsequenten Verkünder von liberté, égalité und fraternité zu erblicken. Die Gleichheit der gesellschaftlichen Ausgangslage im Wettbewerb sollte nur die „natürliche" Ungleichheit zur Geltung kommen lassen. Ploetz war ehrlich genug zu bekennen, daß die Rassentheorien demokratisch-humanitären Idealen entgegenstanden und ihre Verwirklichung viel Unterdrückung, Jammer und Elend hervorrufen würde[63]. Sein Rassengedanke spiegelte jedoch recht anschaulich in ideologisch kaschierter Form das Gleichheitsprinzip der bürgerlichen Gesellschaft wider: die formalrechtliche Gleichheit der Individuen vor dem Gesetz anstelle ständischer Privilegien ermöglicht erst den Arbeitsmarkt und somit die Wettbewerbsgesellschaft. Wettbewerb aber endet immer mit der Offenbarung von Ungleichheit, so daß die formale Gleichheit darauf angelegt ist, sich selbst inhaltlich aufzuheben und zur juristischen Fiktion zu verkümmern.

Ähnlich wie Ploetz forderte auch Alexander Tille die Abschaffung solcher Institutionen, die der vollständigen Entfaltung einer rücksichtslosen Konkurrenzwirtschaft im Wege stünden. Hierunter fielen gleichermaßen Adelsrechte wie das Erbrecht auf Verfügung und Nutzung von Eigentum. Tille forderte also nicht nur die Beseitigung des — zu seiner Zeit kaum noch rechtlich, wohl aber faktisch privilegierten — Erbadels, sondern auch das Erbkapitalismus,

62 Ebd., S. 218 ff.
63 Ebd., S. 196.

da dieser die Ausgangschancen der Individuen verzerre[64]. Verbunden mit dieser radikalen Forderung war auch der Ruf nach Beseitigung „negativer Privilegien“ wie Sozial- und Krankenversicherung und humanitärer Einrichtungen für Kranke und Arbeitsunfähige, deren natürliches Los nach Tille der physische Untergang war.

Diese zunächst revolutionär scheinende, egalitäre Ideologie des „Sozialaristokratismus“[65] sollte indessen die „natürlichen“ Ungleichheiten unter den Menschen ohne die verfälschenden Faktoren unterschiedlicher Sozialchancen fördern. Der durch keine Privilegien suspendierte oder verzerrte Konkurrenzkampf würde — nach Tille — die rassisch besten Anlagen zur vollen Geltung kommen und durch unerbittliche Auslese die „höherwertigen“ Individuen obsiegen lassen. Um zu verhindern, daß die dadurch entstehenden Eliten durch ihre Sonderstellung dem sozialen Kampf ums Dasein entzogen würden, dürften ihre bevorzugten gesellschaftlichen Positionen nur an die jeweiligen Individuen gebunden und nicht an die nachfolgende Generation vererbt werden. Dieser permanente Konkurrenzkampf würde einen ununterbrochenen Züchtungsprozeß bilden und immer höherwertige Rassen und Völker schaffen.

Man erkennt leicht die in dieser Lehre enthaltenen Widersprüche. So bleibt die Frage unbeantwortet, welchen Sinn denn eine Elitestellung für ein Individuum, ein Volk oder eine Rasse habe, wenn sie nicht zur *Nutznießung von Privilegien* ausgebaut und zur Ausbeutung anderer ausgeweitet werden dürfe, wie dies Tille an anderer Stelle empfahl[66]. Tatsächlich enthielt der „Sozialaristokratismus“ ein revolutionäres Element, das — wenn jemals der Versuch zu seiner Verwirklichung unternommen worden wäre — die Grenzen auch des extremsten Manchester-Kapitalismus gesprengt haben würde. Es versteht sich, daß keine soziale Klasse und keine politische Gruppierung ihre Interessen in dieser gleichermaßen reaktionären wie revolutionären Sozialutopie wiedererkennen konnte. Vermutlich darauf ist es zurückzuführen, daß Tille — zeitweilig Syndikus industrieller Verbände — sein Œuvre anonym veröffentlichte. Wer auch immer im „Sozialaristokratismus“ politisch verwertbare Argumente für sich zu finden glaubte, konnte diese nur sehr partiell gebrauchen und mußte das übrige ideologische Beiwerk unterschlagen oder verdrängen. Wahrscheinlich fand Tille insoweit Zustimmung bei Vertretern der Großindustrie, als er Ungleichheit und Ausbeutung rechtfertigte, ohne daß aber diese Kreise die revolutionären Aspekte des „Sozialaristokratismus“ anzunehmen bereit waren. Wir können ihn also als politisch belanglose Erscheinung abtun, die für uns aber wegen ihrer theoretischen Schlüssigkeit und Folgerichtigkeit von rein ideengeschichtlichem Interesse ist.

---

64 Tille, S. 112, 64, 115.

65 Hedwig Conrad-Martius (S. 247) weist zu Recht darauf hin, daß dieser Begriff eine contradictio in adjecto darstellt, durch den Tille die Unvereinbarkeit von Leistungs- und Standesprivilegien aufzuheben versuchte.

66 Tille, S. 268 und öfter.

Die Frage nach Gleichheit und Ungleichheit der Menschen war das tragende Motiv, das alle Gesellschaftstheorien seit der Aufklärung und insbesondere nach der französischen Revolution durchzog und unter dem verschleiernden Begriff der Rasse auch in den Rassentheorien einen zentralen Platz behauptete. Für Gobineau waren Niedergang der Rasse und zunehmende Egalisierung und Nivellierung der Gesellschaft nahezu synonyme Begriffe. Die Menschheit, so behauptete er, sei unwiderruflich dazu verurteilt, sich in ein Rassengemisch zu verwandeln, welches alle sozialen Unterschiede beseitigen und damit auch eine allgemeine ethnische wie auch rechtlich-politische Gleichheit herbeiführen werde. Die rassenlose Gesellschaft werde auch eine klassenlose sein. Alle sozialen Antagonismen, die als Ausdruck rassenbedingter Verhaltensweisen verstanden wurden, würden in dieser egalitären Endgesellschaft verschwinden[67].
Ein geschichtsphilosophischer Pessimismus dieser Art, der Gleichheit mit unausweichlichem Niedergang aller Kultur verband, wurde mit diesen düsteren Schlußfolgerungen von keinem der Epigonen Gobineaus übernommen. Sie propagierten Maßnahmen zur Rettung der Rasse, setzten sich für den Zuchtgedanken ein, so daß eine rassenlose Endgesellschaft für sie außerhalb ihrer Betrachtungen lag. Wohl aber tauchte für sie die Frage von Gleichheit und Ungleichheit in einem anderen, in einem entgegengesetzten Sinne auf. Nicht eine zunehmende „Vermischung“ und Nivellierung der Rassen und Klassen könne eine homogene Bevölkerung schaffen, sondern die Heranzüchtung und Verbreitung einer rassisch homogenen, biologisch „hochwertigen“ Weltbevölkerung, die dann in einem entgegengesetzten Sinne keine Ungleichheit mehr kennen würde. Dieser Gedanke mag uns heute ebenso phantastisch wie abschreckend erscheinen, zumal er uns an die Projekte Himmlers und Darrés erinnert, an die Humanversuche von SS-Ärzten, an Zwangssterilisierungen und geplante Zuchtbordelle, an den Raub ausländischer Kinder durch NS-Funktionäre zum Zwecke der „Germanisierung“ und an die Ausrottung ganzer Völker. Aber wir werden die Implikationen der Rassentheorien nicht vollständig begreifen, wenn wir uns weigern, den in ihnen liegenden Konsequenzen bis zum Ende zu folgen.
Eine in einer gedachten endgültigen, durch Zucht herbeigeführten Bevölkerung, in der es nur noch „Arier“ gäbe, in der „schädliche“ und vor allem nichtnordische Erbanlagen durch mehr oder minder gewaltsame Methoden ausgerottet oder doch auf ein Mindestmaß reduziert worden wären, würden rassisch motivierte soziale Ungleichheiten auch für den Anhänger des Rassengedankens unbegründet sein. Die Rasse selber würde ihrerseits als säkularisiertes Legitimitätsprinzip ihre ideologische Funktion verlieren. Es erhebt sich daher die Frage, ob die rassenideologischen Gesellschaftskonzeptionen über den Umweg abartiger und verbrecherischer Zuchtversuche egalitäre und — riskieren

67 Gobineau IV, S. 317 f.

wir in diesem Zusammenhang einmal das Wort: *demokratische* Endziele verfolgten. Der Rassenideologe Josef Ludwig Reimer gab hierauf eine Antwort: „Möglichst vollkommene Gleichartigkeit bildet die unentbehrliche Ergänzung des Prinzips der Gleichheit! Man müßte daher, bevor man sich daran macht, den Menschen Gleichheit, Freiheit und Brüderlichkeit zu geben, sich erst ein Völkermilieu, einen Menschenkreis schaffen, in dem von Natur aus wesentliche Gleichartigkeit und Gleichwertigkeit vorhanden sind: dieses Milieu ist die Rasse an sich. *Gemeinsame Rasse ist die erste Vorbedingung wahrer Demokratie*[68]."

Die gesellschaftlichen Endvorstellungen sind im rassenideologischen Schrifttum nur selten angesprochen worden. Dennoch bekunden fast alle einschlägigen Stellen, daß Gleichheit niemals im Sinne von Gerechtigkeit verstanden wurde. In den von Gobineau beeinflußten Schriften, etwa bei Darré, wurde zwar der „nordische Mensch" als Endziel einer verantwortungsvollen Bevölkerungspolitik bezeichnet; aber die Refeudalisierungsprojekte sahen durch die Schaffung einer „rassischen Elite" eine institutionalisierte Ungleichheit vor. Aus der Rasse sollte zusätzlich durch besondere soziale Bedingungen und Umstände, durch ständische Eigentumsverhältnisse und durch ein ausgeprägtes Traditions- und Standesbewußtsein eine neue Kaste geschaffen werden, deren Vertretern bevorzugt politische und andere Führungspositionen in Staat und Gesellschaft anvertraut werden sollten[69]. Alfred Rosenberg unterstrich ausdrücklich, daß ein Sozialgefälle für die Funktionsfähigkeit einer Gesellschaft ebenso notwendig sei wie der Höhenunterschied des Wassers, welches ein Mühlrad antreibt[70]. In ähnlichem Sinne argumentierte auch Hans F. K. Günther: „Jedes Volk und jeder Staat sind für ihre Erhaltung und Stärkung an das Bestehen eines Wertgefälles gebunden[71]." Erst wenn nach Jahrhunderten einer ständestaatlich organisierten „Volksgemeinschaft" das nordische Element alle anderen Rassenbestandteile der Bevölkerung verdrängt oder herausgezüchtet haben würde, seien alle Angehörigen des Gemeinwesens „Gleiche und Freie". Zwar könnte es nach Günther wohl noch qualitative Unterschiede zwischen Führeradel und Staatsvolk geben, die aber keinen rassischen — und folglich keinen sozialen — Gegensatz bekunden würden. Für diese Gesellschaft würden dann freilich Parteien ebenso überflüssig sein wie Wahlen. Denn da nach Überzeugung der Nordgesinnten alle sozialen und politischen Konflikte rassischen Ursprungs sind, müßte eine rassisch vollkommen homogene Bevölkerung weitgehend konfliktfrei sein. Alle würden unter dem „Artzwang" der gleichen Rasse stehen und als Individuen in einer biologischen volonté générale aufgehen[72].

---

68 Reimer, S. 325.
69 Vgl. Darré, S. 162 f.
70 Rosenberg: Chamberlain, S. 53.
71 Günther: Volk und Staat, S. 19.
72 Diese Verbindungslinie zu Rousseau zieht Lutzhöft, S. 141. Mit dieser scharfsinnigen

Diese Sozialutopie war freilich für die Anhänger der Nordischen Bewegung nur ein Fernziel, das verblassen mußte vor den drohenden Gefahren des „Rassentodes" in der Gegenwart. Zumindest in ihren konkreten Plänen und Vorstellungen zu einer Gesellschaftsreform hielten die gobinistisch geprägten Rassentheorien an einer ständisch gegliederten Gesellschaft fest, auch bei jenen reinrassischen nordischen Völkern, für deren Züchtung sie sich einsetzten.
Aber auch die sozialdarwinistischen Rassentheoretiker konnten sich eine Gesellschaft der Gleichen letztlich nicht vorstellen. Ging doch die Selektionstheorie gerade davon aus, daß Auslese beständig Ungleichheit schaffe. „Der Darwinismus ist alles andere eher als sozialistisch!", erklärte bereits Ernst Haeckel im Jahre 1878. „Will man dieser englischen Theorie eine bestimmte Tendenz beimessen, so kann diese Tendenz nur eine *aristokratische* sein, durchaus keine demokratische und am wenigsten eine sozialistische! Die Selektionstheorie lehrt, daß im Menschenleben wie im Tier- und Pflanzenleben überall und jederzeit nur eine kleine bevorzugte Minderzahl existieren und blühen kann, während die übergroße Mehrzahl darbt und mehr oder minder frühzeitig elend zugrunde geht. (...) Der grausame und schonungslose ‚Kampf ums Dasein', der überall in der lebendigen Natur wütet und naturgemäß wüten muß, diese unaufhörliche und unerbittliche Konkurrenz alles Lebendigen ist eine unleugbare Tatsache; nur die auserlesene Minderzahl der bevorzugten Tüchtigen ist imstande, diese Konkurrenz glücklich zu bestehen, während die große Mehrzahl der Konkurrenten notwendig verderben muß! Man kann diese Tatsache tief beklagen, aber man kann sie weder wegleugnen noch ändern. Alle sind berufen, aber nur wenige sind auserwählt! Die Selektion, die Auslese dieser ‚Auserwählten', ist ebenso notwendig mit dem Verkümmern und Untergang der übrigbleibenden Mehrzahl verknüpft[73]."
Auch Haycraft schloß sich der Auffassung an, daß durch die Auslese eine neue Aristokratie geschaffen würde, die sich von einer Generation zur andern mehr von der sie umgebenden Bevölkerung abhöbe. Aber ihre Überlegenheit, fügte er hinzu, wäre nur eine relative; sie würde abhängen von den Bedingungen des Wettbewerbs, unter denen die Auslese erfolgt sei. Was innerhalb der einen Umgebung von Vorteil sei, könne unter anderen Verhältnissen nachteilig sein. Auslese sei zwar ein Prozeß, der Überlegenheit schaffe, jedoch insofern ein relativer Begriff, als sie nur Überlegenheit unter spezifischen Bedingungen

---

Beobachtung wird auf zahlreiche politische Parallelen hingewiesen, die bei Rousseau bereits vorweggenommen sind. Wie dieser hegte auch Günther tiefstes Mißtrauen gegen Etatismus, Bürokratie, Verwaltung, Obrigkeit, gegen das Stadtleben und teilte mit ihm die Vorliebe für die ländliche Lebensweise, für wirtschaftlichen Autarkismus sowie die völlige Aufhebung individueller Interessen durch das Kollektiv. Zur Bedeutung Rousseaus für *restaurative* Traditionen der politischen Ideengeschichte s. Iring Fetscher: Rousseaus politische Philosophie. Zur Geschichte des demokratischen Freiheitsbegriffs, Neuwied/Rh.—Berlin 1968.

73 Zitat nach Hertwig, S. 52 f.

begründe[74]. Die Ungleichheit sei daher eine unabänderliche Weltordnung. — In ähnlichem Sinne argumentierte auch Vacher de Lapouge. Die durch Auslese entstehende Überlegenheit sei nur eine Überlegenheit gegenüber dem Auslesefaktor; insgesamt könne eine erfolgreiche Art in bezug auf ihre übrige Beschaffenheit schlechter sein. Als Programm für die Eugenik forderte er daher die Schaffung einer „natürlichen Aristokratie" und eines strengen Kastensystems; die Züchtung einer „ubiquistischen" Rasse, d. h. einer Rasse, die unter allen klimatischen und geographischen Bedingungen lebens- und konkurrenzfähig sei[75]. Die Eugenik war für ihn ein Weg, der zwangsläufig die Ungleichheit mit einschloß, und er hielt letztere wohl auch für das herrschende Ordnungsprinzip einer jeden utopischen Endgesellschaft. Mit seiner Forderung, eine völlig neue Rasse zu züchten und durch sie schrittweise die gesamte menschliche Erdbevölkerung zu ersetzen, berührte er zwar nicht unmittelbar die Problematik von Gleichheit und Gerechtigkeit. Es besteht aber kein Zweifel, daß seine Zielvorstellungen nicht weniger inhuman waren als die Mittel, mit denen er sie verwirklichen wollte.

Ausbeutung und Unterdrückung und somit Ungleichheit und Ungerechtigkeit waren auch nach Ludwig Woltmann Kriterien jeder Gesellschaftsordnung, naturgegeben und daher unveränderbar. Selbst wenn die materiellen Voraussetzungen einer gleichen und ausreichenden Versorgung aller Individuen gegeben wäre, wodurch die theoretischen Prämissen des beschworenen ‚Kampfes ums Dasein' hinfällig würden, ginge nach Woltmann der Konkurrenzkampf als Quelle gesellschaftlicher Ungleichheit weiter, „... denn es findet ein sozialer Kampf um besser und reicher gewordene Nahrung statt, um das Mehr und Weniger, um Wohlstand und Armut, um die reichere Nährstelle, ein soziales Verhältnis, das in der menschlichen Natur ebenso begründet und unausrottbar ist wie Ehrgeiz und Herrschsucht"[76].

Durch Auslese, durch Sterilisierung und Inhaftierung der „Minderwertigen" wollte auch Lothrop Stoddard eine neue Gesellschaft schaffen, der er die Bezeichnung „Neuadel" zugedacht hatte[77]. Damit meinte er aber nicht eine Schicht von Feudalherren, wie Darré es tat, sondern der gesamten hochgezüchteten Bevölkerung. Stoddard kam — als Amerikaner in ungleich stärkerem Maße mit formaldemokratischen Traditionen vertraut als seine deutschen Gesinnungsgenossen — der Vorstellung von einer durch erzüchtete Rassenhomogenität erzeugten Gleichheit aller Individuen wesentlich näher als etwa Darré. Aber eine völlige Überwindung sozialer Schranken war darin nicht vorgesehen. Auch er hielt fest am Schichtungsgefüge der menschlichen Gesellschaft, selbst in einer fiktiven rassischen Endgesellschaft: „Klassen wird es

74 Haycraft, S. 156, 160.
75 Vacher de Lapouge: Sélections, S. 480.
76 Woltmann, S. 147.
77 Stoddard: Kulturumsturz, S. 200 f.

wahrscheinlich geben; aber diese Klassen werden, welches auch ihre Aufgaben sein mögen, hinsichtlich der ihnen angehörenden Einzelnen sehr beweglich sein. Keinem wirklich Höherwertigen, welcher Herkunft er auch sein mag, wird der Zugang zur obersten Klasse versperrt sein; kein Mensch, woher er auch kommt, kann in einer Klasse bleiben, deren besonderen Aufgaben er nicht gewachsen ist[78]."

Der egalitäre Gedanke, der in der gobinistischen Rassentheorie dann zur Geltung kommen würde, wenn theoretisch die gesamte Gesellschaft gleichsam in den rassenideologischen Adelsstand erhoben worden wäre, stand zu sehr unter ständischen Einflüssen, als daß er von der ständischen Gliederung vorbürgerlicher Gesellschaftsverhältnisse ablassen konnte. Die sozialdarwinistische Variante des Rassengedankens hingegen hielt zu sehr am biologischen Wettbewerbsprinzip fest, welches die Auslese und damit zugleich die Ungleichheit beinhaltet. Da viele im frühen 20. Jahrhundert entwickelten Rassentheorien bloße Synkretismen aus beiden Varianten waren, übernahmen sie in der Regel die Prinzipien der Ungleichheit von beiden theoretischen Erblassern, obgleich sich hierbei Widersprüche und Ungereimtheiten ergaben. Aber Hauptanliegen der Rassentheorien war nicht logische Schlüssigkeit, sondern der Angriff gegen die humanistischen und demokratischen Grundlagen neuzeitlicher politischer Ideengeschichte.

Der inhumane Charakter der Rassenideologien kann besonders deutlich in der moralischen *Entwertung des Individuums* verfolgt werden. Enthielt der egalitäre Gesellschaftsbegriff der bürgerlichen Aufklärungsphilosophien eine Neuentdeckung der Persönlichkeit und ihres einmaligen individuellen Wertes, so relativierten die Rassenlehren diesen Wert durch den Kalkül über den bloßen Nutzen der Einzelperson für das Kollektiv. Dies gilt insbesondere für die gobinistische Tradition, in der der Wert des Individuums nach seinem Erbanteil an arischem Blute bemessen wurde. Der einzelne Mensch wurde so zum Rollen- und Funktionsträger des Kollektivs degradiert; er wurde austauschbar und ersetzbar durch jeden anderen, der diese Funktion gleichermaßen ausüben konnte. Man fühlt sich versucht, Vergleiche aus dem Bereiche der Viehwirtschaft heranzuziehen. Hans F. K. Günther konstatierte für den Menschen zweierlei Werte, einmal als Individuum, zum andern als Erzeuger von Nachkommen[79]. Bemerkenswert ist, daß Günther überhaupt dem Individuum noch ein gewisses Maß an Achtung entgegenbrachte. Konsequenter urteilte hier sein italienischer Gesinnungsgenosse Giulio Evola; der Rassengedanke sei antiindividualistisch und weigere sich — wie der Faschismus, — den einzelnen „an sich", als soziales Atom, zu begreifen. Dieser Antiindividualismus richte sich allerdings nicht gegen die (rassenspezifische) „Persönlichkeit"[80]. Ähnlich ließ

78 Ebd., S. 204.
79 Günther: Rassenkunde, S. 466.
80 Evola, S. 15 f.

auch Vacher de Lapouge das Individuum nur als Träger von Erbfaktoren gelten: „Das Blut, das man bei der Geburt in seinen Adern hat, behält man sein ganzes Leben. Der einzelne wird von seiner Rasse erdrückt. Die Rasse, die Nation ist alles[81]."

Vom Standpunkt des Rassendarwinismus wäre es leichter gewesen, dem Individuum einen persönlichen Wert außerhalb seines Nutzens für das biologische Kollektiv zuzuerkennen. Eine Theorie, in der sich der Begriff Rasse nominalistisch bestimmte und somit auch deren Wert von Individuum zu Individuum einzeln maß, hätte in einer sehr konsequenten Ausarbeitung dieses theoretischen Ansatzes einen alle kollektiven Maßstäbe negierenden Wertnihilismus gezeitigt. Wenn ausschließlich das persönliche physische Wohlbefinden des einzelnen und dessen gesellschaftlicher Erfolg als Wertkonstanten anerkannt worden wären, dann hätte sich dieser extreme Individualismus rasch in einen biologischen Anarchismus verwandeln können, dem das eigene Wohlbefinden alles, die Gesellschaft nichts gegolten hätte.

Diese Entwicklung hat der Rassendarwinismus allerdings nicht eingeschlagen. Der Begriff Rasse war kollektivistisch konzipiert und wäre mit extrem individualistischen Wertbegriffen nicht vereinbar gewesen. Auch rassendarwinistische Theorien haben das Individuum vorwiegend als Träger von Erbfaktoren betrachtet, deren Wert zwar ihm selber zugute komme, hauptsächlich aber der Rasse diene. Demgemäß sollte die Ethik als Regelung des Gemeinschaftslebens sich vorrangig die Erhaltung und eugenische Verbesserung der Gattung zum Ziele setzen. Sowenig die Instinkte der Tiere dem Schutze und dem Glücksbedürfnis der Individuen dienten, konstatierte Schallmayer, sowenig habe die Ethik sich in den Dienst der Einzelpersönlichkeit zu stellen, sondern als letztes Ziel das Wohl der Gattung zu verfolgen[82].

Die Schlußfolgerung aus dem Entwurf einer idealen (End-)Gesellschaft wie auch konkreter politischer Forderungen bestand für Schallmayer darin, den Individuen allein Funktionen für das Kollektiv zuzuweisen und individuelle Ansprüche auf Glück zumindest denen, die in eugenischer Sicht der Gesellschaft nicht nutzbringend sind, zu versagen: „In der Tat ist Glück in gleichem Maße für alle als Endziel für die Staatspolitik schon dadurch ausgeschlossen, daß zur Erhaltung der Rassetüchtigkeit eines Volkskörpers Selektion unerläßlich ist. Soweit diese in Form der natürlichen Lebensauslese geschieht, ist sie vom Elend unzertrennlich[83]." Ungleichheit und Elend zumindest eines Teiles der Bevölkerung wurden somit zu Voraussetzungen für das Glück und Wohl des Kollektivs. „Unter allen Umständen gilt uns als letzter Richtpunkt aller staatlichen Politik die Aufgabe, dem staatlich organisierten Volk die günstigsten Bedingungen zur Selbsterhaltung und zum Gedeihen zu verschaffen. Das Leben des

81 Vacher de Lapouge: Der Arier, S. 339.
82 Schallmayer, S. 314 f.
83 Ebd., S. 312.

Volkes ist nur der letzte und höchste Zweck. Alle Maßnahmen und Unternehmungen der inneren und äußeren Politik müssen dem Ziel dienen, die Lebensfähigkeit der Nation auf die Dauer zu sichern. Dieses Ziel ist Wertmaßstab[84]."

Es muß an dieser Stelle daran erinnert werden, daß die frühen Rassentheorien etwa zur gleichen Zeit (und im gleichen Lande) entwickelt wurden wie die utopischen sozialtechnizistischen Gesellschaftsmodelle der Saint-Simonisten oder eines Auguste Comte, mit denen sie manche Ähnlichkeit verbindet. Der streng naturwissenschaftliche Anspruch der Sozialutopisten, für die nicht humanitäre Erwägungen, sondern Statistik und Wahrscheinlichkeitsberechnungen als Grundlage für die Verwirklichung von menschlichem Glück dienten, ist verwandt dem Pathos der eugenischen und sozialbiologischen Rassenlehren. Diese Feststellung trifft zwar weniger auf das Gros gobinistischer Ideologien zu, die sich gewöhnlich in geisteswissenschaftlichen Bahnen bewegten und Naturwissenschaften und Technologie meistens fernstanden. Wohl aber haben darwinistische Rassentheoretiker ähnlich wie jene Sozialutopisten das Individuum vorrangig als bloßen Funktionsträger eines Ganzen betrachtet und als kalkulierbares Sozialatom ihren Gesellschaftsentwürfen zugrunde gelegt. Es wäre in einer gesonderten Abhandlung von Interesse, genealogische Querverbindungen zwischen frühen Sozialutopisten und Rassendarwinisten nachzuweisen[85].

Eine liberale Betrachtungsweise mißt das Wohl einer Gattung (Gruppe) an dem ihrer Angehörigen. Wenn von ihnen Opfer abverlangt werden für die Erhaltung ihrer kollektiven Organisationsform, ohne Anspruch auf individuell verwertbare Gegenleistungen des Kollektivs erheben zu dürfen, wird jedoch das Kollektiv zum Selbstzweck. Die Rassenideologen haben diese Frage nicht gestellt und aus eigener Vollmacht die Rasse zum Selbstzweck erhoben. Sie mochten hierfür vielleicht eugenische Argumente anführen, denen zufolge die Qualität des Daseins durch die Zugehörigkeit zu einer Gruppe erhöht werde, deren Mitglieder durch Erbgesundheit, besondere Haut-, Haar- und Augenfarbe, Schädelform oder arische Charaktereigenschaften ausgezeichnet seien. Unklar blieb aber dabei, inwiefern das Dasein als Arier, Germane oder Langschädel lebenswerter sei als das von Angehörigen „minderwertiger" Rassen. Die Rassenideologen unterließen es, die zum Wert deklarierte Rasse in Beziehung zu setzen zum Individuum, das Abstraktum zum realen Menschen, und schufen somit einen politischen Ölgötzen, der sich von Fetischen, Totempfählen, Baal-Altären und Reliquien dadurch unterschied, daß ihm zwar Opfer gebracht, jedoch keine Gegenleistungen erwartet wurden.

---

84 Ebd., S. 323.

85 So gibt Hayek des öfteren vor, die ideengeschichtliche Genealogie sowohl linker als auch rechter Totalitarismen zu untersuchen, spart aber gerade die Entstehung rechtsradikaler Gesellschaftsutopien — einschließlich ihres sozialgeschichtlichen Hintergrundes — völlig aus; vgl. Friedrich A. Hayek: The Counter-Revolution of Science. Studies in the Abuse of Reason, London 1952; deutsch: Mißbrauch und Verfall der Vernunft, Frankfurt 1959.

Wir können diesen Sachverhalt am Beispiel von Fritz Lenz anschaulich erkennen. Noch während des Ersten Weltkrieges — im Frühjahr 1917 — schrieb er, der Krieg habe das höchste Gut allgemein kenntlich gemacht und ausgewiesen: das eigene Volk. Dieses werde aber nicht durch die gemeinsame Sprache und Kultur gebildet, sondern durch die gemeinsame Abstammung. „Wir glauben noch an eines; an das Blut, an die Rasse. Die Rasse ist es, die alles trägt, Persönlichkeit wie Staat und Volk[86].“ Rassenpflege sei daher auch höchste Kulturarbeit. Alle Geschichte erhalte ihren Sinn erst als Rassengeschichte. „So kommt uns alles aus dem Ideal der Rasse: Kultur, Entwicklung, Persönlichkeit, Glück, Erlösung. Und alles kehrt dorthin zurück. Dort finden wir die Einheit unseres Wesens, die Einheit des Lebens, die deutsche Einheit im höchsten Sinne[87].“ Es wäre aber nach Lenz falsch zu fragen, welchen Wert denn die Rasse für den einzelnen habe, denn gerade sie sei erst der Maßstab, an dem sich dessen Wert bemesse. Das Ziel eines völkischen Sozialismus dürfe daher nicht das Individuum sein, sondern die Rasse. Zwar diene sie auch dem allgemeinen Glück. „Wir aber wollen nicht die Rasse um des Glückes willen, sondern das Glück um der Rasse willen[88].“

Die Rasse als Selbstzweck wurde am konsequentesten in der Ideologie des SS-Staates zum Ausdruck gebracht. Die Parole „Du bist nichts, Dein Volk ist alles“ ist zwar im Gefolge einer nationalistisch pervertierten Hegel-Rezeption schon in früheren Zeiten entstanden. Die daraus abgeleitete Praxis konnte jedoch erst von denen verwirklicht werden, die über die Totalität der staatlichen — die Totalität aller Gewalt — auch mit dem Ziel der Menschenvernichtung verfügen konnten.

---

86 Lenz: Erneuerung, S. 38.
87 Ebd., S. 51.
88 Ebd., S. 54, (Zitat) 51.

Krieg als „Rassenauslese“

Die Verherrlichung von Krieg und aggressiver Expansionspolitik hat nicht erst in den Rassentheorien ihre Rechtfertigungsversuche gefunden. Militarismus und Imperialismus haben auch ohne ihre Argumentationshilfe propagandistische Breitenwirkung erzielt und hätten — rein hypothetisch gesprochen — ihrer auch niemals bedurft. Gleichwohl haben beide seit den letzten Jahrzehnten des 19. Jahrhunderts stark die Thematik der Rassenlehren geprägt, wie umgekehrt durch sie Ressentiments geschürt wurden, die ihrerseits eine aggressive und expansionspolitische Politik motivieren sollten. Wir wollen im folgenden diese Widerspiegelungen von Militarismus und Imperialismus in den Rassentheorien und deren Rückwirkungen auf den konkreten politischen Bereich verfolgen.

Gemeingut aller Rassentheorien war die Überzeugung von der natürlichen Ungleichheit (Ungleichwertigkeit) der Menschenrassen und das daraus resultierende Verhältnis von Gewalt und Unterdrückung. Der Rassenkampf um Herrschaft, meinte Gumplowicz, in offener und gewalttätiger wie in latenter und friedlicher Form sei die eigentliche treibende, bewegende Kraft der Geschichte[1]. Aber nicht in vorgegebenen (sozialen oder ökonomischen) Konkurrenzsituationen sahen die Rassenideologen die Ursache hierfür, sondern im biologischen Antagonismus, der durch die gleichzeitige Existenz anthropologisch verschiedener Gattungen auf engem Raume gegeben war. So wie manche Raubtiere ihre Beute schlügen und Rivalen verdrängten — nicht aus Mangel an Nahrung, sondern aus angeborenem Selbstbehauptungswillen —, so bekämpften sich Völker und Rassen einander aus angeborenem gegenseitigem Haß.

Die Rassentheorien stimmten mehrheitlich darin überein, daß die Neigung zum Krieg allen ethnischen Gruppen oder wenigstens den „edleren“ unter ihnen natürliche Veranlagung und innerstes Bedürfnis sei. So hatte Gobineau die Arier als geborene Krieger charakterisiert, denen Herrschsucht angeboren sei und die sich daher andere Völker unterwürfen, ihrerseits aber keine andere Herrschaft über sich duldeten[2]. Diese ihre Eigenart habe in der Frühgeschichte die Arier bewogen, sich sternförmig auszubreiten und sich die

1 Gumplowicz, S. 219.
2 Gobineau II, S. 342 f.

übrige Erde untertan zu machen; ihnen obliege auch die endgültige Entschleierung und Eroberung der noch nicht von ihnen entdeckten und beherrschten Welt. Dies werde die letzte zivilisatorische Aufgabe der Arier in der Weltgeschichte sein, bevor sie sich hierbei wie Drohnen verausgabten, entbehrlich und im allgemeinen Nivellierungsprozeß verschwinden würden[3]. Kühnheit, Besonnenheit und Vernunft, besonders aber die Fähigkeit und der feste Wille zu gebieten, zeichnen nach Vacher de Lapouge den Arier aus[4], was ihm folglich die Krieger-, Eroberer- und Herrenrolle in der Welt zuweise. So seien beispielsweise gerade die Spanier mit dem größten Anteil an nordischem Blut als Conquistadoren nach Südamerika gezogen, was zur völligen „Entnordung" Spaniens geführt habe[5]. Ähnlich urteilte Madison Grant: die Nordrasse stelle vorwiegend Soldaten, Seeleute, Abenteurer, vor allem aber Herrscher und Edelleute, deren kennzeichnende Charaktereigenschaften Kampfeslust, Tapferkeit und Rassenstolz seien[6]. Hans F. K. Günther setzte diese Lehrtradition fort und ergänzte sie durch eine Reihe weiterer Charakterqualifikationen zum Krieger- und Herrendasein[7]. Sein Landsmann und Gesinnungsgenosse Clauss schließlich erhob die Kampfes- und Eroberungslust der nordischen Rasse zu einem Lebensstil, der ihre Geschichte gesetzmäßig geprägt habe und noch bestimme. So seien nicht ökonomische Gründe wie Landhunger, Mißernten und Übervölkerung Gründe für Eroberungszüge gewesen, sondern „Artgesetze"; die nordischen Völker hätten ihre Kriegs- und Beutezüge „aus Spaß" unternommen[8]. Die ideologische Konsequenz dieser Überzeugung ist leicht erkennbar: eine Rechtsordnung zwischen den Völkern wurde somit als naturwidrig dargestellt und daraus wiederum die Legitimation für Kriege und koloniale Expansion abgeleitet.

Die Lehre, daß unterschiedliche Rassen nicht harmonisch miteinander leben könnten, es sei denn im Verhältnis von Herrschaft und Unterordnung, begründete auch der britische Gelehrte Sir Arthur Keith mit dem Rasseninstinkt (race-prejudice). Zwar berief er sich als Vertreter der darwinistischen Variante des Rassengedankens nicht auf Begriffe wie „Artgesetz" und angeborenes Wesen, wie es Gobinisten taten. Aber gleichwohl hielt er den Krieg für eine biologische Notwendigkeit[9]. Seine Zwangsläufigkeit sah Keith nicht als notwendiges Übel an, sondern als konstruktiven Beitrag zum Völkerverkehr. So erklärte er 1931 vor Studenten in Aberdeen: „Race-prejudice, I believe, works for the ultimate good of Mankind and must be

3 Gobineau III, S. 317 f.
4 Vacher de Lapouge: Der Arier, S. 239 ff.
5 Ebd., S. 219.
6 Grant, S. 140.
7 Günther: Rassenkunde, S. 191 ff.
8 Ludwig Ferdinand Clauss: Die nordische Seele, München 1932, S. 33; vgl. hierzu Lutzhöft, S. 121.
9 Arthur Keith: Nationality and Race from an Anthropologist's Point of View, London 1919; vgl. Montagu, S. 158.

given a recognized place in all our efforts to obtain natural justice in the world[10]." Der Gedanke erinnert, worauf Montagu zu Recht hinweist, an die „kriegsdarwinistischen" Ausführungen des deutschen Generals Friedrich von Bernhardi („Deutschland und der nächste Krieg", Stuttgart 1912), in denen die biologische Notwendigkeit von Kriegen für den Bestand von Rassen und Völkern unterstrichen wurde. Ähnliche Gedanken lassen sich im deutschen und französischen Chauvinismus, der in den Jahrzehnten unmittelbar vor dem Ersten Weltkrieg zunehmend rassenideologische Motive aufgriff, an zahlreichen Varianten nachweisen[11].

Nicht selten wurde der Krieg sogar als förderlich für das Rassenbewußtsein betrachtet; durch ihn werde erst klar, wer der Feind sei und wo die wirklichen Frontlinien verlaufen. Der Vorsitzende des Alldeutschen Verbandes, Heinrich Class, dankte dem Schicksal, daß es den Deutschen in Ost und West und Nord Feinde gegeben habe, die sie zur Anspornung aller Kräfte zwingen[12]. Und Friedrich Lenz jubelte 1917, der Krieg habe das höchste politische Gut allgemein kenntlich gemacht: das eigene Volk. Dieses werde aber nicht durch die Sprache, sondern durch die Rasse gebildet[13].

Dem Krieg und Imperialismus wurde nicht allein von seiten der Rassenideologien gehuldigt. Jene, die sich in Deutschland in den vier Jahrzehnten vor dem Ersten Weltkrieg auf die „Realpolitik" und in anderen Ländern auf ähnliche Begriffe beriefen, mußten nicht deswegen auch Anhänger des Rassengedankens sein. Wohl aber lieferte vor allem der Rassendarwinismus theoretisches Argumentationsmaterial für eine Verherrlichung des Krieges als eines gewichtigen Auslesefaktors im Kampf der Völker ums Dasein. Der ehemalige britische Kolonialbeamte und spätere Londoner Dozent Charles Pearson (1857—1936) führte sogar die Entwicklung vom Tier zum Menschen auf die Auslesewirkung von Krieg und Gewalt zurück. Im antiken Griechenland haben die zahlreichen Kämpfe zwischen den hellenischen Stämmen und Gemeinwesen zur Blüte in der Substanz der Völker geführt, was die „materielle" Voraussetzung für die griechische Hochkultur gewesen sei. Umgekehrt habe die spätere römische Herrschaft Griechenland von Kriegswirren freigehalten, aber dadurch eine Phase der Sterilität eingeleitet. „Sind nicht diese Phasen des Kampfes ums Dasein die Faktoren, welche den menschlichen Fortschritt bewirkten, die den Menschen vom Tier zum denkenden Wesen emporhoben[14]?" Diese Überzeugungen wurden von Zeit- und Gesinnungs-

10 Zitat nach Montagu, S. 159.
11 Ebd., S. 158; Barzun, S. 133 ff.
12 Fryman (= Class), S. 102.
13 Lenz: Erneuerung, S. 38.
14 Charles Pearson: The Scope and Importance of the Science of National Eugenics. Vortrag in Oxford vom 17. Mai 1907; deutsch: Über den Zweck und die Bedeutung einer nationalen Rassenhygiene (National-Eugenik) für den Staat, *Archiv für Rassen- und Gesellschaftsbiologie* 5 (1908), S. 80.

genossen Pearsons mit anderen Beispielen belegt und füllten zahlreiche zeitgenössische historisch-politische Traktate. Der Krieg erhielt somit nicht nur den Anstrich eines natürlichen Ordnungsprinzips, sondern wurde zur Voraussetzung allen Fortschritts erklärt. So meinte Ammon: „In seiner Gesamtwirkung ist der Krieg eine Wohlthat für die Menschen, da er das einzige Mittel bietet, um die Kräfte von Nation zu Nation zu messen und der tüchtigsten den Sieg zu verleihen[15]." Ja, selbst zum ethischen Postulat wurde er erhoben, wie Ammon an gleicher Stelle erklärte: „Der Krieg ist die höchste und majestätischste Form des Daseinskampfes und kann nicht entbehrt, daher auch nicht abgeschafft werden."

Gleichwohl kann nicht behauptet werden, daß alle Rassenideologen den Krieg uneingeschränkt verherrlichten. Es gab auch Kritiker unter ihnen, die in ihm eine Bedrohung und Gefahr für den Bestand des nordischen Elements in den Völkern Europas und Nordamerikas wähnten. Den Hintergrund dieser Kritik bildeten keine humanitären Beweggründe, sondern die Befürchtung, daß der Krieg sich kontraselektorisch auswirken könne. Vacher de Lapouge befürchtete bereits von den Methoden der Rekrutierung von Soldaten verhängnisvolle Folgen: die Mindestanforderungen an die physische Konstitution, insbesondere an die Körpergröße, führe zur Schonung derer, die sie nicht erfüllen könnten, während die hochgewachsenen nordischen Männer als Rekruten eingezogen und im Kriege einer besonders harten Auslese ausgesetzt würden[16]. Trotz der Verherrlichung des vermeintlich heldenhaften und kriegerischen Wesens der nordischen Rasse meldeten auch Madison Grant und Hans F. K. Günther Bedenken an hinsichtlich der kontraselektorischen Auswirkungen von Kriegen. Die Teilnahme der Vereinigten Staaten am (Ersten) Weltkrieg, meinte Grant, sei ein einziger Aderlaß an nordischem Blut gewesen. Wer den Abmarsch der amerikanischen Truppen beobachtet habe, habe gerade unter den Offizieren die hochgewachsenen blonden Abkömmlinge nordischer Einwanderer vorherrschen sehen, die dann auf den Feldern Nordfrankreichs dezimiert worden seien, während die Rassensubstanz der Angehörigen mediterraner oder gar farbiger Bewohner in weitaus geringerem Maße oder überhaupt nicht in Mitleidenschaft gezogen worden sei. Früher habe die Auslese, so folgerte er, das Überleben der Tüchtigsten garantiert, das moderne Militärwesen indessen das der Untüchtigsten[17]. In ähnlichen Kategorien dachte auch Günther. Für ihn stand fest, daß Kriege stets kontraselektorisch gewirkt hätten, eine Überzeugung, die für seine nationalsozialistischen Zeitgenossen naturgemäß

15 Ammon, S. 164.
16 Vacher de Lapouge: Sélections, S. 207 ff.
17 Grant, S. 67 und öfter.

nicht annehmbar war[18]. Konsequent indessen waren die Schlußfolgerungen, die Alfred Ploetz aus diesem Sachverhalt zog: gerade die Bevölkerungskreise, in denen „minderwertiges“ Erbgut dominiere, sollten in Kriegen an die Front geworfen und gleichsam als Kanonenfutter verheizt werden[19].
Mit gewissen Einschränkungen wird man verallgemeinern können, daß Rassendarwinisten in Fragen von Krieg und Imperialismus weitaus aggressivere Standpunkte einnahmen als Gobinisten, denen oft mehr an der Erhaltung des arischen Blutes in der Gesellschaft und besonders in ihren Oberschichten gelegen war als an einem chaotischen Kampf aller gegen alle. Gerade in bezug auf den Konkurrenzkampf im überindividuellen Bereich, also zwischen Staaten und Rassen, stießen die Darwinisten jedoch auf theoretische Schwierigkeiten, denen wir bereits an anderer Stelle begegnet waren: die Abgrenzung des „inneren“ vom „äußeren“ Kampfe ums Dasein.
Eine jede Apotheose des Manchestertums erhob die Konkurrenz zum Grunderlebnis und zum primären Lebensinhalt von Individuen und Gruppen. Offen blieb hierbei die Frage, ob das Konkurrenzverhältnis zwischen Einzelpersonen in gesellschaftlichen Teilbereichen abgeschwächt oder ganz suspendiert werden könne, wie etwa ein frühkapitalistischer Unternehmer gewöhnlich nicht im wirtschaftlichen Wettstreit mit seinen eigenen Familienangehörigen stand. Diese Fragestellung wiederholte sich in der Gegenüberstellung von innerem und äußerem Kampf ums Dasein. Ein konsequenter Sozialdarwinist mußte letztlich vor der Frage kapitulieren, inwiefern Rassen und Völker selbst Persönlichkeiten mit einheitlichem, gemeinsamem Willen seien, obgleich in ihrem Innern vielleicht ein heftiger Konkurrenzkampf unter ihren einzelnen Angehörigen herrschte. Um es konkreter zu formulieren: besaß die Rassenzugehörigkeit für das Individuum auch dann Vorrang, wenn sie nur mit persönlichen Nachteilen verbunden war?
Wie wir bereits gesehen hatten, war es für Darwinisten außerordentlich schwierig, einen klaren Begriff von Rasse zu entwickeln. Den Gobineau-Anhängern bereitete dies erheblich weniger Schwierigkeiten mit ihren zwar mythischen, aber doch in klaren Konturen voneinander abgegrenzten Urrassen. Das Problem der „Art“ — um Begriffe wie Rasse und Volk zunächst auszuklammern — ist für das Verhältnis der Rassentheorien zum Imperialismus bedeutungsvoll durch die Frage nach der kollektiven Solidarität. Für Gobinisten war es eine ausgemachte Sache, daß Angehörige gleicher Abstammungsgemeinschaften durch die „Bande des Blutes“ eine natürliche Solidarität füreinander empfänden. Da sie von der Annahme ausgingen, daß es unter den Weißen kein reinrassiges Volk mehr gäbe, konnte diese Solidarität für sie auch zwischen Angehörigen verschiedener Nationen, aber

18 Vgl. Lutzhöft, S. 127.
19 Hertwig, S. 58.

verwandter Abstammung, bestehen, während sie zwischen Landsleuten verschiedener rassischer Herkunft nur schwer vorstellbar war.

Aus dem darwinistischen Ansatz ließen sich solche eindeutigen „Bande des Blutes“ nicht zwingend ableiten. Da in einer sehr konsequenten Interpretation des Kampfes ums Dasein dieser sich auch zwischen Individuen abspielte, konnte es eine Konkurrenzsituation sowohl innerhalb der Arten als auch zwischen den Arten geben. Die Schwierigkeit ergab sich indessen bei der Bestimmung der „Art“ im Sinne der Darwinisten, d. h. bei der Bestimmung der Grenzziehung zwischen innerem und äußerem Auslesekampf. Das theoretische Problem ist in vereinzelten Veröffentlichungen angesprochen worden, so von dem Engländer Benjamin Kidd in seinem Buche „Social Evolution“ (London 1894), in dem er zwischen einem „internen“ und „externen“ Sozialdarwinismus unterschied[20]. Eine Lösung dieser Antinomie fand er freilich nicht.

Die rassenideologische Verherrlichung der Völkerkonkurrenz durch die Sozialdarwinisten beruhte, wie einer ihrer geistreichsten Kritiker, Oskar Hertwig, 1918 feststellte, ohnehin auf einer falschen Analogie zur Tier- und Pflanzenwelt. Es fehle, schrieb er, die Grundhypothese des Kampfes ums Dasein, nämlich die übermäßige Vermehrung der Bevölkerung. Die koloniale Expansion — wie jeder Imperialismus — bezwecke die Schaffung von Märkten und wirtschaftspolitischen Machtblöcken, nicht aber die Versorgung einer landlosen hungernden Bevölkerung mit Lebensraum. Selbst wenn ein siegreicher Staat ein anderes Land annektiere und seine staatliche Existenz auslösche, bleibe ja dessen Bevölkerung bestehen und könne sich weitervermehren, was folglich zur vorgeblichen biologischen Notwendigkeit von Krieg und Landraub in krassem Widerspruch stehe[21]. Hertwig übersah, daß sein theoretisch richtiges Argument ergänzt werden mußte durch den Hinweis, daß immerhin aus wirtschaftlichen Gründen weite Landstriche entvölkert und ihre Ureinwohner tatsächlich ausgerottet worden waren. Er konnte auch nicht wissen, daß das brutalste Beispiel hierfür noch bevorstand.

Politisch stellte sich das Problem des äußeren und inneren Sozialdarwinismus dar im sogenannten Sozialimperialismus, d. h. in der Frage von Arbeiterschaft und Kolonialismus. Das Proletariat, nach sozialdarwinistischer Lehrmeinung die Masse der Untüchtigsten, Schwachen, Niedrigen, mit einem Wort: der „Minderwertigen“, sollte mit den bestehenden Verhältnissen dadurch ausgesöhnt werden, daß man es in der Menschheitshierarchie wenigstens noch über den farbigen Völkern einstufte. Den Gewerkschaften wurde damit abverlangt, auf Kämpfe um die Rechte der Arbeiterschaft zu verzichten und sich an der Kolonialpolitik der Regierung zu beteiligen. Beispiel für ein derartiges Ansinnen war die Schrift des britischen Majors Stewart

20 Koch, S. 130.
21 Hertwig, S. 102 f.

L. Murray „The Future of the Anglo-Saxons“ (London 1905), in der ihr Verfasser die Arbeiterschaft aufforderte, von ihrer innernationalen Frontstellung gegen das Bürgertum abzulassen und zur militärischen und politischen Stärkung ihres Vaterlandes beizutragen. Nur die stärksten Völker würden in den bevorstehenden Existenzkämpfen bestehen können, alle schwächeren Rivalen zugrunde gehen. Aufgabe und Pflicht der Gewerkschaften sei es, durch den Abbau eines künstlich von einem deutschen Juden erzeugten Klassenkonfliktes die Überlebenschancen Großbritanniens zu sichern[22].

Die imperialistischen Rassentheorien gingen gewöhnlich von der Nation oder der Rasse als einem Individuum aus, zumindest aber als einem Organismus, für den die gleichen Gesetze des Wettbewerbs, des Kampfes ums Dasein, der Geburt und des Todes galten wie für einzelne Lebewesen. Ohne die Schwierigkeiten von „interner“ und „externer“ Wettbewerbssituation und damit der Identität des Individuums in seiner Gruppe zu beheben, wurde allein das marktwirtschaftliche Konkurrenzprinzip auf das Verhältnis der Staaten übertragen. Hierbei standen oft ökonomische Motive im Vordergrunde, und zwar dergestalt, daß nach allgemeiner Überzeugung nur eine expandierende Wirtschaft mit gesichertem Zuwachs an Rohstoffen und zunehmendem Absatz im Ringen der Völker das Überleben gewährleisten werde. Aber das darwinistische Prinzip wurde im politischen Bereich vielfach zum Selbstzweck erhoben. Nicht mehr nur die expandierende Wirtschaft, als deren Folgeerscheinung der Zuwachs ebenso als meßbare Größe angesehen wurde wie steigender Wohlstand, sondern der Machterwerb selbst wurde nun zum treibenden Motor politischen Handelns zwischen Individuen wie auch zwischen Völkern erhoben. Im Kampf um die Macht werde aber nicht nur der Stärkste siegen, sondern auch der Tüchtigste und somit der Beste. Sein Sieg komme auch den Schwächeren und Unterlegenen zugute, da seine Rasse und seine Organisationsformen sich als die schlagkräftigeren erwiesen haben. „Ich behaupte“, konstatierte Cecil Rhodes im Hinblick auf das britische Imperium, „daß wir die erste Rasse in dieser Welt sind, und je mehr wir von dieser Welt beherrschen, um so besser ist es für die gesamte menschliche Rasse“[23].

Sein Landsmann Charles H. Harvey begründete in seinem Buch „The Biology of British Politics“ (London 1904) die sogenannte „Bio-Politik“, die die wirklichen oder vermeintlichen Gesetze der Biologie auf die internationalen Beziehungen zu übertragen suchte. Dieser Lehre zufolge wird Handeln und Streben aller Lebewesen instinktiv von einem utilitaristischen Selbstinteresse beherrscht. Ethische Grundsätze müssen daher im Innern zugunsten der Geschlossenheit des Ganzen nach außen dem Machtstreben des

22 Koch, S. 106 f.; für Parallelen in Deutschland s. Wehler: Kaiserreich, S. 172 f.
23 Zitat nach Koch, S. 90 f.

Volkes untergeordnet werden. Aufstieg und Niedergang der Völker entsprechen der Verbreitung und Lebensfähigkeit von Pflanzen oder Tieren. So wie lebensunfähige, schwache, unfähige Gattungen zugrundegegangen seien, weil sie den Anforderungen ihrer Umwelt nicht gewachsen waren, so gäbe es auch sterbende Völker, die zum Untergang und zu Opfern für stärkere, unverbrauchte Rassen bestimmt seien. Der Sieg der Stärkeren aber sei zugleich eine Leistung im Dienste des allgemeinen Fortschritts[24]. Zu den sterbenden Nationen rechneten einige angelsächsische Rassendarwinisten die romanischen Völker, vorzugsweise Franzosen und Spanier, aber auch die lateinamerikanischen Staaten. Sie würden keine Gefahr mehr für England darstellen, meinte der britische Biologe Sir Charles Mitchell in seinem Aufsatz „A Biological View of Our Foreign Policy" (1896); der große Völkerkampf werde vielmehr zwischen den Nationen ausgetragen, die sich am meisten ähnelten, zwischen Briten und Deutschen. „Der eine oder andere hat zu weichen; der eine oder andere wird weichen. (...) Hier ist der erste große Rassenkampf der Zukunft; hier sind zwei wachsende Nationen, die gegeneinander drängen, Mann gegen Mann, auf der ganzen Welt[25]." Sowohl anläßlich der amerikanischen Interventionen in Lateinamerika als auch im US-Krieg gegen Spanien 1898 führten amerikanische Publizisten nicht nur das Recht des Stärkeren und die physische Überlegenheit der Angelsachsen an, sondern auch moralische und zivilisatorische[26]. Die nordamerikanischen Rassenideologen Burgess, Fiske und schließlich Präsident Theodore Roosevelt selbst befürworteten eine angelsächsische Expansion in Lateinamerika mit Argumenten der Wohltat und der Mission[27] und ihr Landsmann Senator Albert T. Beveridge rief 1899 emphatisch aus: „God has not been preparing the English-speaking and Teutonic peoples for a thousand years for nothing but vain and idle self-administration. No! He has made us adepts in government that we may administer government among savages and senile peoples[28]."

Vor allem im angelsächsischen Raum diente der Rassendarwinismus bis etwa 1900 als Hauptargument für eine koloniale Expansion und wurde in den Vereinigten Staaten während des Spanienkrieges, in Großbritannien während des Burenkrieges von einer lautstarken Presse verbreitet und popularisiert. Deutschland folgte — wenige Jahre später — mit seinen Forderungen nach einem gleichberechtigten „Platz an der Sonne", nach gleichwertigem Kolonialbesitz und einer starken Flotte zu deren Schutz. Die

24 Ebd., S. 93 f.
25 Zitat nach Koch, S. 103.
26 Gossett, S. 310 f.
27 Ebd., S. 319 f.; vgl. Richard Hofstadter: Social Darwinism in American Thought 1860—1915, Philadelphia 1944, S. 150 ff.
28 Zitat nach Hofstadter, S. 155.

rassendarwinistische Propaganda für einen militärischen Imperialismus erlebte seine Höhepunkte freilich nicht mehr in wilhelminischer Zeit, sondern vielmehr in den 1920er Jahren und mündete ein in die Projekte einer deutschen Ost-Expansion des Dritten Reiches. In Frankreich, Italien sowie anderen Kolonialmächten hingegen wurden rasseideologische Argumente selten für eine koloniale Ausdehnung angeführt; hier dominierte oft ein zivilisatorischer Missionsauftrag, der nur in vereinzelten Fällen rassenideologische Züge trug.

Aber auch den zivilisatorischen Missionsparolen der Kolonialmächte lagen nicht selten rassenideologische Motive zugrunde. Gobineau hatte die bevorstehende endgültige Entschleierung und Eroberung der noch nicht von Weißen kontrollierten Welt in Afrika und Asien als letzte zivilisatorische Großtat der arischen Völker verkündet. Madison Grant behauptete, die Unterwerfung wilder Völker und ihre Versklavung erfolge vor allem aus dem Bestreben, ihnen die kulturellen Segnungen der Kolonialherren zu vermitteln und sie von Barbarei zu befreien. So sei es für die indianischen Sklaven der Hudson-Bay Company eine Wohltat gewesen, daß sie gegen Zwangsablieferung von Pelztieren von dieser vor Feinden und vor Alkohol geschützt worden seien[29]. Als Motiv für die amerikanische Annexion der vormals spanischen Philippinen gab Präsident McKinley an: „There was nothing left for us to do but to take them all and to educate the Filipinos and uplift and civilize and christianize them as our fellow men for whom Christ had died[30]."

Oft sprachen die Rassentheorien auch ohne Vortäuschung zivilisatorischer Missionsideen offen aus, was nach ihrer Überzeugung die „natürliche" Weltordnung sei. Uns spätere Generationen verblüfft und erschreckt hierbei der Zynismus, das unverschleierte Bekenntnis zur Gewalt. Diese wurde nicht selten als „Realpolitik" hingestellt, als Konsequenz aus den angeblich unwandelbaren Gesetzen im Zusammenleben der Völker. Die koloniale Expansion wurde zur Frage des eigenen Überlebens hochstilisiert mit dem Argument, daß ein Volk, welches nicht herrschen wolle, sich selber zum Diener anderer Völker degradiere. Das wirtschaftliche Motiv, das hinter dem politischen Phänomen des Imperialismus lag, spiegelte sich im theoretischen Rahmen wider, indem koloniale Enthaltsamkeit als politischer Stillstand eines Volkes, als Fäulnis und Verfall, als Untergang des „politisch Unrentablen" im Konkurrenzkampf der Nationen gewertet wurde[31].

Der angebliche Kampf von Völkern und Rassen ums Dasein wurde zunächst ökonomisch verstanden, später politisch als Wettbewerb um Herrschaft, um Hegemonie und schließlich auch um militärische Überlegenheit. Dabei blieb

29 Grant, S. 22.
30 Zitat nach Frazier, S. 180.
31 Koch, S. 88.

der Gegenstand des angeblichen Kampfes ums Dasein eine irgendwie geartete Vorrangstellung, die die Existenz der anderen Völker und Rassen grundsätzlich duldete, wenn auch nur in untergeordneter Stellung. Gegen Ende des 19. Jahrhunderts jedoch wurde in den Rassentheorien der Gegenstand der Konkurrenzsituation erweitert auf die Existenzgrundlage der Völker, nämlich auf Siedlungs- und Lebensräume. Bereits 1885 prophezeite der Amerikaner John Fiske, daß die Angelsachsen immer stärker die Siedlungsräume farbiger Völker einnehmen und die Urbevölkerung verdrängen würden. Das Vorbild für diese düstere Phantasie bot zweifellos die Ausrottung der Indianer in Nordamerika. Bei richtiger Ausnutzung aller bewohnbaren Territorien könnte Amerika 700 Millionen Weiße beherbergen, während sich das britische Volk in den fruchtbarsten Gebieten Afrikas ausbreiten könnte[32].

Bereits Ernst Haeckel hatte prophezeit, daß die Weißen ihre Herrschaft über die ganze Erdkugel ausbreiten und dabei vielfach die anderen Rassen verdrängen würden[33]. Dies sei indessen, fügte Lothrop Stoddard ein halbes Jahrhundert später hinzu, ohnehin kein Schade. Im Hinblick auf das Schicksal der südafrikanischen Buschmänner und der australischen Ureinwohner meinte er: „Es ist für die Zukunft der Menschheit glückverheißend, daß die meisten dieser Überreste aus der fernen Vergangenheit heute nahe vor dem Untergange stehen[34].“ Im wilhelminischen Deutschland blickten chauvinistische Rassenideologen bereits 40 Jahre vor Hitlers Machtergreifung auf die Räume Ost- und Südosteuropas und interpretierten den vermeintlich tobenden Rassenkampf vorwiegend als germanisch-slawischen Konflikt. So propagierte noch vor der Jahrhundertwende der damalige Vorsitzende des Alldeutschen Verbandes eine deutsche Expansion in den südlichen Donauraum und in das Balkan-Gebiet, „um der germanischen Rasse diejenigen Lebensbedingungen zu sichern, deren sie zur vollen Entwicklung ihrer Kräfte bedarf, selbst wenn darüber solch minderwertige Völkchen wie Tschechen, Slowaken und Slowenen ihr für die Zivilisation nutzloses Dasein einbüßen sollten“[35].

Als globalen Rassenkampf zwischen Farbigen und Weißen stellten vor allem die angelsächsischen Rassentheoretiker das Phänomen des Imperialismus dar. Der bereits genannte Charles Pearson berechnete vor diesem Hintergrund die Wettbewerbschancen der Rassen hinsichtlich ihrer Lebensgrundlagen. Nicht die Vorherrschaft, sondern die physische Existenz werde im weltweiten Rassenkampf auf dem Spiele stehen. Besorgt untersuchte Pearson, in welchen geographischen Räumen sich die weißen Völker ausdehnen und niederlassen

32 Hofstadter, S. 152.
33 Haeckel, S. 752.
34 Stoddard: Kulturumsturz, S. 9.
35 Zitat nach Alfred Kruck: Geschichte des Alldeutschen Verbandes in den Jahren 1890—1939, Wiesbaden 1954, S. 44.

könnten und welche Gebiete ihnen aus klimatischen oder sonstigen bevölkerungspolitischen Gründen versperrt bleiben müßten. Nordamerika, Südafrika, Australien, die Türkei und Nordafrika könnten ihnen als künftige Siedlungsräume dienen[36], was freilich die vorherige Vertreibung oder Ausrottung der gegenwärtig ansässigen Einwohner zur Voraussetzung gehabt hätte. Fast ein halbes Jahrhundert vor Auschwitz spekulierte Pearson darüber, welche Völker man ausrotten könne und welche nicht. Chinesen, Inder und Neger seien hierzu zu zahlreich, konstatierte er[37] und stellte beunruhigt das Anwachsen der farbigen Völker fest.

Vielfach bildete sich in den Kolonien der europäischen Mächte unter den Angehörigen der Kolonialtruppen und der Verwaltung ein — durch sprachliche und vor allem kulturell begründete Isolierung von der einheimischen Bevölkerung begünstigtes — Elitebewußtsein heraus, das Niederschlag fand in gewissen Formen der Apartheid sowie in der feudale Vorbilder kopierenden Art der Bewirtschaftung des Farmlandes und der Siedlungsgebiete der Eingeborenen. Stärker als die oft nur abstrakte und schwer durchschaubare ökonomische Ausbeutung hat dieses von der Administration praktizierte Verhalten zur Entstehung rassischer Diskriminierungen mehr beigetragen als die oft recht pragmatische Einstellung von Wirtschaftskreisen[38]. Dennoch haben die Rassenideologen gelegentlich scharfe Kritik daran geübt, daß die Kolonialverwaltungen ihrer Überzeugung nach zuwenig Verständnis für die Rassenfragen zeigten. „Die deutsche Kolonialverwaltung“, räsonnierte Josef Ludwig Reimer, „entblödet sich nicht, uns ihre Bastarde in Südafrika als Deutsche aufzudrängen. Das ist wohl das Stärkste, was bisher an universalistischem Unfug geleistet wurde. Gerade sie müßte hierin etwas von den Buren gelernt haben[39].“ Vehement kritisierten besonders deutsche Rassenideologen die Kolonialpolitik der Franzosen, weil sie die Rassenunterschiede ignoriere. Trotz der Devise Hitlers, daß Deutschland künftig auf überseeische Expansionen verzichten und übergehen solle zur „Bodenpolitik der Zukunft“, d. h. zur Ostexpansion, arbeiteten später nationalsozialistische Phantasten Bilder einer deutschen kolonialen Renaissance aus und entwarfen auch Grundsätze, nach denen die alt-neuen Herrschaftsgebiete regiert werden sollten. Die Eingeborenen, so hieß es, sollten möglichst primitiv gehalten werden, da sie mit steigender Bildung für kommunistische Ideen anfällig würden[40].

---

36 Charles Pearson: National Life and Character. A Forecast, London 1894, S. 16 f., 47 und öfter.

37 Ebd., S. 36 f.

38 Eduard Heimann: Rassismus und Imperialismus, in: Imperialismus, hrsg. von Hans-Ulrich Wehler, Köln—Berlin 1970, S. 100.

39 Reimer, S. 130 Fn.

40 Horst Kühne: Die faschistischen Rassentheorien im Dienst der Kolonialpolitik des deutschen Imperialismus, in: Rassen, Rassen„theorie“ und imperialistische Politik, S. 163 f., 169.

Es erscheint nur vordergründig als Paradoxon, daß die Angst der Rassenideologen vor einer Bedrohung durch die farbigen Völker ausgerechnet zu einer Zeit einsetzte, die den Höhepunkt des Kolonialismus bildete und in der nur wenige Gebiete der Erde frei waren von kolonialer oder halbkolonialer Herrschaft Europas oder der Vereinigten Staaten. So wie Angst das Komplementärphänomen zu Aggressivität bilden kann, so stellte die angebliche Gefahr durch die farbigen Völker den Vorwand und zugleich das treibende psychologische Motiv für die Apologie der kolonialen Expansion dar. Hierbei mag in individual-psychologischer Sicht ein Schuldgefühl durch die Dämonisierung der Unterdrückten verdrängt worden sein. Zugleich aber bildete die Projektion einer Bedrohung durch die farbigen Völker eine wirkungsvolle propagandistische Entlastung der eigenen Raub- und Herrschsucht. Diese Erscheinung konnten wir bereits in internen gesellschaftlichen Bereichen beobachten: repressive Maßnahmen des Staates und die Verschärfung ständischer und sozialer Schranken wurden vielfach mit der größeren Fruchtbarkeit, der stärkeren Vermehrung der „rassisch minderwertigen" Unterschichten und ihrem wachsenden Einfluß begründet. So wie Unterdrückung gewöhnlich mit angeblich drohenden Gefahren gerechtfertigt wird, in Wirklichkeit jedoch der Zementierung bedrohter Privilegien dient, so konstruierten europäische und angelsächsische Rassenideologen das Schreckgespenst der „farbigen Flut" oder der „gelben Gefahr". Pearson stellte sorgenvolle Beobachtungen über das mutmaßliche stärkere Wachstum der Farbigen und ihre größere klimatische Widerstandsfähigkeit in den für Weiße nicht bewohnbaren Weltgegenden an[41]. Einige seiner Zeitgenossen fühlten die Welt der weißen Rasse eingekreist durch Mongolen und Neger, im Innern paralysiert durch Juden, und prophezeiten eine weltweite Hunnenschlacht, in der über die Existenz der Rassen und Völker, ja die Existenz der gesamten Menschheit entschieden würde.
Das Jahrzehnt zwischen dem Burenkrieg und dem Ersten Weltkrieg pflegen wir als Kulminationspunkt in der Geschichte des modernen Kolonialimperialismus zu bezeichnen. Aber bereits vor diesem Zeitpunkt setzten unter den Völkern, die sich in kolonialer oder halbkolonialer Abhängigkeit befanden, Gegenreaktionen ein. 1885 entstand unter indischen Nationalisten die Kongreßbewegung, 1891 formierte sich die jungtürkische Bewegung, 1901 brach der chinesische Boxeraufstand aus, vier Jahre später konstituierte sich die Kuomintang. Pantürkische, panarabische und panislamische Bewegungen verbreiteten sich im Vorderen Orient. Vor allem beeindruckte der japanische Sieg über Rußland 1905 die Gemüter in Europa und Nordamerika, da mit ihm erstmals in der neueren Geschichte eine farbige Nation einer weißen Großmacht eine Niederlage größeren Ausmaßes zugefügt hatte. Entstand die

41 Pearson: National Life, S. 42 f. und öfter.

Parole von der „gelben Gefahr“ in Deutschland während des Boxeraufstandes und unter starker Fixierung auf die zahlreiche Bevölkerung Chinas, so galt der Terminus „yellow peril“ in den Vereinigten Staaten vor allem der wirtschaftlichen und militärischen Macht Japans und seinem steigendem Einfluß im pazifischen Raum[42]. Amerikanische Publizisten entsetzten sich über die Frage, was geschehen solle, wenn sich die zerstrittenen gelben Völker ihrer Verwandtschaft bewußt, wenn sie erwachen und sich in einer panmongolischen Bewegung zusammenschließen würden[43].
Auch die kontinentaleuropäischen Zeitgenossen fühlten die Herrschaft der Arier nicht nur bedroht von innerer „Zersetzung“ durch Juden oder „rassisch minderwertige Elemente“, vom Absterben oder von der Entmachtung nordischer Oberschichten durch brünette Kurzschädel, sondern auch vom politischen Erwachen der farbigen Völker. In 50 Jahren, so prophezeite Vacher de Lapouge 1896, würden ehemalige Kolonialländer Frankreich und Deutschland an Macht übertreffen, chinesische oder japanische Kriegsschiffe würden den Ärmelkanal kontrollieren und Rußlands Macht werde so wachsen, daß es den Rest Europas nach Belieben werde unterwerfen können[44]. Die farbige Gefahr für die weißen Völker, meinte Pearson, bestehe nicht etwa darin, daß Großbritannien eines Tages Peking werde Tribut zahlen müssen, sondern darin, daß die weißen Völker ihren spezifischen Charakter als Herrenvölker verlieren und die Farbigen einen höheren Wohlstand erlangen könnten[45].
Der Pessimismus unter den Rassenideologen über die Zukunftsaussichten der Weltherrschaft der Weißen erhielt neue Nahrung nach den psychologischen Erschütterungen, die der Erste Weltkrieg und die in seinem Gefolge sich ereignenden revolutionären Umwälzungen in weiten Kreisen der europäischen und angelsächsischen Welt nach sich zogen. Es wurde bereits darauf verwiesen, daß die Rassentheorien seit jeher stark geprägt waren von düsterer Untergangsstimmung und den Vorahnungen einer Endzeit, die — vergleichbar der Welt der Spätantike — ausgefüllt sei vom Einbruch junger barbarischer Völker in die alten, aber morschen Kulturstaaten Europas. Der Amerikaner Lothrop Stoddard prägte den Begriff von der steigenden „farbigen Flut“, die die Deiche der weißen Welt fortzuspülen drohe. Etwa um 1500 habe die „weiße Flut“ mit der Entdeckung und Eroberung weiter Weltteile zu steigen begonnen und zur Kulminationszeit des Imperialismus ihre „Hochwassermarke“ erreicht; ihr Absinken, ihre Ebbe habe

42 Hugh H. Lusk: The Real Yellow Peril, *North American Review* CLXXXVI (1904), S. 375 ff.
43 Hofstadter, S. 163 f.
44 Vacher de Lapouge: Sélections, S. 478.
45 Pearson: National Life, S. 101.

dagegen nach dem japanischen Sieg über die Russen bei Port Arthur eingesetzt[46]. Der politische Rückgang der weißen Völker und die gleichzeitig steigende farbige Flut seien durch den (Ersten) Weltkrieg beschleunigt worden. Franzosen und Briten hätten farbige Truppen in Europa gegen die Deutschen eingesetzt, die Deutschen hingegen vielfach Sympathien für Japan und für panislamische Bewegungen entwickelt und somit den weißen Rassengedanken verraten. Der Krieg sei ein Bürgerkrieg der nordischen Völker gewesen, vergleichbar dem Peloponnesischen Krieg der griechischen Welt, und habe den Niedergang der weißen Rasse forciert: „One of the Great War's most deplorable results has been an unpresedented weakening of white solidarity which, if not repaired, may produce the most desastrous consequences[47]."

Gegen die steigende farbige Flut gebe es zwei Hilfsmittel: innere und äußere Deiche. Was er unter inneren Deichen verstand, hatte Stoddard vor allem in seinem bereits zitierten Buch „The Revolt against Civilisation" (1920) niedergelegt: Sperren gegen eine farbige Einwanderung; Hindernisse und Schranken aller Art, um eine politische Mobilisierung von Farbigen zu verhindern; Restauration und Ausbau weißer Privilegien und die Erhaltung der weißen Vormachtstellung in Staat und Gesellschaft. Die äußeren Deiche hingegen sollten die weißen Herrschaftsgebiete, vorzugsweise aber ihre überseeischen Siedlungsgebiete schützen[48]. Die weiße Herrschaft in Asien war für ihn ein verlorener Posten, da sie angesichts des Volkreichtums der asiatischen Nationen bei steigender farbiger Flut ohnehin leicht fortgespült werden würde. Wichtiger seien für die Weißen die für sie klimatisch und wirtschaftlich geeigneten Siedlungsräume, die es zu erhalten und vor asiatischer Einwanderung zu bewahren gelte: „Our race-duty is therefore clear. We must resolutely oppose both Asiatic permeation of white race-area and Asiatic inundation of those non-white, but equally non-Asiatic regions inhabitated by the really inferior races[49]." Vor allem aber, meinte Stoddard in Anlehnung an Pearson, sei es wichtig, die militärische Überlegenheit der Weißen zu erhalten. Denn die gelben und braunen Völker besäßen aufgrund ihrer Zahl ein großes militärisches Potential, das dann gefährlich werden könne, wenn es von Fanatismus beseelt werde. Bedeutender aber sei — und damit gelangte Stoddard zum inneren Kern des Imperialismusproblems — die wirtschaftliche Vormachtstellung der weißen Völker. Erst die Ausbeutung kolonialer Rohstoffgebiete und der Absatz industrieller Fertigprodukte hätte die weltwirtschaftliche Vormachtstellung der Weißen begründet. Um sie zu

46 Lothrop Stoddard: The Rising Tide of Color against White World Supremacy, New York (1. Aufl. 1920) 1921, S. 153.
47 Ebd., S. 205, 175 ff., (Zitat) 198.
48 Ebd., S. 225 f.
49 Ebd., S. 232 f.

erhalten, müsse auch das wirtschaftliche System der Ausbeutung erhalten bleiben[50].

Stoddard bildete mit diesen Gedanken keine Ausnahmeerscheinung. Er drückte ein unter seinen Zeit- und Gesinnungsgenossen weit verbreitetes Gedankengut nur am deutlichsten aus; zynischer und offener als andere stellte er seine Ideen konsequent auf die Grundlage der Rassenlehre. Ähnlich wie er argumentierte auch sein Landsmann Charles Conant Josey, der in seiner Schrift „Race and National Solidarity“ (New York 1923) gleichfalls die Gefahr einer „farbigen Flut“ beschwor, gegen die es alle nur verfügbaren Mittel einzusetzen gelte. Stoddard selbst scheint hinsichtlich der Zukunft der Weißen in immer tiefere politische Resignation versunken zu sein. In seinen späteren Werken wie „The Clashing Tides of Color“ (New York 1935) glaubte er nicht nur die unmittelbare Gefahr einer „farbigen Flut“ erkennen zu können, sondern bereits die ersten Spuren der Überschwemmung, gegen die es möglicherweise keine Mittel mehr geben werde. Die weiße Welt werde verfallen — ihre Kultur zugrunde gehen an den Vergewaltigungen durch die Farbigen und die gesamte Menschheit in Barbarei versinken[51].

Noch in der Kulminationsphase des Kolonialimperialismus sannen Rassenideologen nach geeigneten politischen Maßnahmen zur Rettung der weißen Hegemonie in der Welt. Die kolonialistische Rassenideologie propagierte das ökonomische und politische Übergewicht der imperialistischen Mächte Europas und Nordamerikas, in krasseren Fällen den Gewinn von Siedlungsraum durch die Vertreibung oder Ausrottung eingeborener Völkerschaften. Sie versuchte aber andererseits, unter Europäern und Nordamerikanern ein rassenideologisch begründetes Solidaritätsgefühl zu wecken. So hatte bereits 1912 der Führer der Alldeutschen, Heinrich Class, unter den psychologischen Nachwirkungen des russisch-japanischen Krieges die Deutschen gemahnt, die Schwäche Rußlands nicht zu nutzen und ihren östlichen Rivalen niederzuwerfen: „Die Ausnutzung des russisch-japanischen Gegensatzes widerspricht dem deutschen Rassengewissen[52].“

Die geforderte Solidarität der angeblich bedrohten Kolonialmächte war für viele Rassenideologen jedoch keineswegs unproblematisch, da die divergierenden Rassenbegriffe keine eindeutige Feststellung zuließen, welche Völker sie gegen wen verbinden sollte. Das Bild von der hierarchisch gegliederten Menschheit ließ Bedrohungen aus unterschiedlich tiefen Schichten und somit verschiedene Abwehrfronten zu. Vacher de Lapouge sah die Arier vor allem durch die alpinen Kurzschädel gefährdet und leugnete für seine Zeit eine

50 Ebd., S. 239 ff.
51 Gossett, S. 400, 390 ff., 427 f.
52 Fryman (= Class), S. 177.

unmittelbare Bedrohung durch die farbigen Rassen[53]. Die von ihm propagierte „alliance aryenne“ sollte daher in der Gegenwart mehr dem Schutz der blonden Langschädel dienen als der weißen Varietät insgesamt. Ähnlich konzipierte Fritz Lenz nach dem Ersten Weltkrieg eine „blonde Internationale“[54] und schließlich entwickelte Hans F. K. Günther den „allnordischen Gedanken“ als Zusammenschluß aller nordischen Völker zum Zweck gemeinsamer „Aufnordung“ und politischer Zusammenarbeit, die nach seiner Überzeugung sogar ein Instrument des Friedens sein würde[55].

Gleichwohl bezeugen Zitate von Madison Grant, Lothrop Stoddard und auch Oswald Spengler die Furcht vieler Rassenideologen vor einer farbigen Gefahr, die alle weißen Völker gleichermaßen bedrohe. Gerade die beiden Amerikaner beschworen die Aussichten einer farbigen Bevölkerungsexplosion und des schwindenden Einflusses der weißen (Kolonial-)Mächte. Unter ihrem Einfluß nahmen sich auch die ausschließlich nordgesinnten Rassenideologen in wachsendem Maße des Gedankens einer „weißen Solidarität“ gegenüber negriden und mongoliden Völkerschaften an, der dann schließlich in Alfred Rosenberg einen lautstarken Verfechter fand[56]. Als politischen Schutzwall gleichsam wollte er für die Weißen insgesamt das Rassenbewußtsein der (National-)Rassen Europas gestärkt sehen, ohne freilich die von ihm geforderte Vorrangstellung der nordischen Völker innerhalb der Weißen jemals in Frage zu stellen. Eine besondere Verantwortung kam in diesem Gedankengang Großbritannien zu, nämlich in Indien, im arabischen Raum, in Suez als „Schützer des nordischen Europas vor dem Einbruch Vorderasiens“ einen „Beitrag zur Selbsterhaltung Europas“ zu leisten[57].

Politische Bedeutung haben derartige Allianz-Projekte in der Außenpolitik Hitlers nicht erlangt; in der politischen Theorie schufen sie nur Verwirrung innerhalb der zahllosen Strömungen des Rassengedankens. Hitlers Rassismus sparte die slawischen Völker, auf deren Kosten er mit britischer Rückendeckung expandieren wollte, von allen Vorstellungen einer „weißen Solidarität“ aus und scheute auch nicht das Bündnis mit der stärksten farbigen Macht, Japan, gegen die „weißen Brudervölker“.

Die Rassentheorien hatten im Laufe ihrer Geschichte als restaurative Gesellschaftslehre drei Phasen durchlaufen. Zunächst hatten sie als Apologie verlorener oder gefährdeter sozialer Privilegien gedient. Sodann beschworen sie angebliche schwere Gefahren für die bestehende Gesellschaft und boten politische Heilmittel in Gestalt restaurativer Reformen an; schließlich aber sollten sie Gewaltakte als letzte Maßnahmen gegen den Untergang der

53 Vacher de Lapouge: Der Arier, S. 318.
54 Lenz: Erblichkeitslehre II, S. 59; vgl. Lutzhöft, S. 254.
55 Günther: Rassenkunde, S. 471.
56 Vgl. Lutzhöft, S. 281 ff.
57 Rosenberg: Mythus, S. 665 f.

Arier rechtfertigen. Die Skala steigerte sich von der pessimistischen Resignation eines Gobineau bis hin zum Genozid eines Hitler. Eine parallele Entwicklung läßt sich auch in den außenpolitischen Konzeptionen der Rassentheorien feststellen. Von der naiven Selbstverständlichkeit, mit der Herrschaftsansprüche auf Länder mit farbiger Bevölkerung angemeldet wurden, über die sorgenvolle Beschwörung der „farbigen Flut" reichte der Bogen bis zu Hitlers Wahnvorstellung eines Kreuzzuges gegen den „Untermenschen", als dessen Brutstätte ihm die als slawisch-tatarisch-jüdisch geschmähte Sowjetunion erschien.

Diese Steigerung erlebte ihre Kulminationsphase nach dem Zusammenbruch des alten Europa 1918, insbesondere aber aufgrund der Russischen Revolution, infolge deren sich Kulturpessimismus und Rassengedanke zu verzweifelten politischen Wahnvorstellungen mit apokalyptischen Visionen verbanden. Bereits Stoddard erklärte, daß die Russische Revolution für den Rassenforscher nicht unerwartet gekommen sei, und er widmete ihr als der „Empörung des Untermenschen" ein ganzes Kapitel[58]. In Deutschland griff unter anderen Oswald Spengler dieses Bild auf. Dies ist um so verwunderlicher, als seine Geschichtsphilosophie keine rassenideologische war und allenfalls gelegentliche rassistische Aussagen enthielt. Aber als Kommentator und politischer Publizist verschloß sich Spengler nicht den geistigen Strömungen des ihn umgebenden Lagers der Reaktionäre. Die abendländische Zivilisation, so dozierte er, werde von zwei Weltrevolutionen bedroht, die nebeneinander wirkten und sich möglicherweise einmal verbünden würden: Klassenkampf und Rassenkampf. Beide werden die schwerste Krise bilden, „... durch welche die weißen Völker — ob einig oder nicht — gemeinsam hindurchgehen müssen, wenn sie noch eine Zukunft haben wollen"[59]. Ähnlich dem Imperium Romanum habe sich die neuzeitliche abendländische Welt in seinen Kolonien und wirtschaftlich abhängigen Gebieten ein Glacis geschaffen, das lange den Einbruch farbiger Völker verhindert habe. Aber nun lauere innerhalb des weißen Machtbereichs die gelbe, braune, rote und schwarze Gefahr, mische sich in die Streitigkeiten der „Herrenvölker" und versuche, selber Entscheidungen in die Hand zu bekommen. „Was alles gehört denn zur ‚farbigen Welt'? Nicht nur Afrika, die Indianer — neben Negern und Mischlingen — in ganz Amerika, die islamischen Völker, China, Indien bis Java hin, sondern vor allem Japan und Rußland, das wieder eine asiatische, ‚mongolische' Großmacht geworden ist[60]." Rußland habe seine weiße Maske im Ersten Weltkrieg abgelegt. Die deutsche Niederlage von 1918 war der erste große Triumph der farbigen Welt. Nicht Deutschland, das Abendland

58 Stoddard: Kulturumsturz, S. 105, 137 ff.

59 Oswald Spengler: Jahre der Entscheidung. Deutschland und die weltgeschichtliche Entwicklung, München (1. Aufl. 1933) 1961, S. 191.

60 Ebd., S. 194.

insgesamt habe den Krieg verloren, als es die Achtung der Farbigen einbüßte. Erstmals seit der Belagerung Wiens durch die Türken befinde sich Europa in der Defensive: Asiens Grenze liege an den Karpathen. „Die weißen Herrenvölker sind von ihrem einstigen Rang herabgestiegen. Sie verhandeln heute, wo sie gestern befahlen, und werden morgen schmeicheln müssen, um verhandeln zu dürfen[61]."
In den Rassentheorien und in den Pamphleten der 1920er Jahre bildete die Russische Revolution in zunehmendem Maße ein zentrales Thema. Man versuchte das Phänomen an wirklichen oder fiktiven Vorbildern der Vergangenheit zu verstehen, mit ihrer Hilfe die Errichtung einer in dieser Form bis dahin unbekannten Staats- und Gesellschaftsordnung mit tradierten Begriffen zu deuten. Spengler bildete darin keinen Sonderfall, er fand nur subtilere Formulierungen als andere. Hinter der Fassade des industriellen Sozialismus begann nach seiner Überzeugung „langsam, jäh, schweigend, zukunftsfroh (...) die andere Revolution des Muschiks, des Dorfes, der eigentlich asiatische Boschewismus". Dieser habe das blutende Land zugrunde gerichtet und eine „... Hungersnot asiatischen Stils" zum Dauerzustand werden lassen, „dem nur eine willensschwache, zum Sklavendasein geborene Rasse erliegt". Die neue russische Gesellschaft kehre zum prunkvollen Despotismus, zum barbarischen Luxus „beutereicher Mongolenkhane des 14. Jahrhunderts" zurück[62]. Die Sowjetunion bildete in der letzten Phase in der Geschichte der Rassentheorien 1918—45 auch einen bevorzugten Gegenstand der kolonialen Expansionsidee. Die Kolonialreiche hatten zwar tatsächlich Risse, die Unabhängigkeitsbewegungen Afrikas und Asiens weiteren Auftrieb erhalten, aber die von den Rassenideologen beschworene unmittelbare „farbige Gefahr" war ausgeblieben. Dagegen war in der Sowjetunion ein Staat entstanden, der nicht nur die Kolonialreiche in Frage stellte und aktiv auf deren Zusammenbruch hinarbeitete, sondern auch die in Westeuropa bestehenden Gesellschaftsordnungen bekämpfte und Anstrengungen zu ihrem Sturz unternahm. Die Schlußfolgerungen, die die Rassentheorien aus der Russischen Revolution als des Aufbruchs der „rassisch Minderwertigen" zogen, ließen sich daher leicht für politische Agitation ausschlachten. Die Parolen, für die als eines von vielen möglichen Beispielen Spengler zitiert wurde, gingen frühzeitig ein in die Propagandaschriften der NSDAP. „Der Bolschewismus", orakelte in diesem Sinne Alfred Rosenberg, „bedeutet die Empörung der Mongoliden gegen nordische Kulturformen, ist der Wunsch nach der Steppe, ist der Haß des Nomaden gegen Persönlichkeitswurzel, bedeutet den Versuch, Europa überhaupt abzuwerfen[63]." Es war daher konsequent, daß Hitlers Krieg gegen die UdSSR von der NS-Propaganda als

61 Ebd., S. 195 f.
62 Ebd., S. 197.
63 Rosenberg: Mythus, S. 113.

Kampf gegen den „Untermenschen" dargestellt wurde, ein Wesen also, das es nicht zu einer bestimmten Ideologie zu bekehren und nicht mit einer anderen politischen Ordnung zu beglücken galt, sondern für das allein die Vernichtung als angemessene Form des Kampfes in Betracht kam[64].
Die rassentheoretische Diffamierung eines Staates verfolgte die Absicht, ihn als nicht zur traditionellen Staatenwelt zugehörig zu betrachten. Damit begab man sich zugleich der wenigstens innerhalb Europas gültigen und weithin noch anerkannten Achtung vor der Souveränität anderer Staaten. Die politischen Gesetze der zivilisierten Staatenwelt sollten nicht für Osteuropa gelten, das in unverhohlener Raubgier zum geeigneten Beuteobjekt nationalsozialistischer Großmachtpolitik erklärt wurde. Es muß hier angemerkt werden, daß diese Gedanken Gemeingut vieler Rassenideologen in aller Welt waren. Allerdings erst ein Land, in dem derartige Wahnvorstellungen zur gültigen Doktrin erhoben wurden, vermochte die Hirngespinste von Sektierern in blutige Wirklichkeit umzuwandeln.
Es ist naturgemäß schwierig, die Frage zu beantworten, wie weit die Rassentheorien nur kaschierende Rechtfertigungsideologien waren für Expansionsgelüste, die etwa aus materiellen Erwägungen resultierten, oder wie weit sie den Orientierungsrahmen politischen Bewußtseins bildeten. Hier mag die Frage, die letztlich auf der Diskrepanz eines zweifach gefaßten Ideologiebegriffs beruht, möglicherweise falsch gestellt sein. Uns soll hier genügen, daß Hitler den „Ostfeldzug" als komplementäre Maßnahme zur Judenvernichtung verstand und sich somit zu politischen Ordnungsprinzipien bekannte, in denen Unterdrückung und Ausrottung ganzer Völker zu Mitteln und Zielen politischen Handelns erhoben wurden[65].

64 Zur Konzeption des „Ostfeldzuges" als Kreuzzug s. Alexander Dallin: German Rule in Russia 1941—1945. A Study of Occupation Politics, London 1956; deutsch: Deutsche Herrschaft in Rußland 1941—1945. Eine Studie über Besatzungspolitik, Düsseldorf 1958, S. 79 ff.

65 Bracher: Diktatur, S. 441 ff.

Rassengedanke und Politik

Wir haben bislang die Rassentheorien im Hinblick auf ihre ideengeschichtliche Herkunft untersucht und die Ausarbeitungen ihrer Ansätze bis in einzelne Verzweigungen verfolgt. Wir haben überdies die gesellschaftliche Kulisse ihrer Entstehung und ihrer fortlaufenden Entwicklung dargestellt und versucht, die darin zum Ausdruck gelangenden sozialen und politischen Interessen nachzuzeichnen. Wir haben aber bislang nur unvollkommen ihr jeweiliges nationales Kolorit in den einzelnen Ländern berücksichtigt und überhaupt nicht ihre tatsächliche Verbreitung, ihre politischen Folgen und ihren Stellenwert als Ideologie innerhalb von Parteiprogrammen und politischen Konzepten. Im folgenden soll daher ein Überblick über die Bedeutung des Rassengedankens in verschiedenen Staaten und Gesellschaften gegeben werden, über das tatsächliche Ausmaß ihrer Breitenwirkung und die Hintergründe ihrer jeweiligen politischen Funktion.
Dieses Kapitel kann insgesamt nur eine recht pauschale Übersicht bieten, die in großen Zügen und Linien Vergleiche zieht und Gemeinsamkeiten wie charakteristische Unterschiede skizziert. Es kann und soll wegen der globalen Darstellung keine Detailuntersuchungen ersetzen, weder im Hinblick auf die nationale Entwicklung des Rassengedankens in einzelnen Ländern noch auf Sonderprobleme in einzelnen Kultur- und Wissenschaftsbereichen, die von ihm „befruchtet" wurden. Hier ist noch ein weites Feld der Forschung unbearbeitet, wozu die vorliegende Studie nur Anregungen zu geben vermag. Hinsichtlich der nationalen Ausprägungen der Rassentheorien liegen einige Untersuchungen vor, insbesondere für die Vereinigten Staaten, für Frankreich vor dem Ersten Weltkrieg, für Detailfragen des Rassengedankens in Großbritannien, in Ansätzen für Italien und relativ umfassend für Deutschland, hauptsächlich für die Rassenlehren des Nationalsozialismus, die auch einen Schwerpunkt dieses Kapitels bilden werden. Aber es fehlen, soweit ich sehe, Gesamtdarstellungen gerade für Frankreich, Großbritannien, Italien sowie überhaupt umfangreichere Untersuchungen für Skandinavien, für den ost- und südosteuropäischen Raum. Hier können mangels entsprechender Vorarbeiten vielfach nur fragmentarische Skizzen geliefert werden.
Wir hatten die Rassentheorien anfangs hauptsächlich als Ausdruck restau-

rativer gesellschaftlicher Interessen kennengelernt, denen zunächst jeder konkrete Bezug auf tatsächliche aktuelle Rassenkonflikte fehlte. Dies trifft vor allem auf Europa zu, wo es keine wirklichen Rassengegensätze gab. Die europäische Judenfrage aber, die sich im Laufe des 19. Jahrhunderts aus einem religiösen und soziokulturellen in ein rassisch-ethnographisches Problem wandelte, vollzog diese Entwicklung selbst erst unter maßgeblichem Einfluß der Rassenideologien. Man kann daher überspitzt sagen, daß die Rassenfrage der europäischen Staaten (ohne ihre Kolonialgebiete) weitgehend Produkt von Ideologien und den ihnen zugrundeliegenden politischen Zielsetzungen war: sie ist gleichsam in einer politischen Retorte künstlich erzeugt worden. Erst die Verschmelzung von Rassentheorien und Antisemitismus hat dann dem europäischen Rassengedanken den Zugang zu tatsächlichen Minderheitenfragen eröffnet.
Auch unter den andersartigen geographischen, historischen und demographischen Verhältnissen Nordamerikas wurden die Rassentheorien zunächst ohne konkreten Bezug auf die vorhandenen Konflikte der angelsächsischen Siedler mit Indianern, Negern und Asiaten entwickelt und erst im nachhinein mit zunehmender Verbreitung publizistisch und agitatorisch auf die vorhandenen Gruppenkonflikte übertragen. Vielmehr spiegelten sie anfangs Gruppenkonflikte innerhalb der weißen Bevölkerung wider, wofür ihre hauptsächliche Verbreitung in den damals fast ausschließlich von Weißen besiedelten Neuenglandstaaten bezeichnend ist. Interessant ist in diesem Zusammenhang die Theorie eines mir namentlich nicht mehr erinnerlichen Zeitgenossen des amerikanischen Bürgerkrieges, wonach dessen Ursprung nicht in der Negerfrage oder den Interessengegensätzen zwischen Nord- und Südstaaten lag, sondern in der angeblich unterschiedlichen Herkunft der weißen Bevölkerungselemente in Nord und Süd, Anglo*normannen* und Angel*sachsen*. Ergänzt wird unsere Beobachtung durch die Tatsache, daß der Rassengedanke in den Neuenglandstaaten sich anfangs vor allem gegen die in den 1850er Jahren verstärkt einwandernden Iren, also einen rein weißen Bevölkerungsteil, richteten. Obgleich — oder weil — Iren äußerlich kaum von angelsächsischen Weißen und innerhalb derselben Normannen kaum von Sachsen zu unterscheiden waren, bedurfte es eines ideologischen Rahmens, um Integrationsfeindschaft und Konfliktbereitschaft zu begründen. Im Falle der Irenfeindschaft wurden aus dem Gedankenreservoir des Teutonismus Elemente der Germanenheroisierung gegen das Keltentum, zunächst aber noch nicht gegen Farbige verwendet, was erneut die von uns getroffene Feststellung von den unterschiedlichen Wurzeln von Rassismus und Rassentheorien unterstreicht. Gerade in den Neuenglandstaaten entwickelte sich der Teutonismus zum „Anglo-Saxonism“, der die Überlegenheit der angelsächsischen Völker betonte, die wiederum als alleinige Erben der nordischen Rasse betrachtet wurden. Um die Jahrhundertwende wurden von amerikanischen Rassenpolitikern strenge Einwande-

rungsbestimmungen gefordert, vor allem gegen Italiener, Polen, Juden und Griechen, vom militanten General Homer Lea auch gegen Deutsche[1]. Der „Anglo-Saxonism" blieb fast ausschließlich auf die Ostküste beschränkt, während man in den Südstaaten nicht so wählerisch war und alle Zuwanderer begrüßte, die das weiße Bevölkerungselement stärkten. Nur in einigen Fällen wurde der „Anglo-Saxonism" mit integraler Ausrichtung zum Programm einer Verschmelzung und Amerikanisierung aller (weißen) Bewohner Nordamerikas erhoben.

Politisch repräsentierten Teutonismus und „Anglo-Saxonism" die Vormachtstellung der alten neuenglischen Siedlerfamilien und derer, die sich in die oberen Schichten der gesellschaftlichen Hierarchie emporgearbeitet hatten. Sie stellten gewissermaßen eine großbürgerliche, konservative Variante des Rassengedankens dar, die die vorhandenen Rassenkonflikte in den Südstaaten, in den Indianergebieten oder in Kalifornien weitgehend ignorierte und vor allem die Elitestellung der altangelsäsischen Oberschicht innerhalb der weißen, sich zunehmend aus irischen sowie süd- und osteuropäischen Einwanderern rekrutierenden Bevölkerung ausdrückte. Beheimatet war er vor allem an den Elitehochschulen Yale, Harvard und Columbia und überdies stark nach Europa ausgerichtet. Es ist wohl kein Zufall, daß viele der einflußreichsten amerikanischen Rassenideologen in Europa studiert oder wenigstens prägende Eindrücke empfangen hatten. Der Historiker Herbert Baxter Adams von der John Hopkins University war Schüler von Treitschke in Berlin gewesen. John W. Burgess, Theodore Roosevelts Lehrer an der Columbia University, hatte in Göttingen, Leipzig und Berlin studiert und brachte Deutschland selbst noch während des Ersten Weltkrieges große Sympathien entgegen. Er schickte zahlreiche seiner Schüler nach Deutschland, um sie dort im Geiste eines pangermanischen Chauvinismus erziehen zu lassen[2]. Unter dem Einfluß dieser Männer stand das vor dem Ersten Weltkrieg einsetzende Interesse für den gobinistischen, nordischen Rassengedanken. 1911 erschien eine Übersetzung von Chamberlains „Grundlagen", 1912 eine gekürzte Fassung von Gobineaus „Essai"[3]. Gerade Gobineau war für einige Amerikaner ein Gewährsmann für die selektive Steuerung der europäischen Einwanderung. Seit den 1880er Jahren hatte der Zustrom von Italienern, Serben, Polen, Griechen und osteuropäischen Juden stark zugenommen, die sich zunächst in den Staaten der Ostküste niederließen. In Neuengland war denn auch die Bewegung der Anti-Immigrationisten am stärksten. General Francis A. Walker, zeitweilig Ökonomieprofessor in Yale, bis 1897 Präsident des Massachusetts Institute for Technology in Boston, beschwor die Gefahren eines Geburtenrückganges bei den alten

1 Gossett, S. 287 ff.; Hofstadter, S. 165.
2 Gossett, S. 107, 111 f., 114; Hofstadter, S. 150 f.
3 Gossett, S. 351.

angelsächsischen Familien, die durch den weiteren Zufluß nicht-nordischer Europäer noch erhöht würden[4].
Eine Synthese aller dieser Strömungen des nordischen Rassengedankens schuf dann Madison Grant, der die Traditionen des Teutonismus und Gobinismus mit den Fragen der Einwanderungspolitik verband. Auch er aus alter Neuengland-Familie stammend und früh durch Aufenthalte in Europa geprägt, seit 1905 Vizepräsident der *Immigration Restriction League,* setzte sich Grant für eine streng selektive Einwanderungspolitik ein, um den nordisch-angelsächsischen Charakter der Vereinigten Staaten zu erhalten. Den Erfolg seiner Bemühungen erlebte er, als der Kongreß 1924 die bislang geltenden Einwanderungsbeschränkungen unter rassenpolitischen Gesichtspunkten verschärfte[5]. Grant fand Mitstreiter und Jünger im Medizinprofessor William S. Sadler, der sich durch Nachforschungen über den Anteil des nordischen Elements in der nordamerikanischen Bevölkerung hervortat, und im Paläontologen Henry F. Osborn, der Grants Rassenlehre fortführte und gleichfalls als Verfechter einer streng rassenideologisch ausgerichteten Einwanderungspolitik wirkte[6]. Mit vielen Forderungen blieb Grant jedoch allein. Obwohl das Aufleben rassistischer Umtriebe während und nach dem Ersten Weltkrieg der Verbreitung seiner Ideen förderlich war — manche Universitäten führten Aufnahmebeschränkungen für jüdische Studenten ein —, blieben viele seiner rassenpolitischen Projekte unbeachtet. Seine Forderung nach einem Kastensystem indischer Art oder einer an Südafrika erinnernden Apartheid für die Südstaaten wurde nicht erfüllt[7]. Wohl aber blieben zahlreiche rassendiskriminierende Einrichtungen noch lange nach Grants Tod (1937) wirksam und wurden zumindest gesetzlich erst nach dem Zweiten Weltkrieg abgebaut.
Ein zweiter Bereich, in dem der Rassengedanke Bedeutung für die amerikanische Politik erlangte, war die politische und wirtschaftliche Expansion der USA im karibischen und pazifischen Raum. Sowohl im Kriege gegen Mexiko als auch gegen Spanien wurde die rassische Überlegenheit der Angelsachsen als „naturrechtliche" Begründung angeführt, was im vorigen Kapitel einige Beispiele anschaulich belegten[8]. Auch Projekte eines globalen Zusammengehens Großbritanniens und der USA wurden in Anlehnung an ältere Vorbilder (Ralph W. Emerson, Thomas Carlyle) unter rassenideologischem Vorzeichen neu aufgewärmt. Zwar ging diese Bewegung aufgrund politischer Rivalitäten zwischen beiden Ländern wieder zurück, erhielt jedoch im Ersten Weltkrieg neuen Auftrieb[9].

4 Ebd., S. 352 f., 292, 303, 307.
5 Ebd., S. 353 ff.
6 Ebd., S. 357, 387 f.
7 Zu seinen Apartheidsprojekten s. Grant, S. 40, 55 und öfter.
8 Vgl. S. 196; Gossett, S. 310 f.
9 Gossett, S. 320; Hofstadter, S. 158.

Der dritte Bereich, in dem der amerikanische Rassengedanke propagandistisch und agitatorisch wirksam war, erstreckte sich auf das Verhältnis zu den farbigen Bevölkerungsteilen. Hatten wir Teutonismus und „Anglo-Saxonism“ als seine großbürgerliche Variante in den Neuenglandstaaten bezeichnet, so können wir den Rassismus gegenüber den Farbigen als sein kleinbürgerliches Pendant charakterisieren. Seine Heimat lag vorwiegend in den Südstaaten mit eindeutiger Frontstellung gegen die Negerbevölkerung, im Mittelwesten, wo es noch einige Indianerstämme und im Südwesten, wo es eine mexikanische Mestizenbevölkerung gab, und schließlich in Kalifornien, wo seit der Mitte des 19. Jahrhunderts schwere Konflikte zwischen weißen Siedlern und chinesischen, später auch japanischen Einwanderern schwelten. In diesen Gebieten fehlten die pseudo-aristokratischen Traditionen alt-angelsächsischer Neuengland-Familien, so daß der nordische Rassengedanke hier keinen fruchtbaren Boden fand. Auch waren hier, ungeachtet gewisser antisemitischer und antikatholischer Strömungen im Ku-Klux-Klan, die Vorbehalte gegen jüdische und irische sowie süd- und osteuropäische Einwanderer geringer, da man von ihnen eine Stärkung des weißen Bevölkerungselements erwartete[10]. Generell kann festgestellt werden, daß die amerikanische Einwanderungspolitik mehrheitlich gegen Iren und Süd- und Osteuropäer gerichtet war, allein im Falle der asiatischen Einwanderung wurden auf Betreiben des Staates Kalifornien und der Stadt San Francisco zwischen 1882 und 1892 strenge Gesetze erlassen. Den sozialen Hintergrund bildeten Rivalitäten bei der Suche nach Arbeitsplätzen, die durch die Unterbezahlung der Asiaten erheblich verschärft wurden; aus diesem Grunde machten sich gerade in Kalifornien die Gewerkschaften zu vehementen Agitatoren für eine restriktive Einwanderungspolitik[11].

In allen diesen Rassen*konflikten* war die Rassen*theorie* nur von untergeordneter Bedeutung. Rassenkonflikte hatten, wie wir eingangs feststellten, selten eine ideologische Verarbeitung über ein bloßes Syndrom von Ressentiments und Vorurteilen hinaus zur Folge, und auch im vorliegenden Falle sind Anstöße zur Ideologiebildung zunächst von den nordisch orientierten Rassenlehren aufgegriffen und auf die konkrete Konfliktsituation übertragen worden. Gegner der Sklavenbefreiung waren es, die 1856 eine gekürzte Fassung von Gobineaus „Essai“ herausgaben. Später beriefen sich einige ihrer Ideologen auf Darwin als vermeintlichen Gewährsmann für die Überlegenheit der Weißen[12]. Aber der theoretische Ertrag eines vornehmlich gegen die Farbigen gerichteten Rassengedankens blieb gering. Erst gewisse Imitationen und Kopien des teutonischen Rassengedankens führten um die Jahrhundertwende zu einer Synthese der verschiedenen amerikani-

10 Gossett, S. 307.
11 Ebd., S. 287 ff., 290 f.
12 Hofstadter, S. 147.

schen Rassismen. Der ursprünglich als Unterdrückungsinstrument ausschließlich gegen die Schwarzen gegründete Ku-Klux-Klan griff nach seinem Neuaufleben 1915 auch auf Gobineau und Chamberlain zurück und erweiterte sein Feindbild um Slawen, Iren, Juden, romanische Völker und Farbige insgesamt[13]. Diese kleinbürgerliche Variante des amerikanischen Rassengedankens erhielt ihre politische Funktion als Propagandamittel gegen die Integration von Minderheiten schlechthin, gegen den Abbau der in über 30 Bundesstaaten geltenden Gesetze gegen Eheschließungen zwischen verschiedenrassigen Partnern und andere Rassenschranken, die teilweise erst in den 1950er und 1960er Jahren gesetzlich beseitigt wurden, gesellschaftlich aber vielfach noch in die Gegenwart nachwirken. Auch ist dieser Rassengedanke weiterhin in rechtsradikalen Zirkeln heute noch wirksam, wenn auch in verkümmerter Form und ohne theoretische Ansprüche.
Eine Zusammenfassung aller dieser Varianten des amerikanischen Rassengedankens lieferte in den 1920er Jahren der zweite über die Grenzen seiner Heimat bekannte Rassentheoretiker Lothrop Stoddard. Wie Grant aus alter Neuengland-Familie stammend, in seiner Jugend teilweise in Europa ausgebildet (er hatte zeitweilig ein Gymnasium in Dresden besucht)[14], verband Stoddard Traditionen des Teutonismus mit einer gegen alle Farbigen gerichteten Einstellung und seiner These von der bedrohten Hegemonialstellung der weißen Völker. Seine Schriften erschienen als Reaktion auf die Russische Revolution, an die er seine Lehre vom anthropologischen Ursprung aller sozialrevolutionären Bewegungen anknüpfte. Seine Ausführungen über den „Untermenschen" haben Ideologen wie Rosenberg, der Stoddards „Kulturumsturz" in der vom Münchener Lehmanns Verlag besorgten deutschen Übersetzung sehr wahrscheinlich gekannt hat, manche Anregungen gegeben. Stoddards Beschwörungen der „farbigen Flut" haben wir bereits kennengelernt. Deutlicher als die meisten seiner amerikanischen Gesinnungsgenossen sprach er die Überzeugung aus, derzufolge Forderungen nach sozialer Gleichheit und Gerechtigkeit als Revolte der „Minderwertigen" und jedes Bestreben nach Integration farbiger Minderheiten als Verstöße gegen die Naturordnung zu betrachten seien[15]. Stoddard suchte und fand auch Anschluß an europäische Gesinnungsgenossen; 1940 interviewte er Hitler und stellte viele gemeinsame Überzeugungen fest, meinte jedoch, daß das Dritte Reich in seinem Fanatismus zu weit gegangen sei[16].
Stoddards apokalyptische Visionen fanden Anklang bei einigen amerikanischen Wissenschaftlern, so beim Psychologen Charles C. Josey, der gleichfalls

---

13 Gossett, S. 342 ff., 371 f.
14 Zur Person Stoddards s. Gossett, S. 390 ff.
15 Stoddard: Kulturumsturz, S. 111 ff.
16 Gossett, S. 427 f.; vgl. Lothrop Stoddard: Into the Darkness. Nazi Germany today, New York 1940.

die Gefahren einer farbigen Überflutung der weißen Welt befürchtete. Dennoch kann man seit den 1930er Jahren ein Abflauen des rassenideologischen Schrifttums in Nordamerika feststellen, was wohl vor dem Hintergrund von Roosevelts fortschrittlicher Innenpolitik einerseits und der zunehmenden Frontstellung gegen das nationalsozialistische Deutschland andererseits zu sehen ist. Einen letzten rein wissenschaftlich konzipierten Versuch zur Ehrenrettung der Rassentheorien unternahm 1944 der Soziologe Henry P. Fairchild[17]. Das Bekanntwerden der ungeheuren Verbrechen, zu denen der Rassengedanke in Deutschland geführt hatte, diskreditierte aber seine Propheten in Amerika gründlich und dürfte den letzten Anstoß dafür gegeben haben, daß er seitdem in den USA nur noch ein theorieloses Kümmerdasein in rechtsradikalen Konventikeln fristet.

Die unmittelbare politische Zielrichtung der Rassentheorien in Großbritannien spiegelt die Vielfalt der politischen Probleme wider, denen dieses Land einmal als europäischer Staat und zum andern als größtes Kolonialreich der Erde ausgesetzt war. Dabei lassen sich eine Reihe von Gemeinsamkeiten mit dem amerikanischen Rassengedanken ebenso nachweisen wie erhebliche Unterschiede. Zunächst haben literarische Ergüsse im Bereich der Rassentheorien wegen der gemeinsamen Sprache stets beiderseits des Atlantiks Leser gefunden, so daß ein Teil des einschlägigen Schrifttums identisch war. Zum andern vermittelte der Teutonismus mit seiner Berufung auf die germanisch-angelsächsische Geschichtsdeutung eine Reihe inhaltlicher Gemeinsamkeiten. Sodann besaß der Rassengedanke in beiden Ländern, wenngleich unter verschiedenartigen Voraussetzungen, eine starke anti-irische Spitze, und nicht zuletzt finden wir viele Parallelen in der rassentheoretisch begründeten Apologie eines globalen Kolonialimperialismus. Auch eine wesentliche gesellschaftliche Gemeinsamkeit können wir festhalten: beide angelsächsischen Mächte waren gleichsam die Mutterländer der modernen bürgerlich-kapitalistischen Gesellschaft, England weil es bereits im 17. Jahrhundert den Feudalismus weitgehend überwunden hatte und Amerika, weil es ihn nie gekannt hat. Dies ist für die Rassentheorien insofern von Bedeutung, als sie in den angelsächsischen Ländern niemals Ausdruck feudalistischer Restaurationsideen waren, wie dies für die gobinistische Tradition in Frankreich und stärker noch in Deutschland gesagt werden kann. — Unterschiede im Rassengedanken beiderseits des Atlantiks ergaben sich aus der Stellung der Vereinigten Staaten als Einwanderungsland und dem Vorhandensein zahlreicher ethnischer und rassischer Gruppen, die zumindest im britischen Mutterland fehlten.

Der Teutonismus, der dem Gobinismus eng verwandt war, repräsentierte allerdings auch in Großbritannien eine tief konservative Bewegung, die eine

17 Gossett, S. 400, 428.

romantische Verklärung des Mittelalters mit Kulturpessimismus, restaurativen Gesellschaftskonzeptionen und der schroffen Ablehnung egalitären und demokratischen Gedankengutes verband. Die beiden Oxforder Historiker William Stubbs und Edward A. Freeman seien hierfür als Beispiele genannt. Auch einer der wenigen britischen Bewunderer Gobineaus, Lord Bulwer-Lytton, sowie Vertreter anderer Varianten des Rassengedankens wie der spätere Premierminister Disraeli waren dem konservativen Lager zuzurechnen[18]. Neben der — politisch zumindest recht unmotivierten — Furcht vor einer slawischen Gefahr für England dominierte im Teutonismus naturgemäß das antikeltische Element, das im Zusammenhang mit den Auflehnungen des irischen Volkes gegen die britische Herrschaft stand. Der Edinburger Anatom Robert Knox hatte bereits 1850 eine keltische Bedrohung der Angelsachsen konstatiert und als Heilmittel die vollständige Vertreibung der Iren aus ihrer Heimat empfohlen[19].

Stärker gesellschaftspolitisch ausgerichtet war der sozialdarwinistische Rassengedanke, der aufgrund der Auswirkungen des Manchester-Kapitalismus vor allem in England und in den Vereinigten Staaten beheimatet war und erst später infolge der synkretistischen Phase der Rassentheorien auch auf dem europäischen Festland Verbreitung fand. Der Zeitpunkt, in dem rassendarwinistische Gesellschaftskonzeptionen erstmals veröffentlicht wurden, lag in den 1860er Jahren, also bereits mehrere Jahrzehnte, nachdem der Manchester-Kapitalismus seinen Kulminationspunkt überschritten hatte. Bereits um 1850 wurden auf regionaler Ebene Arbeitszeitregelungen für Arbeiter eingeführt, 1867, 1875 und 1884/85 folgten Reformgesetze, die die Arbeiterschaft in das Wahlsystem einbezogen, die Stellung der Gewerkschaften stärkten und mit weiteren partiellen Verbesserungen die revolutionäre Stimmung der 1830er und 1840er Jahre entschärften[20]. Darwinistische Rassentheorien waren also verspätete Apologien einer zwar nicht überwundenen, in ihren Auswirkungen aber bereits stark gemäßigten Wirtschaftsordnung. Diese Feststellung ist insofern nicht überraschend, als ja auch die gobinistischen Rassentheorien eine verspätete Apologie feudalistisch-ständischer Gesellschaftsordnungen darstellten: allen Rassentheorien gemeinsam war eben der Versuch, das Rad der Geschichte unter Berufung auf vermeintliche Naturgesetze anzuhalten oder gar zurückzudrehen. Die zahlreichen Schriften, die Galton, Haycraft, Pearson und andere veröffentlichten, waren also gleichfalls ein Aufruf zur Restauration einer von „widernatürlichen“ Eingriffen in die Natur unverfälschten Ordnung, d.h. zum

---

18 Ebd., S. 98 f.; Barzun, S. 67; Blume, S. 48 f.

19 Gossett, S. 95 f.

20 Eric J. Howsbawm: Industry and Empire. An Economic History of Britain since 1750, London 1968; deutsch: Industrie und Empire. Britische Wirtschaftsgeschichte seit 1750, Frankfurt am Main 1967, Bd. I, S. 126 ff.

Abbau sozialer und humanitärer Leistungen. Der von britischen Eugenikern 1912 abgehaltene Kongreß sei denn auch, wie Schemann später feststellte, eine wahre Heerschau konservativer Politiker und Ideologen gewesen[21].
Die Richtung, in der die meisten Rassentheorien in Großbritannien am nachhaltigsten wirkten, war bestimmt durch die globalen Interessen des britischen Kolonialimperialismus und die damit zusammenhängenden wirklichen oder mutmaßlichen Rassenprobleme des Empire. Beispiele hierfür hatten wir bereits kennengelernt, etwa in den Schriften Charles Pearsons. Das zweibändige Werk „Greater Britain" (London 1866/67) von Sir Charles Dilke (1843—1911), das den Auftrag der angelsächsischen Rasse zur Weltherrschaft propagierte, gab zahlreichen späteren Rassentheorien das Vorbild einer Verherrlichung des britischen Imperialismus. Dilke folgte der Oxforder Historiker Sir John R. Seeley mit „The Expansion of England" (London 1883), worin er aus der vermeintlichen Überlegenheit der angelsächsischen Rasse das Recht auf Weltherrschaft ableitete. In ähnlichem Sinne argumentierte J. A. Cramb mit seiner Schrift „The Origins and Destiny of Imperial Britain" (London 1900)[22]. Ohne Zweifel haben solche Ideen auch die praktische Politik, etwa eines Cecil Rhodes, stark beeinflußt.
Eine vergleichsweise untergeordnete Rolle haben in den britischen Rassentheorien antisemitische Ressentiments gespielt, was wohl auf den höheren Integrationsgrad der Juden und die ältere bürgerlich-liberale Tradition der britischen Gesellschaft zurückzuführen ist. Selbst die britischen Faschisten unter Sir Oswald Mosley bezogen hier nicht eindeutig Stellung. Wohl gab es antisemitische Strömungen in ihrer Partei, zeitweilig sogar heftige Kampagnen gegen Juden und Maßnahmen zur Verdrängung jüdischer Parteimitglieder; einzelne Anhänger eiferten sogar so extremen deutschen Vorbildern wie Julius Streicher nach[23]. Andererseits distanzierte sich Mosley wiederholt vom Antisemitismus und vom Rassengedanken und erklärte, daß er Juden nicht aus rassischen Gründen ablehne[24].
Generell kann man sagen, daß der britische Rassengedanke bis etwa zum Ersten Weltkrieg eine gewisse politische Bedeutung hatte. Danach verkümmerte er zu einem bloß publizistischen Phänomen, das sich kaum auf die Tagespolitik auswirkte. Gewiß, es wirkten noch konservative Ideologen wie der Philosoph Sir Ferdinand C. S. Schiller im Sinne eines eugenischen Rassengedankens, und in den 1930er Jahren war ein Interesse für ideologische Entwicklungen in Deutschland unverkennbar. Aber die Rassentheorien nahmen nur noch Statistenrollen am äußersten rechten Rand des politischen Geisteslebens ein.

---

21 Schemann I, S. 92.
22 Koch, S. 116.
23 Colin Ross: The Fascists in Britain, London 1961, S. 78, 118 ff., 153 f.
24 Ebd., S. 102, 119 ff., 126.

Wie wir an der Geschichte der Rassentheorien beobachten konnten, war ihre Entstehung engstens verbunden mit dem Prozeß der Säkularisierung der abendländischen Kultur. Solange politische Ordnungen und Herrschaftsansprüche auf das Gottesgnadentum zurückgeführt und alle Geschichte als von Gott gelenktes Schicksal betrachtet wurden, war für eine Größe wie die Rasse kein Raum. Die Rassentheorien versuchten Herrschaftsansprüche, deren Legitimität spätestens nach 1789 nicht mehr anerkannt wurden, durch die Konstruktion eines neuen Ordnungsbegriffs und durch die Konzeption eines naturalistischen Prinzips zu retten. Sie wurden also Ersatzlegitimation und waren nur dort verwendbar, wo aufgrund der Nachwirkung von Säkularisierung und Aufklärung bislang überlieferte Legitimitätsprinzipien an Geltung stark eingebüßt hatten. In Ländern, in denen die Aufklärung und die Auswirkungen der Französischen Revolution gering oder gar nicht zu verspüren waren — Spanien, Portugal, Rußland, teilweise auch Italien — sind auch die Rassentheorien in nennenswertem Umfange nicht heimisch geworden. Es ist auch nicht zu verkennen, daß sie in protestantischen Ländern eine größere Resonanz erzielten als im katholischen Raum, da der Säkularisierungsprozeß in ihnen wesentlich weiter fortgeschritten war. Vor allem aber fehlte den protestantischen theologischen Traditionen der universalistische Anspruch der römischen Weltkirche; sie ließen sich leichter „nationalisieren“ und — wie am Beispiel des südafrikanischen Kalvinismus erkennbar — unmittelbar als Instrument einer Rassenpolitik mißbrauchen. Eines der wenigen katholischen Länder, in dem die Rassentheorien politische Bedeutung erlangten, war Frankreich — also zugleich dasjenige Land innerhalb der katholischen Welt, in dem der Säkularisierungsprozeß am weitesten fortgeschritten war. Es war daher konsequent, daß etliche Rassentheoretiker (Vacher de Lapouge, Grant, Erbt und andere) ihre Kritik auch gegen den Katholizismus richteten und ihn wegen seines universalen (und damit egalisierenden) Selbstverständnisses als Geisteshaltung der mediterranen, westischen, kurzschädeligen Kleinbürgerrasse interpretierten, an deren Inferiorität gegenüber den nordischen Völkern sie nicht zweifelten.

In Frankreich war die bereits skizzierte Nachwirkung Gobineaus eine zunächst bloß publizistische. Aristokratische Standesgenossen, verspätete Bourbonen-Anhänger und Verfechter einer Restaurationspolitik pflegten in ihren politischen Schmollwinkeln antirevolutionäre Ressentiments in Form germanophiler Träumereien. In historischer, archäologischer, volkskundlicher und sprachwissenschaftlicher Literatur suchten sie germanische Spuren als die kulturtragenden Keime des alten Frankreich nachzuweisen und ihm die gallisch-plebejische Dekadenz der bürgerlichen Gegenwart gegenüberzustellen. Aber die gesellschaftlichen Wurzeln dieser Ressentiments waren bereits in Fäulnis übergegangen. Spätestens seit dem Sturz Karls X. 1830 waren die politischen Bemühungen des französischen Adels um die Wiederherstellung seiner alten Machtpositionen gescheitert, war Frankreich unter der Herrschaft Louis Philippes endgültig ein bürgerliches Land geworden[25]. Die Rassentheorien Gobineaus und seiner Jünger drückten also die Interessen einer bereits vollständig entmachteten Schicht aus, was ihre öffentliche Resonanz auf einen kleinen und nicht mehr einflußreichen Personenkreis einschränkte. Ohnehin wirkte der Gobinismus vielfach nur dadurch weiter, daß der Gedanke der natürlichen Ungleichheit der Menschen von dem feudalistischen Hintergrund gelöst und somit auch für (groß-)bürgerliche Schichten annehmbar wurde. Aber die elitäre Konzeption der gobinistischen Rassenlehren und ihre starke Orientierung an Deutschland haben ihre Breitenwirkung in der französischen Öffentlichkeit auf Gobineaus Standesgenossen und bürgerliche Konservative beschränkt.

Die zweite Phase des französischen Rassengedankens setzte — wie in Deutschland — mit der synkretistischen Verschmelzung von gobinistischen und sozialdarwinistischen Ideen ein, für die die Namen der Anthroposoziologen Durand de Gros und Vacher de Lapouge stellvertretend genannt seien. Mit ihnen erlebte der Rassengedanke eine fachliche Ausdehnung auf natur- und sozialwissenschaftliche Disziplinen, wofür Gustave Le Bon als Psychologe ein markantes Beispiel war. Gleichwohl blieb auch der anthroposoziologischen Richtung in Frankreich eine politische Breitenwirkung vollends versagt. In seinem 1909 erschienenen Essai-Band „Race et milieu social" bedauerte Vacher de Lapouge zutiefst, daß der Rassengedanke in Deutschland eine wachsende Bedeutung erlange, während er in seinem Heimatlande kaum beachtet werde; die von Woltmann begründete „Politisch-Anthropologische Revue" werde in Frankreich in keinen zehn Exemplaren gelesen[26].

Politische Bedeutung erlangten die französischen Rassentheorien zunächst nicht über den gobinistischen Germanenmythos, der nach 1871 für die Mehrheit der französischen Nationalisten als mögliche Verbeugung vor den Deutschen ohnehin verdächtig war, sondern über einen keltisch orientierten gallo-rassistischen Chauvinismus. Die wissenschaftlichen Voraussetzungen hierfür hatte der Historiker Numa Denis Fustel de Coulanges (1830—1889) durch seine Forschungen über die Geschichte Galliens und des frühen Frankenreiches gelegt. Er unterstrich die historische Rolle des Keltentums und reduzierte die politische und kulturelle Bedeutung der Franken, auf die sich gobinistische Historiker bislang berufen hatten. Eine Reihe weiterer französischer und wallonischer Wissenschaftler aus anderen Fachgebieten unterstützten diese Tendenz und verhalfen ihr auch zur publizistischen Breitenwirkung: der Lütticher Geologe Jean Baptiste d'Omalius d'Halloy (1783—1875), die französischen Historiker Edgar Quinet (1803—73) und Camille

---

25 Georges Dupeux: La société française 1789—1960, Paris 1964, S. 104 ff.
26 Vacher de Lapouge: Race et milieu, S. XXXI.

Jullian (1853—1933) sowie der wallonische Philologe Henri Marie d'Arbois de Jubainville (1827—1910). Wir können im Keltizismus den Versuch erblicken, eine französische Nationalrasse zu konzipieren, nicht selten getragen von einem kleinbürgerlich-jakobinischen oder bonapartistischen Chauvinismus. Wenn wir von dem damit einhergehenden Antisemitismus einmal absehen, war diese Variante des Rassengedankens integralistisch und ausschließlich auf Frankreich und Belgien bezogen, ohne die volks- und grenzüberschreitenden Bezüge des Gobinismus. Nur vereinzelt verkörperte sie auch restaurative, am bourbonischen Königtum orientierte Strömungen wie beim langjährigen Wortführer der militanten Action française Charles Maurras (1868—1952). Ihre Anhängerschaft rekrutierte sich vielfach aus Publizisten und Literaten, für die neben Maurras Maurice Barrès (1862—1926), Paul Déroulède (1846—1914) und Léon Daudet (1867—1942) als Beispiele genannt seien[27].

Die Action française war eine politische Kraft, in der sich der Rassengedanke in Verbindung mit einem militanten Nationalismus organisierte. In der Regel stand sie in der Tradition des Keltizismus und glorifizierte in bewußter Abwendung von Gobineau das Galliertum und die Latinität der französischen Kultur[28]. Nur vereinzelt gehörten ihr auch namhafte Gobinisten an, etwa der Schriftsteller Paul Bourget, der sich aber ungeachtet rassenideologischer Unterschiede mit den Zielen der Action française solidarisierte[29]. Allen Anhängern gemeinsam war indessen ein radikaler Antisemitismus, wie ja auch die antisemitischen Ausbrüche anläßlich der Dreyfus-Affäre den Anlaß zur Gründung dieser literarisch-politischen Bewegung gaben. Unter dem Einfluß von Edouard Drumont und Vacher de Lapouge hatte sich in Frankreich die soziokulturelle und konfessionelle Judenfeindschaft zum Rassenantisemitismus entwickelt, ein Vorgang, der ähnlich wie in Deutschland um 1900 abgeschlossen war[30]. Keltizistische und gobinistische Lehrtradition und Rassenantisemitismus bildeten seitdem die drei wesentlichen Elemente der französischen Rassenideologien.

Die Action française erlebte ihre Höhepunkte vor dem Ersten Weltkrieg und ein abklingendes Aufflackern in den 1920er Jahren, um in der Kollaborationsgeschichte des Zweiten Weltkrieges ein unrühmliches Ende zu finden. Ihre Geschichte, die gewisse Parallelen zum Alldeutschen Verband aufweist, unterschied sich aber von der ihres deutschen Pendant dadurch, daß mit ihrem organisatorischen Dahinsiechen auch der ideologische Einfluß zurückging, während der Alldeutsche Verband zwar verbandspolitisch nach

27 Barzun, S. 104; Snyder, S. 64 ff.
28 Nolte: Faschismus, S. 82 f., 567 f.
29 Rémond, S. 180.
30 Nolte: Faschismus, S. 90 ff.; vgl. Douglas Johnson: France and the Dreyfus Affair, London 1966.

1918 an Einfluß einbüßte, jedoch den Keim des völkischen Rassengedankens mit Erfolg in der deutschen Rechten ausgesät hatte. Diese abweichende Entwicklung des französischen Rechtsradikalismus geht auf die spezifischen Ursprünge konservativer, antidemokratischer, antirepublikanischer Bewegungen in Frankreich zurück. Die französische Rechte war nämlich recht verschiedenartigen Wurzeln entsprungen, von denen nur einige eine ausgesprochene Affinität zum Rassengedanken besaßen: die Ultrakonservativen, hervorgegangen aus der ersten Restaurationsepoche (l'ultracisme), hatten in Gobineau einen angemessenen Apologeten des germanophil übertünchten Feudalismus gefunden. Aber weder der französische Chauvinismus, der gleichermaßen jakobinische wie bonapartistische Elemente in sich barg, noch der Konservativismus des liberalen Großbürgertums, hervorgegangen aus den Orleanisten, waren zum Träger des Rassengedankens prädestiniert[31]. Der Chauvinismus mochte noch am ehesten der keltizistischen Richtung nahestehen, insbesondere wegen ihres germanophoben, d. h. antideutschen Akzents. Aber zwingend waren derartige Assoziationen nicht, und Charles Maurras verband in Umkehrung des bisher gewohnten Bildes den restaurativen Ultrazismus mit einem keltizistischen Rassenchauvinismus.

Der Unsicherheit in der politischen Einordnung des Rassengedankens entsprach auch eine Unsicherheit in der rassenideologischen Bestimmung der französischen Nation. Spekulationen hierüber, die vor allem im 19. Jahrhundert die wissenschaftliche Publizistik beschäftigt hatten, bildeten auch in den 1920er und 1930 Jahren das Hauptthema des im Rückgang begriffenen Rassengedankens[32]. Sie wiederholten weitgehend frühere Theorien mit nur geringen Akzentverschiebungen. Das einzige Novum hierzu lieferte der Arzt René Martial, der einen für die französische (National-)Rasse charakteristischen Blutindex entdeckt zu haben meinte. Da er die durchschnittliche Indexzahl der Franzosen durch die Einwanderung fremdrassiger Nordafrikaner gefährdet glaubte, befürwortete er zu deren anthropologischer „Neutralisierung“ die gezielte Ansiedlung von Deutschen, Engländern und Niederländern[33].

Eine erneute politische Renaissance erlebte der französische Rassengedanke in den Jahren unmittelbar vor dem Zweiten Weltkrieg im Halbdunkel jener Schatten, die das politisch erstarkende Dritte Reich auch im ideologischen Gebiet auf seine Nachbarländer warf. Nach Léon Blums Regierungs-

---

31 Rémond, S. 22; hierzu vgl. auch Robert Soucy: The Nature of Fascism in France, *Journal of Contemporary History*, Vol. 1 (1966), S. 33; Jean Plumyène & Raymond Lasierra: Les fascismes français 1923—63, Paris 1963, S. 7.

32 Vgl. Georges Montandon: L'ethnie française, Paris 1935; ders.: La race — les races dans l'ethnie française, Paris 1935; eine Übersicht zu dieser Frage bietet Jaques Barzun: The French Race. Theories of Its Origins and Their Social and Political Implications, New York 1932.

33 René Martial: La race française, Paris 1934.

antritt machten sich in der Rechten wieder antisemitische Strömungen und politische Propaganda mit deutlich rassenideologischer Ausrichtung bemerkbar[34]. Bereits zu Beginn der 1930er Jahre erschienen Aufsätze und Schriften, die eine beginnende Gobineau-Renaissance andeuteten[35]. Später wurde diese Entwicklung vorangetrieben durch Gobineaus Enkel Clément Serpeille de Gobineau, der 1937 auf Vortragsreisen in Deutschland die Lehren seines Großvaters anpries und die Behauptung aufwarf, daß der Rassengedanke in Frankreich eine größere Anhängerschar habe als man in Deutschland annehme. Anders als sein Großvater sah er die Gefahren für die Arier nicht von der zunehmenden Egalisierung in der Gesellschaft drohen, sondern von Juden, Freimaurern und Bolschewisten, womit er den geistigen Anschluß an Hitler und Rosenberg gefunden hatte[36]. Überhaupt strahlte der machtpolitische Aufstieg des Dritten Reiches auch im ideologischen Bereich auf die Rechtsparteien der Nachbarländer Deutschlands aus, die im Verlauf der 1930er Jahre Elemente des Rassengedankens aufgriffen, die sie vorher abgelehnt hatten. So hatte der intellektuelle Führer des französischen Faschismus, Pierre Drieu la Rochelle, noch 1931 die NS-Rassenlehren verspottet, lobte aber bereits nach 1934 den eugenischen Konservatismus des Rassengedankens und berief sich später auf die elementaren Gesetze, denen zufolge das Schicksal der Völker auf die Fruchtbarkeit von Blut und Boden gegründet sei[37]. — Eine letzte tragische Rolle spielte der französische Rassengedanke unmittelbar vor Ausbruch des Zweiten Weltkrieges in der Bereitschaft rechtsradikaler Kreise zur politischen Zusammenarbeit mit Deutschland und während der Besatzungszeit zur Kollaboration, nicht zuletzt bei der Verfolgung der französischen Juden[38]. Mit dem Ende der Kriegszeit brach auch in Frankreich die Tradition der Rassentheorien ab, deren Lehren fortan nur noch in peripheren Sekten ein okkultes Dasein führten. Selbst dort, wo aufgrund außereuropäischer Einwanderungen nach Frankreich fremdenfeindliche Ressentiments mit gelegentlich rassistischem Einschlag entstanden, wurde nicht mehr auf das Arsenal jener wirren Ideologien zurückgegriffen[39].

---

34 Soucy, S. 42.

35 B. Guinaudau: La mystique de la race: Fils de Wotan, fils de la Louve, *L'Avenir* (1932); Maurice Muzet: Le racisme, est-il français?, *Gazette de Lausanne*, 18. Oct. 1933. — Weitere Beispiele hierfür bei Mangold, S. 138 und öfter.

36 Lutzhöft, S. 276.

37 Soucy, S. 43.

38 Nolte: Faschismus, S. 122; Claude Lévy & Paul Tillard: La Grande rafle du Vel d'hiv (16. juillet 1942), Paris 1967; deutsch: Der Schwarze Donnerstag. Kollaboration und Endlösung in Frankreich, Olten—Freiburg 1968.

39 Eine sozialpsychologische Analyse rassistischer Ressentiments, vor allem gegen Algerier, Neger, Juden und Zigeuner, jedoch ohne Bezugnahme auf die Rassen*theorien* liefern Paul-H. Maucorps, Albert Memmi & Jean-Francis Held: Le français et le racisme, Paris 1965.

Innerhalb der romanisch-katholischen Welt hat neben Frankreich nur noch Italien in geringem Maße rassenideologisches Gedankengut entwickelt, freilich nicht entfernt in dem Umfange wie die bisher behandelten Länder. Erste Ansätze hierzu können wir in der italienischen Soziologie des 19. Jahrhunderts und besonders in der um 1900 florierenden Kriminalsoziologie finden. Wir hatten hierfür als Beispiel die Anthropologie der Armen des Neapolitaners Alfredo Niceforo kennengelernt, dessen Ausführungen sich einem rassistischen Denken näherten. Die Rassenideologien selbst lehnte Niceforo jedoch ab und verfaßte sogar eine Schrift, in der er sich ironisch über sie ausließ[40]. Wohl aber enthielten die Theorien der Soziologen Cesare Lombroso, Antonio Marro und Napoleone Colajanni Aussagen, die auf der Annahme der Überlegenheit der nordischen Völker ruhten. Gewöhnlich mündeten ihre Schriften ein in die Feststellung, daß unter Delinquenten dunkle, mediterrane Typen über-, blonde und nordische Typen unterrepräsentiert seien[41]. In Anlehnung an Woltmanns einschlägige Untersuchungen wurden bedeutende Italiener — von Leonardo oder den großen Condottieri der Renaissance bis zu Alfieri oder dem Grafen Cavour — zu Nachfahren von Goten, Langobarden oder Normannen ernannt, sofern sie nicht zu reinrassigen Abkömmlingen der als nordisch eingestuften Römer erklärt wurden. Leicht ließ sich auch das soziale Nord-Süd-Gefälle Italiens in diese Theorie einbeziehen, die das wirtschaftliche und politische Übergewicht der Piemontesen und Lombarden gegenüber dem Mezzogiorno getreulich widerspiegelt.

Den ersten Anfang einer rassistischen Germanenverehrung machte 1908 der Soziologe und Psychologe Gino Bertolini mit einer Schrift, in der er seine Eindrücke von einer Skandinavien-Reise wiedergab. Er schwärmte für die nordisch-germanischen Völker, zu denen er auch Deutschland rechnete, und hielt sie seinen Landsleuten als Vorbilder vor, von denen sie lernen und Nutzen ziehen könnten, indem sie sie als Wegweiser zur Wiedergeburt ihrer eigenen (nordisch-)römischen Volksseele begriffen[42]. Aber ähnlich dem Keltizismus in Frankreich entstand auch in Italien der Gedanke einer Nationalrasse, deren Konzeption deutliche Züge einer Ablehnung der nordisch-ger-

---

40 Alfredo Niceforo: I Germani. Storia di una idea e di una «razza», Napoli 1917.

41 Napoleone Colajanni: La delinquenza in Sicilia e le sue cause, Palermo 1885; ders.: La sociologia criminale: apunti, vol. I, Catania 1889; ders.: Latini e anglosassoni (razze inferiori e razze superiori), Roma—Napoli 1906. — Cesare Lombroso: L'uomo bianco e l'uomo di colore: letture su l'origine e la varietà delle razze umane, Torino 1892; ders.: L'uomo-delinquente in rapporto all'antropologia, alla giurisprudenza ed alla psichiatria, Torino 1897. — Antonio Marro: I caratteri dei delinquenti: studio antropologico-sociologico, Torino 1887.

42 Gino Bertolini: L'anima del Nord: studi e viaggi attroversi Norvegia, Svezia e Danimarca, Milano 1908; deutsch: Die Seele des Nordens, Berlin 1910. — Vgl. Lutzhöft, S. 271.

manischen Ausrichtung trug. Der römische Anthropologe Giuseppe Sergi (1841—1936) feierte die authochthone Bevölkerung Italiens als Teil der „razza mediterranea", von der die größten Werke der menschlichen Kulturgeschichte geschaffen worden seien[43].

Diese frühen Beispiele für einen italienischen Rassengedanken waren indessen keine Anzeichen für eine breitere politische, ja — nicht einmal publizistische Strömung, sondern blieben Phantasien vereinzelter Ideologen. Weder besaßen sie einen sozialen Hintergrund wie der Gobinismus in Frankreich, noch eine völkische Tradition wie in Deutschland, noch trug der schwach entwickelte Antisemitismus in Italien rassentheoretische Züge. Noch in der Zeit des Faschismus bekannte Giulio Evola, daß der Rassengedanke zwar kein deutscher Import, aber der Boden für ihn in Italien nicht gut vorbereitet sei[44]. Diese Aufgabe übernahm dann Evola selbst mit einer Reihe von Schriften, aufgrund derer er bis zum Sturze Mussolinis als führender faschistischer Rassenideologe galt; dazu gehörte unter anderem die Herausgabe der „Protokolle der Weisen von Zion" 1938 und der Zeitschrift „Difesa della Razza" ab 1940[45].

Neben Evola wirkte sein Gesinnungsgenosse Giulio Cogni, der einen engen Kontakt mit Günther und anderen deutschen Gesinnungsgenossen pflegte, obwohl er ihnen ideologisch ferner stand als Evola. Denn Cogni unternahm den Versuch einer Synthese von Giuseppe Sergis mediterranem und Günthers nordischem Rassengedanken: er unterstrich die Verwandtschaft der großen blonden und der dunklen Langschädel, die einander ebenbürtige Vertreter der weißen Rasse und gleichermaßen Urheber der höchsten kulturellen Leistungen der Weltgeschichte seien[46].

Das Verhältnis des italienischen Faschismus zum Rassengedanken war ein ambivalentes und kann nur mit gewissen Einschränkungen umschrieben werden. Weder waren die nicht sehr zahlreichen rassentheoretischen Schriften in Italien ausschließlich eine Kopie deutscher Vorbilder noch war der Faschismus von Anfang an eindeutig rassenideologisch ausgerichtet. Daher ist es, wie James Gregor treffend bemerkt, nicht sinnvoll, eine politische Ideologie nur aufgrund rassistischer Parolen oder Praktiken als faschistisch zu bezeichnen[47]. Noch im Sommer 1934 bedachte Mussolini den Rassengedan-

---

43 Giuseppe Sergi: Arii e Italici: attorno all'Italie preistorica, Torino 1898; ders.: Gli arii in Europa e in Asia: studio etnografico, Torino 1903. — Vgl. Lutzhöft, S. 270; Snyder, S. 44 f.

44 Evola, S. 8.

45 Weitere Schriften von Evola: Il mito del sangue, Milano 1941; Indirizzi per una educazione razziale, Napoli 1941.

46 Lutzhöft, S. 272 ff. — Werke von Giulio Cogni: Il razzismo, Milano—Parigi 1937; I valori della stirpe italiana, Milano 1937.

47 A. James Gregor: The Ideology of Fascism. The Rationale of Totalitarianism, New York—London 1969, S. 245.

ken, wie er vom NS-Regime vertreten wurde, in einer in Bari gehaltenen Rede mit beißenden Kommentaren: „Dreißig Jahrhunderte der Geschichte gestatten uns, mit höchstem Bedauern auf gewisse Lehren zu blicken, die jenseits der Alpen von den Nachkommen derjenigen gepredigt werden, die noch Analphabeten waren, als Rom schon einen Cäsar, einen Virgil und einen Augustus hatte[48].“ Trotzdem berief sich Mussolini später auf eine bereits 1921 gehaltene Rede, in der er den Faschismus aus den „ewigen Bedürfnissen unserer arischen und mediterranen Rasse“ abgeleitet hatte. Auch spätere Äußerungen in dieser Richtung sind überliefert, die nachweislich nicht unter dem Einfluß deutscher Vorbilder standen[49].

Tatsächlich setzte das Interesse faschistischer Ideologen für den Rassengedanken gegen 1930 mit den Ausführungen von Corrado Gini („Nascita, evoluzione e morte delle nazioni“, Roma 1930) ein, also zu einer Zeit, in der deutsche Rassentheorien keine offizielle Staatsdoktrin waren und ideologische Querverbindungen zwischen deutschen Völkischen und italienischen Faschisten nur sporadischen Charakter besaßen[50]. Auch weist das rassentheoretische Schrifttum, das im Italien der 1930er Jahre rasch anwuchs, eine eigenständige Genealogie auf. Nicht Gobineau, Woltmann, Vacher de Lapouge oder Günther waren die geistigen Ahnherren, sondern Gumplowicz und dessen Vermittlung durch die italienische Soziologie, insbesondere Vilfredo Pareto[51]. Man kann also sagen, daß die Wurzeln des Faschismus und des italienischen Rassengedankens aus geistesgeschichtlicher Sicht in einer gemeinsamen Tradition lagen, so daß die Affinität vor allem des späten Faschismus für die Rassentheorien auf einer ideologischen Verwandtschaft beruhte, die eine gegenseitige Durchdringung ermöglichte, aber nicht notwendig machte. Insbesondere müssen wir hier festhalten, daß in Italien der feudalistische Hintergrund gobinistischer Lehrtraditionen ebenso wie der industriell-kapitalistische der rassendarwinistischen Theorien in der für andere Länder geltenden Form fehlte. Den politischen Hintergrund bildete vielmehr die Problematik des italienischen Nationalismus und des Selbstverständnisses einer verspäteten Nation, die beide als gesellschaftliches und staatliches Bindemittel für den agrarisch-feudalistischen Süden und den bürgerlich-industriellen Norden dienen sollten.

Der italienische Rassengedanke berief sich, wie wir es schon an Giuseppe Sergi gesehen hatten, auf die Nationalrasse. Ohne Rücksichtnahme auf Schädelindex-Listen und die Frage nach der Existenz von Systemrassen war

48 Judenverfolgung in Italien, den italienisch besetzten Gebieten und in Nordafrika. Dokumentensammlung, vorgelegt von der United Restitution Organisation, Frankfurt am Main 1962, S. XIII.

49 Gregor, S. 246.

50 Ebd., S. 252.

51 Ebd., S. 256.

die Nationalrasse (razza nuova) im Sinne Chamberlains Gemeingut der meisten faschistischen Rassenideologen. Chamberlain hat trotz des gemeinsamen Ansatzes wohl nur wegen seiner einseitig nordisch-germanischen Ausrichtung keinen Einfluß auf Italien nehmen können. Die Nationalrasse wurde als Produkt eines „nationalen Zuchtprozesses" verstanden, die Nation somit als „Rassenwiege" in dem Sinne, daß lange anhaltende nationale Gemeinsamkeiten eines Volkes sich schließlich zu „Rassen" verfestigen könnten[52]. Als prägende Faktoren wurden unter anderem die Kultur — etwa der Renaissance — oder aus älterer Zeit die politische Prägekraft des Römischen Reiches genannt. So rief Evola seine Landsleute auf, dem Idealtypus der Rasse von Rom nachzueifern; es gelte den italienischen Nationalcharakter von solchen Eigenschaften zu befreien, die das Ergebnis fremder Einflüsse seien, und durch diese „rettificazione" dem „arisch-römischen Element" zum Durchbruch zu verhelfen[53].
Der anders gefaßte Rassenbegriff der Italiener macht auch die wesentlichen Unterschiede zur NS-Rassenlehre deutlich. Von italienischer Seite wurde daher nicht mit Kritik an den Deutschen gespart. Gegen den biologischen Determinismus wurde stets die Individualität, die Bedeutung der persönlichen Initiative und Verantwortlichkeit sowie der Primat der Politik vor der Natur, des Volkes vor der Rasse betont[54]. Mit der politischen Annäherung Italiens an Deutschland in der zweiten Hälfte der 1930er Jahre vollzog sich zwar eine gewisse Akzentverschiebung im italienischen Schrifttum, die aber keine inhaltliche Anpassung an deutsche Doktrinen brachte. Auch die während des Krieges stärker an Deutschland ausgerichteten Schriften von Carlo Costamagno, Enzo Leoni und Aldo Capassi behielten ihren spezifisch italienischen Ansatz bei[55].
Mit Einsetzen einer engeren politischen Zusammenarbeit Italiens mit Deutschland ab 1936 wurde auch der Rassengedanke stärker in die offizielle Doktrin des Faschismus aufgenommen. Im Juli 1938 veröffentlichten zehn faschistische Dozenten von verschiedenen Universitäten ein Rassenmanifest („Manifesto del razzismo italiano"), das sie unter maßgeblicher Beteiligung Mussolinis ausgearbeitet hatten. Die wichtigsten der darin enthaltenen zehn Thesen beinhalteten folgendes: die Völkerelemente, aus denen sich die italienische Rasse zusammensetze, seien anthropologisch verwandt, so daß man von einer den Ariern zuzurechnenden „italienischen Rasse" sprechen könne. Das einzige ethnische Fremdelement bildeten die Juden. Der „razzismo"

52 Ebd., S. 253 ff.
53 Evola, S. 37, 199.
54 Gregor, S. 268.
55 Ebd., S. 263 ff. — Carlo Costamagno: Dottrina del Fascismo, Roma 1941; Aldo Capasso: Idee chiari sul razzismo, Roma 1941; Enzo Leoni: Mistica del razzismo fascista, Padua 1941. — Weitere Hinweise auf das italienische Rassenschrifttum s. Gregor, S. 465 f.

solle italienisch-nationalistisch und zugleich arisch-nordisch ausgerichtet sein und den Italienern ein nordisches Ideal vor Augen halten[56]. — Das Rassenmanifest enthielt einige bemerkenswerte Widersprüche, die den Einfluß unterschiedlicher rassenideologischer Richtungen deutlich verraten. Anknüpfend an Sergi und Cogni stellte es die Bedeutung der mediterranen Rasse voraus, setzte jedoch gleichzeitig — wohl unter deutschem Einfluß — eine nordische „Norm", was das Eingeständnis enthielt, daß die Italiener sie gegenwärtig nicht erfüllten.

Ab 1936 machte sich der Rassengedanke auch in der italienischen Politik bemerkbar. Nach der Annexion Abessiniens wurden Rassengesetze erlassen, die die Entstehung eines Mestizentums verhindern sollten, weil — wie Evola es formulierte — hier das italienische Volk mit „minderwertigem Menschentum" konfrontiert werde[57]. Wie weit diese Maßnahme tatsächlich rassenideologischen Motiven entsprang, kann hier nicht geprüft werden. Nach Gregor sollten diese Gesetze primär die Italiener als künftige Kolonialherren vor den Einheimischen abheben und damit ihr Prestige als „Herrenvolk" steigern[58]. Seit 1938 wirkte im italienischen Innenministerium eine „Abteilung für Bevölkerungs- und Rassenpolitik" unter dem Herausgeber der Zeitschrift „Razza e Civiltà", Antonio Le Pera. In der Schlußphase seiner Herrschaft richtete Mussolini 1944 nach deutschem Vorbild ein „Ispettorato della razza" ein, dessen Leitung er Giovanni Preziosi übertrug, einem der wenigen militanten Antisemiten unter den faschistischen Publizisten und Ideologen[59]. Aber gerade diese Institutionalisierung eines immer doktrinärer werdenden Rassengedankens wird man im wesentlichen als deutschen Import ansehen müssen und nicht als Konsequenz der italienischen Rassentheorien, die im politischen Leben des Landes keine tiefen Wurzeln geschlagen haben und über einige mehr deklamatorische Ansätze hinaus selbst in faschistischen Kreisen nicht politisches Gemeingut wurden.

Ähnlich ist auch der italienische Antisemitismus zu beurteilen. Mussolini selbst und die meisten seiner Anhänger standen ihm lange Zeit fern, und selbst noch 1941/42 „arisierte" er Juden, auf deren Mitarbeit er nicht verzichten wollte[60]. Zwar waren die Judengesetze von 1938 kaum milder als ihre deutschen Vorbilder. Aber ihre zunächst recht pragmatische Handhabung zeigt deutlich, wie wenig sie Bestandteil einer originären politischen Konzeption des italienischen Faschismus waren. Die Judenverfolgungen während des Zweiten Weltkrieges in Italien und den italienisch besetzten

56 Den deutschen Text s. in: Das italienische Rassenmanifest vom 14. Juli 1938, *Rasse* V (1938), S. 387 ff. — Vgl. hierzu Gregor, S. 261; Lutzhöft, S. 274; Saller, S. 94.
57 Evola, S. 11 f.
58 Gregor, S. 270.
59 Ebd., S. 280; Lutzhöft, S. 274; Nolte: Faschismus, S. 304.
60 Renzo de Felice: Storia degli ebrei italiani sotto il fascismo, Torino 1962, S. 277. — Gregor, S. 251, 278.

Gebieten dürften ausschließlich als Kopien der Politik des deutschen Bündnispartners und auf Veranlassung der NS-Diktatur erfolgte Maßnahmen zu verstehen sein[61]. Zusammenfassend können wir noch einmal die oben aufgestellte These erhärten, daß innerhalb der romanisch-katholischen Welt allein in Frankreich die Rassentheorien ideologischer Ausdruck sozialer und innenpolitischer Konflikte war. In Italien hatten überlieferte Autoritäten wie Kirche und Krone noch nicht derart an Einfluß eingebüßt, daß zur Rechtfertigung von Herrschaftsstrukturen auf säkularisierte, naturalistische und somit „modernere" Ideologien zurückgegriffen wurde.
Auch in Ost- und Südosteuropa ist der Rassengedanke politisch ohne größere Resonanz geblieben. Er wurde dort, wo er einiges Schrifttum hervorbrachte, fast ausschließlich vom Antisemitismus getragen, was jedoch nicht bedeutet, daß der Antisemitismus in Osteuropa stets auch rassenideologisch motiviert gewesen wäre. Zudem war der Nationalismus in Ost- und Südosteuropa meistens integralistisch, d. h. auf Eingliederung und Assimilierung ethnischer Minderheiten (mit Ausnahme der Juden) ausgerichtet. Der russische Nationalismus vor 1917 etwa hat stets die Russifizierung sprachlicher, konfessioneller oder ethnischer Gruppen ungeachtet ihrer „Rasse" angestrebt. Ähnlich stand es in anderen Ländern. Polen besaß zwar eine ältere rassenanthropologische Tradition an den Universitäten Krakau, Warschau und Lemberg, die aber keinen ausdrücklich rassenideologischen Charakter besaß[62]. Einen panslawistischen *Rassen*gedanken oder eine Verherrlichung der Slawen als Rasse hat es, soweit ich sehe, nirgends gegeben. In Polen entzog der nationale Kampf gegen die Teilungsmächte Deutschland und Österreich einer jeden Verherrlichung der nordisch-germanischen Welt den Boden. Um so mehr muß es daher verwundern, daß sich der Anthropologe Jan Czekanowski in den 1930er Jahren eifrig um den Nachweis bemühte, daß das nordische Element im polnischen Volke stärker vertreten sei als in Deutschland[63].
Allein in Ungarn sowie in vereinzelten sektiererischen Ablegern auf der Balkan-Halbinsel entwickelte sich außer dem Rassenantisemitismus ein stark auf nationale Bedürfnisse zugeschnittener Rassengedanke, so in Ungarn die kurzlebige Ideologie des Panturanismus. In notorischer Verwechslung von sprachlicher und anthropologischer Verwantschaft propagierte der Panturanismus die Zusammengehörigkeit der sogenannten ural-altaischen Völker, denen Ugrofinnen, Turktataren, Mongolen und Japaner zugerechnet wurden. In den 1920er Jahren erwogen ungarische Rassenphantasten den absurden Plan, einen japanischen Prinzen zum ungarischen König ausrufen zu

61 Weitere Materialien hierzu bei Felice, a. a. O., und in Judenverfolgung in Italien, S. 12 ff.
62 Ilse Schwidetzky: Die Rassenforschung in Polen, *Zeitschrift für Rassenkunde und ihre Nachbargebiete* Bd. I/II (1935), S. 76—83, 136—204, 289—314.
63 Ebd., S. 199.

lassen[64]. Etwas differenzierter im Hinblick auf das Verhältnis von Sprache und Rasse waren Pläne des Panturanisten Franz Kászonyi. Nicht die Sprache, sondern die gemeinsame Abstammung von den innerasiatischen, turanischen Steppenvölkern verbinde die Völker der mittleren und unteren Donau: „Die Idee der Rassen- und Typenverwandtschaft können die Magyaren, Kroaten, Slowaken, Karpatho-Ruthenen, Serben, Rumänen, Bulgaren in ein gemeinsames Volks-Wir-Bewußtsein vereinigen"[65] — man muß wohl hinzufügen: selbstverständlich unter ungarischer Führung. Politisch hat der Panturanismus weder in Ungarn noch anderswo Bedeutung erlangt. Bemerkenswert ist er allenfalls insofern, als daß er eine der wenigen rassentheoretischen Varianten mit ausgesprochen anti-nordischer oder anti-germanischer Spitze bildete. Nicht die nordischen, sondern die turanischen Völker bzw. deren Führungseliten in andersrassigen Nationen hätten Staaten und Kulturen begründet[66].
Der Panturanismus verengte sich unter einigen türkischen Intellektuellen zum Pantürkismus, der auf ausschließlich sprachlich-kultureller Grundlage die Einheit aller turktatarischen Völker anstrebte. Diese Bewegung versuchte in den 1930er Jahren der türkische Publizist Nihal Adsis in eine stark vom deutschen Nationalsozialismus geprägte Rassenideologie umzuwandeln. Analog ähnlichen Einrichtungen in Deutschland forderte er Maßnahmen zum Schutze türkischen Blutes und die Einführung eines türkischen Ahnenpasses[67]. Jedoch ist auch diese Bewegung über Sektengröße nicht hinausgekommen. Überhaupt haben in fast sämtlichen Ländern Europas rechtsextreme Gruppen in den 1930er Jahren nicht nur eine gewisse Affinität zum Dritten Reich bewiesen, sondern die NSDAP sogar imitiert und bislang theorielose Rassismen mit kopierten Ideologismen angereichert. Die Ausstrahlung des NS-Regimes führte sogar dort zum Ausbrüten von Rassentheorien, wo diesen der dazugehörige Hintergrund fehlte. Die vorstehend genannten Beispiele konnten hiervon Zeugnis ablegen.
Obgleich die skandinavischen Völker in den am Arieridol orientierten Rassenlehren einen besonders ehrenvollen Platz einnahmen und vereinzelte Gelehrte bereits um 1800 die Abstammung der nordischen Völker zum Gegenstand nationaler Selbstverherrlichung erhoben[68], blieb der Rassen-

64 Ernst Nolte: Die faschistischen Bewegungen. dtv-Weltgeschichte des 20. Jahrhunderts Bd. 4, München 1966, S. 207.
65 Franz Kászonyi: Die Rassenverwandtschaft der Donauvölker, Zürich—Leipzig—Wien 1931, S. 270.
66 Ebd., S. 82.
67 Charles Warren Hostler: Turkism and the Soviets. The Turks of the World and Their Political Objectives, London 1957; deutsch: Türken und Sowjets, Frankfurt am Main 1960, S. 218 ff.
68 Otto Springer: Die Nordische Renaissance in Skandinavien, Stuttgart—Kiel 1936; vgl. Lutzhöft, S. 114 ff.

gedanke in Europas Norden ohne nachhaltige Wirkung im politischen Bereich. Ähnliches läßt sich auch für die Niederlande feststellen, wo allein der von Himmler zum SS-Obersturmführer und Ehrenpräsidenten der SS-Stiftung „Deutsches Ahnenerbe" ernannte Herman Wirth ein einsames Häuflein rassenideologischer Sektierer anführte[69]. In Norwegen wirkte um die Jahrhundertwende Anders Hansen durch statistische Untersuchungen über die Korrelation von Schädelindex und Wahlverhalten[70]. Sein Landsmann Jon Alfred Hansen Mjöen (1860—1939) begründete 1906 bei Oslo das „Vinderen Biologiske Laboratorium" und 1908 das Beratende Komitee für Rassenhygiene, das fortan die norwegische Regierung mit Vorschlägen und Entwürfen zur Ehegesetzgebung überhäufte. Ähnlich wie er pflegte auch sein Gesinnungsgenosse und Landsmann Hans S. Jacobsen enge Verbindungen zur Nordischen Bewegung in Deutschland. In ihrer Heimat blieben diese rassenideologischen Schwarmgeister jedoch ohne nennenswerten Anhang[71].

Auch in Schweden sah das Bild nicht anders aus. Zwar bekannte sich der langjährige Leiter des „Erblichkeitsinstituts" in Akarp bei Lund, Herman Nilsson Ehle (1873—1949), zum nordischen Rassengedanken. Wohl begründete noch während des Ersten Weltkrieges der Psychiater und Neurologe Herman Bernhard Lundborg (1868—1943) in Uppsala eine kleine rassenbiologische Abteilung in seinem Institut, die 1921 in das Schwedische Staatsinstitut für Rassenbiologie umgewandelt wurde. Aber eine bemerkenswerte Ausstrahlung von diesem Repräsentanten des Rassengedankens auf das politische Geistesleben in Schweden ist nicht zu verzeichnen. Als Lundborg 1933 als Direktor des Staatsinstituts, in dem zeitweilig auch Hans F. K. Günther gewirkt hatte, abgelöst wurde, geriet sein ideologisches Werk in Vergessenheit. Insgesamt stieß der Rassengedanke in den skandinavischen Ländern auf Ablehnung, nicht zuletzt, weil er in zunehmendem Maße durch die Propaganda der NSDAP zum Inbegriff der NS-Diktatur wurde[72].

Das Land, in dem die Rassentheorien ihre größte Verbreitung fanden und schließlich ihre verhängnisvollsten Auswirkungen zeitigten, war Deutschland, weswegen wir diesem unsere besondere Aufmerksamkeit widmen müssen. Wir hatten schon unter den „Klassikern" des Rassengedankens in besonders starkem Maße Deutsche angetroffen. Auch wirkten Ausländer unter den Rassenideologen im deutschen Sprachraum wie Gumplowicz oder Chamberlain. Gerade letzterer hatte sich um die Verbreitung des Rassengedankens in Deutschland sehr bemüht und war hierbei nicht ohne Erfolg

---

69 Lutzhöft, S. 272 ff.
70 Hertz, S. 145.
71 Lutzhöft, S. 326.
72 Ebd., S. 323 ff., 350.

geblieben. Seine 1899 erschienenen „Grundlagen des neunzehnten Jahrhunderts“ erlebten bis 1938 insgesamt 24 Auflagen in Deutschland, zwischen 1909 und 1913 zusätzlich jeweils eine Auflage in England und den Vereinigten Staaten, in französischer und tschechischer Sprache[73].
Man kann sagen, daß das wachsende Interesse am Rassengedanken in Deutschland etwa um die Jahrhundertwende einsetzte[74] und darin die anderen Länder zu überflügeln begann. Die 1894 von Schemann begründete „Gobineau-Gesellschaft“ nahm an Einfluß zu. Im Jahre 1902 begründete Ludwig Woltmann die „Politisch-Anthropologische Revue“, die bis 1922 herausgegeben wurde. Sie erschien monatlich und lieferte rassentheoretische Beiträge sowie Artikel aus Grenzgebieten, sofern diese für den Rassengedanken nutzbar gemacht werden konnten: Volkskunde, Archäologie, Geschichte, Soziologie, Ökonomie und Medizin. Zwei Jahre später, im Jahre 1904, folgten Alfred Ploetz und Eugen Fischer mit der Herausgabe des „Archivs für Rassen -und Gesellschaftsbiologie“, das erst 1941 sein Erscheinen einstellte. Beide Zeitschriften haben vor dem Ersten Weltkrieg durchschnittlich 1200 Abonnenten gehabt[75]. Im Jahre 1905 schlossen sich Gleichgesinnte um Ploetz zur „Gesellschaft für Rassenhygiene“ zusammen, die mit 12 Ortsgruppen zunächst noch klein blieb. Ihre geringe quantitative Größe wurde jedoch aufgewogen durch den hohen Anteil an Akademikern unter ihren Mitgliedern, der der Gesellschaft das entsprechende Sozialprestige und die erwünschte Breitenwirkung verlieh. Zwischen 1924 und 1930 konnte sie sich um weitere 12 Ortsgruppen in Deutschland und 4 in Österreich vergrößern und ihre Mitgliederzahl auf 1300 steigern. Nach Hitlers Machtübernahme erweiterte sie sich dank staatlicher Protektion bis 1936 auf 36 Ortsgruppen. Ihre seit 1926 in München herausgegebene Zeitschrift „Volk und Rasse“ erreichte 1939 eine Auflage von mehr als 13 000 Exemplaren[76].
Von untergeordneter Bedeutung waren Vereinigungen wie der „Bund für Volksaufartung“, stärker in die Breite wirkten vielmehr Zeitschriften wie die seit 1924 in Leipzig herausgegebene „Rasse“ und das seit 1931 erscheinende stark rassenideologisch ausgerichtete „Archiv für Bevölkerungswissenschaft und Bevölkerungspolitik“. Die gleichfalls seit 1931 erscheinende „Eugenik“ erlebte 1933 eine Auflage von 4200 Exemplaren. Als Ergänzung seien hier noch einige weitere Periodika in der chronologischen Reihenfolge ihrer Begründung genannt, die sich ausschließlich oder doch in starkem

73 Es ist daher durchaus treffend, Chamberlain als Hitlers „Johannes den Täufer“ zu bezeichnen; vgl. Peter Viereck: Metapolitics. The Roots of the Nazi Mind, New York (1. Aufl. 1941) 1961, S. 147 ff.
74 Zu diesem Ergebnis gelangt auch Lutzhöft, S. 204.
75 Zmarzlik, S. 264.
76 Ebd., S. 266.

Maße der Verbreitung des Rassengedankens widmeten: „Deutschlands Erneuerung“ (München 1917 ff.), „Die Sonne. Monatsschrift für nordische Weltanschauung und Lebensgestaltung“ (Leipzig 1924 ff.), „Der Weltkampf. Monatsschrift für Weltpolitik, völkische Kultur und die Judenfrage aller Länder“ (München 1924 ff., zeitweiliger Herausgeber: Alfred Rosenberg), „Ahnenerbe“, herausgegeben vom Bund für Sippen- und Wappen-Forschungshilfe, Erbkunde und Rassenpflege e. V. (Berlin 1928 ff.), „Nordische Stimmen. Zeitschrift für deutsche Rassen- und Seelenkunde“ (Leipzig 1931 ff.), „Germanien. Monatsschrift für Vorgeschichte zur Erkenntnis deutschen Wesens“ (Leipzig 1933 ff.) und „Deutsche Nation. Monatsschrift für die Gestaltung des Reiches“ (Leipzig 1933 ff.)[77].

Der seit der Jahrhundertwende rasch anschwellenden Zeitschriftenliteratur entsprach auch die Buchproduktion. Die Verbreitung von Chamberlains „Grundlagen“ wurde bereits genannt. Sie wurde nur noch von den Schriften Hans F. K. Günthers übertroffen, dessen „Rassenkunde des deutschen Volkes“ in zehn Jahren nach ihrem Erscheinen im Jahre 1922 vierzehn Auflagen erlebte. Die unterschiedliche Ausbreitung rassentheoretischer Literatur in Deutschland läßt sich mit derjenigen Englands und Frankreichs unschwer an den jeweiligen Nationalbibliographien feststellen. Methodisch ist anzumerken, daß diese nicht gleichermaßen ausführlich sind und nicht immer ein vergleichbares Spektrum an Literatur aufführen. Aber da dieser Vergleich keine exakten Zahlen erbringen, sondern nur ungefähre Tendenzen aufzeigen soll, wollen wir hier methodische Skrupel übergehen. Im folgenden werden solche Bücher nicht berücksichtigt, die den Rassengedanken in belletristischer Form anbieten, wohl aber Neuauflagen älterer Werke, Übersetzungen aus anderen Sprachen und auch Schriften, die sich in kritischem Sinne mit dem Rassengedanken auseinandersetzten, da sie alle als Indiz für das allgemeine Interesse an diesem Thema gewertet werden können. Unmittelbar vor der Jahrhundertwende erschienen in Frankreich jährlich etwa drei bis vier Titel von Buchveröffentlichungen, Broschüren und umfangreicheren Abhandlungen rassenideologischen Inhalts. In Großbritannien waren es etwas weniger, aber in beiden Ländern steigerte sich die Produktion bis zum Ersten Weltkrieg auf etwa fünf Titel jährlich. Diese Zahl hielt sich, von kriegsbedingten Schwankungen abgesehen, bis zum Beginn der 1920er Jahre. In Frankreich nahm von nun an das Interesse für die Rassenlehren ab, was sich durch das Absinken der einschlägigen Schriften auf etwa zwei Titel jährlich in den späten 1930er Jahren ausdrückte. In England hielt sich die Buchproduktion bei etwa vier Titeln jährlich und stieg in den späten 1930er Jahren auf etwa fünf, um in den Kriegsjahren

77 Ein ausführliches Verzeichnis rassentheoretischer Veröffentlichungen, insbesondere auch der Zeitschriftenliteratur, liefern Achim Gercke & Rudolf Kummer: Die Rasse im Schrifttum. Ein Wegweiser durch das rassenkundliche Schrifttum, Berlin 1933.

rapide zurückzugehen. In beiden Ländern dürften von der Mitte des 19. Jahrhunderts bis zum Zweiten Weltkrieg, also in knapp hundert Jahren, etwa je 150 Bücher und Broschüren rassentheoretischen Inhalts erschienen sein.

Die deutsche Literatur auf diesem Sektor lag bis 1900 auf etwa dem gleichen Stand wie in den beiden anderen Ländern, überrundete diese jedoch sprunghaft im ersten Jahrzehnt des neuen Jahrhunderts. In den Jahren unmittelbar vor und während des Ersten Weltkrieges betrug die Zahl der jährlich herausgegebenen Titel etwa 15 und stieg auf fast 22 in den frühen und auf etwa 27 in den späten 1920er Jahren. In der Zeit der NS-Herrschaft schnellte die Zahl auf 80 und erreichte bis zum Beginn des Zweiten Weltkrieges die Rekordzahl von fast 90 Titeln im Jahr. Diese Größenverhältnisse werden teilweise bestätigt durch die bereits zitierte Rassen-Bibliographie von Gercke und Kummer aus dem Jahre 1933. Unter den etwas mehr als 500 deutschen Buchtiteln finden wir nur ca. 20 Übersetzungen ausländischer Werke. Die überwältigende Mehrheit der aufgeführten Titel war nach dem Ersten Weltkrieg erschienen. Nach einer sehr groben Schätzung dürften im deutschen Sprachraum von der Mitte des 19. Jahrhunderts bis zum Ende des Zweiten Weltkrieges etwas über 1000 Bücher und Broschüren (ohne Neuauflagen) mit rassentheoretischem Inhalt erschienen sein. Nehmen wir den französischen und angelsächsischen Sprachraum sowie die übrigen europäischen Länder und ihre überseeischen Gebiete hinzu, so wird man im fraglichen Zeitraum sicher mehr als 1500 Veröffentlichungen zu diesem Gegenstand ansetzen müssen.

Die Frage, warum sich die Rassentheorien ausgerechnet in Deutschland so stark verbreiteten und schließlich zu Bluttaten bisher unbekannten Ausmaßes führten, kann mit monokausalen Erklärungen kaum vollständig beantwortet werden. Der Rassengedanke war ein sehr vielschichtiges Phänomen, in dem Elemente aus verschiedenen gesellschaftlichen Entwicklungsphasen und geistesgeschichtlichen Epochen zusammentrafen und sich in Verbindung mit aktuellen politischen Interessen zu einem aus recht vielfältigen und „ungleichzeitigen“ Bestandteilen zusammengefügten Ganzen vereinigten. Beginnen wir mit der inhaltlichen und formalen Struktur des deutschen Nationalismus, seiner Affinität für den Rassengedanken und schließlich den politischen Hintergründen dieses nur bei oberflächlicher Betrachtung bloß ideen- und geistesgeschichtlich sich darstellenden Phänomens. Der deutsche Nationalismus hatte unter allen ähnlichen Erscheinungen anderer Völker die am wenigsten konturierte Form. Wegen der jahrhundertelangen politischen Zersplitterung Deutschlands hatte er nicht wie in Frankreich und anderen westeuropäischen Ländern eine klare, auf den Nationalstaat ausgerichtete Orientierung annehmen können. Anders aber als die ost- und südosteuropäischen Nationalismen war er niemals nur auf das Volkstum fixiert, sondern verband das ethnische Nationalbewußtsein frühzeitig mit obrigkeitsstaatlichem Denken, das sich in preußischer Ausprägung auf das ganze Reich von 1871 ausdehnte. Der amorphe deutsche Nationalismus entsprach dem nicht näher abgegrenzten und niemals eindeutig festgelegten Begriff der deutschen Nation, der sowohl deutsche Minderheiten im Ausland oder deutschsprachige Ausländer umfassen konnte als auch nicht-deutsche Staatsangehörige des Reiches. Hinzu kam seit der Romantik der Anspruch vieler Deutscher, die einzige — oder im Hinblick auf England — die einzig rechtmäßige germanische Großmacht zu verkörpern und somit ein Anrecht auf die Führerrolle unter den artverwandten Völkern zu besitzen. Da der Rassengedanke seit seiner Entstehung engstens mit dem Germanenkult verbunden war, lag es nahe, daß er in einem Lande besonderen Anklang fand, das sich mit dem Germanentum in so hohem Maße identifizierte. Die Germanen wiederum bezeichneten in der Terminologie des 19. und frühen 20. Jahrhunderts nicht nur eine Sprachgemeinschaft, sondern wurden nicht selten auch als „Rasse" begriffen. Der Nationalbegriff konnte in Deutschland also leicht mit einem rassistischen Inhalt ausgefüllt werden, ohne daß sofort die Widersprüche zwischen Nation und (gobinistisch konzipierter) Rasse wie in Frankreich zutage traten. Überdies kam es einem expansiven Nationalismus durchaus gelegen, irredentistische Ansprüche durch rassenideologische Argumente unterstreichen zu können.

Diese Feststellung ist insofern von Bedeutung, als wegen der weiten Streuung volksdeutscher Gruppen vor allem in Ost- und Südosteuropa die Umrisse eines Zustandes der Saturiertheit hinsichtlich der Grenzen eines alle Deutschen vereinenden Staatswesens unscharf bleiben mußten und nationalistische Feindbilder beliebig erhalten oder neu geschaffen werden konnten. Der Rassengedanke war aber auch geeignet, die vorhandenen expansiven Neigungen des deutschen Nationalismus zu verstärken und ihnen eine biologisch verkleidete Rechtfertigung zu geben.

Ein weiterer Grund für die Anfälligkeit gegenüber rassenideologischen Einflüssen lag auch im reaktionären Charakter des deutschen Nationalismus begründet. Zwar machte fast jeder Nationalismus in Europa nach einer demokratisch-bürgerlichen, oft gegen Fremdherrschaft oder feudalistische und dynastische Unterdrückungen gerichteten Anfangsphase eine Wandlung zu einem restaurativen und oft expansiven Chauvinismus durch. In Deutschland aber vollzog sich diese Entwicklung beinahe in statu nascendi, bedingt durch seine Gegnerschaft gegen den jakobinischen Nationalismus der französischen Revolution und die Großmachtpolitik Napoleons. In der Romantik wurde das nationale Sonderbewußtsein unter Rückgriff auf den früheren Primatsanspruch der Deutschen als des Kernvolkes des Heiligen Römischen Reiches in teilweise mystischer Verklärung fortentwickelt[78]. Restauratives

78 Bracher: Diktatur, S. 17 ff.

Sendungsbewußtsein gegenüber dem Westen, kulturelle Selbstüberschätzung gegenüber der slawischen Welt im Osten, kurz: der Anspruch auf eine nationale Sonderrolle verband sich mit einem politischen Selbstverständnis, das aus bereits angedeuteten Gründen ohne feste Konturen war und sich unschwer vom Nationalismus zum umfassenderen Rassengedanken erweitern konnte[79]. — Die Analyse der herrschaftstechnischen Funktionen eines derart veranlagten Nationalismus, der in der wilhelminischen Zeit von mächtigen Interessengruppen gesteuert und nicht zuletzt vom Kaiser selbst angeheizt wurde, deckt politische Absichten auf, eine Integration nach außen zu erzielen zur Ablenkung von sozialen Konflikten im Innern, gleichzeitig aber eine völkisch vernebelte Polarisierung der Gesellschaft zur Verunglimpfung oppositioneller Gruppierungen als „Reichsfeinde": „Von Anbeginn hatte dieser [nach 1848] verwandelte Nationalismus moderner Prägung zwei Stoßrichtungen: gegen äußere und gegen innere Feinde. Man darf daher seine außenpolitische Frontstellung nicht ausschließlich betonen und darüber vergessen, daß dem gegen Frankreich oder später gegen England aufbrandenden Nationalismus immer auch nationalistische Phobien im Innern entsprachen. Es gehörte zur Janusköpfigkeit auch dieses reichsdeutschen Nationalismus, daß er nicht nur gegenüber fremden Nationen militant, sondern stets auch gegen innere Feinde aggressiv wurde bzw. gegen beide mobilisiert werden konnte (...)[80]." — Der Rassengedanke vermochte aber die Stoßrichtung des Nationalismus nach beiden Seiten hin zu verschärfen. Expansiver Pangermanismus nach außen und Rassenhochmut und Antisemitismus nach innen sind daher als komplementäre Erscheinungen zu betrachten, als bewußte Verunklärung des öffentlichen politischen Bewußtseins und als Verschleierung der tatsächlichen Konfliktzonen der Gesellschaft. Es ist daher kein Zufall, daß die wachsende Breitenwirkung der Rassentheorien in die Zeit zwischen 1900 und 1914 fiel, in der die koloniale Expansion Deutschlands ihre letzte Vollendung erfuhr und im Innern die Überlebenspolitik überkommener Herrschaftsstrukturen bei verschärfter Repressionspolitik gegen demokratische Bewegungen wie gegen nationale Minderheiten die politische Szene bestimmten. Man erinnere sich der sogenannten Hunnen-Rede Wilhelms II. anläßlich des chinesischen Boxeraufstandes, in der er die weißen Völker vor der „Gelben Gefahr" warnte. Aus ihr sprach der gleiche Geist, der in allen Parteien links von den Nationalliberalen gesellschaftliche und vor allem „rassische" Zersetzung witterte, wie dies der Alldeutschenführer Heinrich Class formulierte. Es ist nicht zuletzt die Zeit, in der auch die Erfahrungen der kolonialen Verwaltungspraxis rückwirkte auf die politische Meinungsbildung im Mutterland. Han-

79 Ebd., S. 21.
80 Wehler: Kaiserreich, S. 108.

nah Arendt hat sehr überzeugend beschrieben, wie der Rassengedanke die ins Innere gekehrte Variante eines expansiven Imperialismus sein konnte[81], was in einem Lande besonders heftig sich ausdrücken konnte, das sich bei der Aufteilung der Welt benachteiligt fühlte.

Neben dieser Überhöhung von Inhalt und Herrschaftsfunktion des Nationalismus durch den Rassengedanken bildete die deutsche Gesellschaft der spätwilhelminischen Zeit ein besonders fruchtbares Feld für ideologische Irrationalismen und hat unmittelbar auf die Ausgestaltung der Rassentheorien Einfluß genommen. Bei der Darstellung der synkretistischen Entwicklung der Rassenideologie, die zeitlich gleichfalls in das Jahrzehnt vor dem Ersten Weltkrieg fiel, hatten wir auf die bemerkenswerten Parallelen zwischen Gesellschaftsstruktur und Rassenlehren bereits hingewiesen. Das Nebeneinander agrarisch-feudalistischer Elemente im wirtschaftlichen Bereich (vor allem Ostdeutschlands) sowie im gesellschaftlichen Leben (Beamtenschaft, Offizierskorps) und industrieller Strukturen (im Rheinland, Westfalen, Sachsen, Oberschlesien) sowie des wachsenden großbürgerlichen Einflusses über Parteien und Verbände fand im Synkretismus seine ideologische Entsprechung. Da eine konzeptionelle, theoretische Weiterentwicklung der Rassentheorien nur durch eine Verbindung gobinistischer und sozialdarwinistischer Elemente, d. h. ständisch-feudalistischer und industrieller Interessen, politisch wirksam werden konnte, war Deutschland gewissermaßen die prädestinierte Heimat derartiger biologisch verkleideter Gesellschaftstheorien.

Die Geschichte des Rassengedankens in Deutschland wurde bereits am Beispiel einzelner Fragenkomplexe mehrfach behandelt und soll hier nur kurz umrissen werden. Der Antisemitismus verschiedener Parteien und Bewegungen in den letzten beiden Jahrzehnten des 19. Jahrhunderts wurde noch stark von sozialen, kulturellen und konfessionellen Ressentiments getragen und war nicht ausschließlich, oft nur in sehr verschwommener Form, rassenideologisch geprägt. Von langfristiger Bedeutung waren indessen die Aktivitäten der 1894 gebildeten „Gobineau-Gesellschaft“ und des im gleichen Jahre begründeten Alldeutschen Verbandes, zumal seit dieser vom militanten Chauvinisten und Antisemiten Heinrich Class geleitet wurde (1908). Um die Jahrhundertwende setzte die Breitenwirkung Chamberlains ein, es folgten 1902 und 1904 die Gründungen von bereits genannten rassenideologischen Zeitschriften, meist in Verbindung mit rassenpolitischen Vereinsgründungen. Durch sie wurde der Rassengedanke an konservative und nationalistische Kreise weitervermittelt. Parallel hierzu wirkten mehr im Untergrund völkische Sekten und reaktionäre Konventikel wie die „Mittgart-Bewegung“, die „Artamanen“, die „Thule-Gesellschaft“ usw., deren Aktivitäten in die

81 Arendt, S. 335 ff.

Zeit kurz vor oder während des Ersten Weltkrieges fallen. In der Weimarer Zeit nahm die rassenpolitische Szenerie schon Ausmaße an, die eine vollständige Übersicht im Rahmen dieser Studie unmöglich machen. Neben dem bereits erwähnten Anschwellen rassenideologischen Schrifttums setzte nach 1918 die Verankerung des Rassengedankens in zahlreichen Vereins- und Parteigründungen ein, deren Erbmasse dann meistens der NSDAP als der potentesten unter ihnen zufiel. Inhaltlich erweiterte sich in den 1920er Jahren der rassentheoretische Synkretismus durch die Verarbeitung lebensphilosophischer und neuheidnischer Strömungen, die das Sammelsurium rassisch-völkischer „Weltanschauungen" aufblähten und mit ihrer antiliberalen, antimarxistischen, antihumanistischen und schließlich antichristlichen Stoßrichtung die Nazi-Ideologie mitprägten.
Im Dritten Reich endlich wurden die Rassentheorien, die im 19. Jahrhundert als nichts anderes denn als Produkte politischer Sonderlinge und ideologischer Quacksalber angetreten waren, offizielle Staatsdoktrin. Eine Reihe von neugegründeten staatlichen und parteiamtlichen Rassenämtern nahmen sich ihrer an und gewährten ihnen eine weitreichende Förderung. Diese Entwicklung fand ihren vorläufigen Abschluß mit der ideologischen Gleichschaltung der Universitäten. Bereits 1930 wurde Hans F. K. Günther durch den nationalsozialistischen thüringischen (und späteren Reichs-)Innenminister Frick gegen das Votum von Fakultät und Senat an die Universität Jena berufen[82]. Nach 1933 wurden die Rassenideologien akademisch geadelt und in den Rang von Prüfungsfächern erhoben: so an den Universitäten Berlin, Frankfurt am Main, Königsberg, Leipzig und München[83]. Ideologisch verwandte, ursprünglich aber keineswegs nationalsozialistische Rassenforscher ließen sich, teilweise unter Aufgabe ihrer eigenen bisherigen Lehren, bereitwillig gleichschalten, zumal die NS-Rassenlehren aufgrund ihres schwammigen und synkretistischen Charakters innerhalb bestimmter Grenzen eine gewisse Meinungsvielfalt zuließen. Tatsächlich hat es eine einheitliche NS-Rassenideologie mit festen kodifizierten Lehrsätzen niemals gegeben, weswegen historische Darstellungen sich meistens auf die Aufzählung der ideologischen Wegbereiter beschränken[84]. Sozialdarwinistische und gobinistische Lehrmeinungen, Chamberlain und Günther wurden gleichermaßen verarbeitet; Widersprüche und Ungereimtheiten wurden nicht bemerkt oder unbekümmert übergangen. Das gilt für das gesamte NS-Rassenschrifttum und nicht zuletzt für Hitler und Rosenberg selbst.
Es ist aus verschiedenen Gründen nicht unproblematisch, Hitler unter die Rassenideologen zu rechnen. Zum einen stellte sein Rassismus einen der zahlreichen Synkretismen dar, der wenig Neues brachte. Zum andern aber über-

82 Zur Stellung Günthers im Dritten Reich s. Lutzhöft, S. 38.
83 Bracher: Diktatur, S. 284 ff.; Zmarzlik, S. 266.
84 So z. B. Otto Klineberg: Racialism in Nazi Germany, in: The Third Reich, London 1955, S. 852 ff.

lagerte Hitler traditionelle Rassenlehren durch Elemente, die seiner Doktrin ein besonderes Gepräge gaben. Zunächst ging er vom statischen Rassenbegriff aus; seine Beschreibung von der Rolle der Arier in der Geschichte erinnert an gobinistische Traditionen[85]. Folglich lehnte er den Gedanken einer Züchtung von (neuen) Rassen ab und beschränkte sich allenfalls auf die Erhaltung oder Rückzüchtung arischer Erbanlagen. Den „Bastard", der ja ein unvermeidliches Produkt jeder Rassenzüchtung wäre, liebt nach seiner Ansicht die Natur nicht; er ist angeblich zum Untergang geweiht, solange der „höherstehende Teil dieser Kreuzung selbst noch in einer reinen irgendwie rassenmäßigen Einheit vorhanden ist"[86]. — Es hätte nun in der Konsequenz dieser Aussage gelegen, wenn Hitler sich daraufhin der Nordischen Bewegung und anderen gobinistischen Richtungen angeschlossen haben würde, die an der strengen Nicht-Identität von Rasse und Volk festhielten. Dem war aber nicht so; vielmehr gebrauchte er beide Begriffe weitgehend als Synonyme, wobei er in der Regel mit „Rasse" den Wert, mit „Volk" die Sache selber bezeichnete[87]. Den Widerspruch zwischen der gobinistischen Lehrtradition und dem von ihm verwendeten deutschnationalen Volksbegriff hat er nicht gelöst und wahrscheinlich auch nicht bemerkt.

Die zweite Besonderheit von Hitlers Rassengedanken ist die Überlagerung des gobinistischen Ansatzes und des Chamberlainschen Volksbegriffes durch seinen Rassenantisemitismus. Die von Gobineau herrührende charakteristische Einordnung der weißen Rasse als Adel, der gelben als Kleinbürger und der schwarzen als Diener der Menschheit übernahm Hitler zumindest nicht ausdrücklich. Zwar hat er ihr nicht widersprochen, sie indessen — von beiläufigen abfälligen Bemerkungen über farbige Völker abgesehen — auch nicht wieder aufgegriffen. Vielmehr teilte er die Menschheit ein in Kultur*begründer,* als die er die Arier ansah, in Kultur*träger,* für die er als Beispiel die Japaner nannte, und schließlich Kultur*zerstörer,* als die er die Juden betrachtete[88]. Dieses Schema, das Hitler möglicherweise von Lothrop Stoddard übernommen hat[89], ließ die nach Gobineau so einfache Einordnung der Menschenrassen offen und konzentrierte sich auf das Feindbild des Juden. Der Rassenantisemitismus

---

85 Adolf Hitler: Mein Kampf, München (1. Aufl. 1925/27) 1942, S. 317 f.; vgl. hierzu Eberhard Jäckel: Hitlers Weltanschauung. Entwurf einer Herrschaft, Tübingen 1969, S. 117.

86 Hitler, S. 443.

87 Jäckel, S. 115; vgl. Rupert Breitling: Die nationalsozialistische Rassenlehre. Entstehung, Ausbreitung, Nutzen und Schaden einer politischen Ideologie, Meisenheim am Glan 1971, S. 57. — Breitlings Behauptung (S. 53 ff.), daß Hitler bis zur Lektüre von Günthers Schriften um die Jahreswende 1925/26 beide Begriffe synonym gebraucht und erst später differenziert habe, kann nicht bestätigt werden. Auch in späteren Verlautbarungen hat Hitler zwischen beiden Begriffen keinen nennenswerten Unterschied gemacht.

88 Hitler, S. 318 ff.

89 Die deutsche Übersetzung von Stoddards „The Revolt Against Civilisation" erschien im gleichen Jahre wie der erste Band von „Mein Kampf".

rückte in den Mittelpunkt von Hitlers Denken und überlagerte alle anderen rassenideologischen Aussagen[90]. Man fühlt sich an Eugen Dühring und an die Anfänge des Rassenantisemitismus zurückversetzt.

Diese ausschließlich auf das Zerrbild des Juden konzentrierte Rassenlehre Hitlers unterschied sich in wesentlichen Zügen von der Nordischen Bewegung und auch von Rosenberg. Während Günther bei der Beschreibung des nordischen Menschen in geradezu süßliche Schwärmereien ausbrach, hingegen auf gehässige Ausfälle gegen Juden oder Farbige weitgehend verzichtete, verkümmerte bei Hitler das Idealbild des Ariers und räumte ihm den Platz für das haßverzerrte Gegen-Ideal des Juden. Der Nordische Gedanke war „positiv“ ausgerichtet, d. h. *für* die nordische Rasse, während sich Hitlers Rassenlehre weitgehend zur „Judenfrage“ verengte und sich fast ausschließlich in „negativen“ Aussagen, d. h. in antisemitischen Ausfällen erschöpfte. Bei Rosenberg waren „positive“ wie „negative“ Aussagen gleichermaßen vorhanden[91]. Neu und einzigartig bei Hitler war indessen nicht nur diese Vereinfachung und Verengung des Rassengedankens, sondern auch seine Verschmelzung mit der deutschen Lebensphilosophie sowie die massenpsychologische Verbreitung mit den Mitteln der amerikanischen Reklametechnik. Hier kam ihm die Verschwommenheit seiner Lehre zugute, die eine schier unbegrenzte Zahl von Interpretationsmöglichkeiten und somit eine vielseitige Anpassung an aktuelle politische Bedürfnisse bot[92].

Eine geschlossene NS-Rassenideologie im Sinne einer starren kodifizierten Doktrin hat es, wie gesagt, niemals gegeben. Hitlers „Mein Kampf“ bildete nur einen eng begrenzten Ausschnitt aus der Vielzahl der Rassenlehren, die nebeneinander koexistierten. Rosenbergs „Mythus“ hat die Rolle einer „Rassenbibel“ nicht angenommen. Als führender Fachvertreter wurde vielfach Günther betrachtet. Aber er hat niemals die ihm sich bietende Gelegenheit genutzt, sich zum Chefideologen des Rassengedankens im Dritten Reich emporzuarbeiten, und sich ausschließlich als Gelehrter außerhalb des politischen Lebens betätigt[93]. Sein Einfluß auf die Entwicklung der NS-Rassenlehren ist daher gelegentlich stark übertrieben worden. Vielmehr übernahm das Regime nur diejenigen seiner Aussagen, die ihm genehm waren. Der Nationalsozialismus war allen Bekenntnissen zur nordischen Rasse zum Trotz deutsch-national eingestellt und konnte kein Interesse haben an einer Ideologie, deren letzte Konsequenz eine rassische Zersplitterung des deutschen Volkes gewesen wäre. Wie die Synonymität von Volk und Rasse bei Hitler so bildete auch die Rassenpolitik des Nationalsozialismus insgesamt eine weitgehende Negation des nordischen Rassengedankens[94].

---

90 Vgl. Jäckel, S. 66 ff.
91 Lutzhöft, S. 23 f.
92 Vgl. Lukács, S. 574 f.
93 Lutzhöft, S. 41 ff.
94 Ebd., S. 163 f., 258 f., 262 ff.

Die Verschwommenheit und Unklarheit in zahlreichen rassentheoretischen Einzelfragen führte dazu, daß eine Vielzahl auch solcher Schriften geduldet wurde, die von Hitler oder Rosenberg und ihren Adepten abwichen. Was freilich nicht geduldet wurde, war eine wissenschaftliche Auseinandersetzung über den Rassengedanken. Diskussionen, die die NS-Ideologie hätten demaskieren können, wurden unterdrückt; eine wissenschaftliche Anthropologie wurde systematisch behindert[95]. Wissenschaftliche Projekte, die — wie z. B. groß angelegte Blutuntersuchungen — den in sie gesetzten Hoffnungen nicht zu entsprechen schienen, wurden abgebrochen. Auf internationalen Kongressen von Anthropologen, Medizinern, Philosophen und Sozialwissenschaftlern zwischen 1934 und 1938, auf denen eine Klärung der Rassenfrage angeregt wurde, verhinderten nationalsozialistische „Gelehrte" die Annahme derartiger Anträge[96].

Generell kann man die NS-Rassenlehre als ein Torso ideologischer Teilstücke bezeichnen, von denen einige regelmäßig wiederholt, andere bei Gelegenheit fallengelassen oder abgewandelt wurden. Gewisse Wandlungen erlebte der Rassengedanke, nachdem während des Krieges die SS sich auch zum ideologischen Faktor im Reich entwickelte. Zu den konsequenten Bestandteilen der im Dritten Reich publizierten Rassenlehren gehörte der statische, gobinistische Rassenbegriff, der jede Rassenpolitik unter das Gebot einer Restauration früherer, meist fiktiver urzeitlicher Zustände stellte. Trotz der Hochschätzung, die Chamberlain genoß, hat dessen Konzeption von der dynamischen Zuchtrasse im Dritten Reich keinen Anklang finden können[97]. Denn das Selbstverständnis als bloße Zuchtrasse hätte die NS-Ideologie ihres Anspruchs auf *apriorische* Überlegenheit der Arier beraubt und den historisch-genealogischen Anspruch auf Abstammung von germanischen Eroberervölkern zumindest verwässert. Der ideologische Widerspruch, der zwischen der Berufung auf einen Sozialdarwinisten par excellence wie Chamberlain und dem gleichzeitigen Festhalten am gobinistischen Begriff der Systemrasse lag, ist von führenden NS-Ideologen keineswegs übersehen worden. Rosenberg erklärte dies damit, daß Chamberlains gesunder Skeptizismus gegenüber dem damaligen Stand der Rassenforschung die Fiktion einer „arischen" (System-)Rasse verboten habe. Der neueste Stand der Forschung, so deutete Rosenberg vorsichtig an, hätte gewiß Chamberlains kritische Bedenken überwunden, wie ja auch seine letzte, 1921 erschienene Schrift in diesem Sinne Germanen und Hellenen als einer gemeinsamen Rasse zugehörig bezeichnet hätte[98]. Aber auch in der Gegenwart, fügte Rosenberg hinzu, würde sich ein kritischer Forscher davor hüten, den

95 Mühlmann, S 198; Saller, S. 170.
96 Zollschan, S. 97 f.
97 Alfred Rosenberg: Houston Stewart Chamberlain als Verkünder und Begründer einer deutschen Zukunft, München 1927.
98 Ebd., S. 72 f.

Mythos „Rasse“ erklären zu wollen[99]. — Wohl aber ist von Chamberlain der Zuchtgedanke in die NS-Ideologie eingegangen und schließlich in den „Lebensborn“-Projekten der SS zur Heranzüchtung einer rassischen Elite in den 1930er Jahren konzipiert und während des Krieges teilweise verwirklicht worden[100].

Ein zweites wesentliches Element in der NS-Ideologie war das Bekenntnis zum sozialdarwinistischen „Kampf ums Dasein“, der die Rechtfertigung bieten sollte für jegliche Gewaltanwendung gegenüber innenpolitischen Gegnern, anderen Völkern und nicht zuletzt als Mittel einer breit angelegten Vernichtungspolitik. Es ist richtig, daß manche der NS-Parolen vom Kampf der höheren gegen die niederen Rassen, insbesondere derartige Formulierungen bei Hitler, darwinistischen Ursprungs sind und teilweise über die Lehren Haeckels in die Nazi-Philosophie eingeflossen sind[101]. Es ist aber ganz unzweideutig, daß bei aller ideologischen Verschwommenheit und Widersprüchlichkeit zumindest verbal das gobinistische Element überwog. Das einzige Zugeständnis an den Sozialdarwinismus bildete neben dem propagierten rücksichtslosen „Kampf ums Dasein“ die faktische (nicht ideologische) Gleichsetzung von Volk und Rasse.

Damit ist die inhaltliche Abgrenzung der NS-Rassenlehre bereits abgeschlossen. Alle übrigen Aussagen variierten bei einzelnen Ideologen oder unterlagen zeitbedingten Wandlungen. Eigentümlich für die frühe Zeit des Dritten Reiches war die Koexistenz mehrerer sich ausschließender Menschheitskonzeptionen. Neben der von Gobineau überlieferten weiß-gelb-schwarzen Menschheitspyramide sowie allen anderen in der Zwischenzeit erdachten Hierarchien setzte sich immer stärker das von Hitler vertretene Bild von der Polarität Menschheit—Gegenmenschheit durch. An die Stelle der Pyramide, deren Spitze die arischen, langschädeligen, blond-blauäuigen oder sonstwie qualifizierten Germanen bildeten, trat das Verhältnis Arier—„Untermensch“. Bildete Gobineaus Menschheitshierarchie nur ein politisches und kulturelles Subordinationssystem von Völkern, so konstruierten NS-Ideologen nunmehr „Gegenrassen“, die mit den Ariern um die Weltherrschaft ringen[102]. „Der Jude ist der Gegenpol des nordischen Menschen“, lautete eine NS-Parole[103]. Was die Rassentheoretiker des 19. Jahrhunderts für bloß weniger talentierte und somit zum Dienen prädestinierte Menschengruppen, was die Zeitgenossen des Kolonialimperialismus für geborene Untertanen gehalten hatten, wurden in der NS-Ideologie naturgegebene Feinde, mit denen sich die Arier in einem durch das „Gesetz des Blutes“ vorherbestimmten Kampf befänden, der nur mit der Vernichtung

99 Ebd., S. 74.
100 Conrad-Martius, S. 105 f.
101 Gasman, S. XXII.
102 Saller, S. 83.
103 Walter Hofer (Hrsg.): Der Nationalsozialismus. Dokumente 1933—1945, Frankfurt am Main 1957, S. 281.

eines der beiden Gegner enden konnte. Die Massenvernichtungen von Auschwitz hatten damit den ihnen entsprechenden ideologischen Überbau erhalten.
Der Begriff des „Untermenschen“ ist keine Erfindung der Nazis. Wir finden ihn bereits als „Äffling“ in den primitiven Mythen eines Adolf Lanz und in soziologisch sublimierter Form als „underman“ und „subhuman being“ bei Lothrop Stoddard. Aber erst in den Broschüren, die die SS während des Krieges herausgab, finden wir die These, derzufolge dem „Untermenschen“ sogar der Menschencharakter abzusprechen sei, zum Gegenstand einer offiziellen Propaganda erhoben. Vor dem Hintergrund des Ostfeldzuges und der Massenvernichtungsaktionen ist daher folgendes Zitat aus einer Propagandabroschüre des SS-Hauptamtes zu verstehen: „Der Untermensch — jene biologisch scheinbar völlig gleichgeartete Naturschöpfung mit Händen, Füßen und einer Art von Gehirn, mit Augen und Mund, ist doch eine ganz andere, eine furchtbare Kreatur, ist nur ein Wurf zum Menschen hin, mit menschenähnlichen Gesichtszügen — geistig, seelisch jedoch tiefer stehend als jedes Tier. Im Innern dieses Menschen ein grausames Chaos wilder, hemmungsloser Leidenschaften: namenloser Zerstörungswille, primitivste Begierde, unverhüllteste Gemeinheit. Untermensch — sonst nichts! — Denn es ist nicht alles gleich, was Menschenantlitz trägt! Wehe dem, der das vergißt! (...) Und diese Unterwelt der Untermenschen fand ihren Führer: den ewigen Juden[104].“
Die NS-Rassenpolitik bildete eine zwar nicht immer kontinuierliche, stets aber konsequente Fortsetzung der propagandistischen Haßtiraden aus der „Kampfzeit“. Bereits wenige Wochen nach dem Beginn von Hitlers Kanzlerschaft setzte die nun amtlich gewordene antisemitische Hetze ein, die mit wechselnder Thematik sich ständig verschärfte und mit zeitweiligen taktischen Unterbrechungen die gesamte Geschichte der NS-Herrschaft begleitete. Bereits im Frühjahr 1933 wurde mit heftigen agitatorischen Attacken die Verdrängung der Juden aus verschiedenen Berufsgruppen sowie der Boykott des jüdischen Einzelhandels eingeleitet, gefolgt von der Sperrung öffentlicher Einrichtungen für Juden, Zerstörungen von Synagogen und Friedhöfen und bereits 1934 ersten Lynchakten[105]. Der zur offiziellen Staatsdoktrin erhobene Rassengedanke erlebte 1933 eine Hochkonjunktur in der Gründung von staatlichen und parteiamtlichen Dienststellen, die die NS-Ideologie im öffentlichen Leben institutionalisieren sollten. Eine ideologische Monopolstellung erhielten hier die SS sowie das spätere Rassenpolitische Amt der NSDAP und das Amt für Sippenforschung[106]. Parallel zu dieser propagandistischen Arbeit lief die Verankerung des Rassengedankens im legislativen Bereich. Bereits im April 1933

---

104 Ebd., S. 280 f.
105 Kurt Pätzold: Faschismus, Rassenwahn, Judenverfolgung. Eine Studie zur politischen Strategie und Taktik des faschistischen deutschen Imperialismus (1933—1935), Berlin DDR 1975, S. 41 ff., 47 ff., 135, 158 f. — Helmut Genschel: Die Verdrängung der Juden aus der Wirtschaft im Dritten Reich, Göttingen 1966.
106 Pätzold, S. 177.

wurde das „Gesetz zur Wiederherstellung des Berufsbeamtentums" erlassen, mit dessen berühmtem „Arierparagraphen" Juden oder andere rassisch nicht genehme Personen aus dem Staatsdienst verdrängt wurden. Im gleichen Jahr wurde der obligatorische „Ariernachweis" eingeführt, zunächst für führende NS-Funktionäre, später für sämtliche Staatsbürger[107]. Es folgten 1934 gesetzliche Maßnahmen zur „Verhinderung erbkranken Nachwuchses", mit denen die nationalsozialistischen Untaten im Bereich der Zwangssterilisierung, -kastration und schließlich der Euthanasie eingeleitet bzw. vorbereitet wurden[108]. Diese Politik entsprang den Wurzeln der Rassenhygiene und berührte die Rassenlehren selbst nur am Rande; gleichwohl fand sie Zustimmung auch bei den Rassenideologen, die darin einen Schritt in Richtung einer eugenischen Hochzüchtung der nordischen Rasse vermuteten[109]. Diese Erwartungen wurden zwar niemals vollständig, ein Jahr später aber teilweise erfüllt durch die sogenannten „Nürnberger Gesetze"[110]. Das „Reichsbürgergesetz" führte die Unterscheidung von deutschblütigen Reichsbürgern als alleinigen Trägern aller bürgerlichen Rechte einerseits und bloßen Staatsangehörigen andererseits ein, zu denen Juden und andere als nicht artverwandt eingestufte Personen gerechnet wurden. Das „Blutschutzgesetz" verbot Eheschließungen zwischen Juden und „deutschblütigen" Reichsbürgern und führte hierzu strenge Strafbestimmungen sowie eine Reihe von rassendiskriminierenden Regelungen ein[111]. Beide Gesetze wurden zwar von Rassenideologen begrüßt, aber als unvollständig betrachtet, wie überhaupt die NS-Rassenpolitik nach ihrer Auffassung zu wenig unternahm, um das Ideal „nordischer Rassenreinheit" zu verwirklichen. Von den aufgeführten Maßnahmen und späteren Anläufen der SS zur Rassenzüchtung in den sogenannten „Lebensborn"-Projekten abgesehen, hat der Gedanke der Rassenreinheit im Dritten Reich eine untergeordnete Rolle gespielt. Die politische Praxis des NS-Regimes hat in dieser Richtung kaum „positive" Schritte unternommen und getreu Hitlers faktischer Gleichsetzung von Rasse und Volk den Boden eines deutschnationalen Denkens kaum verlassen, was ja auch die Einheit der Nation auf dem Altar der nordischen Rasse geopfert haben würde. Das gilt auch für die Außenpolitik, die gerade in ihrer ideologischen Inkonsequenz die Erwartungen etwa eines Hans F. K. Günther enttäuschte. Das Bündnis mit den Japanern, der Kampf gegen das „artverwandte" Großbritannien, die keineswegs „verwandtschaftliche" Unterdrückung Norwegens, Dänemarks und der Niederlande weisen auf eine machtpolitische Prinzipienlosigkeit hin, die Lutzhöfts Urteil zu rechtfertigen scheint, wonach

107 Ebd., S. 81 ff., 175.
108 Klaus Dörner: Nationalsozialismus und Lebensvernichtung, *Vierteljahreshefte für Zeitgeschichte* 15 (1967), S. 121 ff.
109 Lutzhöft, S. 163.
110 RGBl. I 1935, Nr. 100, S. 1146 f.; Der Nationalsozialismus, a. a. O., S. 284 f.
111 Pätzold, S. 259 ff.

die NS-Politik nur verbal, nicht aber de facto von rassenideologischen Motiven des nordischen Gedankens geleitet wurde.
Dieser Feststellung ist jedoch der Hinweis auf die Massenvernichtungsaktionen gegen Juden, Zigeuner und eine Reihe von osteuropäischen Völkern entgegenzuhalten, in denen die NS-Rassenpolitik während des Zweiten Weltkrieges ihren blutigen Höhepunkt erreichte[112]. Während wir in fast allen rassenpolitischen Maßnahmen der Vorkriegszeit eine den eigentlichen ideologischen Rahmen überschreitende *herrschaftstechnische* Absicht erkennen können, versagen ökonomische, machttaktische oder strategische Erklärungsmuster angesichts der Deportation und heimlichen, nach außen hin geleugneten Vernichtung ganzer Volksgruppen. Am wenigsten befriedigen Versuche, die Massenmorde als Politik derer hinzustellen, die aus Profitinteressen die Massenvernichtungsmittel produzierten. Insgesamt stellte die Organisation des Mordapparates sogar einen Einsatz von Menschen und Mitteln dar, die gleichzeitig dem Fronteinsatz oder der Kriegswirtschaft entzogen wurden. Hier können wir nur eine von herrschaftstechnischen Kalkülen losgelöste Politik, die Verselbständigung eines durch die Rassentheorien begründeten Verhaltensmusters von aktuellen gesellschaftlichen Bezügen feststellen. Die Bluttaten von Auschwitz und Treblinka waren ausschließlich ideologisch motiviert und besaßen für Hitler, wie Jäckel zutreffend bemerkt, Prioritätscharakter vor sonstigen politischen und militärischen Erwägungen[113]. Noch in seinen letzten Äußerungen bekannte sich Hitler zum Judenmord als einzigem greifbaren Resultat seiner Herrschaft; machttaktische Erwägungen und politischer Interessenopportunismus scheiden hier als Motivation aus[114].
Von der Ideologie her inkonsequent, wie dies am Beispiel der Hitlerschen Feind- und Bündnispolitik schon angedeutet wurde, war auch die nationalsozialistische Kriegszielpolitik. Aber sie verband sich mit konkreten territorialen und wirtschaftlichen Expansionsplänen und erhielt darin ihren realen Bezug. Die geplante Schaffung eines „Großgermanischen Reiches" unter deutscher Führung, in das Skandinavier und Niederländer einbezogen werden sollten, sowie die koloniale „Neuordnung" des von slawischen Völkern besiedelten europäischen Ostens weisen auf ein rassenideologisches Konzept, das jedoch zugleich die imperialistische Expansionspolitik propagandistisch verkleidete und somit selbst einem machtpolitischen Opportunismus unterlag[115].
Im Gesamturteil wird man wohl festhalten können, daß der Rassengedanke im Hinblick auf (in formalem Sinne) „positive" Ziele, die die Herstellung eines

112 Gerald Reitlinger: The Final Solution. The Attempt to Exterminate the Jews of Europe 1939—1945, London 1953; deutsch: Die Endlösung. Hitlers Versuch der Ausrottung der Juden Europas 1939—1945, Berlin 1961.
113 Jäckel, S. 79 f.
114 Ebd., S. 84 f.
115 Vgl. hierzu Bracher: Diktatur, S. 441; Jäckel, S. 79 f.

rassenideologischen Idealzustandes bezweckten, unscharf und inkonsequent blieb. Hingegen wies er ein beklemmendes Maß an Konsequenz auf hinsichtlich der „negativen“ Aspekte der Feindbild-Konstellation. Hat das Hitler-Regime wenig für die Herstellung nordischer Rassenidyllen getan, so wandte es alle Energien auf zur Unterdrückung und Vernichtung der von ihm als „minderwertig“ geschmähten Völker und Volksgruppen. —

Vom Sonderfall der Vereinigten Staaten abgesehen gab es in keinem der Länder, in denen die Rassentheorien politische Resonanz erlangten, wirkliche Rassenkonflikte. Wir hatten zudem festgestellt, daß der Inhalt des Begriffs „Rasse“ in jedem Einzelfalle schwankte und damit den künstlich konstruierten Charakter des Rassenproblems verriet. Auch im Dritten Reich wurde erst nach jahrelangem Nebeneinander von „arischer“, „deutscher“, „weißer“, „europäischer“, „germanischer“ und „nordischer“ Rasse eine einheitliche Sprachregelung dekretiert[116]. Die zahllosen theoretischen Bemühungen um die „Rasse“ waren also eine Jagd nach einem Phantasiegebilde, an das zwar die Ideologen des Rassengedankens subjektiv glauben mochten, das aber nur als mystifizierende Hülle für eine reale Problematik verstanden werden kann. Wir hatten bei der Entstehung der verschiedenen Schulen der Rassentheorien deren enge Verbundenheit mit der Sozialgeschichte erkennen können; in der Regel brauchte man nur den Begriff „Rasse“ durch Klasse zu ersetzen, um die politische Interessenlage der jeweiligen Doktrinen zu demaskieren.

Den Charakter der Rassentheorien als Apologie gesellschaftlicher Ungleichheit haben wir bereits hinreichend dargelegt. Uns interessiert hier noch ihre Verwendbarkeit als Herrschaftsinstrument in solchen Ländern, in denen sie wie in Italien und vor allem Deutschland den Rang einer offiziellen Staatsdoktrin erlangten. Zunächst soll eine derartige Staatsideologie dem jeweiligen Regime eine Legitimation für seine Herrschaft geben; um jedoch die herrschaftstechnische Funktion einer Ideologie voll wirksam werden zu lassen, genügt eine bloße Gleichschaltung des öffentlichen Lebens nicht. Vielmehr muß das Regime auch das ideologische Interpretationsmonopol besitzen, um jede beliebige politische Kurskorrektur und selbst eine opportunistische Aufgabe bisheriger Positionen leichter rechtfertigen zu können. Dadurch befreit sich die politische Führung von doktrinären Fesseln und verhindert bei taktischen Positionsveränderungen eine Opposition ihrer eigenen Anhängerschaft. Im Dritten Reich wurde daher schon im Juli 1933 die Gründung privater Rassenämter und ähnlicher Einrichtungen verboten[117], um das ideologische Monopol von Partei und Staat zu erhalten. In Italien erfolgte diese Maßnahme erst in der Spätzeit des Faschismus mit dem 1944 eingesetzten „Ispettorato della razza“. — In einem weiteren Sinne als herrschaftstechnisches ideologisches Instrument wirkte auch die Verschwommenheit des Rassenbegriffs und die relative Vielfalt

116 Pätzold, S. 178.
117 Ebd., S. 177.

rassenideologischer Ansätze, die beliebig gegeneinander ausgespielt werden konnten, wobei die politische Führung als Inhaber des ideologischen Monopols stets die Rolle eines Schiedsrichters beanspruchen konnte. Auch die Verschwommenheit des Rassenbegriffs erleichterte opportunistische Kurskorrekturen und Ausnahmeregelungen und zugleich eine Verunsicherung des Volkes dadurch, daß ideologische Motive für bestimmte Maßnahmen allein von der Führung bestimmt werden konnten. Erkennbar ist dies am Beispiel der in Deutschland selten, in Italien häufiger praktizierten „Arisierung" von rassisch nicht genehmen Personen, auf deren Mitarbeit das Regime nicht verzichten wollte, oder aber in der zunächst relativ toleranten Behandlung des jüdischen Großkapitals in den ersten fünf Jahren der NS-Herrschaft[118]. Eine weitere herrschaftstechnische Funktion der offiziellen Rassenlehren lag in der Schaffung von Feindbildern, die im Innern systemstabilisierende Praktiken und nach außen die Militarisierung und Kriegsvorbereitung rechtfertigen konnten und sollten; wir waren darauf im letzten Kapitel eingegangen. — Schließlich aber konnte die Rassenpolitik immer dann aktiviert werden, wenn es galt, das Volk oder auch die eigene Parteianhängerschaft zu mobilisieren und von wirtschaftlichen Mißerfolgen oder nicht eingehaltenen Versprechen abzulenken. Im Dritten Reich lassen sich Zusammenhänge zwischen der Ausschaltung des sogenannten linken Flügels der NSDAP und anderen Schritten zur weiteren Festigung der Hitler-Diktatur einerseits und der Inszenierung von Judenpogromen andererseits deutlich nachweisen[119]. Die Rassentheorien dienten somit der Entpolitisierung und Verdummung des Volkes, indem man es mit politischen Scheinproblemen beschäftigte und gleichzeitig hinter einer ideologischen Nebelwand Herrschaft und Unterdrückung zu verbergen suchte.

Abschließend bleibt uns noch der Hinweis auf die Querverbindungen zwischen Rassentheorien und Faschismus übrig. Eine Diskriminierung von Gruppen aufgrund ihrer (wirklich oder vermeintlich) angeborenen Andersartigkeit läßt sich in Gesellschaften sehr unterschiedlicher Entwicklungsstufen der Menschheitsgeschichte nachweisen. So unsinnig es daher ist, ein Herrschaftssystem wegen rassistischer Züge als faschistisch zu bezeichnen, so unverkennbar ist doch die Affinität gewisser rechtsradikaler Parteien für den Rassengedanken. Diese Aussage beschränkt sich auf solche Parteien, die sich selbst als faschistisch verstanden und sich in politischer und ideologischer Nachbarschaft italienischer und deutscher Vorbilder wähnten. Eine Ausdehnung auf alle rechtskonservativen Bewegungen und auf Rechtsdiktaturen in der Tradition spätabsolutistischer Regime scheint wenig sinnvoll, da ein meist in polemischer Absicht erfolgender inflationärer Gebrauch des Begriffs „Faschismus" dessen Aussagekraft als politischer Gattungsbegriff einschränkt. Es soll hier auch nicht ein-

---

118 Ebd., S. 163, 280.
119 Ebd., S. 61 und öfter.

gegangen werden auf die zahlreichen Faschismustheorien[120], deren kontroverse Inhalte zu einem guten Teil auf die oft wahllose Verwendung des Begriffs zurückzuführen ist: Faschismus einmal als parteipolitisches Phänomen in engstem Zusammenhang mit einer charakteristischen Ideologie und zum andern Faschismus als Herrschaftssystem, in dem sich die darin regierende Partei oft unter weitgehender Aufgabe ihres kleinbürgerlich-pseudorevolutionären Programms und ihrer Ideologie mit den traditionellen Herrschaftseliten (Bank- und Industriekapital, Großgrundbesitz, Militär, Bürokratien, in Italien zusätzlich Krone, Kirche, Hochadel) arrangierten und gleichzeitig zu Sachwaltern von deren Interessen wurden. Beide theoretischen Ansätze können sehr wohl, sofern sie nicht Anspruch auf alleinige Geltung erheben, sinnvolle Ergänzungen bilden und bei dynamischer Begriffsbestimmung gleichermaßen den ideologisch-parteigeschichtlichen wie den herrschaftstechnischen Bereich und ihre jeweiligen gesellschaftlichen Hintergründe erfassen[121].

Da wir die Funktion der Rassentheorien als Herrschaftsinstrument bereits skizziert haben und somit die nachfolgenden Ausführungen das Dargelegte mitenthalten oder zumindest berücksichtigen, bleibt uns nur übrig, die ideologischen Parallelen zwischen faschistischen Ideologien und dem Rassengedanken aufzudecken. Gehen wir die Geschichte der ideologischen Vorläufer und Wegbereiter vor allem des Nationalsozialismus durch, so finden wir eine nicht zu übersehende Parallelität ihrer politischen Ideen, nicht selten sogar eine personelle Identität ihrer Vertreter. Eine der frühen Wurzeln rechtsradikaler Bewegungen reicht zurück bis in die Zeit der Restauration als Abwehr der Ergebnisse der Französischen Revolution: (1) der aus dieser Epoche stammende *Antiliberalismus* vereinte im einzelnen zwar unterschiedliche, letzten Endes aber verwandte Haltungen gegen den Abbau feudaler Privilegien im politischen Bereich und zunftständischer Privilegien im Gewerbewesen. Die Aufhebung der bäuerlichen Erbuntertänigkeit wie die Einführung der Gewerbefreiheit in den Städten provozierten eine antiliberale Reaktion gegen die Neuerungen bei gleichzeitiger Orientierung an ständischen Gesellschaftsidyllen und in enger Anlehnung an eine neoklerikale und kulturelle Restauration. Das antiliberale ständische Denken zeichnete aber auch die Rassentheorien aus, wie wir es vor allem an ihren gobinistischen Varianten beobachten konnten. Spätere Apologien des Manchester-Kapitalismus, wie sie einige Rassendarwinisten verkündeten, verteidigten nicht die liberale Gesellschaft und stellten nur eine Anpassung der antiliberalen Haltung an die Entwicklung zur Industriegesellschaft dar. — (2) Parallel zum Antiliberalismus lief das *antidemokratische* Denken, die Ablehnung der gesetzlichen Gleichheit der Bürger, des Verfassungsstaates,

120 Als Übersicht s. Wolfgang Wippermann: Faschismustheorien. Zum Stand der gegenwärtigen Diskussion, Darmstadt 1972.

121 Vgl. hierzu Manfred Clemenz: Gesellschaftliche Ursprünge des Faschismus, Frankfurt am Main 1972, S. 25.

der sozialen Wohlfahrt, wie wir es im Elitedenken sowohl des Nationalsozialismus und des italienischen Faschismus als auch der Rassentheorien feststellen können. Beiden war die Ablehnung der Ergebnisse von 1789 zueigen, beide erblickten in jeder Revolution eine durch Demagogen inszenierte Verschwörung gegen die Naturordnung und waren sich (3) einig in einer schroffen *Ablehnung der Aufklärung* als der Zerstörerin angeblich ewiger Ordnungsprinzipien. Ausdruck fand diese Haltung in einem gemeinsamen *Kulturpessimismus* und einem zunehmenden *Irrationalismus,* wie er für faschistische Ideologien wie für die Rassentheorien charakteristisch war. — Typisch für die Vorläufer beider Erscheinungen war (4) eine *antiuniversale* und *antikosmopolitische* Einstellung, wie sie gleichermaßen im extremen Nationalismus wie im Rassengedanken zum Ausdruck gelangte[122]. Mit der synkretistischen Phase der Rassentheorien verwischten sich auch weitgehend die inhaltlichen Unterschiede des Antiuniversalismus in Form eines rassistisch konzipierten Nationalismus. — (5) Schließlich paßten die Wegbereiter des Nationalsozialismus wie die zeitgenössischen Rassenideologen ihre *Anti-Haltungen* den gesellschaftlichen und politischen Entwicklungen an und übertrugen sie frühzeitig auf *Sozialismus* und *Marxismus,* was dann nach der Russischen Revolution endgültig zur Bildung faschistischer Organisationen führte[123] und gleichzeitig den Rassengedanken in politischen Parteiprogrammen verankerte.

Diese Parallelität der ideologischen Entwicklung, die personelle Identität gemeinsamer Wegbereiter und schließlich die in Ansätzen erkennbare Ansiedlung der Rassentheorien in zahlreichen rechtsradikalen Parteien lassen eine exakte Trennung beider Phänomene nicht zu. Gewiß, nicht alle rechtsradikalen Bewegungen in Europa geschweige denn ihre überseeischen Imitationen übernahmen den Rassengedanken vollständig oder kannten ihn nur in Form eines ohnehin nicht immer konsequent rassistisch geprägten Antisemitismus. Aber die Zugehörigkeit beider zueinander kann nicht geleugnet werden. Freimütig — und in diesem Zusammenhang wohl auch zutreffend — bekannte daher Giulio Evola, daß erst der Rassengedanke eine Steigerung und Vollendung des Faschismus sei[124].

Nur eine sehr verengte Betrachtungsweise, die gebannt auf die Rassentheorien eines Landes und eines bestimmten Zeitraumes starrt[125], sperrt sich gegen den

---

122 Ebd., S. 128 ff.

123 Nolte: Faschistische Bewegungen, S. 14 ff.

124 Evola, S. 11.

125 So interpretieren Plumyène und Lasierra (a. a. O., S. 204 f.) den blonden Idealgermanen als Ausdruck des genormten Menschen der Industriegesellschaft und den Rassengedanken als Ausdruck der überlegenen deutschen Technik: „Le germain blond, grand, aryen, etc. n'est qu'un image transfigurée de l'homme de l'âge industriel, pur et entreprenant, dégagée de tout bien avec le passé immédiat sinon avec le passé mythique, lavée de toute contigence. (...) Il faut bien comprendre que cette prétendue supériorité raciale n'était que *l'expression chimérique de la supériorité technique* de l'Allemagne, supériorité

Einblick in die weit zurückreichenden Ursprünge, die uns den Nationalsozialismus und ideologisch verwandte Erscheinungen und mit ihnen die Rassentheorien in ihren Wurzeln als mehreren Entwicklungsphasen der modernen Gesellschaftsgeschichte zugehörig erscheinen lassen, als komplexe Phänomene, zusammengesetzt aus „ungleichzeitigen“ Elementen, die sich als Fortsetzung und „Modernisierung“ der spätfeudalistischen Restaurationsepoche durch zeitgenössische politische Interessen neu beleben ließen, wenn es galt, Freiheit und Gerechtigkeit zu bekämpfen.

---

réelle cette fois, comme l'ont prouvé les succès foudroyants de l'armée allemande ; et que cette supériorité technique avait elle-même été acquise au cours d'un processus évoqué plus haut, dont le racisme avait déjà fourni le principe dynamique.“

Die Rassentheorien und ihre Kritiker

Die Rassentheorien wurden im Verlauf ihrer Geschichte von kritischen Stimmen begleitet, die teils aus wissenschaftlicher Redlichkeit ihre fragwürdigen Prämissen und unhaltbaren Schlußfolgerungen, teils aus wachem politischen Sinne die ihnen innewohnenden Gefahren anprangerten und ihre Konsequenzen beschworen. Die Kritiker der Rassentheorien haben Ausbreitung und zunehmende Anziehungskraft auf reaktionäre Kreise nicht *ver*hindern, nicht einmal *be*hindern können. Aber im Getöse eines ideologischen Totentanzes, in dem rationale Argumente übertönt wurden, haben sie die Stimme der Vernunft nicht verstummen lassen. Nicht nur aus Gründen historiographischer Vollständigkeit haben sie es daher verdient, im folgenden kurz gewürdigt zu werden.

Auf die Reserve und Kritik, der Gobineau mit den Ausführungen seines „Essai" stieß, wurde bereits hingewiesen. Sein älterer Freund Alexis de Tocqueville warf ihm Materialismus und historischen Determinismus vor, die Mißachtung der menschlichen Willensfreiheit, das Ableugnen anderer als biologisch vorgegebener und gesetzter Werte, die völlige Entwertung des Individuums, den tiefen Nihilismus, der ungeachtet einer katholischen Fassade das gesamte Œuvre Gobineaus auszeichnet. Die zeitgenössischen Wissenschaftler — Historiker und Anthropologen — wiesen auf die zahlreichen Ungereimtheiten, auf nicht bewiesene oder nicht beweisbare Hypothesen oder auf fragwürdige Prämissen hin. — Aber auch die sozialdarwinistischen Rassentheorien stießen auf Kritik. Man bestritt die Möglichkeit, den im pflanzlichen und tierischen Bereich beobachteten Kampf ums Dasein und die daraus resultierende Entstehung neuer, höherer Arten unbedenklich auf die menschliche Gesellschaft zu übertragen. Die von Malthus gelegten theoretischen Voraussetzungen des Darwinismus wurden in Frage gestellt, um die Allgemeingültigkeit darwinistischer Grundaussagen zu bestreiten oder in ihrem Geltungsbereich einzuschränken. Auch erkannten Kritiker früh die möglichen politischen Folgen des Rassendarwinismus und wiesen auf die Gefahren einer Verherrlichung von amoralischen Konkurrenzmechanismen für das Zusammenleben von Individuen und Völkern hin.

Eine der ersten Stimmen, die sich in Verbindung mit einer systematischen Auseinandersetzung gegen Gobineau und die von ihm inspirierten Rassentheorien erhoben, war die des in Paris lebenden haitianischen Rechtsanwaltes A. Firmin. Sein Buch über die *Gleichheit* der Menschenrassen, das zwei Jahre nach Gobineaus Tod und der Zweitauflage von dessen „Essai" erschien, war aus zweierlei Gründen von Interesse: einmal weil es von einem Farbigen stammte, der nach eigener Aussage den Versuch unternahm, seine westindischen und afrikanischen Rassengenossen vor den Anwürfen und Verunglimpfungen des „Essai" in Schutz zu nehmen und vor der Welt zu rehabilitieren[1]; zum andern war das Buch interessant, weil es den Darwinismus gegen den Gobinismus auszuspielen versuchte und den Entwicklungsgedanken als Argument gegen Gobineaus statisches Rassenschema anführte. Damit wies Firmin frühzeitig auf die theoretischen Schwachstellen der späteren synkretistischen Rassenlehren hin, die Elemente des Gobinismus und Darwinismus zu einem — in sich widersprüchlichen — Ganzen zusammenzufassen suchten.

Der politische Impuls und die Motivation Firmins mögen uns vielleicht naiv und seine historischen Argumente unkritisch erscheinen. Als Beispiel dafür, daß auch die Schwarzen Staaten und Kulturen von Bedeutung geschaffen hätten, nannte er das antike nubische Reich der Äthiopier sowie die zeitgenössische Geschichte der Republik Haiti seit ihrer Unabhängigkeit. Das erste ist quellenmäßig nur schwer greifbar, letztere war — abgesehen von den bedeutenden haitianischen Freiheitskämpfern Toussaint L'Ouverture (dem das Buch gewidmet war) und Henri Dessaline — nur aus lokalpatriotischer Sicht als Repräsentationsstück geeignet. Aber sehr treffend stellte Firmin die zahllosen wissenschaftlichen Ungereimtheiten im Werke Gobineaus fest[2] und hielt ihm entgegen, daß Rasse nichts Statisches, nichts Endgültiges, sondern vielmehr etwas Veränderbares und somit „perfectible" sei[3]. Alle Argumente von der Unterlegenheit einer Rasse, so Firmin, gingen vom aktuellen Zustand aus nicht von der Möglichkeit zur Entwicklung und Vervollkommnung; so wie Organe mit ihrem Gebrauch wachsen, so hätten die „wilden Rassen", obgleich in Unwissenheit eingetaucht, nicht das Recht verloren, am Fortschritt der Menschheit teilzuhaben[4].

Zutreffend erkannte Firmin die politischen Implikationen der Rassenlehren: die Farbigen müßten — bei konsequenter Auslegung — von der Erdoberfläche verschwinden, um Platz freizugeben für die Entfaltung der Weißen[5], ein Bild, das zu einer Zeit wachsender europäischer Kolonialexpansion die politische Hintergrundszenerie beleuchtete. Die Lehre von der Ungleichheit der Menschenrassen, so Firmin, sei wissenschaftlich nicht haltbar, sie werde

1 A. Firmin: De l'égalité des races humaines. Anthropologie positive, Paris 1885, S. XII f.
2 Ebd., S. 231 ff.
3 Ebd., S. 396 ff.
4 Ebd., S. 409 f.
5 Ebd., S. 647.

allein vom Gedanken der Ausbeutung getragen: „La doctrine anti-philosophique et pseudo-scientifique de l'inégalité des races ne repose que sur l'idée de l'exploitation de l'homme par l'homme[6]."
Diese frühe Kritik an den Rassentheorien, die schon Jahrzehnte vor dem Kulminationspunkt ihrer publizistischen Breitenwirkung vorgebracht wurde, hat selbst wenig Resonanz gefunden. Die inneren Ungereimtheiten, die gerade in den synkretistischen Rassentheorien zwischen gobinistischer Tradition und rassendarwinistischen Aussagen bestanden, wurden in der einschlägigen Literatur unbesehen weitergeschleppt. Kritiken wurden meistens mit Spekulationen über die rassische Herkunft des Kritikers abgewehrt und gaben den Rassenideologen in der Regel keinen Anstoß zur Überprüfung ihrer theoretischen Machwerke. Noch weniger gelang es der politischen Kritik, dem kodifizierten Irrsinn eine Barriere entgegenstellen. Allen politischen Demaskierungen begegneten die Rassenideologen mit charakteristischen Immunisierungen dergestalt, daß eben diese Kritiken aus Ausfluß „jüdisch-zersetzenden" oder sonstwie „minderwertigen" Geistes im vorhinein diskreditiert wurden. So blieb auch eine andere unmittelbar nach der Zweitauflage des „Essai" herausgegebene Schrift, „L'égalité des races" (Paris 1884), ohne Resonanz. Opfer einer so umrissenen Immunisierungstaktik wurde auch das von Jean Finot veröffentlichte Werk „Le préjugé des races" (Paris 1905), das unmittelbar nach der Dreyfus-Affäre und auch später mit der jüdischen Herkunft seines Verfassers abgetan wurde. Finot brachte die Rassentheorien erstmals mit dem sozialpsychologischen Phänomen des Vorurteils in Verbindung und regte eine Reihe von späteren ähnlich konzipierten Untersuchungen an.
Von fachwissenschaftlicher Seite erhielten die Rassentheorien frühzeitig Widerspruch von der Völkerkunde. Unter den Kritikern Gobineaus wandte sich der Marburger Philosophieprofessor Theodor Waitz (1821—64) in seiner vierbändigen „Anthropologie der Naturvölker" (Leipzig 1859—64) gegen die Aussagen der Rassentheorien und vertrat die Ansicht, daß alle Völker von ihrer Anlage her gleichermaßen für die Zivilisation befähigt seien[7]. Die vermeintlichen Ungleichheiten führte er auf sekundäre Faktoren zurück wie Klima, Sprache, Wirtschaftsordnung, Verkehrsverbundenheit mit anderen Völkern, Möglichkeiten der Kommunikation und des Ideenaustauschs, Faktoren also, die veränderbar sind und somit, im Gegensatz zu den angeblich angeborenen rassenimmanenten Eigenschaften, Korrektur und Steuerung unterworfen werden können.
Von der Völkerpsychologie her erhob der Engländer William D. Babington Einspruch gegen die Rassentheorien. In seiner zwei Jahre nach seinem Tode

6 Ebd., S. 204.
7 Gossett, S. 412.

herausgegebenen Schrift „Fallacies of Race Theories as Applied to National Characteristics“ (London 1895) verwarf er zwar nicht den Rassenbegriff, sofern man ihn als bloßes Deskriptionsmittel zur Kennzeichnung von Völkergruppen verwendete, äußerte jedoch Zweifel an der wissenschaftlichen Meßbarkeit von Rassenunterschieden. Das galt für ihn vor allem im Hinblick auf die vielfach behauptete „Rassenintelligenz“ und die angeblich unterschiedlichen intellektuellen und charakterlichen Fähigkeiten und Eigentümlichkeiten der Menschenrassen. Generell bezeichnete Babington die Rassentheorien als wertlos und pseudowissenschaftlich[8].

Die Kritik an den Ergebnissen der Rassentheorien bedeutete bei einigen Forschern nicht immer eine grundsätzliche Ablehnung der anthropologischen Einteilung und Charakterisierung der Menschheit in unterschiedliche Gattungseinheiten, sondern beschränkte sich gelegentlich nur auf ihre absurdesten und fragwürdigsten Schlußfolgerungen sowie ihre politischen und sozialen Inhalte. Der amerikanische Anthropologe William Z. Ripley, Dozent an der Columbia-Universität, bejahte zwar die Lehre von der intellektuellen Ungleichheit der Rassen, bezweifelte aber den wissenschaftlichen Wert der Rassenlehren und ihrer methodischen Instrumentarien. So stellte er die Gültigkeit der Schädellehre in Frage, der er allein einen klassifikatorischen, deskriptiven Wert zubilligte, zugleich jedoch die Fähigkeit absprach, wissenschaftlich überprüfbare Aussagen zu machen. In seinem Werk „The Races of Europe: A Sociological Study“ (New York 1899) verspottete er die Lehre von der teutonischen Überlegenheit und räumte mit dem zeitgenössischen Ariermythos auf[9].

Der aus Deutschland stammende amerikanische Anthropologe und Ethnologe Franz Boas (1858—1942) lieferte zahlreiche empirische Daten aus dem Bereich der Völkerkunde gegen die Rassentheorien. Anknüpfend an ihn stellte der Deutsche Carl Helm 1923 neun Thesen gegen die Grundaussagen des Rassengedanken auf, deren wesentlicher Inhalt folgender war: die gesamte Menschheit bildet eine einzige Gattung, den Homo sapiens; es gibt keine „wilden“ Völkerschaften, nur andersartige; es gibt daher keine „minderwertigen“ Rassen, wohl aber minderwertige Individuen innerhalb jeder Rasse; die Rassen stellen entwicklungsgeschichtlich bloße Anpassungen an ihre klimatische, soziale, wirtschaftliche und übrige Umwelt dar, was nicht ausschließe, daß die trennenden Unterschiede zwischen Individuen innerhalb einer Rasse größer sein können als zwischen Angehörigen verschiedener Rassen. Schließlich könne bei Mischlingen niemals von einer zwangsläufigen Häufung der jeweils „negativen“ Erbwerte der gekreuzten

8 Ebd.
9 Ebd., S. 413; Hofstadter, S. 167.

Rassen ausgegangen werden[10], wie dies unter Rassenideologen vor allem gobinistischer Provenienz verbreitete Ansicht war.
Eine treffende Kritik lieferte 1895 auch der französische Philosoph und Psychologe Alfred Fouillée (1838—1912). Er bemängelte vor allem die Lehre vom Zusammenhang zwischen Schädelform und Psyche und bestritt deren von den Anthroposoziologen behauptete statistische Korrelation. Die Intelligenz, die in bestimmten Völkern vielleicht häufiger auftrete als in anderen sowie sonstige psychische Eigenarten und Besonderheiten seien auf historische, geographische und andere erklärbare Faktoren zurückzuführen, die eine Bevölkerung bevorzugten, eine andere wiederum benachteiligten. Vor allem bezeichnete er die Lehre von der Überlegenheit der blonden Langschädel gegenüber den brünetten Kurzschädel als „pure hypothèse dont l'histoire ne fournit aucune confirmation"[11]. Fouillée erkannte auch den erkenntnistheoretischen circulus vitiosus, der einigen zeitgenössischen Rassentheorien zugrunde lag. Die Hypothesen der Völkerpsychologie beruhten vielfach auf historischen Hypothesen, die ihrerseits die Verifikation anthropologischer und psychologischer Hypothesen voraussetzten: „L'anthropologie est une science encore trop flottante pour inspirer pleine confiance. Comment accepter des hypothèses psychologiques et sociales fondées sur des hypothèses historiques fondées elles-mêmes sur des hypothèses anthropologiques?[12]."
Fouillée erkannte deutlich in den Rassentheorien den Versuch, soziale Konflikte und ihre Ursachen ins Biologische zu übertragen und sie somit politischer und moralischer Wertung zu entziehen. Was auf biologischen und somit „natürlichen" Fundamenten ruhte, mußte als unvermeidbar und unveränderbar gelten. Die Gewalt und das vermeintliche Recht des Stärkeren seien die maßgeblichen Ziele, die durch die biologische Deutung sozialer Konflikte gerechtfertigt werden sollten: „En outre, ceux qui transforment ainsi en guerres des races les guerres des sociétés ont l'intention de légitimer par là, au sein du ‚genre Homo', le droit du plus fort[13]." „Sans doute", führte Fouillée an anderer Stelle den Gedanken fort, „en un siècle qui a perdu l'équilibre ancien sans avoir encore trouvé l'équilibre nouveau, il est naturel de voir réapparaître au grand jour tous les instincts animaux et barbares, qu'une fausse science essaie de légitimer, de réduire en théorie: notre époque se débat en pleine crise d'atavisme[14]."
Auf breiter wissenschaftlicher Front griff auch der belgische Arzt Emile

10 Carl Helm: Arier, Wilde und Juden. Ihre Rassen und Kulturen, Wien—Leipzig 1923, S. 36.
11 Alfred Fouillée: La psychologie des peuples et l'anthropologie, *Revue des Deux Mondes* 128 (1895), S. 380 ff., 377.
12 Ebd., S. 390.
13 Ebd., S. 365.
14 Ebd., S. 396.

Houzé den Rassengedanken an, besonders aber die Schule der Anthroposoziologie und ihre Vertreter Vacher de Lapouge und Otto Ammon. Houzé wies Vacher de Lapouge anthropologische, physiologische, statistische und logische Fehler nach. Die Irrtümer und Denkfehler der Anthroposoziologie beruhten, meinte er, vorwiegend auf statistischen Fehlurteilen. Ein Zusammenhang zwischen physischer Konstitution und charakterlicher Eigenschaft sei nicht nachweisbar. Die Fakten sprächen eindeutig gegen die Behauptung von der stärker verbreiteten Dolichozephalie in den Oberschichten; dieser Zusammenhang — Kernstück der Lehre Vacher des Lapouges — sei ein willkürlich konstruierter[15]. Die Anthroposoziologie verwechsele Ursache und Wirkung; nicht die Arbeiter gehörten einer „minderwertigen Rasse" an, sondern umgekehrt bewirkte ihre schlechtere soziale und somit physische Lebensgrundlage eine anfälligere Konstitution, verursache Körperschäden und beeinträchtige daher auch psychische und geistige Entwicklungen[16].

Auch das verbreitete Geschichtsbild von der zivilisatorischen Überlegenheit der nordischen Völker zerstörte Houzé. Die Völker Nordeuropas seien aus geographischen, klimatischen Gründen sogar zurückgeblieben und hätten erst im Verlauf der Völkerwanderung durch ihre Invasionen in die höher kultivierten Gebiete Südeuropas wesentliche Impulse für ihre Entwicklung empfangen. Die angeborenen Unterschiede zwischen den von der Anthroposoziologie behaupteten Rassen gebe es nicht, sie seien in der Regel auf Umwelteinflüsse zurückzuführen. Das Bild des „Ariers" ließ Houzé auch nicht als heuristische Geschichtskonstruktion gelten, als die sie manche Rassenhistoriker verwendet hatten. Nicht nur das heroische Bild des Ariers sei falsch, sondern den „Arier" gebe es überhaupt nicht; seine Existenz sei durch nichts zu beweisen: „Quelle est la conclusion formelle qui s'impose, après ce quadruple aperçu linguistique, historique, archéologique et anthropologique? C'est, sans aucune réserve, qu'il n'y a pas de question aryenne[17]." Die Anthroposoziologie, konstatierte Houzé, hat keine umfangreiche Anhängerschaft, da man sie als Maske des Pangermanismus erkannt und durchschaut habe. Ähnlich wie Fouillée und andere Kritiker bezeichnete er sie als Pseudowissenschaft, „... bâtie sur des erreurs fondamentales et des déductions puériles"[18].

In die gleiche Richtung zielte auch die Kritik des amerikanischen Arztes und Anthropologen Ashley Montagu, dessen Schrift „Man's Most Dangerous Myth: The Fallacies of Race" wir wesentliche Anregungen entnehmen konnten. Montagu entlarvte mit überzeugenden Belegen den nicht-rassistischen Charakter der „Rassen"-Frage, deren Problematik ja nicht auf dem

15 Emile Houzé: L'Aryen et l'Anthroposociologie, Bruxelles 1906, S. 111 f., 114.
16 Ebd., S. 60.
17 Ebd., S. 32.
18 Ebd., S. 116.

Vorhandensein vermeintlicher anthropologischer Unterschiede beruhe, sondern auf historisch-gesellschaftlich zu begreifenden Konflikten. Kritisch könnte man an Montagu allenfalls anmerken, daß er die Entstehung der Rassen*ideologien* zu sehr auf vermeintlich vorhandene Rassen*konflikte* zurückführte, vor allem auf die Diskussionen und Kontroversen um die Sklavenbefreiung in den angelsächsischen Ländern des frühen 19. Jahrhunderts[19]. Zutreffender war hier die Deutung von Jacques Barzun, der die Entstehung des Rassengedankens als ein von bestehenden „Rassen"-Konflikten völlig unabhängiges Phänomen sah. Er erblickte in den (gobinistischen) Rassentheorien vollkommen richtig die Fortsetzung der Restaurationsideologien des 19. Jahrhunderts, die sich unter Hinzunahme anthropologischer Forschungsergebnisse und durch Verarbeitung weiterer Strömungen wie Sozialdarwinismus, Lebensphilosophie, Kulturpessimismus und chauvinistischer Ressentiments weiterentwickelten. Barzun wies dazu auf den Umstand hin, daß die einzelnen Theorien von völlig unterschiedlichen Rassenbegriffen ausgingen[20], was unsere These von ihrem ursprünglich pseudorassistischen Charakter bestätigt.

Weniger aus wissenschaftlichen Gründen als aus grundsätzlichen moralischen und theologischen Erwägungen heraus erhielt der Rassengedanke Widerspruch auch von kirchlicher Seite. Dieser kam stärker von der katholischen Kirche, die — wie wir an anderer Stelle erkennen konnten — aufgrund ihres universalen Selbstverständnisses sehr viel stärker mit dem Anti-Universalismus der Rassentheorien kollidieren mußte als der Prostetantismus, dessen Varianten wie der südafrikanische Kalvinismus sogar ein Instrument der Rassenpolitik werden konnten. In einer polemischen Streitschrift gegen die NS-Ideologie wies der deutsche Jesuitenpater Jacob Nötges auf den neuheidnischen Charakter des Rassengedankens hin, der die Religion verdrängen und grundlegende Maßstäbe aller Sittlichkeit beseitigen wolle. Besonders scharf kritisierte er Projekte der Rassenzucht, durch die bestehende Ehegesetze und das Recht der Schwächeren, insbesondere der Kinder, verletzt würden[21]. An die Stelle einer göttlichen Rechtsordnung, fügte er hinzu, soll die Macht des Stärkeren gesetzt werden. „Die Rasse wird mit Gott identifiziert. Das Rasseninteresse entscheidet über alles; die arisch-germanisch-deutsche Rasse darf und muß verlangen, was (rassenegoistisch gefaßt) für sie nützlich und notwendig ist ...[22]." Weitblickend skizzierte Nötges die inneren Konsequenzen des zur Weltanschauung erhobenen Rassengedankens, die dann wenige Jahre später im NS-Regime Wirklichkeit werden sollten.

---

19 Montagu, S. 10.
20 Barzun, S. 12 ff.
21 Jakob Nötges: Nationalsozialismus und Katholizismus, Köln 1931, S. 62 ff.
22 Ebd., S. 177. — In ähnlichem Sinne Erhard Schlund: Neugermanisches Heidentum im heutigen Deutschland, München 1924, S. 54 ff.

Die *politische Kritik* an den Rassentheorien legte gewöhnlich ihr Augenmerk auf die zentralen Aussagen von der natürlichen Ungleichheit der Menschen und wurde somit gleichsam von „links", von einem sozial-kritischen, zumindest aber einem liberal-humanistischen und radikal-demokratischen Standpunkt aus vorgetragen. Um so überraschender mutete daher eine Kritik an, die von einer rechtskonservativen Position aus, insbesondere von einem integralen Nationalismus ansetzte und sich vornehmlich gegen eine theoretische und schließlich auch politische Zweiteilung der Nation in rassisch ungleichwertige Staatsbürger wandte. Hier gelangte der bereits bei Gobineau und seinen Vorläufern formulierte Gegensatz von Rasse und Nation erneut zum Ausdruck. In einer scharfen Polemik gegen Hans F. K. Günther und seine Verherrlichung der nordischen Rasse attackierte der Erlanger Anthropologe Fritz Merkenschlager die gegen die Einheit der Nation gerichteten Aussagen des (gobinistischen) Rassengedankens. Seine Broschüre „Götter, Helden und Günther" verstand er somit als Anklage gegen den führenden zeitgenössischen Rassentheoretiker wegen „Verbrechens am Seelenleben des deutschen Volkes"[23]. Bemerkenswert ist, daß Merkenschlager hierbei den Rassengedanken nicht grundsätzlich angriff und sogar einzelne seiner Elemente für seine Kritik verwendete. So übernahm er die Lehrmeinung vom Bild des aristokratischen, zum Führertum bestimmten Charakter der Blonden und von der demütigen und bescheidenen Art und Schollenverbundenheit der Brünetten, wie er dies am Beispiel seiner fränkischen Landsleute darzulegen versuchte[24]. Seine Kritik aus der Sicht eines eher deutsch-nationalen Standpunktes setzte indessen die Nation höher als deren einzelne anthropologische Bestandteile. Empört wies Merkenschlager Günthers Behauptung zurück, wonach die ostischen Menschen weniger Vaterlandsliebe besäßen als die nordischen und führte das Beispiel der vielen vor Verdun gefallenen Soldaten aus Süd- und Ostdeutschland an[25]. Vor allem aber wandte er sich gegen die einseitige Verherrlichung eines einzigen Bevölkerungsteiles, die eine Verunglimpfung der übrigen Nation darstelle, selbst wenn Günther eine derartige Absicht abstreiten würde. „Es ist einfach unmöglich, das Einzelindividuum auszunehmen, wenn man eine Rasse zur inferioren erklärt. Man kann Einzelindividuen aus Konfessionen, Parteien, Völkern herausnehmen, sie loben und die Gesellschaft kritisieren, denn Konfessionen und Parteien sind abstreifbar, nie aber abstreifbar ist der Urteig, aus dem der Mensch gemacht ist[26]."

Die Argumentation Merkenschlagers, der wie auch sein Schüler Karl Saller

23 Fritz Merkenschlager: Götter, Helden und Günther. Eine Abwehr des Güntherschen Rassengedankens, Nürnberg o. J., S. 5.

24 Ebd., S. 7 f.

25 Ebd., S. 11.

26 Ebd., S. 62.

vom Dritten Reich gemaßregelt und von weiterer Hochschultätigkeit ausgeschlossen wurde[27], war vielfach naiv und dort, wo sie selbst rassentheoretische Aussagen verwendete, nicht unbedenklich. Es gelang ihr auch nicht, die wissenschaftlichen Mängel der Rassenlehren und ihre politischen und gesellschaftlichen Hintergründe voll zu erfassen. Kritischer urteilte hier der Sozialdemokrat Adolf Hedler, der aber gleichfalls die Folgen des Rassengedankens für den Bestand der Nation unterstrich. Zunächst wies er auf die unterschiedlichen Bedeutungsinhalte des Rassenbegriffs hin, der einmal die Beschaffenheit individueller Erbanlagen und zum andern die (nicht weiter differenzierende) Zugehörigkeit des Individuums zu einer Gruppe in Abgrenzung von anderen Gruppen beinhaltete[28]. Bemerkenswert ist, daß Hedlers Schrift, die sich hauptsächlich gegen die Rassenlehre des Nationalsozialismus richtete, den gobinistischen Rassenbegriff gegen den darwinistischen verteidigte mit dem Hinweis, daß eine Neubildung von Rassen durch Auslese oder Züchtung nicht stattfinde, so wenig es ein natürliches Aussterben („Rassetod") oder auch nur ein Altern von Rassen gebe[29]. Die politische Bedeutung der Rassenlehren erkannte er klar: ihre Verwirklichung erfordere die vorherige Beseitigung des parlamentarischen Rechtsstaates. Der nordische Gedanke müsse daher aus innenpolitischen Gründen schärfstens abgelehnt werden: er beleidige und verletze alle nicht-nordischen Deutschen und stelle die Einheit der Nation in Frage[30].
Stärker als Theoretiker, die von einem bloß rein wissenschaftlichen Ansatz her die Rassentheorien kritisierten, und konsequenter als liberale und demokratische Kritiker bemühten sich marxistische Publizisten darum, den politischen und sozialen Hintergrund des Rassengedankens zu hinterfragen. Eine Theorie, die derart stark die materiellen Grundlagen als maßgebende Determinanten gesellschaftlicher Entwicklung unterstrich und zugleich ideologiekritisch den Interessen- und Verschleierungscharakter nicht-materialistischer Sozialtheorien zu entlarven suchte, mußte zwangsläufig früher oder später zum Rassengedanken Stellung nehmen. Marxistische Kritiker ignorierten keineswegs die anthropologische Problematik des Vorhandenseins unterschiedlicher Erscheinungsformen des Menschen, versuchten diese jedoch einzuordnen in das Begriffsinstrumentarium des historischen Materialismus. In einer Randbemerkung zur „Deutschen Ideologie" charakterisierte Marx die „ursprüngliche, naturwüchsige Organisation der Menschen, namentlich die Rassenunterschiede" als Ergebnisse der von den Menschen vorgefundenen (geologischen- oro-hydrographischen, klimatischen und anderen) Natur-

27 Lutzhöft, S. 20 f.
28 Adolf Hedler: Rassenkunde und Rassenwahn. Wissenschaft gegen demagogischen Dilettantismus, Berlin 1932, S. 5.
29 Ebd., S. 13.
30 Ebd., S. 66.

bedingungen, die die ganze Entwicklung oder Nicht-Entwicklung der Gesellschaft bedingen[31]. Rasse war daher keine beziehungslose Eigengröße, sondern selbst Produkt eines Entwicklungsprozesses und somit eine historische Variable[32]. — Generell läßt sich feststellen, daß der Marxismus von einem sozialdarwinistischen Ansatz ausging, im Gegensatz aber zum Rassendarwinismus anthropologische Differenzierungen der Menschen nicht von einer mythisch verschleierten Naturordnung — dem Kampf ums Dasein — abhängig machte, sondern diese vermeintliche Naturordnung selbst als Erscheinungsform eines gesellschaftlichen Entwicklungsprozesses verstand.

Dieser anthropologische Ansatz wird deutlich in Karl Kautskys Schrift „Rasse und Judentum", in der er eine marxistische Deutung des Antisemitismus versuchte[33]. Kautsky unterstrich den Einfluß der natürlichen Umwelt auf die Entstehung und Prägung von Rassen, der sich jedoch beim Menschen mit der zunehmenden Technisierung vermindere[34]. Mit der Angleichung der Produktivkräfte in aller Welt werde auch die ökonomische Ebenbürtigkeit aller Völker einhergehen, die wiederum zunächst ihre geistige Annäherung und sodann auch ihre physische Angleichung nach sich ziehen werde[35]. — Im Verlauf seiner Studie charakterisierte Kautsky die Versuche des Rassengedankens, politische Interessen als natürlich hinzustellen, und entlarvte die angeblich rassenbedingten Hintergründe von aktuellen sozialen Konflikten. Den Antisemitismus bezeichnete er — wie vor ihm nun schon mehrfach geschehen — als Ideologie kleinbürgerlicher Elemente, die — vom Liberalismus enttäuscht — sich mit reaktionären Kräften zur Überwindung des Liberalismus verbündeten[36].

Der eigentliche „Klassiker" unter den Kritikern der Rassentheorien war im deutschsprachigen Raum der sozialdemokratische Professor Friedrich Hertz (geb. 1878), dessen scharfes analytisches Urteil wir in einigen Fällen schon kennengelernt hatten. In seiner Schrift „Moderne Rassentheorien" (Wien 1904), die er als „Rasse und Kultur" (Leipzig 1915) in überarbeiteter Fassung nochmals herausgab, stellte er eine nahezu vollständige Liste aller wissenschaftlichen Ungereimtheiten der bis zu seiner Zeit veröffentlichten Rassentheorien zusammen. Hertz wies nach, daß Rassentheoretiker aufgrund gleicher methodischer Ansätze zu völlig entgegengesetzten Schlußfolgerungen und Ergebnissen kommen konnten[37]. Gelangten sie beispiels-

31 MEW 3, S. 21.
32 Vgl. hierzu Henry Görschler: Der Marxismus-Leninismus über die Rasse und ihre Bedeutung im Leben der Gesellschaft, in: Rassen, Rassen„theorie" und imperialistische Politik, a. a. O., S. 63 ff., insbes. S. 71 f., 79.
33 Karl Kautsky: Rasse und Judentum, Stuttgart (1. Aufl. 1914) 1921, S. 17 ff.
34 Ebd., S. 28, 30 ff.
35 Ebd., S. 41.
36 Ebd., S. 12, 43, 73 f.
37 Hertz, S. 392 ff.

weise aus gobinistischer Tradition zu der Überzeugung, daß der Determinismus des individuellen Lebens und somit der Glaube an ein überindividuelles „Rassenschicksal“ zum festen Bestandteil „arischer“ Weltanschauung gehöre, so verfochten Chamberlain und andere gerade die entgegengesetzte Ansicht und propagierten die Willensfreiheit zum Merkmal „nordischen Geistes“. Beschlossen viele Rassenideologen ihre Bestandsaufnahme der Gegenwart mit einem düsteren Ausblick auf die Zukunft, so zeigten sich andere wiederum höchst optimistisch in bezug auf die politische Entwicklung. Es wurden bereits an anderer Stelle Beispiele dafür angeführt, in welchem Maße Rassenanthropologen die Ergebnisse empirischer Forschung manipulierten, um nicht ihre falsifizierten Hypothesen aufgeben zu müssen. Die Terminologie der meisten Rassentheorien, so führte Hertz am Beispiel des Begriffs der Inzucht aus, war so zweideutig, so wenig präzise, so verschwommen und oftmals so nichtssagend, daß man mit ihnen fast alles und damit nichts aussagen konnte[38].

Als erster Kritiker erkannte Hertz den zweifachen Rassenbegriff, der in den einschlägigen Schriften umhergeisterte: Rasse als unveränderliche Kategorie und somit als statisches Prinzip und Rasse als Objekt einer naturgeschichtlichen Entwicklung und somit als dynamisches Prinzip. Hertz erkannte die Widersprüche, die sich aus der Synthese gobinistischer und sozialdarwinistischer Elemente notwendigerweise ergeben mußten und die nur durch die von beiden verfolgten politischen Interessen zusammengehalten wurden: „So stellt die Rassentheorie eine seltsame Mischung dar aus Entwicklungsgedanken einerseits, der Annahme streng feststehender Rassentypen und eines absoluten Wesensunterschiedes der Menschen andererseits, aus Rassendeterminismus und moralisierender Deutung der Geschichte, aus Mystik und nüchternster Ausbeuterlogik[39].“

Rassenkonflikte, so stellte Hertz fest, sind keine naturgegebenen Gegensätze, die einem naturgesetzlichen Determinismus unterliegen, sie sind Folge sozialer Gegensätze, die sich allerdings durch Verbindung mit vorhandenen Ressentiments gegen Minderheiten verselbständigen und auch dann weiterwirken können, wenn ihr unmittelbarer Anlaß nicht mehr vorliegt. Die Rassenverschiedenheiten könnten allenfalls die vorgegebenen Konflikte verschärfen und steigern, oft aber träten sie ganz hinter die sozialen Frontbildungen zurück[40]. Die Rassenlehren selber seien nur Ausdruck und zugleich Verschleierung von dergestalt verborgen gehaltenen Absichten: „Die Grundlage eines bestimmten Wollens, eines meist ökonomischen oder politischen

38 Ebd., S. 31.
39 Ebd., S. 3 f.
40 Ebd., S. 2.

Interesses, ist es, auf dem die luftigen Hypothesen erbaut werden, die allen Angriffen der Vernunft trotzen[41]."

Hertz erkannte die inneren Unstimmigkeiten und die politischen Interessen hinter den Rassenlehren so klar und umfassend, daß seiner Kritik eine nahezu zeitlose Gültigkeit zukommt. Sie ist in dieser Form bis heute nicht überholt und braucht in nichts korrigiert, allenfalls ergänzt zu werden. Sämtliche wissenschaftlichen Vorbehalte, die er anführte, können auch heute unverändert übernommen und sämtliche politischen Vorbehalte ohne Einschränkungen bejaht werden. „Im Gebiete der Vernunft bewährt sich so die Rassentheorie", erklärte Hertz, „als ärgste Feindin der Ordnung, Klarheit und Redlichkeit des Denkens[42]." Bleibt zu ergänzen, daß Hertz nicht ahnen konnte, in welchem Maße die Rassentheorien nach dem Ersten Weltkrieg weiter und tiefer in den Sog des Irrationalen gerieten und welche praktischen politischen Folgen sie nach 1933 einzuleiten und zu rechtfertigen imstande sein sollten. Seine wissenschaftlichen Argumente haben wir im einzelnen kennengelernt, seine politischen brauchen wir nicht auszuführen, da wir sie uns zueigen gemacht haben und von seinem Standpunkt aus das Problem der Rassentheorien angegangen sind.

Auch von kommunistischer Seite wurde gegen den Rassengedanken — insbesondere gegen seine nationalsozialistische Variante — polemisiert. Gemeinhin stimmte ihre Kritik überein in der Feststellung, daß die Rassentheorien Herrschaftsansprüche verschleiern und vor allem Gewaltmaßnahmen gegen die revolutionäre Arbeiterschaft, gegen Kommunisten und vor allem auch außenpolitisch gegen die Sowjetunion rechtfertigen sollten. Diese Charakteristik trifft für die im Deutschland der 1920er und vor allem der 1930er Jahre verbreiteten Ideologien, wie wir gesehen hatten, weitgehend zu. Neben kleineren als Aufklärungs- und Propagandamaterial gedachten Schriften[43] finden wir außerordentlich gehaltvolle und interessante Analysen der NS-Ideologie, deren geistreichste und brillanteste wir hier kurz streifen wollen. Sie wurde im sowjetischen Exil veröffentlicht und stammte von dem marxistischen Schriftsteller Hans Günther, den wir nicht mit dem gleichnamigen Rassenideologen verwechseln dürfen[44]. Ohne die inhaltlichen Aussagen der NS-Ideologie einer Widerlegung für würdig zu befinden, stieß er sofort zum Kern der NS-Rassenlehre vor. In sehr differenzierter Betrachtungsweise beschrieb er, in welchem Maße die NS-Ideologie und als deren Kern die Rassenlehre das Erbe

41 Ebd., S. 378.

42 Ebd., S. 408 f.

43 Z. B. Klaus Eichen: Rassenwahn. Briefe über die Rassenfrage, Paris 1936.

44 Hans Günther: Der Herren eigener Geist. Die Ideologie des Nationalsozialismus, Moskau—Leningrad 1935. — Der Schriftsteller und Publizist Hans Günther (geb. 1899) emigrierte 1933 in die Sowjetunion und veröffentlichte dort mehrere Schriften gegen das NS-Regime. Im Verlauf der Stalinschen Säuberungen fiel er in Ungnade und wurde nach Wladiwostok verbannt, wo er 1938 starb.

der Irrationalismen der deutschen Lebensphilosophie angetreten habe. Kennzeichen hierfür sei die zunehmende Abkehr philosophischer Strömungen von exakten Forschungsmethoden[45], an die sich dann als Steigerung die Unwissenschaftlichkeit der Rassenlehren angeschlossen habe. Günther verkannte allerdings den langfristigen historischen Anlaufweg der Rassentheorien und setzte den Zeitpunkt ihrer beginnenden Breitenwirkung auf die wirtschaftlichen Krisenjahre 1923 und 1929; er übersah, daß die Massenverbreitung ihres Schrifttums um die Jahrhundertwende, also mit der Kulminationsphase des kolonialen Imperialismus eingesetzt hatte. Sehr klar aber stellte er die politischen Implikationen der Rassenlehren heraus: „Genau besehen, läuft nämlich die Rassenequilibristik, die sich als Geschichtswissenschaft ausgibt, auf einen ergötzlichen circulus vitiosus hinaus. Erst tarnen die Faschisten ihre höchst realen imperialistischen Eroberergelüste als ‚Rassenseele', interpretieren sie in die Weltgeschichte hinein, und leiten dann aus der Historie — wie folgerichtig! — die unbedingte Notwendigkeit ab, die ‚Rassenseele' von nun an zu konservieren und zu diesem Zweck dann freilich — kriegerische Eroberer zu sein[46]."
Günther betonte den verschleiernden Charakter der irrationalistischen Philosophien, deren adäquates Mittel — der Mythos — die richtigen Namen gesellschaftlicher Sachverhalte durch Schemen ersetzt[47]. Wir dürfen diese Charakterisierung Günthers ohne Zögern von ihrem nationalsozialistischen Bezugspunkt abstrahieren und auf die Entwicklung aller Rassentheorien übertragen, wie dies am folgenden Zitat erkennbar wird: „In der Tat dient der Rassenschwindel nur dazu, die heutigen *Klassenkämpfe* einerseits, die *imperialistischen Kriege* andererseits auf ‚natürliche' Art zu begründen, d. h. als ‚Rassenkampf' zu tarnen, als ‚Kampf der Rassen ums Dasein'[48]." —

Wir wollen die Würdigung der Kritiker der Rassentheorien nicht ohne eigene kritische Stellungnahme abschließen. Die aus rein wissenschaftlichen Motiven erfolgenden Entgegnungen erhellten zwar die Unhaltbarkeit bestimmter Lehrmeinungen, ignorierten aber oft die eigentlichen politischen Ursprünge und Hintergründe des Rassengedankens. Selbst Männer wie Alfred Fouillée, die klar die Konsequenzen des Rassengedankens erkannten, akzeptierten Einzelheiten der Ideologien, die sie kritisierten. So vertrat Fouillée die Ansicht, daß Griechen und Albaner nur deswegen nicht in einem gemeinsamen Staat leben könnten, weil diese lang- jene aber gewöhnlich kurzschädelig seien[49]. Einen extremeren Fall zeigte uns Merkenschlager, der vom Standpunkt eines lautstarken Nationalismus (nicht ohne rassenideologische Beimischung) die Theorien eines Hans F. K. Günther attackierte und sich nur graduell vom Gegen-

---

45 Ebd., S. 176, 181.
46 Ebd., S. 209.
47 Ebd., S. 190.
48 Ebd., S. 204 f.
49 Barzun, S. 136.

stand seiner Polemik unterschied. Umgekehrt haben Kritiker, die den Rassengedanken aus religiösen, moralischen oder politischen Gründen ablehnten, gelegentlich auf eine inhaltliche wissenschaftliche Auseinandersetzung verzichtet und sich damit einer möglichen Argumentationshilfe begeben.
Es besteht kein Zweifel: die Kritiker der Rassentheorien haben, gemessen am Ergebnis ihres Bemühens, keine großen Erfolge verzeichnen können. Schriften wie die von Firmin, Jean Finot, Friedrich Hertz oder Hans Günther erzielten keine politische Wirkung; ihre Argumente waren vielfach ein Schwimmen im Strom, der alles, was sich ihm entgegenstemmte, mit sich fortriß. Teilweise wurden ihre Stimmen übertönt durch persönliche Verunglimpfungen, ihre Einwände als von Juden, Farbigen, Freimaurern oder Marxisten stammend diskreditiert und somit als einer rationalen Auseinandersetzung ohnehin für unwürdig befunden. Entscheidender aber war, daß die Rassentheorien selbst sich auf einer Ebene des Wunschdenkens, der Intuition, des Mythos bewegten, gegen die rationale Argumente wirkungslos waren. Wir haben schon auf die Immunisierungen der Rassentheorien hingewiesen, die darin bestanden, daß sich ihre Urheber auf die innere „Sprache des Blutes" oder auf ihr „Rassenbewußtsein" beriefen und sich dadurch einen Erkenntnisvorsprung anmaßten, der die Möglichkeit einer kritischen Auseinandersetzung ausschloß. Ihnen allen lag eine durch politische und gesellschaftliche Interessen geleitete Sehnsucht nach der „natürlichen Ungleichheit" der Menschen zugrunde, so daß kritische Intellektuelle es nicht vermochten, dieses Instrument zur eigenen Selbstaufwertung und zur Herabsetzung anderer zu entschärfen. Es bestätigte erneut die leidvolle Erfahrung, wonach die Waffen des Geistes vor der Phalanx der Dummheit versagen. Denn, wie Aldous Huxley es treffend ausdrückt, „... most ignorance is voluntary and depends upon acts of the conscious or subconscious will. Thus, the fallacies underlying the propaganda of racial hatred are not recognized because (...) most people have a desire to act aggressively, and the members of other ethnic groups are convenient victims, whom one attack with a good conscience"[50].
Die Wehrlosigkeit der Intellektuellen, deren einzige Waffe das geschriebene Wort war, wird vollends sichtbar angesichts der Gewaltmittel, mit denen das Dritte Reich kritische Stimmen unterdrückte. Sobald ein Regime und vollends eine Großmacht den Rassenwahn zur Staatsphilosophie erhob und zur Grundlage eines bis zum äußersten gesteigerten Nationalismus machte[51], waren auch die letzten Schranken zur Verwirklichung dieses Wahns gefallen. Im Jahre 1894 hatte Vacher de Lapouge verkündet: „Ich bin überzeugt, daß man sich im nächsten Jahrhundert nach Millionen schlachten wird wegen ein oder zwei Graden mehr oder weniger im Schädelindex. An diesem Zeichen, das das biblische Schiboleth und die Sprachverwandtschaft ersetzen wird, werden sich

50 Aldous Huxley im Geleitwort zu Montagu, S. VII.
51 Vgl. Zollschan, S. 26.

die verwandten Rassen erkennen und die letzten werden gewaltige Ausrottungen von Völkern erleben[52]." Diese Prophezeiung hat sich erfüllt, freilich nicht als Folge biologischer Gesetzmäßigkeit und Naturnotwendigkeit, sondern im Sinne einer „self-fulfilling prediction", zu der Vacher de Lapouge selbst und seine Gesinnungsgenossen maßgeblich beigetragen haben.
Das Ende des Zweiten Weltkrieges bedeutete auch das Ende der Rassentheorien im politischen Geistesleben. Das Bekanntwerden der Verbrechen, zu denen der amtliche Rassenwahn des Nazi-Regimes geführt hatte und der vorher für unvorstellbar gehaltene Rückfall in barbarisches Denken und Handeln, die zynische Mißachtung der Gebote des Christentums, des Humanismus, der Aufklärung, liberalen, demokratischen und sozialistischen Ideengutes diskreditierten schlagartig eine politische Tradition, die seit mehr als einem Jahrhundert unter wechselnden gesellschaftlichen Verhältnissen allen Entwicklungen zu größerer Gleichheit entgegengetreten war. Die noch lebenden Rassenpropheten verstummten und versuchten, da sie sich gewöhnlich als getreue Baalspriester der NS-Ideologie kompromittiert hatten, unbeachtet und verborgen zu bleiben. Einige wie etwa Lenz suchten sich durch Hinweise auf geringfügige Abweichungen ihrer Lehren von der offiziellen NS-Ideologie von deren politischer Praxis zu distanzieren und ignorierten in späteren Schriften ein ganzes Kapitel ihres früheren ideologischen Wirkens. Da die Exzesse des Rassengedankens fast ausschließlich mit der Geschichte des Dritten Reiches verbunden waren, gerieten seine ausländischen Ideologen weitgehend in Vergessenheit; ihr Wirken wurde in späteren Darstellungen politischer Ideengeschichte weitgehend ignoriert.
Wohl spukten rassentheoretische Gedanken weiter in neofaschistischen Konventikeln in Europa, so in der von ehemaligen Nazis und ihren ausländischen Sympathisanten getragenen Zeitschrift „Nation Europa" oder in rechtsradikalen Sekten[53]. Auch führten weniger bekannte NS-Pamphletisten, die sich nach Südafrika oder Argentinien abgesetzt hatten, ihre wirren Schmierereien in obskuren Blättern fort. Bis in die Nachkriegsgeschichte hinein, zum Teil bis in die Gegenwart versuchten rechtsradikale Gruppen in Deutschland, England, Frankreich, Italien und in den Vereinigten Staaten (z. B. die „John Birch Society") das Erbe des Rassengedankens in Form kleiner völkischer Traktätchen oder durch Neuherausgabe rassenideologischer „Klassiker" zu beleben oder wenigstens nicht untergehen zu lassen[54]. Ihre geringe Resonanz zeigt

---

52 Zitat nach Hedler, S. 43.

53 Beispiele hierfür bei Hans Berger & Dieter Klemm: Die faschistische Rassenlehre einst und jetzt, in: Rassen, Rassen„theorie" und imperialistische Politik, S. 140, 142, 144, 150; vgl. Lutzhöft, S. 402 ff.

54 Für Deutschland s. Hans-Helmuth Knütter: Ideologien des Rechtsradikalismus im Nachkriegsdeutschland, Bonn 1961; Kurt P. Tauber: Beyond Eeagle and Swastika. German Nationalism since 1945, Middletown/Conn. 1967. — Für die Vereinigten Staaten s. Peter H. Merkl & Otey M. Scruggs: Rassenfrage und Rechtsradikalismus in den USA, Berlin 1966.

jedoch ebensosehr wie ihr konventikelhaftes Auftreten, daß die Rassentheorien als Beiträge zu politischen Auseinandersetzungen nicht ernst genommen werden und ihre Vertreter die unverbesserliche Nachhut einer in Agonie befindlichen politischen Tradition darstellen.

Anders als die Rassen*ideologien,* die in der Regel den Anspruch einer vollständigen, in sich geschlossenen Weltanschauung erhoben, überlebten jedoch einzelne Elemente des Rassengedankens in Form von rassischen Vorurteilen, antisemitischen Ressentiments und scheinbar unausrottbaren ethnographischen Zerrbildern. Insbesondere in der Phase der Unabhängigkeitsbewegungen der früheren Kolonialvölker lebten sie fort in Unterstellungen von mangelnder politischer „Reife“ der farbigen Völker[55], womit der politisch-ökonomische Hintergrund des Phänomens des Kolonialismus durch Mystifikation vernebelt wurde. Gleichwohl kann nicht bestritten werden, daß auch diese späten Nachwirkungen des Rassengedankens mit der Zeit verblaßten und auch in konservativen Kreisen an Überzeugungskraft verloren. Ungeachtet der nunmehr fast beendeten Agonie der Rassentheorien werden einzelne Vorstellungen aus ihrer Erbmasse wohl noch einige Zeit weiterleben, vergleichbar den gelegentlich auftauchenden Indizien für das Fortleben von Resten des Hexenglaubens.

Die Rassentheorien sind aber sonst tot und ihre Wiederauferstehung im Rahmen politischer Philosophien ist so unwahrscheinlich wie auch die des Hexenglaubens. Der Rassismus aber, der unabhängig von ihnen entstand und auch ohne sie wirksam sein konnte, hat sie überlebt. Es ist daher angebracht, kurz auf die Ausführungen in der Einleitung dieser Studie zurückzukehren und die Zukunftsaussichten zeitgenössischer Rassenkonflikte zu skizzieren. Die Zunahme interkontinentaler Kontakte durch verkehrstechnische Erleichterungen, durch Handel und Tourismus, zieht eine verstärkte Begegnung von Angehörigen fremder Völker nach sich, was zumindest die Möglichkeit eines besseren Verständnisses und damit des Abbaues gegenseitiger Vorurteile birgt. Die Begegnung allein ist zwar keine Gewähr für eine derartige Entwicklung, und gerade am Beispiel des Tourismus kann gelegentlich beobachtet werden, daß die Kenntnis fremder Völker bereits vorhandene Vorurteile zementiert oder gar neue schafft. Gleichwohl kann nicht bestritten werden, daß die öffentliche Meinung in vielen Ländern der Erde nach dem Ende des Zweiten Weltkrieges und nach der Auflösung der Kolonialimperien empfindlicher geworden ist und kritischer gegenüber Erscheinungen von Rassenvorurteilen und Rassismus. Sofern dies auf die Erkenntnis der blutigen Untaten, die durch Rassentheorien motiviert wurden, zurückzuführen ist, wäre dies der einzige positive Aspekt, der den düstersten Kapiteln der Menschheitsgeschichte nachträglich abgewonnen werden könnte. Es ist auch nicht zu verkennen, daß Bemühungen um

55 Horst Kühne: Die faschistischen Rassentheorien im Dienst der Kolonialpolitik des deutschen Imperialismus, in: Rassen, Rassen„theorie“ und imperialistische Politik, S. 162.

politische Aufklärung — vor allem unter den nachwachsenden Generationen — Erfolge gezeitigt haben[56].

Dennoch werden Erziehung und Aufklärung nur begrenzte Erfolge erzielen, solange die Ursachen von Rassenkonflikten nicht beseitigt werden. Es kann hier keine Prognose gegeben werden über die Zukunft des südlichen Afrika und seinem System der gesetzlich verankerten Rassenungleichheit. Die Auflösung des portugiesischen Kolonialreiches hat das Apartheidsregime weiter isoliert und das Erwachen unterdrückter oder benachteiligter Bevölkerungsgruppen wird ihm keine langfristige Zukunft gewähren. Der Weg der Umwälzung wird wohl um so blutiger sein, je mehr die „Herrenvölker" ihm Hindernisse entgegenstellen. Es wäre jedoch naiv zu glauben, daß der bloße Abbau gesetzlicher Ungleichheit allein auch den Rassismus zum Verschwinden bringen würde. Das Beispiel der Vereinigten Staaten zeigt vielmehr, wie schwer Rassenvorurteile durch legislative Maßnahmen beseitigt werden können. Aber immerhin muß auch für Nordamerika festgehalten werden, daß — entgegen dem Eindruck, den blutige Auseinandersetzungen in den Ghettos der Schwarzen vermitteln — die Barrieren gegen Farbige um ein erkennbares Maß geringer geworden sind gegenüber den Verhältnissen, wie sie noch vor einer Generation gang und gäbe waren.

In den einleitenden Ausführungen dieser Studie hatten wir als Entstehungsursache von Rassenkonflikten das Zusammentreffen verschiedener integrationsfeindlicher Faktoren zusammengestellt, unter denen die *soziale Ungleichheit* mit allen ihren soziokulturellen Folgeerscheinungen als wichtigster zu nennen ist. Solange sie bestehen bleibt, solange Rassenungleichheit ihren gesellschaftlichen Niederschlag in Kastensystemen findet, wie wir dies eingangs erläuterten, wird sie weiterhin einen fruchtbaren Boden für Konflikte bilden. Übertragen wir diese Feststellung auf den Weltmaßstab, so sind zwei fortbestehende und möglicherweise sich vermehrende Quellen für Rassenkonflikte gegeben. Der eine besteht im Bedarf vieler hochindustrialisierter Staaten an ausländischen Arbeitskräften, der diesen oft eine von Einheimischen nicht mehr akzeptierte arbeitspolitische und damit soziale Funktion zuweist. Da die Gastarbeiter in der Regel aus ärmeren, weniger entwickelten Ländern mit erheblichem Bildungsdefizit stammen, kann eine durch sprachliche und kulturelle Unterschiede verschärfte Ghettobildung vor allem dann zu Rassenkonflikten führen, wenn die Gastarbeiter auch äußerlich aufgrund anthropologischer Unterschiede als Fremdgruppe erkennbar sind. Ein solcher neuer Rassismus ist also dort zu beobachten, wo es — wie

56 Eine brauchbare Anleitung zur Aufklärung über Rassenvorurteile in Schulen liefert Cyril Bibby: Race, Prejudice and Education, London 1959; deutsch: Rassen, Gruppen, Vorurteile und Erziehung, Berlin 1959. — Zur Behandlung des Problems an Hochschulen vgl. Peter J. Rose: The Subject Is Race. Traditional Ideologies and the Teaching of Race Relations, New York 1968.

in Frankreich, Großbritannien oder den Niederlanden — farbige Gastarbeiter oder Einwanderer aus ehemaligen Kolonien gibt.

Eine wesentlich tiefer liegende Ursache aber besteht in der wirtschaftlichen Ungleichheit zwischen den reichen Industriestaaten und den unterentwickelten Ländern der Dritten Welt, zumal diese Aufteilung der Menschheit sich weitgehend deckt mit der Einteilung in weiße und farbige Völker. Wir hatten eingangs festgestellt, daß die Entstehung der frühen europäischen Kolonialreiche für diese vielfach verbunden war mit dem Erlebnis der eigenen wirtschaftlichen, verkehrs- und waffentechnischen Überlegenheit gegenüber afrikanischen, asiatischen und indianischen Völkerschaften, worin wir eine der Quellen des Höherwertigkeitsanspruchs der weißen Völker erblicken können. Diese Feststellung wird ergänzt und bestätigt durch das gegenteilige Beispiel, wonach innerhalb der weißen Völker nur relativ wenige Rassenvorurteile gegenüber Japanern bestanden, weil diese als erste farbige Nation den wirtschaftlichen und technologischen Vorsprung der weißen Welt aufgeholt hatten. Solange die Ungleichheit zwischen reichen Industrievölkern und armen Entwicklungsländern bestehen bleibt und die ersteren diese als billige Rohstofflieferanten, ertragreiche Absatzmärkte und Reservoir billiger Arbeitskräfte betrachten, solange also die gelegentlich beschworene Gefahr eines Kampfes der (meist farbigen) „proletarischen" Nationen des Südens gegen die (in der Regel weißen) nutznießenden Verbraucherländer des Nordens besteht[57], bleibt eine Quelle des Rassendünkels erhalten. Es ist nicht auszuschließen, daß die gegenwärtige Solidarisierung der Exportländer verschiedener Rohstoffe auch hier gewisse Änderungen einleiten wird.

Die Frage des Fortbestehens oder der Neuentstehung von Rassenkonflikten ist freilich differenzierter, als sie hier angedeutet werden konnte. Soziale und wirtschaftliche Aspekte sind nicht die einzigen, unter denen das Problem angegangen werden kann. Berücksichtigt werden müssen in hohem Maße sozialpsychologische Bereiche wie das Phänomen des Vorurteils, das ohne unmittelbare Verbindung zum sozioökonomischen Ursprung Jahrhunderte überdauern kann, und mit ihm ein ganzer Ballast politischer und sozialer Traditionen. Um sie abzubauen, bedarf es politischer Aufklärung darüber, daß Gruppenkonflikte nicht unveränderbare Gegebenheiten und Ungerechtigkeiten nicht Schicksal, sondern machbar und somit veränderbar sind. Möglicherweise wird sich — mit umgekehrtem Vorzeichen — die Prognose Gobineaus über die Entstehung einer einzigen Menschheit verwirklichen, einer Menschheit, die überzeugt davon ist, daß ethnische Unterschiede eine Quelle kulturellen Reichtums sein können und daß die Zukunft der Völker, sofern es eine für sie geben soll, nur eine gemeinsame sein kann.

---

57 In dieser etwas pauschalen Sicht betrachtet das Problem Ronald Segal: The Race War, London 1966; deutsch: Kampf der Rassen. Der Aufbruch der farbigen Völker, Düsseldorf—Wien 1968, S. 390 ff.

Literaturverzeichnis

(Aufgeführt wird unter I ein repräsentativer Querschnitt des rassentheoretischen Schrifttums. Maßgebend für die Auswahl waren einmal die Bedeutung der einzelnen Veröffentlichungen hinsichtlich ihrer Breitenwirkung, zum andern charakteristische Gedankengänge und Aussagen. Unter II werden nur solche Titel aufgeführt, die die Entstehung, Entwicklung und Auswirkungen der Rassentheorien behandeln. Schriften über den Rassismus allgemein, über Rassen*konflikte* etc. wurden nur aufgenommen, wenn sie auch die engere Thematik der vorliegenden Studie berücksichtigen. Für die Literatur über die politischen und gesellschaftlichen Hintergründe sowie sekundäre Fragestellungen sei auf die Angaben in den Fußnoten verwiesen.)

I. Rassentheoretisches Schrifttum

Ammon, Otto: Die Gesellschaftsordnung und ihre natürlichen Grundlagen, Jena (1. Aufl. 1895) 1900.

de Boisjoslin, Jacques: Les peuples de la France. Ethnographie nationale, Paris 1878.

Capasso, Aldo: Idee chiari sul razzismo, Roma 1941.

Carus, Carl Gustav: Über die ungleiche Befähigung der verschiedenen Menschheitsstämme für höhere geistige Entwicklung, Leipzig 1849.

Chamberlain, Houston Stewart: Die Grundlagen des neunzehnten Jahrhunderts, München 1899.

Clauss, Ludwig Ferdinand: Rasse und Seele. Eine Einführung in die Gegenwart, München 1926.

ders.: Die nordische Seele, München 1932.

Cogni, Giulio: Il razzismo, Milano 1941.

ders.: I valori della stirpe italiana, Milano 1937.

Colajanni, Napoleone: Latini e anglosassoni (razze inferiori e razze superiori), Roma—Napoli 1906.

Costamagno, Carlo: Dottrina del Fascismo, Roma 1941.

Cramb, John Adam: The Origins and Destiny of Imperial Britain, London 1900.

Darré, R. Walther: Um Blut und Boden, o. O., o. J.

ders.: Neuadel aus Blut und Boden, München—Berlin 1938.

ders.: Das Schwein als Kriterium für nordische Völker und Semiten, München 1933.

Driesmans, Heinrich: Das Keltentum in der europäischen Blutsmischung. Eine Kulturgeschichte der Rasseninstinkte, Leipzig 1900.

Dühring, Eugen: Die Judenfrage als Racen-, Sitten- und Culturfrage, Carlsruhe—Leipzig 1881.
Eichenauer, Richard: Musik und Rasse, München (1. Aufl. 1932) 1937.
Érbt, Wilhelm: Weltgeschichte auf rassischer Grundlage. Urzeit, Morgenland und Mittelmeer, Frankfurt am Main 1925.
Evola, Julius (Giulio): Indirizzi per una educazione razziale, Napoli 1941.
ders.: Il Mito del sangue, Milano 1941.
ders.: Sintesi di dottrina della razza, Milano 1941; deutsch: Grundrisse der faschistischen Rassenlehre, Berlin o. J.
Galton, Francis: Hereditary Genius. Its Laws and Consequences, London 1869; deutsch: Genie und Vererbung, Leipzig 1910.
de Gobineau, Joseph Arthur, Comte: Essai sur l'inégalité des races humaines, 4 Bde., Paris 1853/55; deutsch: Versuch über die Ungleichheit der Menschenrassen, 5 Bde., Stuttgart 1898 ff.
Grant, Madison: The Passing of the Great Race, New York 1916; deutsch: Der Untergang der großen Rasse. Die Rassen als Grundlage der Geschichte Europas, München 1925.
Günther, Hans F. K.: Führeradel durch Sippenpflege. Vier Vorträge, München 1936.
ders.: Rasse und Stil. Gedanken über ihre Beziehungen im Leben und in der Geistesgeschichte der europäischen Völker, insbesondere des deutschen Volkes, München 1926.
ders.: Rassenkunde des deutschen Volkes, München 1922.
Gumplowicz, Ludwig: Rasse und Staat (1875); und Der Rassenkampf (1883), in: Ausgewählte Werke Bd. III, Innsbruck 1928.
Haeckel, Ernst: Natürliche Schöpfungsgeschichte. Gemeinverständliche wissenschaftliche Vorträge über die Entwicklungslehre, Berlin 1868.
Hankins, Frank H.: The Racial Basis of Civilization, New York 1926.
Harvey, Charles H.: The Biology of British Politics, London 1905.
Haycraft, John B.: Darwinism and Race Progress, London 1895; deutsch: Natürliche Auslese und Rassenverbesserung, Leipzig 1895.
Hentschel, Willibald: Mittgart. Ein Weg zur Erneuerung der germanischen Rasse, Leipzig 1904.
ders.: Varuna. Eine Welt- und Geschichts-Betrachtung vom Standpunkt des Ariers, Leipzig 1901.
Hitler, Adolf: Mein Kampf, 2 Bde., München 1925/27.
Josey, Charles Conant: Race and National Solidarity, New York 1923.
Kaszonyi, Franz: Die Rassenverwandtschaft der Donauvölker, Zürich—Leipzig—Wien 1931.
Kaup, Igo (Ignaz): Gestaltlehre des Lebens und der Rasse. Lösung der Krise in der Medizin und Hygiene, Leipzig 1935.
Keith, Arthur: Nationality and Race from an Anthropologist's Point of View, London 1919.
Klemm, Gustav: Die Verbreitung der aktiven Menschenrassen über den Erdball (1845), *Politisch-Anthropologische Revue* V (1906).
Knox, Robert: The Races of Men. A Fragment, London 1850.
Kossinna, Gustaf: Die Indogermanen. Ein Abriß, Leipzig 1921.
ders.: Die deutsche Vorgeschichte, eine hervorragende nationale Wissenschaft, Würzburg 1912.

Lanz, Adolf: Theozoologie oder die Kunde von den Sodomsäfflingen und dem Götterelektron, Leipzig 1904.
Le Bon, Gustave: Lois psychologiques de l'évolution des peuples, Paris 1894; deutsch: Psychologische Grundgesetze in der Völkerentwicklung, Leipzig 1922.
Lenz, Fritz: Zur Erneuerung der Ethik, *Deutschlands Erneuerung* 1 (1917).
ders.: Menschliche Erblichkeitslehre und Rassenhygiene, Bd. II: Menschliche Auslese und Rassenhygiene (Eugenik), München 1920.
Leoni, Enzo: Mistica del razzismo fascista, Padua 1941.
de Leusse, Paul, Comte: Etudes d'histoire ethnique depuis les temps préhistoriques jusqu'au commencement de la Renaissance, Paris 1899.
von List, Guido: Die Religionen der Ario-Germanen in ihrer Esoterik und Exoterik, Berlin o. J.
Lombroso, Cesare: L'uomo bianco e l'uomo di colore. Letture su l'origine e la varietà delle razze umane, Torino 1892.
Lusk, Hugh H.: The Real Yellow Peril, *North American Review* CLXXXVI (1904).
Mangold, Ewald K. B.: Frankreich und der Rassengedanke. Eine politische Kernfrage Europas, München—Berlin 1937.
Martial, René: La race française, Paris 1934.
Meinhold, Eberhard: Deutsche Rassepolitik und die Erziehung zum nationalen Ehrgefühl, München 1908.
Mitchell, Charles: A Biological View of Our Foreign Policy, London 1896.
Montandon, Georges: L'ethnie française, Paris 1935.
ders.: La race — les races dans l'ethnie française, Paris 1935.
de Mortillet, Gabriel: L'origine des grands peuples actuels, Paris 1905.
Müller, Karl Valentin: Der Aufstieg des Arbeiters durch Rasse und Meisterschaft, München 1935.
Murray, Stewart L.: The Future of the Anglo-Saxons, London 1905.
Nicolai, Helmut: Das Germanentum und sein Zerfall. Eine rassenpolitische Studie, Stuttgart 1905.
Pearson, Charles H.: National Life and Character. A Forecast, London 1894.
ders.: The Scope and Importance to State of the Science of National-Eugenics, Vortrag vom 17. V. 1907; deutsch: Über den Zweck und die Bedeutung einer nationalen Rassenhygiene (National-Eugenik) für den Staat, *Archiv für Rassen- und Gesellschaftsbiologie* 5 (1908).
Petermann, Bruno: Das Problem der Rassenseele, Leipzig 1935.
Ploetz, Alfred: Die Begriffe Rasse und Gesellschaft und die davon abgeleiteten Disziplinen, *Archiv für Rassen- und Gesellschaftsbiologie* 1 (1904).
ders.: Die Tüchtigkeit unserer Rasse und der Schutz der Schwachen, Berlin 1895.
Poliakov, Leon & Josef Wulf: (Hrsg.): Das Dritte Reich und seine Denker, Berlin 1959.
Reibmayr, Albert: Inzucht und Vermischung beim Menschen, Leipzig—Wien 1897.
Reimer, Josef Ludwig: Ein Pangermanisches Deutschland. Versuch über die Konsequenzen der gegenwärtigen wissenschaftlichen Rassenbetrachtung für unsere politischen und religiösen Probleme, Berlin—Leipzig 1905.
Rosenberg, Alfred: Houston Stewart Chamberlain als Verkünder und Begründer einer deutschen Zukunft, München 1926.
ders.: Der Mythus des 20. Jahrhunderts. Eine Wertung der seelisch-geistigen Gestaltenkämpfe unserer Zeit, München 1930.

Schallmayer, Wilhelm: Vererbung und Auslese. Grundriß der Gesellschaftsbiologie und der Lehre vom Rassedienst, Jena 1904.
Schemann, Ludwig: Die Rasse in den Geisteswissenschaften. Studien zur Geschichte des Rassengedankens, 3 Bde., München 1928—32.
Schiller, Ferdinand C. S.: Social Decay and Eugenical Reform, London 1932.
Schultze-Naumburg, Paul: Kunst und Rasse, München 1928.
Sergi, Giuseppe: Arii e Italici: attorno all'Italia preistorica, Torino 1898.
ders.: Gli arii in Europa e in Asia: studio etnografico, Torino 1903.
Stoddard, Lothrop: The Clashing Tides of Color, New York 1935.
ders.: The Revolt against Civilization, New York 1920; deutsch: Der Kulturumsturz. Die Drohung des Untermenschen, München 1925.
ders.: The Rising Tides of Color against White World's Supremacy, New York 1920.
[Tille, Alexander:] Volksdienst. Von einem Sozialaristokraten, Berlin—Leipzig 1893.
Vacher de Lapouge, Georges: L'Aryen, son rôle social. Cours libre des sciences politiques, Paris 1899; deutsch: Der Arier und seine Bedeutung für die Gemeinschaft. Freier Kursus in Staatskunde, gehalten an der Universität Montpellier 1889 bis 1890, Frankfurt am Main 1939.
ders.: Race et milieu social. Essais d'anthroposociologie, Paris 1909.
ders.: Les sélections sociales. Cours libre de science politique professé à l'université de Montpellier (1888—89), Paris 1896.
von Wendrin, Franz: Die Entdeckung des Paradieses, Braunschweig—Hamburg 1924.
Wilser, Ludwig: Rassen und Völker, Leipzig 1912.
ders.: Deutsche Vorzeit. Eine Einführung in die germanische Altertumskunde, Berlin-Steglitz 1917.
Wolf, Heinrich: Angewandte Rassenkunde (Weltgeschichte auf biologischer Grundlage), Leipzig 1927.
Woltmann, Ludwig: Politische Anthropologie. Eine Untersuchung über den Einfluß der Descendenztheorie auf die Lehre von der politischen Entwicklung der Völker, Jena 1903.
Zschaetzsch, Karl Georg: Die Arier. Herkunft und Geschichte des arischen Stammes, Berlin 1920.

II. Sekundärliteratur

Arendt, Hannah: The Origins of Totalitarianism, London—New York 1951; deutsch: Elemente und Ursprünge totaler Herrschaft, Frankfurt am Main 1955.
Babington, William D.: The Fallacies of Race Theories as Applied to National Characteristics, London 1895.
Barzun, Jacques: Race. A Study in Superstition, New York (1. Aufl. 1937) 1965.
ders.: The French Race. Theories of Its Origins and Their Social and Political Implications, New York 1932.
Béguin, Albert: Le néo-paganisme allemand, *Revue des Deux Mondes* tome XXVII (1935).
Bein, Alexander: Der moderne Antisemitismus und seine Bedeutung für die Judenfrage, *Vierteljahreshefte für Zeitgeschichte* 6 (1958).

Benedict, Ruth: Race: Science and Politics, New York 1940; deutsch: Rasse in Wissenschaft und Politik, Bergen/Obb. 1947.
Bibby, Cyril: Race, Prejudice and Education, London 1959; deutsch: Rassen, Gruppen, Vorurteile und Erziehung, Berlin 1959.
Biddiss, Michael D.: Father of Racist Theory. The Social and Political Thought of Count Gobineau, London 1970.
Blume, Gustav: Rasse oder Menschheit? Eine Auseinandersetzung mit der nationalsozialistischen Rassenlehre, Dresden 1948.
Bracher, Karl Dietrich: Die Deutsche Diktatur. Entstehung, Struktur, Folgen des Nationalsozialismus, Köln—Berlin 1969.
Breitling, Rupert: Die nationalsozialistische Rassenlehre. Entstehung, Ausbreitung, Nutzen und Schaden einer politischen Ideologie, Meisenheim am Glan 1971.
Byrnes, Robert F.: Antisemitism in Modern France, Tome I: The Prologue to the Dreyfus Affairs, London 1950.
Conrad-Martius, Hedwig: Utopien der Menschenzüchtung. Der Sozialdarwinismus und seine Folgen, München 1955.
Daim, Wilfried: Der Mann, der Hitler die Ideen gab. Von den religiösen Verirrungen eines Sektierers bis zum Rassenwahn des Diktators, München 1958.
Eichen, Klaus: Rassenwahn. Briefe über die Rassenfrage, Paris 1936.
von Eickstedt, Egon, Frhr.: Die Forschung am Menschen, Bd. I: Geschichte und Methoden der Anthropologie, Stuttgart 1940.
de Felice, Renzo: Storia degli ebrei italiani sotto il fascismo, Torino 1962.
Finot, Jean: Le préjugé des races, Paris 1905.
Firmin, A.: De l'égalité des races humaines (Anthropologie positive), Paris 1885.
Fouillée, Alfred: La psychologie des peuples et l'anthropologie, *Revue des Deux Mondes* tome 128 (1895).
Gasman, Daniel: The Scientific Origins of National Socialism. Social Darwinism in Ernst Haeckel and the German Monist League, London—New York 1971.
Die Gleichwertigkeit der europäischen Rassen und die Wege zu ihrer Vervollkommnung, red. von Karel Weigner, Prag 1935.
Gossett, Thomas F.: Race: The History of an Idea in America, Dallas 1963.
Gregor, A. James: The Ideology of Fascism. The Rationale of Totalitarianism, New York—London 1969.
Günther, Hans: Der Herren eigener Geist. Die Ideologie des Nationalsozialismus, Moskau—Leningrad 1935.
Hedler, Adolf: Rassenkunde und Rassenwahn. Wissenschaft gegen demagogischen Dilettantismus, Berlin 1932.
Heiden, Konrad: Geschichte des Nationalsozialismus, Berlin 1932.
Helm, Carl: Arier, Wilde und Juden. Ihre Rassen, Kulturen und Ideen, Wien—Leipzig 1923.
Hertwig, Oskar: Zur Abwehr des ethischen, des sozialen, des politischen Darwinismus, Jena 1918.
Hertz, Friedrich: Rasse und Kultur. Eine kritische Untersuchung der Rassentheorien. Zweite, neu bearbeitete und vermehrte Auflage von „Moderne Rassentheorien", Leipzig 1915.
Himmelfarb, Gertrude: Darwin and the Darwinian Revolution, London 1959.
von Hoffmann, Géza: Die Rassenhygiene in den Vereinigten Staaten von Nordamerika, München 1913.

Hofstadter, Richard: Social Darwinism in American Thought 1860—1915, Philadelphia 1944.
Holler, Wolfgang: Funktionswechsel des Sozialdarwinismus in der Soziologie, Phil. Diss. Frankfurt am Main 1971.
Houzé, Emile: L'Aryen et l'Anthroposociologie, Bruxelles 1906.
Jäckel, Eberhard: Hitlers Weltanschauung. Entwurf einer Herrschaft, Tübingen 1969.
Johnson, Douglas: France and the Dreyfus Affair, London 1966.
Judenverfolgung in Italien, den italienisch besetzten Gebieten und in Nordafrika. Dokumentensammlung, vorgelegt von der United Restitution Organization, Frankfurt am Main 1962.
Kafka, Gustav: Was sind Rassen? Eine Kritik an den Grundbegriffen der modernen Erblichkeitslehre, München 1949.
Kautsky, Karl: Rasse und Judentum, Stuttgart (1. Aufl. 1914) 1921.
Klineberg, Otto: Racialism in Nazi Germany, in: The Third Reich, London 1955.
Koch, Hannsjoachim: Der Sozialdarwinismus. Seine Genese und sein Einfluß auf das imperialistische Denken, München 1973.
Kohn, Hans: The Idea of Nationalism. A Study in Its Origins and Background, New York 1945; deutsch: Die Idee des Nationalismus. Ursprung und Geschichte bis zur Französischen Revolution, Heidelberg 1950.
Kretzer, Eugen: Joseph Arthur Graf von Gobineau. Sein Leben und sein Werk, Leipzig 1902.
von Leers, Johann: Blut und Rasse in der Gesetzgebung. Ein Gang durch die Völkergeschichte, München 1936.
Lemberg, Eugen: Nationalismus, Bd. I: Psychologie und Geschichte, Reinbek 1964.
Lémonon, M.: Les débuts du gobinisme en Allemagne, *Etudes gobiniennes* 9 (1968).
Lévy, Claude & *Paul Tillard:* La Grande rafle du Vel d'hiv (16 juillet 1942), Paris 1967; deutsch: Der Schwarze Donnerstag. Kollaboration und Endlösung in Frankreich, Olten—Freiburg 1968.
Lukács, Georg: Die Zerstörung der Vernunft, Berlin 1954.
Lutzhöft, Hans-Jürgen: Der Nordische Gedanke in Deutschland 1920–1940, Stuttgart 1971.
Massing, Paul W.: Rehearsal for Destruction, New York 1949; deutsch: Vorgeschichte des politischen Antisemitismus, Frankfurt am Main 1959.
Merkenschlager, Fritz: Götter, Helden und Günther. Eine Abwehr der Güntherschen Rassenkunde, Nürnberg o. J.
Mohler, Armin: Die Konservative Revolution in Deutschland 1918—1932. Grundriß ihrer Weltanschauungen, Stuttgart 1950.
Montagu, M. F. Ashley: Man's Most Dangerous Myth: The Fallacy of Race, New York (1. Aufl. 1942) 1947.
Mühlmann, Wilhelm E.: Geschichte der Anthropologie, Frankfurt am Main—Bonn (1. Aufl. 1948) 1968.
Müller, Alfred: Die neugermanischen Religionsbildungen der Gegenwart. Ihr Werden und Wesen, Phil. Diss. Bonn 1933.
Der Nationalsozialismus. Dokumente 1933—1945, hrsg. und kommentiert von Walther Hofer, Frankfurt am Main 1957.
Nolte, Ernst: Der Faschismus in seiner Epoche. Die Action française. Der italienische Faschismus. Der Nationalsozialismus, München 1963.

ders.: Die faschistischen Bewegungen. dtv-Weltgeschichte des 20. Jahrhunderts Bd. 4, München 1966.
Pätzold, Kurt: Faschismus — Rassenwahn — Judenverfolgung. Eine Studie zur politischen Strategie und Taktik des faschistischen deutschen Imperialismus (1933 bis 1935), Berlin DDR 1975.
Plumyène, Jean & Raymond Lasierra: Les fascismes français 1923—63, Paris 1963.
Pulzer, Peter G. J.: The Rise of Political Antisemitism in Germany and Austria, New York—London—Sydney 1964.
Race and Science. The Race Question in Modern Science, ed. by Unesco, New York (1. Aufl. 1952) 1969.
Rassen, Rassen„theorien“ und imperialistische Politik. Fünf Beiträge zur Kritik der Rassen„theorie“, hrsg. von Henry Görschler, Berlin DDR 1961.
Reitlinger, Gerald: The Final Solution. The Attempt to Exterminate the Jews of Europe 1939–1945, London 1954; deutsch: Die Endlösung. Hitlers Versuch der Ausrottung der Juden Europas 1939–1945, Berlin 1961.
Richter, Melvin: Der Begriff der Rasse. Aus dem Briefwechsel zwischen Tocqueville und Gobineau, *Der Monat* 11 (1958/59).
Ripley, William Z.: The Races of Europe: A Sociological Study, New York 1899.
Rolland, Romain: Le conflit de deux générations. Tocqueville et Gobineau, *Europe* III, 9 (1923).
Saller, Karl: Die Rassenlehre des Nationalsozialismus in Wissenschaft und Propaganda, Darmstadt 1961.
Schemann, Ludwig: Gobineau, eine Biographie, 2 Bde., Leipzig 1913/16.
Schlund, Erhard: Neugermanisches Heidentum im heutigen Deutschland, München 1924.
Seillière, Ernest: La philosophie de l'impérialisme, vol. I: Le comte de Gobineau et l'aryanisme historique, Paris 1903.
Snyder, Louis L.: The Idea of Racialism. Its Meaning and History, Princeton/N. J.—Toronto—Melbourne—London 1962.
Soucy, Robert J.: The Nature of Fascism in France, *Journal of Contemporary History* V (1966).
Sterling, Eleonore: Judenhaß. Die Anfänge des politischen Antisemitismus in Deutschland (1815—1850), Frankfurt am Main 1969.
Streidl, Rudolf: Gobineau in der französischen Kritik, Phil. Diss. Würzburg 1935.
Viereck, Peter: Metapolitics. The Roots of the Nazi Mind, New York (1. Aufl. 1941) 1961.
Voegelin, Erich: Die Rassenidee in der Geistesgeschichte von Ray bis Carus, Berlin 1933.
Wehler, Hans-Ulrich: Sozialdarwinismus im expandierenden Industriestaat, in: Deutschland in der Weltpolitik des 19. und 20. Jahrhunderts. Fritz Fischer zum 65. Geburtstag, hrsg. von Imanuel Geiss & Bernd Jürgen Wendt, Düsseldorf 1973.
Weingartner, James J.: The SS Race and Settlement Main Office: Towards an Order of Blood and Soil, *Historian* 34 (1971).
Zmarzlik, Hans-Günter: Der Sozialdarwinismus in Deutschland als geschichtliches Problem, *Vierteljahreshefte für Zeitgeschichte* 11 (1963).
Zollschan, Ignaz: Der Rassenwahnsinn als Staatsphilosophie, Heidelberg 1949.

Personenregister

Abraham 17
Adams, Herbert Baxter 210
Adsis, Nihal 228
Alfieri, Vittorio, Graf 138
Allport, Gordon W. 13
Ammon, Otto 86–91, 99, 103, 113, 115 f., 165 f., 192
d'Arbois de Jubainville, Henri Marie 219
Arendt, Hannah 235
Aristoteles 27 f.

Babington, William D. 251
Baldwin, James 79, 117
Bach, Johann Sebastian 138, 154
Barrès, Maurice 219
Barzun, Jacques 255
de Basterot, Comte 65
Bergmann, Ernst 156
von Bernhardi, Friedrich 191
Bertolini, Gino 222
Beveridge, Albert T. 196
von Bismarck, Otto 154
Blum, Léon 220
Blumenbach, Johann Friedrich 43, 45
Blunck, Hans 158
Boas, Franz 252
Boccaccio, Giovanni 139
de Boisjoslin, Jacques 65
de Bonald, Louis 35
Booth, William 144
de Boulainvilliers, Henri, Comte 33, 40, 53, 55, 60
Bourget, Paul 66, 219
Broca, Paul 113–116
de Buffon, Georges Louis Leclerc 42
Bulwer-Lytton, Robert, Earl 71, 215
Burgess, John W. 196, 210
Byron, George Gordon Noel, Lord 139

Caesar, Gaius Julius 224
Calvin, Johannes 144
Camper, Peter 44
Capassi, Aldo 225
Carlyle, Thomas 211
Carus, Carl Gustav 47 f., 50
Cassirer, Ernst 56, 61
Cavour, Camillo, Graf 222
Chalumeau, Lucien 116
Chamberlain, Houston Stewart 95–97, 106, 111, 113, 120, 122, 130, 132, 145 f., 152–156, 162, 210, 213, 225, 229–231, 235–237, 239 f., 259
de Chateaubriand, François Auguste, Vicomte 35
Class, Heinrich 167, 191, 203, 234 f.
Clauss, Ludwig Ferdinand 121 f., 143, 190
Closson, C. 116
Cogni, Giulio 223
Colajanni, Napoleone 222
Comte, Auguste 187
Cook, James 41
Costamagno, Carlo 225
Coulanges s. Fustel de Coulanges
Cramb, John Adam 216
Czekanowski, Jan 227

Dante Alighieri 139
Darré, R. Walther 109, 141, 143, 171, 173–177, 181f., 184

Darwin, Charles 53, 62, 74–76, 78, 80, 82–85, 89, 95, 149, 212
Daudet, Léon 219
Deniker, Joseph 123
Déroulède, Paul 219
Dessaline, Henri 250
Diderot, Denis 139
Dilke, Sir Charles 216
Disraeli, Benjamin 49, 215
Donizetti, Gaetano 139
Dreyfus, Alfred 105, 127, 251
Driesmans, Heinrich 139, 167
Drieu la Rochelle, Pierre 221
Drumont, Edouard 127, 219
Dubois, Abbé 34
de Dubuat-Nançay, Comte 34
Dühring, Eugen 127–129, 238
Dufréchou, Alfred 66
Durand de Gros 105, 115, 218

Eckhard, Meister 154
Ehle, Herman Nilsson 229
Eichenauer, Richard 138
Einstein, Albert 140
Emerson, Ralph Waldo 211
Engels, Friedrich 80
Erbt, Wilhelm 144, 217
von Eulenburg-Hertefeld, Philipp, Fürst 67
Evola, Giulio 125, 147, 149, 159, 185, 223, 225 f.

Fahrenkrog, Ludwig 156
Fairchild, Henry P. 214
Feuerbach, Ludwig 158
Finot, Jean 251, 262
Firmin, A. 250
Fischer, Eugen 230
Fiske, John 196, 198
Flaubert, Gustave 138
Fouillée, Alfred 253 f., 261
Freeman, Edward A. 215
Frick, Wilhelm 236
Friedrich II., König von Preußen 154
Fustel de Coulanges, Numa Denis 218

Gall, Franz Joseph 44
Galton, Francis 84, 86 f., 90, 92, 109, 215
Gercke, Achim 232
Ginez de Sepúlveda, Juan 28
de Gobineau, Joseph Arthur, Comte 36, 47 f., 50 f., 52–73, 74, 78 f., 82, 89 f., 93–95, 97–99, 101, 103 f., 106–108, 110, 116, 120, 123–126, 130, 132, 134 f., 143, 145–148, 151–153, 157, 160 f., 167, 169, 181 f., 197, 205, 210, 212 f., 215, 217–219, 221, 224, 237, 240, 249–251, 256, 266
Göring, Hermann 123
Goethe, Johann Wolfgang 47, 95, 154
Grant, Madison 72 f., 109 f., 124, 132, 147, 166, 190, 192, 197, 204, 211, 213, 217
Greco, El 144
Gregor, James 223, 226
Grosse, Emil 118
Günther, Hans F. K. 69 f., 109, 111 f., 118 f., 121, 123 f., 130, 132 f., 135, 137, 143–145, 147, 154, 161–164, 170 f., 182 f., 185, 190, 192, 204, 223 f., 229, 231, 236, 238, 242, 256, 261
Günther, Hans 260, 262
Gumplowicz, Ludwig 63, 92–94, 99, 106, 108, 112, 149, 189, 224, 229

Haeckel, Ernst 78 f., 91, 98, 107, 109, 151, 183, 198, 240
Hall, Stanley 117
Ham 25 f.
Hamy, Ernest Théodore 113
Hansen, Anders 229
von Hardenberg, Karl August, Fürst 36
Harvey, Charles H. 195
Hauer, Wilhelm 156
Haushofer, Karl 141
Haycraft, John Berry 85 f., 92, 177, 215
Hebbel, Friedrich 138
Hedler, Adolf 257

Hegel, Georg Friedrich Wilhelm 56, 75, 139, 188
Helm, Carl 252
Hentschel, Willibald 68, 109, 167–169
Herder, Johann Gottfried 39
Hertwig, Oskar 194
Hertz, Friedrich 250–260, 262
Himmler, Heinrich 109, 181, 229
Hitler, Adolf 109, 128, 156, 163, 173 f., 198 f., 204–207, 221, 230, 236–240, 242–244
Hobbes, Thomas 75, 80
Hölderlin, Johann Christian Friedrich 138
Hoess, Rudolf 109
Holland, Ludwig 66
Hortman, François 32 f.
Houzé, Emile 254
Husserl, Edmund 121, 143
Huxley, Aldous 262

Ignazius von Loyola 144

Jacobsen, Hans S. 229
Jäckel, Eberhard 243
Japhet 26
Jensen, Arthur R. 79
Josey, Charles Conant 203, 213
Jullian, Camille 219

Kant, Immanuel 42, 152 f.
Karl X., König von Frankreich 217
Kászonyi, Franz 228
Kaup, Ignaz (Igo) 119 f.
Kautsky, Karl 258
Keith, Sir Arthur 190
von Keller, Adalbert 66
Kemble, John Mitchell 48
Kidd, Benjamin 194
Kierkegaard, Sören 144
Klemm, Gustav 50 f.
Knox, John 144
Knox, Robert 48, 215
Kossinna, Gustaf 68
Krieck, Ernst 145
Kroll, Adolf 156
Kummer, Rudolf 232

de Lagarde, Paul 146, 155, 162, 169
de Lamettrie, Julien Offray 43
Langbehn, Julius 155
Lanz, Adolf 155–157, 241
Lapouge s. Vacher de Lapouge
Lassalle, Ferdinand 164
Lavater, Johann Kaspar 43f.
Lawrence, Sir William 42
Lea, Homer 210
Le Bon, Gustave 106, 111, 135 f., 166, 218
Lenard, Philipp 140
Leibniz, Gottfried Wilhelm 38, 95
Lenz, Fritz 133, 165, 188, 191, 204, 263
Leonardo da Vinci 139, 222
Leoni, Enzo 225
Le Pera, Antonio 226
Lessing, Gotthold Ephraim 139
de Leusse, Paul, Comte 65
Lévi-Strauss, Claude 14
von Linné, Karl 42 f.
von List, Guido 156
Lombroso, Cesare 222
Louis Philippe, König von Frankreich 218
L'Ouverture, Toussaint 250
Ludendorf, Mathilde 156
Lukács, Georg 60, 155
Lundborg, Herman Bernhard 229

de Maistre, Joseph 35
Malthus, Thomas Robert 75, 80, 249
Mandel, Hermann 156
Mangold, Ewald 110, 112
Marr, Wilhelm 127
Marro, Antonio 222
Martial, René 220
von der Marwitz, Ludwig 175 f.
Marx, Karl 58, 75, 80, 164, 257
Maurras, Charles 219 f.
Maury, Alfred 65
McKinley, William 197
Meigs, Charles D. 71

Meiners, Christoph 45 f., 126
Mendel, Gregor 114
Mérimée, Prosper 65
Merkenschlager, Fritz 256, 261
Michelangelo Buonarotti 139
Mitchell, Sir Charles 196
Mjöen, Jon Alfred Hansen 229
Montagu, Ashley 191, 254 f.
de Montesquieu, Charles de Secondat, Baron de la Brède et 38
Monteverdi, Claudio 138
de Montlosier, François, Comte 34
Morland, Jacques 66
de Mortillet, Gabriel 65
Mosley, Oswald 216
Motley, John Lothrop 48
Mozart, Wolfgang Amadeus 138
Müller, Karl Valentin 172 f., 177
Muffang, Henri 116
Murillo, Bartolomeo Esteban 139
Murray, Stewart L. 194
Mussolini, Benito 223–226

Napoleon I. 47, 139, 233
Napoleon III. 58
Naudh, D. H. 127
Niceforo, Alfredo 85 f., 222
Nietzsche, Friedrich 66, 80, 134, 155
Nötges, Jacob 255

Odin 154, 157
d'Omalius d'Halloy, Jean Baptiste 218
Osborn, Henry F. 211
Ottar Jarl 157

Pareto, Vilfredo 224
Paul IV., Papst 41
Pearson, Charles 164, 178, 191 f., 198–201, 215 f.
Pedro II., Kaiser von Brasilien 56
de la Peyrère, Isaac 41
Platon 119
Ploetz, Alfred 83 f., 86 f., 90, 92, 109, 113, 122, 178 f., 193, 230
Pott, August Friedrich 66
Preziosi, Giovanni 226
Priest, Josiah 26
Prokesch-Osten, Anton, Graf 66

de Quatrefages, Armand 65, 113
Quinet, Edgar 218

Raffael Santi 139
Reibmayr, Albert 94 f., 106, 139
Reimer, Josef Ludwig 182, 199
Rembrandt van Rijn, Harmens 136
de Rémusat, Charles, Comte 65
Renan, Ernest 36, 65, 112
Retzius, Anders 114
Rhodes, Cecil 195, 216
Ripley, William Z. 252
Roosevelt, Franklin D. 214
Roosevelt, Theodore 196, 210
Rosenberg, Alfred 95, 154–156, 163, 173, 182, 206, 213, 221, 231, 236–239
Rousseau, Jean Jacques 38, 138, 182 f.
Rubens, Peter Paul 136

Sadler, William S. 211
de Saint-Simon, Claude Henri de Rouvroy, Comte 144
Saller, Karl 256
Schemann, Ludwig 67, 99, 109, 120, 122, 132, 144, 146 f., 150 f., 153, 167, 169, 216, 230
Schiller, Sir Ferdinand C. S. 174, 216
Schoenbaum, David 173
Schopenhauer, Arthur 44, 66, 153, 155
Schultze-Naumburg, Paul 136 f.
Schuré, Edouard 66
Seeley, Sir John R. 216
Sem 26
Sergi, Giuseppe 223 f., 226
Serpeille de Gobineau, Clément 221
Shakespeare, William 138 f.
de Sieyès, Emanuel Joseph, Abbé 34
Spengler, Oswald 54, 64, 80, 145, 155, 204–206
Stalin, Josef 260
Steffens, Henrik 46

vom und zum Stein, Heinrich Friedrich Karl, Freiherr 36
von Stillfried, A. H. 36
Stoddard, Lothrop 109, 147, 166, 184, 198, 201–204, 213, 237, 241
Streicher, Julius 216
Stubbs, William 215

Taine, Hippolyte 36, 65, 112
Tasso, Torquato 139
Terman, Lewis 117
Thierry, Augustin 35, 112
Thompson, Thomas 26
Tietjen, Claus Hinrich 141
Tille, Alexander 88–90, 92, 113, 178–180
Tizian Vecellio 139
de Tocqueville, Alexis, Comte 35, 52, 57 f., 65, 145, 249
Topinard, Paul 113
de Tourville, Henri 65
Toynbee, Arnold 54, 64, 145
von Treitschke, Heinrich 155, 210

Vacher de Lapouge, Georges 65, 86 f., 90–92, 96, 98 f., 104 f., 109 f., 114–116, 120, 123 f., 129, 132, 135, 143, 147, 149–151, 158, 161, 163 f., 166 f., 169–171, 184 f., 190, 192, 201, 203, 217–219, 224, 254, 263
Verdi, Giuseppe 139
Virgil (Publius Vergilius Maro) 224
Vollgraff, Karl 37
Voltaire (François-Marie Arouet) 38, 46

Wagner, Richard 66 f., 95, 97, 130, 137
Waitz, Theodor 251
Walker, Francis A. 210
Wallace, Alfred R. 178
Weismann, Otto 114
White, Charles 45
Wilhelm II., Deutscher Kaiser 234
Wilser, Ludwig 68
Wirth, Herman 229
Wolf, Heinrich 121 f.
Woltmann, Ludwig 107 f., 116, 124, 132, 135, 138, 144, 149, 184, 218, 222, 224, 230
von Wolzogen, Hans 67